KB064992

한국가면극,
창조적 복원을 향하여

봉산가면극 송석하본·김유경본

한국가면극, 창조적 복원을 향하여

봉산가면극 송석하본·김유경본

조만호 지음

보고사

머리말

우리 가면극은 해학이다. 고발 나아가서 폭로와 같은 극단으로 치달아가는 풍자는 아니다. 이러한 이유로 우리 가면극의 공연 현장은 축제가 되며, 공연 미학이 실현될 수 있다. 고발과 폭로는 '공연미학의 영역'이 아니다.

우리 가면극을 인류학적인 산물로 보면서, '봉산가면극'의 복원을 위하여 '창조적 복원(creative restoration)'의 개념을 다음과 같이 잠정적으로 설정하고 출발한다.

'창조적 복원(creative restoration)'이란, 내적 혹은 외적 요인으로 인하여 영성한 채로 전승되어 그 실상이 일부 불가시적인 상태로 보존된 text를, 다각적인 연구 성과와 예술적 상상을 바탕으로 가시적인 text로 구축하는 일련의 연구 과정이다. 여기서 '내적 혹은 외적 요인'이란 전승과정에서 전승물의 실현 현장과 전승집단의 환경변화에 따른 요인이며, 채록 혹은 전수 과정에서 발생하는 오기, 탈자 등도 이에 속한다. '불가시적인 상태'란 실연된 공연물의 실상이 관중에게 왜곡되어 전달되는 현상이다. '다각적인 연구 성과'란 민속학 내지는 문화인류학적 연구 성과를 비롯한 다양한 인문사회학적 성과다. '예술적 상상'이란 전승물을 공연물로서 인식하고 그것을 예술적 안목을 가지고 실상을 창조적으로 추정하는 것이다.

여기에서는 '송석하본'과 '김유경본'을 다루기로 한다.
'송석하본'은 『文章』(第二卷 第六號 六, 七月合號 特輯附錄)에 송석하(宋錫夏) 편으로 수록된 것이다. 송석하의 채록 상황은 오청본과 임석재본에 잘 나와 있다. '김유경본'은 '김유경류봉산탈춤보존회'에서 펴낸 자료에 기초한다. 표지는 '韓國의 民俗놀이 鳳山탈춤(무형문화재 제17호)'라고 제호하였다. '김유경본'은 '이두현본'과 유사한 점이 많으나 대사가 생략된 대목이 많다. 그러면서도 당대에 널리 알려진 '놀량', '산타령', '경발림', '꼬리따기', '회심곡(回心曲)' 등과 같은 소위 가사(歌辭) 작품을 원용한 대사가 실현되고 있다는 점이 특징이다. 그리고 1936년 봉산 공연 채록 자료에는 보이지 않는 '복잡이놀이'가 소위 '양반춤 장면'에 실현되고 있다. 김유경은 황해도 지역에서 활동하다가 6·25전쟁 이후에 내려와 활동하였는데, 이두현이 채록할 당시에 공연에 참가하였다. 전하여 들은 바로는 이두현이 채록할 당시의 공연에 대하여 김유경은 본래의 봉산가면극에서 많이 벗어났다는 의견을 가지고 있었다고 한다. 목차에 '鳳山탈춤놀이 -- 그 理論과 實際 --'라고 한 것이 이러한 이유인 듯하다.

송석하본의 내용을 보면 오청본과 대동소이하다. 이렇게 된 저간의 사정은 오청본의 '개설'에 다음과 같은 기사를 보면 이해할 수 있다.

> 나는 이 탈놀이의 실황을 구경하려고 금년 단오에 사리원으로 갔더니 어떤 사정으로 인하야 금년은 중지하였다 함으로 이 탈놀이를 주재하고 있는 이동벽씨와 봉산군 당국자를 만나 유서 깊은 이러한 향토예술은 어디까지든지 유지하여야 한다는 필요를 역설하였던 바 마침내 이동벽씨의 많은 노력으로써 본년 8월 30일 즉 음 7월 15일의 백종날 사리원읍 주최 하에 임시 거행하기로 되었었다. 이날의 실황은 조선총독부 문서과에서 활동사진으로 촬영하고 경성중앙방송국에서는 전국중계방송을 하였다. 이때 경성 체류 중이던 서전 국립박물관원 베르그만씨도 참관하여 열심으로 촬영하였음으로 그의 영화에 의하여 유서 깊은 이 탈놀이가 멀리 구주에까지 소개되었다. 그리고 특히 사계에 조예 깊은 촌산지순, 송석하, 임석재 등 제씨도 많은 관심을 가지고 이날의 실황을 일부러 참관하였음으로 차등 제씨의 연구에 기대할 바가 불소할 것이다.

그런데 임석재본의 '후기'를 보면 사정은 좀 다르다.

> 이 "봉산鳳山탈춤" 대사臺詞는 다음과 같은 절차節次에 의依하여 채록採錄된 것이다. 1936년一九三六年 8월八月 31일三十一日(음陰 7월七月 15일十五日 백종百種날). 오래 동안 중지中止되였던, 이 "탈춤"노리를 영화映畵로 촬영撮影하고 전파電波를 태워 방송放送할 필요必要가 생기여 특별特別히 마련되여 주간晝間에 1회一回, 야간夜間에 1회一回 연출演出되였는데, 이여 그 이튼날 즉卽 9월九月 1일一日, 이 탈춤의 주재자主宰者 이동벽씨李東碧氏의 협조協助와 각각 연기자演技者, 김경석金景錫, 나운선羅雲仙, 이윤화李潤華, 이덕준李德濬, 한상건韓相健 제씨諸氏의 각별恪別한 호의好意에 의依하여 그들의 구술口述한 바를 송석하宋錫夏, 오청吳晴, 임석재任晳宰의 삼인三人이 각기各其 몇 장식場式을 분담分擔하여 필기筆記하고, 그것의 최후정리最後整理를 임석재任晳宰가 담당擔當하였다. 정리整理에 당當하여 대사중臺詞中에 나타나는 의미불명意味不明한 것의 해명解明, 한자어漢字音같은 것의 표기表記는 임석재任晳宰의 아는 범위내範圍內에서

정확正確을 기期하였다. 그러므로 만일萬一에 착오錯誤 미비未備가 있다면 그것은 전全혀 임석 재任晳宰의 책임責任에 돌릴 것이다. (이렇게 하여 된 것을 오청吳晴씨는 일찍이 이를 "프린트" 해서 내놓았고 일어日語로 초역抄譯하여 「조선朝鮮」지지誌에 발표發表하였다. 그런데 어찌된 일인지 오씨吳氏의 것은 임석재任晳宰가 가지고 있는 것과 다른 데가 많이 있게 되었다. 대체大體로는 같다 하나 세부細部에 들어가서는 상당히 어긋나고 있다. 그것을 알랴면 『민속학보民俗學報』 제1집第一輯(1956연간年刊)에 게재揭載된 「봉산가면극각본鳳山假面劇脚本」을 참조參照하면 된다. 이것은 오씨吳氏의 것을 그대로 실은 것이라고 여겨지기 때문이다.)

이렇게 같은 날 같은 시각에 채록하였음에도 불구하고 서로 다르게 자료가 탄생하였다. 저간의 사정은 차치하고 이제 우리는 이들 자료를 비교 검토함으로써 공연 현장의 상황을 유추하여 가능한 한 실제에 접근하는 노력이 필요하다고 생각한다.

가면극의 현장조사는 채록자 중심이 아니라 공연자 - 제보자 - 중심이어야 함은 당연하다. 풍토성에서부터 문화 양상에 이르기까지 검토되어야 한다. 공연자들의 관계 양상도 긴요하다. 그리고 채록된 결과에서 일부 결함 - 현장조사자의 입장에서 볼 때에 - 이 발견되더라도 그대로 보고되어야 한다.

'康翎탈춤 臺詞(口述 崔承元·崔俊鳳 採錄 任晳宰)' 자료의 한 기사는 우리 가면극 연구계에 시사하는 바가 크다. 이 자료의 제구과정의 다음 대목에서 '樂工'이라는 등장인물 기호에 대하여 원자료는 '관중'이라고 기사화 - 觀衆 원 할멈이가? / 할멈 원 할멈이올세. / 觀衆 언덕얼 내렵나?<떼를 쓰는 것인가?> - 하였다는 것이다. 그리고 연구자들은 '관중'이라는 시각에서 탐구하는 오류를 범하게 하였다는 것이다. 이 자료는 관중과의 적극적인 소통을 '보여준다'는 준거의 대표가 되었으며 가면극의 현장성의 대표격이 되었다. 그리고 이러한 사례가 여럿 있다는 점도 일러둔다.

[전략]
악공 : 원 할멈이가?
할멈 : 원 할멈이올세.
악공 : 언덕얼 내렵나?<떼를 쓰는 것인가?>
* 주註 : 악공중樂工中 아무나 할 수 있으나 대체로 장구잽이가 한다.
「현대문학現代文學」지지誌에 발표發表하였을 때는 악공樂工을 관중觀衆으로 하였다.
구술자口述者에 의하면 관중觀衆 가운데서 할멈에게 수작을 거는 것이 원칙原則인데 관중觀

衆 가운데 이 놀이의 묘미妙味를 직각적直刻的으로 대응對應할 만한 사람이 없어 악공樂工이 관중觀衆을 대리代理하여 이렇게 수작하는 것이라고 한다. 「현대문학現代文學」지지誌에 발표發表하였을 때에 이러한 경위經緯를 상술詳述할 겨를이 없어 단지 관중觀衆으로 발표發表하였는데, 그 후 이 문헌文獻에 의거依據하여 연구硏究하는 학도學徒에게 약간若干이라도 오해誤解를 끼친 것 같아서 이 기회機會에 일언一言하여 둔다. 문헌작업文獻作業이란 모든 것을 다 포유包有시키면서도 간명簡明히 기술記述하여야 하는 법法인데 간명簡明하게 하려는 의도意圖만 앞세우고 설명부족說明不足으로 애매曖昧한 기술記述을 하여 진지眞摯한 연구자硏究者에게 조금이라도 착오錯誤를 일으키게 한 과오過誤를 범犯한데 대해서 자책自責한다.

[후략]

또한 일부 자료에서 볼 수 있듯이 자의적으로 해석하여 부기하는 일은 대단히 위험한 일이다. 심지어는 생산자층에 속하지도 않으면서 적극적으로 개입하여 왜곡된 상태를 그대로 채록하여 마치 원형인 것처럼 자료를 공개하는 사례도 있으니 개탄을 금치 못한다. 더욱이 이러한 자료를 맹신하는 태도도 경계해야 한다. 특히 무당이 출현하였다고 하여 샤머니즘적인 해석을 서슴지 않는 것도 문제다. 실상 가면극 현장에 무당이 등장하여 소위 무당굿 사설을 노래하는 것도 아닌데 말이다.

송석하본과 김유경본을 복원하는 데에 있어서 한두 가지 일러두고자 한다. 가능한 한 원자료를 손상시키지 않도록 노력하면서, 노래와 노래조로 실현되는 대목은 행간 배치를 달리 하였고, 띄어쓰기도 표준어법에 맞추어 극히 일부 정리하였다. 방언과 관용어는 원자료를 그대로 살리되 그 내용을 각주에 밝혔다. 한자표기는 한글로 노출시켰다. 대사와 지문성 기사는 행간을 구분하였다. 특별히 연구가 필요하다고 판단되는 대목에는 각주에 '[보정]'이라고 덧붙였다.

보고사 사장님과 직원 여러분께 감사드립니다.

2016. 8.
태조산 성불사 자락에서
저자

차례

I. 봉산가면극 복원 -【송석하본】

II. 봉산가면극 복원 -【김유경본】

I. 봉산가면극 복원

【송석하본】

1. 송석하본 '해설'

봉산가면극각본鳳山仮面劇脚本[1]

해설解説

향토예술鄕土藝術은 그 흙이 낳은 가장 그 환경環境에 적절適切한 예술藝術로서 장차將次에 건설建設될 문화文化와 예술藝術의 모태母胎가 되는 것이다. 이런 관념하觀念下에서 이것을 재음미再吟味함은 우리들 문화인文化人의 의무義務이며 관도寬度[2]라고 생각한다. 봉산鳳山의 가면무용극仮面舞踊劇은 고려말기高麗末期에 대략大略 완성完成된 가면무용극仮面舞踊劇의 계통系統에 속속屬하여 약500년 간約五百年間 전승傳承되여오는 것이다. (사자무獅子舞는 비교적比較的 후기後期에 속속屬한다.) 그리고 무용舞踊 분류상分類上으로는 건무健舞[3]에 속한 농민무용農民舞踊으로 대체大體로는 준세습적準世襲的이며 연극학상演劇學上으로 보면 연극약속演劇約束[4]이 구비具備되는 까닭으로 연극演劇으로도 볼 수 있으며 또 무용舞踊 단독單獨 연구硏究에도 진귀珍貴한 자료적資料的 존재存在라고 할 수 있다. 또 계통상系統上으로 보더래도 조선朝鮮 재래在來의 무격계巫覡系 무용舞踊[5]에 중국中國의 고대양식古代様式 나의儺儀[6]와 수당隋唐에 유입流入한 서역계西域[7]系 건무형健舞型[8]이 융합融合된

---

1 『문장文章』(제2권第二卷 제6호第六號 6, 7월 합호六, 七月合號 특별부록特輯附錄)에 송석하宋錫夏 편편編으로 수록되었다.
2 관도寬度 ; 일반적인 도리라는 뜻으로 쓰였다.
3 건무健舞 ; 고구려를 비롯하여 극동아시아에 널리 유포되었던 춤의 하나다.
4 연극약속演劇約束 ; 연극 장르만이 가지고 있는 약속이다. 대체로 공간과 시간의 생략과 압축으로 표현된다.
5 무격계巫覡系 무용舞踊 ; 무당과 박수가 추는 소위 무당춤을 이른다. 강신무가 추는 춤은 발작적인 광란한 춤이 나오기도 하고, 신격자로서 권위나 위엄을 보이기도 하며, 장난기가 있는 춤으로 변하기도 하는 등 유동적이고 변화가 심하다. 세습무의 춤은 축원적인 성격이 강하므로 일반적인 가무를 하면서, 종교적 속박을 벗어나 인간적인 춤, 예술적 연희에 치중되는 춤도 있다.

것도 재미있는 일이라고 하겠다.

조선朝鮮에는 신라시대新羅時代에 독특獨特한 향토무용鄕土舞踊이 있었는데 당唐과 교섭交涉이 있기 시작하자 그때에 다시 수당계隋唐系의 음악무용音樂舞踊이 유입流入된 것 같다. 최고운崔孤雲의 향악잡영鄕樂雜咏 5수五首라는 시詩의 오기五伎(희戱)[9]라는 것도 외형外形은 향악鄕樂[10]이라 하얏으나 기실其實은 이 수입계통輸入系統이 아닐가 한다. 그리고 수당隋唐으로 말하더래도 기시其時에는 궁정宮庭에서 고창高昌[11], 구자龜玆[12], 안국安國[13], 미국米國[14], 당국唐國[15] 등等의 서역제국西域諸國의 악사

---

6   나의儺儀 ; 음력 섣달 그믐날 밤에 궁중이나 민가에서 마귀와 사신(邪神)을 쫓아 낸다는 뜻으로 베풀던 의식이다. 나례(儺禮)라고도 한다.

7   서역西域 ; 중국인이 중국의 서쪽 지역을 총칭하는 데 사용한 호칭이다. 여러 가지 복합적인 의미를 지니고 있는 '서역(西域)'은 역사적·지리적·문화적 범주를 한정지어주는 하나의 고유 명칭인데, 중국을 비롯한 한(漢) 문명권에서는 근세에 이르기까지 사용되어왔다. 유럽인들이 유럽의 동쪽 전역을 아시아 혹은 동양(Orient)이라고 통칭하듯이 중국인들 역시 중국의 서쪽 전역을 서역(西域)이라 불렀다. 원래 동(東)투르키스탄 – 대체로 현재의 신강유오이자치구(新疆維吾爾自治區) – 의 타림분지에 산재해 있던 오아시스 도시국가들을 지칭하여, 그것을 '서역 36국'이라고 불렀다. 그 뒤 중국인의 서방에 관한 지식이 커짐에 따라 서역이 뜻하는 지역범위도 확대되어, 서(西)투르키스탄·서아시아·소아시아, 때로는 인도까지 포함하게 되었다. 그러나 현재는 일반적으로 동·서투르키스탄을 합친 중앙아시아, 특히 동투르키스탄을 가리키는 말로 쓰인다. 19세기 말 이후에 실시된 각국의 중앙아시아 탐사에 의해 동투르키스탄의 옛 문화가 밝혀졌는데, 그것을 '서역문화'라고 총칭한다.

8   건무형健舞型 ; '건무'는 당나라에서 전래된 고구려춤의 하나다. 씩씩하고 빠른 템포의 춤이다.

9   최고운崔孤雲의 향악잡영鄕樂雜咏 5수五首라는 시詩의 오기五伎(희戱) ; 『삼국사기』 악지에 다음과 같이 기사되었다. '최치원의 시에 향악잡영 5수가 있으므로 이제 다음에 기록한다. 금환(金丸) : 몸을 돌리고 팔 휘두르며 방울[금환]을 희롱하니 달이 구르고 별이 흐르는 듯 눈에 가득 신기롭다. 좋은 동료 있다 한들 이보다 더 좋으리. 의료(宜僚)같은 재주인들 보다 나으랴. 동해 바다 파도 소리 잠잠하겠네. 월전(月顚) : 높은 어깨 움추린 목, 머리털 높이 세우고 팔을 걷은 뭇 난장이들 술잔 시비 한창이네. 노래 소리 듣고서 사람 모두 웃는데 밤에 세운 깃발이 새벽을 재촉하누나. 대면(大面) : 누런 금빛 탈을 썼다 바로 그 사람, 방울채를 손에 쥐고 귀신을 쫓네. 자진모리 느린 가락 한바탕 춤은, 너울너울 봉황새가 날아드는 듯. 속독(束毒) : 쑥대머리 파란 얼굴 저것 좀 보소. 떼 지어 뜰에 와서 원앙춤 추네. 장구소리 둥당둥당 바람 살랑살랑, 사뿐사뿐 요리 뛰고 저리 뛰노나. 산예(狻猊) : 머나먼 길 걷고 걸어 사막을 지나오니. 털 가죽은 헤어지고 먼지가 쌓였는데 혼드는 머리, 혼드는 꼬리에 어진 모습 배었구나. 웅장한 그의 기상, 모든 짐승이 못 미치리. 崔致遠詩, 有鄕樂雜詠五首, 今錄于此. 金丸: 廻身掉臂弄金丸, 月轉星浮滿眼看. 縱有宜僚那勝此, 定知鯨海息波瀾. 月顚: 肩高項縮髮崔嵬, 攘臂群儒鬪酒盃. 聽得歌聲人盡笑, 夜頭旗幟曉頭催. 大面: 黃金面色是其人, 手抱珠鞭役鬼神. 疾步徐趨呈雅舞, 宛如丹鳳舞堯春. 束毒: 蓬頭藍面異人間, 押隊來庭學舞鸞. 打鼓冬冬風瑟瑟, 南奔北躍也無端. 狻猊: 遠涉流沙萬里來, 毛衣破盡着塵埃. 搖頭掉尾馴仁德, 雄氣寧同百獸才.

10   향악鄕樂 ; 삼국시대 이후 조선시대까지 사용되던 궁중음악의 한 갈래다. 일명 속악(俗樂)이라고도 한다. 삼국시대에 당악(唐樂)이 유입된 뒤 외래의 당악과 토착음악인 향악을 구분하기 위하여 이름 지어졌다.

11   고창高昌 ; 고창(Khocho, Gaochang) 중국 신강 위구르 자치구의 투르판에 5~7세기경에 번영한 나라이다. 전한(B.C.202~B.C.8)이 둔전을 영위하고 술기교위를 배치한 이래로 고창성이라 불렸는데, 5세기 중반에 북량의 유민을 이끌고 저거무휘(沮渠無諱), 저거안주(沮渠安周) 형제가 나라를 세우고, 498년 국가(麴嘉)를 왕으로 맞은 후 140년 남짓 국씨에 의한 고창국이 이곳을 도성으로 번창했다. 투르판 동남 50km의 옛 성지(위구르어로 이디쿠트 샤리 Idikut-shari라 부른다)는 약 1㎢의 성벽 내에 일건연와로 만든 수십의 건축 터가 보이며,

樂士들을 환영歡迎하여 그들의 음악音樂과 무용舞踊이 대유행大流行하여 유명有名한 춘앵전春鶯囀[16]은 당초唐初에 귀화歸化한 백명달白明達[17](구자국龜茲國 출신出身)의 작作이다. 그런 까닭으로 이런 「사마르칸트」,[18] 「타시켄트」,[19] 「소그트」[20] 풍風의 건무健舞가 중국中國에 풍미風靡하였다.

고려高麗때에는 송宋의 무악舞樂이 대량大量으로 수입輸入되고 일방一方으로 고려高麗 독특獨特한 민속무용民俗舞踊도 발달發達하여 다시 그 무풍舞風이 변천變遷

거의 중앙의 가한보(可汗堡)가 궁전터다.

12 구자龜茲 ; 중국 신강성(新疆省) 고차(庫車)지방에 있던 한(漢)나라 때의 서역국가(西域國家)다. 굴지(屈支) 또는 구자(丘玆)라고도 한다. 지금은 위구르인(人) 자치구의 고차현(庫車縣)으로 되어 있으며, 유명한 오아시스 쿠차(Kucha)가 있다. 구자는 고대에도 유력하였던 오아시스국으로, 천산산맥(天山山脈)에서 채취되는 광물로써 경제적 기반을 굳혔으며, 또한 이 산맥의 남쪽 기슭을 동서로 잇는 국제상로(國際商路)인 이른바 '실크로드'의 중요한 중계시장(中繼市場)으로서 번영하였다.

13 안국安國 ; 부하라(Bukhara, Buxoro)를 이른다. 현재 우즈베키스탄 부하라주(州)의 주도(州都)다. 자라프샨 강(江) 하류역의 오아시스지역에 위치해, 고대에는 이란계 소그드인의 도시국가로 알려졌다. 709년 꾸타이바 이븐 무슬림(Qutayba ibn Muslim, 669~715) 지배하의 아랍군에게 정복된 후 이슬람화가 시작되었다. 사만조 시기에는 그 수도가 되었다. 이 시대의 부하라는 서아시아에 투르크계 노예를 공급하는 상업도시로서 활발해짐과 동시에, 이슬람 학문과 더불어 부흥하는 이란문화의 일대중심지였다. 몽골시대에는 극도로 황폐했었지만, 도시는 서서히 부흥해, 1500년에 우즈베크인에게 정복당한 후에는 부하라한국(國)의 수도가 되었다.

14 미국米國 ; 팬지켄트(Pendzhikent, Pyandzhikent)를 이른다. 타지키스탄, 자라프샨 강 남안의 도시다.

15 당국唐國 ; 산서성(山西省) 임분현(臨汾縣)에 위치했던 서역국이다.

16 춘앵전春鶯囀 ; 조선조 순조 때 효명세자가 모친 순원숙황후의 40세 탄신을 축하하기 위해 지은 것으로 이른 봄날 아침에 나뭇가지에서 노래하는 꾀꼬리의 자태를 무용화 한 춤이다. 이 춤은 순조(純祖 1828) 때 창작된 향악정재(鄕樂呈才)의 하나이다. 순조(純祖)의 아들 효명세자(孝明世子)가 모친 순원숙황후(純元肅皇后)의 보령(寶齡) 40탄신(誕辰)을 축하하기 위해 지은 것으로 전하며, 이른 봄날 아침에 나무 가지에서 노래하는 꾀꼬리의 자태를 무용화 한 것이다. 꾀꼬리를 상징해 노란 색의 앵삼(鶯衫)을 입고, 화관을 쓰고, 오색 한삼(汗衫)을 양손에 끼고 꽃돗자리(花紋席) 위에서 추는 독무로 매우 우아 미려하고 춤사위가 다양한 특징이 있다. 1923년 순종황제 탄신 50주년 경축공연에서도 추어진 바 있는 이 춤은 1893년 「궁중정재무도홀기」에 무보가 전한다. 반주음악은 평조영산회상(平調靈山會相)에서 상령산(上靈山), 중령산(中靈山), 세령산(細靈山), 염불 도드리, 타령 등이 연주된다.

17 백명달白明達 ; 중국(中國) 당(唐) 고종(高宗)이 이른 봄날 아침에 버드나무가지에서 노래하는 꾀꼬리를 보고 감동하여 악사(樂師) 백명달(白命達)에 명령해 이를 묘사한 음악을 짓게 하고 이에 따라 그에 어울리는 춤을 만들었다는 고사(古史)가 전한다.

18 사마르칸트 ; 사마르칸트(Samarkand)는 우즈베키스탄 중동부에 있는 사마르칸트주(州)의 주도(州都)다. 중앙아시아 최고(最古) 도시의 하나로, 고대 그리스시대부터 마라칸다로 알려졌고, 중국에서는 남북조(南北朝)시대부터 수(隋)·당(唐) 시대에 걸쳐 강국(康國)이라고 불렀다. 1220년 칭기즈칸에 의해 패망되기까지는 실크로드의 교역기지로 번창하였다.

19 타시켄트 ; 타시켄트(Tashkent)는 '돌의 도시'이라는 뜻으로 천산산맥(天山山脈)에 있는 오아시스에 위치하고 시르다르야강(江)의 지류에 접한다. 우즈베키스탄의 수도다.

20 소그트 ; 소그드인[Sogd人]으로 중앙아시아의 이란계 민족이다. 사마르칸트를 중심으로 한 제라프샨강 유역의 소그디아나(Soghdiana, 옛이름 'Seghuda'의 그리스어 발음)에 거주하면서, 일찍부터 동서교역에 종사하여 상술에 능한 사람으로 알려져 왔다. 『후한서(後漢書)』 서역전(西域傳)에는 이들을 '상호(商胡)'라고 지칭하였다.

되고 이어 원元의 몽고속蒙古俗[21]도 기허간幾許間 관계關係를 가지게 되여 고려민속
무高麗民俗舞의 대성大成으로 보게 되였다. 이것이 고려말기高麗末期에 속한다.

봉산鳳山의 가면무용극仮面舞踊劇은 이 고려말기계高麗末期系의 분파分派로 그
주류사상主流思想은 불교佛敎에 귀의歸依한 것, 파계승破戒僧을 증오憎惡한 것, 예
의禮儀없는 양반兩班에 대對한 반감反感, 가정갈등家庭葛藤을 표현表現한 것이다.[22]

그리고 이것은 야간야외무용극夜間野外舞踊劇[23]으로 극도極度로 발달發達한 것이
되여 무대상연舞臺上演에는 절대絶對로 불가不可하며[24] 조명照明같은 것도 본래本來
에는 반다시 구화篝火[25]를 피워서 가면仮面의 진핍眞逼한 표현表現을 내는 것[26]이며
건무健舞임으로 무대면舞臺面도 칠십미돌평방七十米突[27]平方[28]은 요요要한다.[29]

이 가면극仮面劇에 쓰이는 대사臺詞는 주로 당송唐宋 등等 고문古文 중中에서 인
구人口에 회자膾炙[30]되는 것을 많이 채용採用하여 고저高低와 운율韻律에 중심重心
을 둔 것[31]이 주목注目된다.

---

21 몽고속蒙古俗 ; 몽고로부터 전하였다고 생각하는 풍속 일체를 두고 이른다.
22 그 주류사상主流思想은 불교佛敎에 귀의歸依한 것, 파계승破戒僧을 증오憎惡한 것, 예의禮儀없는 양반兩
班에 대對한 반감反感, 가정갈등家庭葛藤을 표현表現한 것이다. ; 무엇을 근거로 한 것인지 불분명하다.
23 야간야외무용극夜間野外舞踊劇 ; 봉산가면극은 밤에 야외무대에서 공연되는 무용을 중심으로 한 극이라는
말이다. 야외무대에서 밤에 공연되었다는 사실은 우리 가면극의 미학을 연구하는 데에 있어서 중요한 출발점
이다.
24 무대상연舞臺上演에는 절대絶對로 불가不可하며 ; 여기서 '무대'는 실내극장의 무대를 뜻한다.
25 구화篝火 ; 장작불을 말한다. 원자료에는 '燋火'다.
26 조명照明같은 것도 본래本來에는 반다시 구화篝火를 피워서 가면仮面의 진핍眞逼한 표현表現을 내는 것
; 장작불을 피워 조명으로 활용하여 가면의 형상이 극적으로 표현된다는 것이다. 이러한 양상은 가면극 탐구에
있어서 심도 있는 연구가 필요한 부면이다. 이 기사를 통하여 장작불로 조명하는 '상향식 조명'이었다는 사실을
알 수 있다. 가면극 미학을 고찰하는 중요한 단서가 된다. 장작불로 조명하면 조도(照度)의 변화가 다양하며,
가면에 상향식 조명을 사용할 경우 '그로테스크 미'가 실현된다.
27 미돌米突 ; '미터(meter)(미터법에 의한 길이의 단위)'의 음역어이다. 미터법에 따른 길이의 기본(基本) 단위
(單位)이다. 지구(地球) 자오선(子午線)의 4,000만 분의 1로 정(定)했다. 기호(記號)는 m이다.
28 평방平方 ; 그 길이를 한 변으로 하는 정사각형의 넓이를 나타내는 말이다.
29 건무健舞임으로 무대면舞臺面도 칠십미돌평방七十米突平方은 요요要한다 ; 20평(坪) 정도의 넓이다. 통영오
광대의 무대의 넓이는 큰 멍석 대여섯 장 넓이였다고 한다.
30 회자膾炙 ; 회와 구운 고기라는 뜻으로, 칭찬을 받으며 사람의 입에 자주 오르내림을 이르는 말이다.
31 이 가면극仮面劇에 쓰이는 대사臺詞는 주로 당송唐宋 등等 고문古文 중中에서 인구人口에 회자膾炙되는
것을 많이 채용採用하여 고저高低와 운율韻律에 중심重心을 둔 것 ; 가면극 대사가 어떻게 형성되어 있는가
를 말해준다. 이러한 특성을 바탕으로 가면극 대사를 연구하여야 한다. 가면극 대사의 관용구(formula)로서의
특성은 주요한 과제다.

그렇든 저렇든 이 가면무용극仮面舞踊劇만은 연극학상演劇學上 특이特異한 존재
存在[32]로 가可히 자랑할 만한 존재存在인 것만은 굳게 믿는 바이다.

석남石南[33]

---

32 이 가면무용극仮面舞踊劇만은 연극학상演劇學上 특이特異한 존재存在 ; 봉산 가면극은 독특한 양식의 연
    극이라는 말이다.
33 석남石南 ; 이 자료의 채록자 송석하(宋錫夏)의 호다. 송석하는 경상남도 울산 출생으로 일본의 도쿄대학 상
    과 중퇴하였고, 민속학을 연구하고 귀국, 손진태(孫晋泰)·정인섭(鄭寅燮) 등과 조선민속학회를 창설하였다.
    잡지『민속』을 발간했다. 1934년 진단학회(震檀學會)를 발기, 학회 창립, 학보 간행에 공헌했다. 8·15광복 후
    서울대학교 문리과대학 교수를 역임하였으며, 국립민속박물관을 설립했다. 저서에『한국민속고(韓國民俗考)』,
    『허수아비의 변』이 있다.

2. '제일장 사상좌무'의 복원

제일장第一場[1] 사상좌무四上佐舞

이 장면舞面은 악마惡魔가 수도修道를 방해妨害하는 서막序幕[2]으로서 취발醉發이라고하는 방탕放蕩한 처사處士[3] 한 사람이 생불生佛과같은 노승老僧의 마음을 움지기게 하랴고 그의 상좌上佐 4명四名[4]을 꾀여내서 노승老僧이 금강경金剛經을 읽고 있는 법당法堂 앞에서 가장 화려華麗한 춤을 추이는 것이다.[5]

---

1 [보정] 장場 ; 장면을 분할하는 데에 있어서는 채록 자료에 따라 '場', '科場', '科程', '마당', '과장', '과정' 등으로 나타난다. 그리고 '景'도 나타난다. 이들을 act, scene 등과 변별점을 찾는 일도 하나의 과제다. 봉산가면극 임석 재본에서 '全場'이라고 한 점으로 보아 연행 현장에서는 별도의 구분 없이 연행되었던 듯하다. 그러던 것이 채록 과정에서 편의상 분절[분할]된 것이다. 이 분절의 문제는 가면극의 각 장면을 별개의 것으로 볼 것인가 아니면 옴니버스식으로 볼 것인가 아니면 일관된 하나의 공연물로 볼 것인가 하는 등의 문제와 결부되어 있다.
2 [보정] 서막序幕 ; 연극에서 처음 여는 막을 뜻한다. 인물과 사건 따위를 예비적으로 보여 준다. 혹은 일의 시작이나 발단이라는 뜻이다. 여기서는 후자의 뜻으로 쓰였다.
3 처사處士 ; 예전에, 벼슬을 하지 아니하고 초야에 묻혀 살던 선비를 말한다. 조선 중기인 16세기 붕당정치(朋黨政治)로 인해 중앙관직으로 출사를 단념하고 고향에서 사림(士林)을 형성하며 지방에 은둔하게 된 선비들이 형성되었다. 이들 선비들은 다양한 용어로 불리게 되었는데 처사뿐만 아니라 은사(殷士), 유일(遺逸), 은일(隱逸), 일사(逸士), 일민(逸民) 등으로 불렸다. 이중 처사라는 용어가 가장 많이 사용되었으며 지방의 은거하는 선비를 상징하는 호칭이 되었다.
4 상좌上佐 ; 스승의 대를 이을 여러 승려 가운데에서 가장 높은 사람을 말한다. 송파 산대놀이나 양주 산대놀이와 같은 경기지방의 가면극과 봉산가면극·강령가면극·은율가면극과 같은 황해도 해서지방의 가면극에서만 나타난다. 일반적으로 초반의 상좌춤에서 등장하며, 상좌가 가면극을 시작한다는 것을 관객에게 알리는 불교적 의식무용이다. 한편 실재 춤의 내용은 사방신과 중앙신에 합장 재배하는 등 다섯 번 절을 하고 잡귀를 몰아내어 가면극 현장을 정화하는 의미가 강하다고 한다.
5 [보정] 임석재본에는 이 기사가 없다. 1939년도에 봉산의 동일한 현장조사였는데도 임석재본에 없다는 점은 오청이 채록하는 과정에서 삽입된 것으로 생각된다. 따라서 이 기사에 의존하여 이 장면의 주제를 파악하는 일은 한계가 있다. 기존의 논의에서 '악마', '방탕한 처사', '생불(生佛)인 노승' 등과 같은 기사로 인하여 가면극의 주제를 악마와 생불간의 대립으로 이해하려는 자세는 잘못이다. 전개상으로 보면 취발의 승리로 귀결되는데 그렇다면 악마의 승리로 결정된다. 즉 대립의 문제와 악마에 대한 이해를 '선악(善惡)의 대립'으로 보아서는 안 된다. 악마는 노승을 패퇴(敗退)시키기 위한 악마가 아니라 고양(高揚)시키기 위한 악마로 봄이 타당하다.

장내場內의 한편에는 푸른빛 혹或은 누른 빛갈의 옷을 입은 악공樂工 6
인六人이 고고鼓6, 장고杖鼓7, 해금奚琴8, 필률觱篥9, 저적笛10의 순서順序로
느러 앉았다.

4상좌四上佐 등장登場. 상좌上佐 4인四人은 모다 힌 장삼長杉11을 입고
홍가사紅袈裟12를 어깨에 걸고 고깔13을 썼다.

---

6 고고鼓 ; 우리나라 타악기의 하나다. 나무나 쇠붙이 따위로 만든 둥근 통의 양쪽 마구리에 가죽을 팽팽하게 씌
우고, 채로 가죽 부분을 쳐서 소리를 낸다.

7 장고杖鼓 ; '장구'의 원말이다. '장구'는 국악에서 쓰는 타악기의 하나로, 기다란 오동나무로 만든 것으로, 통
의 허리는 가늘고 잘록하며, 한쪽에는 말가죽을 매어 오른쪽 마구리에 대고, 한쪽에는 쇠가죽을 매어 왼쪽 마
구리에 대어 붉은 줄로 얽어 팽팽하게 켱겨 놓는다. 왼쪽은 손이나 궁굴채로, 오른쪽은 열채로 치는데, 그 음색
이 각기 다르다.

8 해금奚琴 ; 향악기에 속하는 찰현 악기의 하나다. 속이 빈 둥근 나무의 한쪽에 오동나무 복판을 붙이고 긴
나무를 꽂아 줄을 활 모양으로 건 악기이다.

9 필률觱篥 ; 구멍이 여덟 개 있고 피리서를 꽂아서 부는 목관 악기다. 향피리, 당피리, 세피리가 있다. 통상
'피리'라고도 한다. 속이 빈 대에 구멍을 뚫고 불어서 소리를 내는 악기를 통틀어 이르는 말이기도 하다.

10 적笛 ; 대로 만든 관악기의 하나다. 길이는 두 자가량으로 위에 다섯 구멍, 아래에 한 구멍이 나 있다. 대개
'적笛'은 악공 둘이 자리한다.

11 장삼長杉 ; 승려의 웃옷이다. 검은 베로 길이가 길고 소매가 넓게 만든다. 장삼은 원래 불교의 발상지인 인도
에서는 착용하지 않았던 것인데, 불교가 중국으로 전하여지면서 기후와 의습(衣習)에 따르는 영향으로 편삼
(褊衫)을 가사와 함께 착용하였는바, 이 편삼이 뒤에 장삼으로 우리나라에 전래되었다. 편삼은 편철(偏膝)이라
고도 하며, 중국 북위(北魏) 때 혜광 (慧光)이 승지지(僧祇支)에 편수(偏袖)를 붙이고 옷섶을 단 윗옷으로 중
국의 선가(禪家)에서 사용하여 온 것이다. 윗옷인 편삼과 아래옷인 군자(裙子 : 下裙, 內衣로 승려의 허리에
둘러 입는 짧고 검은 옷)를 위아래로 합쳐 꿰맨 옷이 직철(直膝)이고, 이것이 우리나라에서는 장삼인 것이다.
장삼의 의형은 도포와 철릭과 흡사하며, 소매가 매우 넓고 허리에는 여분을 풍부하게 두어 큼직한 맞주름을
잡는 것이 특징이다. 현재에는 두루마기와 같은 무를 네 개씩 넣는 경우도 있다. 빛깔은 대체로 회색과 갈색
계통이며, 의차(衣次)는 면직 또는 모직이었으나 근래에는 편의상 합성섬유직물을 사용하고 있다. 옛날 고승이
착용하던 장삼은 사명대사(四溟大師)의 유물에서 그 실례를 볼 수 있다. 장삼의 총길이는 144cm이고, 소매길이
는 143cm, 소매통은 85cm이며, 허리는 절단하여 주름이 잡혀 있다. 옷 빛깔과 의차는 백색면직물이다. 현재의
장삼은 깃머리가 직선이고 허리선을 절단하여 큰 주름을 잡은 경우가 있다. 또 깃머리가 네모가 되고 허리를
절단하지 않은 대신 끈을 달아 묶고 겨드랑이 밑에 무를 네 폭으로 넣었으며 겉섶과 안섶이 각각 두 폭씩 장길
이로 이어진 경우도 있다. 허리에 주름을 잡을 경우의 장삼은 앞뒤 각각 네 개씩 8개의 큰 주름이 있다 하여
이를 팔폭장삼이라고도 한다. 장삼의 소매통은 앞뒤 6폭으로 이어졌는데 회장 중심의 곱쳐진 선이 경계가 되
어 앞 네 폭, 뒤 네 폭 합하여 8폭이 된다.

12 홍가사紅袈裟 ; 장삼 위에 걸치는 외옷자락을 말한다. 붉은 천을 조각보 모양으로 모으는데 두 줄로 이어 호
은 속은 모두 통하게 짓는다. 가사(袈裟)는 대체로 붉은 색이다.

13 고깔 ; 승려가 쓰는 건(巾)을 말한다. 저마포(苧麻布)로 만들며, 이등변삼각형으로 배접한 베 조각을 둘로 꺾
어 접어서 다시 이등변삼각형이 되게 하고, 터진 두 변에서 밑변만 남기고 다른 변은 붙게 하여 만든다. 고깔은
'곳갈'이라고도 하는데, '곳'은 첨각(尖角)을, '갈'은 관모(冠帽)를 의미하는 것으로 변(弁)의 형상과 일치한다.
넓은 의미에서 보면 삿갓·송낙 등도 모두 고깔형 관모에 속하지만, 좁은 뜻으로는 단지 포제(布製)의 삼각건
만을 지칭한다. 흔히 상좌들이 썼으며 사헌부의 나장이나 관아의 급창(及唱) 등이 쓰기도 하였다.

8묵승八墨僧 중中 한 사람에게 업히어 타령곡打令曲[14]의 반주伴奏에 맞후어 춤을 추면서 한 사람식 등장登場한다.

먹중(묵승墨僧)은 상좌上佐를 업고[15] 춤을 추며 다름질하야 드러와서 장내場內를 한 바쿠 도라다니며 춤을 추다가 상좌上佐를 내려놓고 퇴장退場한다.

먹중은 이렇케 상좌上佐 4명四名을 한 사람식 등장登場시킨다.[16]

4상좌四上佐. 처음 일렬一列로 서서 긴— 영상곡靈像曲[17]의 반주伴奏에 맞후어 상좌上佐춤을 추기시작始作하야 두 사람식 동서東西로 갈라서서 서로서로 엇박구어[18]가며 긴— 영상곡靈像曲의 전장全章이 다 끝나도록 화려華麗하게 춤을 춘다.[19]

---

14 타령곡打令曲 ; 원래는 그냥 '타령(打令)'이라 한다. 영산회상(靈山會相)의 여덟째 곡의 이름이다. 또한 서도 지방 민요의 하나를 말하기도 한다. 흥타령, 잦은 아리 또는 감내기라는 딴 이름이 있다.

15 [보정] 먹중(묵승墨僧)은 상좌上佐를 업고 ; 현재 실제의 연행에서 네 상좌가 업혀 나오는 경우는 잘 보이지 않는다. 업고 나온다는 뜻은 그 상징적 의미가 따로이 있음을 의미한다.

16 [보정] 임석재본에서의 등장 절차는 다음과 같다. '등장登場의 절차節次는 다음과 같다. 즉卽, 먹중 하나가 상좌上佐 하나를 업고 달음질로 입장入場하여가지고 타령곡打令曲에 맞추어 춤추며 장내場內를 한 바퀴 돌고 나서 상좌上佐를 적당適當한 곳에 내려놓고 퇴장退場한다. 그런 뒤 다른 먹중이 다른 상좌上佐를 업고 달음 질하여 입장入場하여 장내場內를 돌다가 첫번 상좌上佐 섰는 옆에다 내려놓고 퇴장退場한다. 제삼第三·제사第四의 상좌上佐도 이와 같은 방식方式으로 등장登場.' 임석재본에 따르면 네 먹중이 각각 상좌를 등장시킨 다는 것이다.

17 [보정] 영상곡靈像曲 ; '영산회상(靈山會相)'을 말한다. 영산회상은 석가여래가 설법하던 영산회의 불보살을 노래한 악곡이다. 영산회(靈山會)는 석존(釋尊)이 영취산(靈鷲山)에서 주로 '법화경(法華經)'을 설법하던 때 의 모임을 이르고, 이때 석존의 연세가 일흔 하나였다고 한다. 임석재본에서 '靈山會相曲'이라 채록되었다.

18 엇박구어 ; '엇바꾸어'로, '서로 마주 바꾸다, 혹은 서로 어긋나게 바꾸다'라는 뜻이다.

19 [보정] 처음 일렬一列로 서서 긴— 영상곡靈像曲의 반주伴奏에 맞후어 上佐춤을 추기始作하야 두 사람식 東西로 갈라서서 서로서로 엇박구어가며 긴— 영상곡靈像曲의 전장全章이 다 끝나도록 화려華麗하게 춤을 춘다 ; 이 대목은 사상좌가 사방을 돌면서 추는 춤으로, 사방신께 축원을 드리고 악귀를 쫓아내는 의식무를 보여 준다. 사방춤과 관련시켜야 한다. '화려하게 춤을 춘다'는 점으로 보아 춤 자체가 매우 화려하였음을 직접 증언 하고 있다. 이는 춤의 성격을 말해주며, '화려하였다'함은 축제적 양상을 띠고 있음을 방증한다.

상좌무上佐舞가 거의 끝날 지음에 첫목(초목初目[20] — 처음 입장入場하는 먹중)[21]이 다름질하야 등장登場하자 4상좌四上佐 모다 퇴장退場한다.[22] 악樂의 반주伴奏는 타령곡打令曲으로 전환轉換한다.[23]

---

20 [보정] 초목初目 ; '目'은 채록자 경우에 따라 '목', '木'이라 채록되기도 하였다. 고려 때 예빈시(禮賓寺)를 '孔目(공목)'이라 하였다. '공목'은 회계와 공문서를 관장하는 관명이다. 당나라에서는 집현전에 공목을 두었고, 송나라에서는 내외관서나, 각 왕부에 공목을 두었다. 원나라에서는 도공목관을 도목이라 개칭하고 여러 사(司)에 두었는데 명나라에서는 오직 한림원에만 공목을 두었다. 이러한 차원에서 '目'의 뜻을 이해하여야 한다.

21 [보정] 첫목(初目 — 처음 입장入場하는먹중) ; 등장인물 기호의 연원을 짐작하게 하는 기사다.

22 [보정] 상좌무가 거의 끝날 지음에 첫목(초목 — 처음 입장하는 먹중)이 달음질하여 등장하자 사상좌 모두 퇴장한다 ; 이 대목이 임석재본에는 다음과 같다. '打令曲으로 轉하면 먹중 I (첫목)이 登場한다. 上佐들은 八 먹중이 登場하는 동안 그 서 있는 자리에서 손춤 춘다.' 임석재본에 따르면 사상좌는 퇴장하지 아니한다. 즉 다음 장면이 진행되는 동안 사상좌는 퇴장하지 아니하는 것이 된다. 사상좌가 퇴장하고 안하고에 따라 공연 현장의 극적 분위기는 달라진다.

23 악樂의 반주伴奏는 타령곡打令曲으로 전환轉換한다. ; 극적 상황의 전환을 말해준다. 보통은 다음 장면에서 반주가 시작되어야 한다고 함이 원칙이다. 이같은 기사의 밑바닥에는 장면과 장면의 구분이 없었음을 말해준다. 달리 말하면 채록자가 장면 구분을 크게 의식하지 않았음을 알 수 있다.

3. '제이과장 팔묵승무'의 복원

제이과장第二科場 팔묵승무八墨僧[1]舞

이 장면場面은 승려僧侶들의 파계과정破戒過程을 표현表現하는 것으로서 취발醉 發이가 그 절에 있는 먹중 8명八名을 타락墮落시켜 노승老僧의 마음을 움지겨 보는 것이다.[2] 8묵승八墨僧은 모다 청靑 우又는[3] 홍색紅色의 황홀恍惚[4]한 긴 저고리를 입고 울퉁불퉁하고 기괴奇怪한 가면假面을 쓰고 한 사람식 등장登場하야[5] 타령곡打令曲의

---

1   [보정] 팔묵승八墨僧 ; '墨僧(묵승)'은 자료에 따라 먹중, 목중[目僧], 목[目 혹은 木] 등으로도 채록되었다. 오 청본에서도 一目, 二目, 三目 등과 같이 채록되었다. 八目, 八木, 八墨으로 인식된 것이다. 그리고 여기에 '승 (僧)'이 결합되면서 '팔묵승', '팔목중' 등으로 등장인물 기호가 변이된 것이다. 이는 인물이 여덟이라는 점에 초 점을 두고 해명되어야 한다. 팔목은 팔선(八仙)의 차원에서 해명되어야 한다. 팔선(八仙) 혹은 팔성(八聖)은 극동아시아에 널리 퍼져 있는 사상이요 관념이다. 그리고 가면극이 공연되던 시기에 '승僧'에 대한 의미가 어 떻게 쓰였는가를 밝혀서 그 정체를 해명하여야 한다. '僧'을 반드시 불교와 관련시켜 해명할 필요는 없다. '승 (僧)'은 떠돌이 지식층을 지칭하기도 하였다. '墨'과 '먹'은 '검다'는 뜻으로 붙여졌다고 하는데 근거가 희박하다. 1936년 공연을 촬영한 베르그만의 필름대로라면 검은색 더거리를 입었기에 그렇게 불렀을 가능성이 있다.

2   [보정] 이 장면場面은 승려僧侶들의 파계과정破戒過程을 표현表現하는 것으로서 취발醉發이가 그 절에 있는 먹중 8명八名을 타락墮落시켜 노승老僧의 마음을 움직여 보는 것이다. ; 이 기사는 무엇을 근거로 하였는지 알 수 없다. 임석재본에는 이 기사가 없다. 이에 대하여는 두 가지 추정이 가능하다. 하나는 채록자 개인의 인 상에 의한 것이고, 다른 하나는 당시 연기자들의 증언을 바탕으로 한 것이다. 후자로 본다면 구술자가 연출법 을 말한 것으로 추측된다. '타락시키고 마음을 움직이었다' 함은 춤사위의 성격을 말해준다. 취발이와 연계함은 '제4장 노승무'와 같은 맥락에서 이해하여야 한다는 점을 말해준다.

    다만 첫목과 취발은 동일 등장인물에 대한 다른 등장인물기호일 가능성을 제기한다. 앞으로의 연구 과제다.

3   청靑 우又는 ; '청색 또는'이다

4   [보정] 황홀恍惚 ; 여기서는 홍색과 홍색 천으로 제작한 의상이 화려하다는 뜻으로 쓰였다.

5   [보정] 8묵승八墨僧은 모다 청靑 우又는 홍색紅色의 황홀恍惚한 긴저고리를 입고 울퉁불퉁하고 기괴奇怪한 가면假面을 쓰고 한 사람씩 등장登場하야 ; 팔목의 의상과 탈의 형상이다. 탈춤 등장인물의 의상이 본격적으로 제시된 바는 흔치 않다. 오청은 '청(靑) 우(又)는 홍색의 황홀한 긴 저고리'라고 채록하였는데, 앞에서 언급한 베르그만이 촬영한 필름에 의하면 현재 공연과는 탈, 연기, 의상 등에 많은 차이가 있고, 탈의 표정은 굵직한 선으로 표현되어 있다고 한다. [동아일보 1969년 10월 29일 기사 참조] 그리고 여덟 먹의 의상은 저고리[더거리]가 까만색이고 반소매이며 모습이 질속하다. 당시의 탈은 크기도 매우 크고 코밑에 구멍을 뚫어 밖을 내다볼 수 되어있었다고 한다. [경향신문 1979년 4월 20일 기사 참조] 이 같은 차이가 어떠한 연유인지는 알 길이 없다.

반주伴奏에 맞후어 장내場內로 뛰여 도라다니면서 기괴奇怪하고도 쾌활快活한 춤을 추며 여러가지 방탕放蕩한 노래[6]를 부른다.[7]

첫목   (붉은 빗갈의 웃옷[8]을 입고 허리에는 청엽靑葉의 유지柳枝[9]를 들고 큰 방울하나[10]를 차고 다름질 하야 등장登場한다.)[11]

'울퉁불퉁하고 기괴奇怪한 가면假面'을 착용하였다 함은 여덟 목탈의 형상을 말하고 있다. 이는 가면극의 인물을 규정하는 데에 있어서 중요한 단서가 된다. 가면극이기에 무엇보다도 춤을 비롯하여 탈과 그 대사를 통하여 인물을 밝혀내야 할 것이다. 등장인물 기호만 가지고 인물을 규정하는 것은 일부 성격만을 찾은 것일 뿐 온전히 파악하였다고 보기에는 한계가 있다. 즉 '기괴한 가면'과 '승려'를 같은 인물로 보는 태도는 우리 가면극을 연극으로 보지 못하게 되는 한계가 있다.

6   [보정] 여러가지 방탕放蕩한 노래 ; 첫목은 대사가 없고, 이목부터 팔목까지 대사가 있다. 이 대사들을 살펴본 다음 '방탕한 노래'의 의미를 규명할 일이다.

7   [보정] 한 사람식 등장登場하야 타령곡打令曲의 반주伴奏에 맞후어 장내場內로 뛰여 도라다니면서 기괴奇怪하고도 쾌활快活한 춤을 추며 여러가지 방탕放蕩한 노래를 부른다. ; 정병호는, 이 팔목춤은 도무(跳舞)나 한삼을 휘두르는 동작이 많고 장쾌하고 정도 있는 사위에 강렬한 굴곡의 탈과 함께 어우러져 무사(武士)의 검무(劍舞)와 유사하며 주로 오색의 옷과 붉은색 및 황금색의 가면은 사악한 귀신을 쫓아내는 구나적(驅儺的) 성격을 띤다고 한다.

8   [보정] 붉은 빗갈의 웃옷 ; 구체적으로 어떤 의상인지는 현재 분명치 않다.

9   [보정] 청엽靑葉의 유지柳枝 ; 푸른 버드나무가지를 말한다. 버드나무는 전국 각처에서 자라며 특히 냇가에서 흔히 자라고 만주와 일본에 분포한다. 썩은 버드나무의 원줄기는 캄캄할 때 빛이 난다. 시골사람들은 이것을 도깨비불이라고 하며 무서워하고 있다. 따라서 산골에서 도깨비가 나온다고 알려진 곳은 습지에서 버드나무가 무성한 숲일 때가 많다. 물가 어디서나 잘 자라는 나무로, 생명력을 상징하고 칼처럼 생긴 잎은 장수나 무기를 나타낸다. 학질을 앓고 있을 때 환자의 나이 수만큼 버들잎을 따서 봉투에 넣고 겉봉에 유생원댁입납(柳生員宅入納)이라 써서 큰 길에 버리면 쉽게 낫는다고 믿었다. 먼 길을 떠나는 낭군에게도 버들가지를 꺾어주어 보냈는데, 이는 나그네 길의 안녕과, 건강을 기원하는 뜻이 담겨 있다고 한다. 불교에서 서른 셋 관세음보살이 신봉되었는데 그 첫째인 양류관세음보살(楊柳觀世音菩薩)을 비롯하여 덕왕(德王), 청경(靑頸), 쇄수(灑水) 관세음보살이 버드나무와 관계가 있다고 한다. 관세음보살 진언에 '몸에 있는 질병을 없애려거든 버드나무 가지를 든 관세음보살에게 진언을 왼다.'라 한 점으로 보아 그 종교적 심성을 알 수 있다. 민속극인 봉산가면극에서 첫목의 소품인 '푸른 버드나무가지'도 이러한 '생명력의 상징'이라는 차원에서 포용할 필요가 있다. 취발이 탈의 경우도 마찬가지다. 취발이도 푸른 버드나무 가지를 꼽고 등장한다.

10 [보정] 큰 방울 하나 ; 소도구다. 이 방울이 가지고 있는 연극적 의미나 상징성은 또 다른 연구 과제다. 이를 무당과 연계시킴은 경계해야 할 것이다. 방울은 모든 종교에서 사용하는 상징물이다.

11 [보정] 첫목춤의 춤장단은 느린타령에서 잦은타령으로 바뀐다. 춤은 등장하자마자 드러누워 좌우로 뒤틀며 다리를 들어 꼬면서 엎어지고 뒤집어지는 등 몸부림치기도 하고 응덩이를 들썩들썩 좌우로 돌리는 몸부림의 춤을 춘다고 한다. 춤사위는 '등장', '허리틀기', '다리제끼기', '너울질', '다리들어올리기', '근경', '고개잡이', '외사위', '겹사위', '양사위' 등이 있다. -정병호, 『한국의 전통춤』, 집문당, 1999.
   제4장 '노승무(老僧舞)'에서 취발이가 등장하는 장면을 보면 '이때 취발醉發은 울퉁불퉁한 탈을 쓰고 허리에 청엽靑葉의 유지柳枝를 꽂고 큰 방울을 차고 술 취醉한 것처럼 비틀거리며 들어오다가 타령곡打令曲의 반주伴奏에 맞추어 춤을 추며 다름질 하야 등장登場한다.'라 하였다. 임석재본에서도 '푸른 버들가지를 허리에 꼽고 술 취한 것처럼 비틀거리고 등장한다.'고 기사되었다. 이로 보아 제2장 팔묵승무(八默僧舞)에 첫목탈과 취발이탈은 동일한 맥락에서 해명될 필요가 있다. 이러한 입장에서 볼 때에 제2장부터 제4장까지는 여덟 행위자 즉 팔목을 중심으로 전개되는 장면이라고 볼 수 있다. 아울러 제5장 사자춤 장면도 포함될 수 있다.

(머리를 앞으로 푹— 수구리고 술 취醉한 사람모양으로 비틀거리며 저고리의 두 소매로 얼굴을 가리고 타령곡打令曲의 반주伴奏에 맞후어 춤을 추면서 장내場內로 빙빙 도라다니다가 땅에 너머져서 너머진 그대로 누어서 얼굴을 가리운 그대로 팔과 몸과 다리를 움지기며 타령곡打令曲의 반주伴奏에 맞후어 춤을 춘다.

(이는 엄숙嚴肅한 노승老僧의 앞에서 공축恐縮[12]함을 느낀 까닭이다.)[13]

한참동안 그대로 춤을 추면서 이러나랴고 하다가 업더지기를 3차三次나 거듭한다.[14]

네 번番만에 겨우 이러나서 매우 쾌활快活한 춤을 추기 시작始作하야 조곰도 꺼림업시 한참 추고 있을 때에 둘재목이 다름질 하야 등장登場한다.)

二目.　　　(다름질 하야 들어와서 첫목의 면面을 한번 탁 처서[15] 퇴장退場시키고[16] 타령곡打令曲 반주伴奏에 맞후어 장내場內를 한 바쿠 도라다

12　공축恐縮 ; 두려워서 몸을 움츠림을 뜻한다.

13　(이는 엄숙嚴肅한 노승老僧의 앞에서 공축恐縮함을 느낀 까닭이다.) ; 공연자로부터의 전언이든가, 채록자의 주관적 해석이다.

14　[보정] 한참동안 그대로 춤을 추면서 일어나고 하다가 업더지기를 3차三次나 거듭한다. ; 삼전삼복(三顚三伏) 한다고 한다. 제4장 '노장무'에서 소무과 노장이 상봉하는 장면에서 노장의 춤에 관하여 아래와 같이 상당히 긴 채록 자료가 있는데 이를 주제적으로 이해하기 보다는 연출법 – 무법(舞法) – 으로 이해해야 옳다. 최근 자료에 따른 첫목의 무법은 다음과 같다. 춤사위 중심으로 된 기사를 확인할 수 있다. '한삼이 달린 붉은 원동 에 색동소매 더거리를 입고 큰 방울을 무릎에 달고 버드나무 생가지를 허리 뒤쪽에 꽂고 한삼으로 얼굴을 가린 채 달음질하여 등장하다 쓰러진다. 느린 타령곡에 맞추어 발끝부터 움직이는 동작을 시작한다. 겨우 전신이 움직이며 좌우로 삼전 삼복 하고 네 번 만에 간신히 일어나 무릎을 꿇고 좌우를 살핀다. 이제 겨우 일어나 또 좌우를 살펴보며 근경으로 돌면서 주위를 살핀다. 이제 이리저리 살펴보고 다니다가 비로소 얼굴을 가린 소매 를 떼고 괴이한 붉은 가면을 관중에게 처음 보인다. 악사의 타령곡이 자진타령으로 바뀌면 도약하면서 회전하 며 만사위로 휘저으면서 매우 쾌활한 춤을 추면서 탈판을 휘돈다.'

15　탁 처서 ; 오청본에서는 '탁—처서'라고 장음 표시 '—'가 채록되었다.

16　[보정] 다름질 하야 들어와서 첫목의 면面을 한번 탁 처서 퇴장退場시키고 ; 면상을 치는 것으로 되어 있으나 현재는 뒤에서 치는 것으로 연행되고 있다. 이에 대하여는 '큐(cue)'와 같이 등퇴장을 지시하는 것으로 파악되 고 있다. 그러나 이는 연행 현장에서 관찰된 것에 지나지 않는다. 성현(成俔)의 『용재총화(慵齋叢話)』의 다음 기사를 주목할 필요가 있다.

　　구나(驅儺)의 일은 관상감(觀象監)이 주관한다. 제석(除夕)의 전야에 창덕궁과 창경궁의 대궐 뜰에서 한 다. 그 제도는 악공 한 사람이 창수(唱師)가 되어서 붉은 옷에 탈을 쓴다. 방상씨(方相氏)로 분장한 네 사람 은 황금빛 네 눈을 하고 곰 가죽을 쓰고 창을 잡았으며 딱따기를 친다. 지군(指軍) 다섯 사람은 붉은 옷을 입고 탈을 쓰고 그림 그린 전립(戰笠)을 쓴다. 판관(判官) 다섯 사람은 푸른 옷에 탈을 쓰고 그림 전립을 쓴 다. 조왕신(竈王神) 네 사람은 푸른 도포에 복두를 쓰고, 나무 홀(笏)을 들며 탈을 쓴다. 소매(小梅) 두어 사

니며 쾌활快活하게 춤을 추다가 악공樂工의 앞[17]으로 와서 좌우左右
를 도라보면서)

「쉬이.」

(악樂의 반주伴奏와 무舞는 그친다.)

(창唱)

「산중山中에 무력일無曆日하야[18]

철가는 줄 몰랐더니

꽃 피여 춘절春節이요

엽葉돋아 하절夏節이라

오동낙엽추절梧桐落葉[19]秋節이요

저 건너 창송녹죽蒼松綠竹[20]에

백설白雪이 펄펄 휘날리니

이아니 동절冬節인가.[21]

람은 여자의 저고리를 입고 탈을 쓴다. 저고리 치마는 다 붉은 빛과 푸른빛으로 기다란 간당(竿幢)을 잡는다.
십이신(十二神)은 각기 자기의 탈을 쓴다. 가령 자신(子神)은 쥐 형상의 탈을 쓰고, 축신(丑神)은 소 형상의
탈을 쓴다. 또 악공 십여 명이 복숭아가지로 만든 비[桃列(도열) : 부정풀이할 때에 쓰는 복숭아 가지로 만든
비 — 필자]를 잡고 따라 간다. 아동 수십명을 골라서 붉은 옷, 붉은 건을 착용하고 탈을 쓰고 진자[侲子(진
자) : 어린 아이, 옛날에 역귀(疫鬼)의 구축(驅逐)을 맡은 아이 — 필자]가 되게 한다.

딱딱 치는 행위는 소위 양반춤에서도 나타난다. 이두현이 사직골 탈춤패를 '딱딱이패'라고 한 점도 이를 규명
하는 데에 긴요한 자료가 된다.

17 [보정] 악공樂工의 앞 ; 임석재본에서는 '적당適當한 곳'이라 하였다. 당시 공연현장을 그린 이두현본의 도면
을 참고하여 보면 악공을 등지고 관중을 정면과 좌우에 두고 서는 곳이 된다. 이두현본의 도면에 따르면 관중
편에서 볼 때에 왼편에 개복청이 있으니 결국 이목은 무대의 왼편에서 등장하여 왼편으로 퇴장하게 된다. 여기
에서는 관중편에서 방향을 제시하도록 한다.

18 [보정] 산중山中에 무력일無曆日하야 ; 산속에 책력이 없다는 뜻으로 세월 가는 줄을 모른다는 말이다. 당나
라 태상음자(太上陰者)의 '답인(答人)' '소나무 아래에 와서는, 돌베개를 높이 베고 있네. 산속이라 책력이 없
어 추위는 다했으나 해가 간 줄 모른다네. 偶來松樹下 高枕石頭眠 山中無曆日 寒盡不知年' 을 원용한 것이
다. 이와 같이 한시구를 원용하는 사례는 특히 조선후기 우리 연행문화 - 대표적으로 탈춤, 판소리, 가사, 시조,
사설시조, 잡가 - 에서 흔히 나타난다. 이와 같은 양상은 연구과제다.

[참고] 사설시조(辭說時調) - 山中에 無曆日하야 절 가는 줄 몰낫드니 / 곳 피면 春節 입 피면 하졀이요
黃菊 丹楓 秋節이라 / 저근너 층암 절벽상 蒼松 綠竹의 白雲이 분분 휘날이니 冬節인가. -雜誌(平洲本)

19 오동낙엽梧桐落葉 ; 오동나무는 낙엽지다 라는 뜻이다.

20 창송녹죽蒼松綠竹 ; 푸른 소나무와 푸른 대나무를 말한다. '창송취죽(蒼松翠竹)'이라고도 한다.

21 [보정] 산중山中에 무력일無曆日하야 ~ 이아니 동절冬節인가. ; 유유자적(悠悠自適)하고 은일자적(隱逸自
適)하는 삶을 노래하는 내용이다. 당나라 태상은자(太上隱者)의 '답인(答人)' '소나무 아래에 와서 돌베개 하고
잠들었네. 산속이라 책력이 없어 겨울은 갔지만 해 바뀐 줄 모르네. 偶來松樹下 高枕石頭眠 山中無曆日 寒

나도 본시本是 오입장誤入匠이[22]로

산간山間에 묻혔더니

풍류風流소리[23] 반겨 듣고

염불念佛에 뜻이 없서

이런 풍류정風流亭[24]

찾어왔든.」

　　　(창唱이 끝나자 육각六角[25]은 타령곡打令曲을 반주伴奏하고 둘재목
　　　은 이에 맞후어 한참 춤을 추다가 다시)

「쉬이.」[26]

　　　(악樂과 무舞는 그친다.)

「봉제사연후奉祭祀然後에 접빈객接賓客하고

수인사연후修人事然後에 대천명待天命이라고 하얐으니

수인사修人事 한 마듸 드러가오.[27]」

盡不知年'을 원용한 것이다. 이와 같이 한시구를 원용하는 사례는 특히 조선후기 우리 연행문화 – 대표적으로 가면극, 판소리, 가사, 시조, 사설시조, 잡가 – 에서 흔히 나타난다.

　　　[참고] 山中(산중)에 無曆日(무력일)하야 절 가는 줄 몰낫드니 / 꽃 피면 春節(춘절) 입 피면 하결이요 黃菊(황국) 丹楓(단풍) 秋節(추절)이라 / 저근너 층암 절벽상 蒼松綠竹(창송녹죽)의 白雲(백운)이 분분 휘날이니 冬節(동절)인가. -『雜誌』(平洲本)

22　[보정] 오입장誤入匠이 ; 여기서는 '풍류남아'라는 뜻으로 쓰였다. '오입'은 아내가 아닌 여자와 상관하는 일이다. 외도(外道), 외입(外入)이라고도 한다.

23　[보정] 풍류風流소리 ; 여기서는 가면극 현장에서 울려 퍼지는 소리를 두고 이른 말이다. '풍류'는 멋스럽고 풍치가 있는 일이나, 또는 그렇게 노는 일이다. 또는 대풍류, 줄풍류 따위의 관악 합주나 소편성의 관현악을 일상적으로 이르는 말이다.

24　풍류정風流亭 ; 풍류를 즐기는 정자라는 뜻이다. '풍류(風流)'는 멋스럽고 풍치가 있는 일, 또는 그렇게 노는 일을 말한다. 대풍류, 줄풍류 따위의 관악 합주나 소편성의 관현악을 이르는 말이기도 하다. 풍류놀이(風流--)' 는 시도 짓고 노래도 하고 술도 마시고 춤도 추는 놀이를 말한다. '풍류장(風流場)'은 풍류를 즐기려고 남녀가 모이는 장소를 말한다.

25　육각六角 ; 북, 장구, 해금, 피리, 태평소 둘로 이루어진 악기 편성을 말한다.

26　쉬이 ; 춤을 그치면서 음악을 멈추라는 뜻이다. 그러면서 다음 대사를 시작하겠다는 뜻을 담은 대사다. '—'는 장음으로 실현한다는 뜻이다. 한편 관중에게는 집중하여 들어 달라는 뜻도 있다.

27　[보정] 봉제사연후奉祭祀然後에 접빈객接賓客하고 수인사연후修人事然後에 대천명待天命이라고 하얐으니 수인사修人事 한 마듸 드러가오 ; 조상 제사를 잘 받들어 모신 후에 귀한 손님을 대접하고, 사람의 도리를 다한 후에 하늘의 명을 기다린다 하였으니 수인사 한 마디 들어가오. 불림으로 활용되었다. 이하도 같다. '수인사 연후에 대천명'은 '盡人事 待天命'과 같은 뜻으로 사람이 할 일을 다 하고 천명을 기다린다는 말이다. 우리 고전작품의 하나인 '계녀가(誡女歌)'에는 화자가 내일 신행(新行) 가는 딸에게 사구고(事舅姑)·사군자(事君子)·목친척(睦親戚)·봉제사(奉祭祀)·접빈객(接賓客) 등 한 집안의 며느리로서 지켜야 할 일들에 대해 읊고 있다.

(타령곡打令曲의 빈주伴奏에 맞후어 춤을 추면서…… 창唱[28])

「심불로심불로백수한산心不老心不老白首寒山에 심불로心不老.[29]」

---

28 [보정] 창唱 ; 아래 대사를 노래로 실현하였다는 것이다. 즉 불림으로 실현한다.

불림에 대한 자료들을 정리해 보면 다음과 같다. 오청 채록 봉산탈춤 에는 불림에 해당하는 사설을 '(…唱)'이라 하였다. 김일출은 이보다 분명하게 '○불림'이라 하고 '≪ ≫' 안에 넣었다. 이두현 채록 봉산탈춤에는 '제이과장 제이경 법고놀이'나 '제사과장 제삼경 취발이춤'에서 '불림으로'라 하고 '< >' 안에 넣었다. 김일출은 사설과 불림을 구별하지 않고 '≪ ≫' 안에 넣었으나, 이두현채록 봉산탈춤에서는 '불림으로'라고 한 경우도 있고, 한편으로는 불림은 '< >'으로 구별한 것으로 보아, '(불림으로)'으로 라고 단서를 달지 않았더라도 '< >' 안에 넣은 사설은 불림으로 보아도 무방할 것이다. 이두현 채록 양주별산대놀이에서도 '불림으로'라고 채록되었다. 허영호 구술 채록 송파 산대놀이에는 '(불림)', '(불림을 하고 타령조로----)', '(불림을 하고 춤으로 ----)', '…불림을 하고 다 같이 춘다…)' 등과 같이 채록되었다. 이두현 채록 가산오광대에서는 '불림조로'라고 하였다. 이에 상응하는 자리에 '창'이라 채록된 것, '노랫조로'라고 채록된 것, '후렴', '후렴 후에 음악과 춤으로 한참 놀다'등으로 채록되었다. '歌'라고 채록된 경우도 있다. 따라서 불림이라 채록된 것을 기초로 하여 그에 상응하는 자리에 채록된 것들을 일단은 불림으로 볼 것이다.

29 [보정] 심불로심불로백수한산心不老心不老白首寒山에 심불로心不老 ; 한자어 불림이다. '마음은 늙지 않았다 마음은 늙지 않았다 한산과 같이 머리는 희었으나'라는 뜻이다. 당나라 왕발(王勃)의 '등왕각서(滕王閣序)'의 '내가 믿는 바로는 / 군자는 가난을 편안하게 여기고 / 달인은 자신의 운명을 안다. / 늙을수록 더욱 강해져야 하나니 / 어찌 노인의 마음을 알 것이며, / 가난할수록 더욱 굳건해져야 하나니 / 청운의 뜻을 저버리지 않을 것이다. 所賴 君子安貧 達人知命 老當益壯 寧知白首之心 窮且益堅 不墜靑雲之志'를 연상케 하는 구절이다. 몸은 늙었을망정 마음은 청운지지(靑雲之志)를 버리지 않는다는 뜻이다. 이를 원용한 것이다. 이같은 양상은 가사 작품에서도 나타나는데 '금강도사도덕가'에서는 '白首寒山心不老라 靑春압장 이世界에 마음조차 늘글소냐' 라고 읊었다. 오청본에서는 '心不老心不老白首寒山에心不老'라고 채록되었다.

불림의 사전적인 의미는, '춤에 필요한 장단을 청하는 노래. 또는 그때 추는 춤사위.' 혹은 '탈춤에서 춤추기 전에 어깻짓을 하면서 악사에게 장단을 청하는 말.'이라고 한다. 그리고 '불리다'의 사전적 의미를 찾아보면 다음과 같다.

① 과거에 급제한 사람을 창방(唱榜)하기 전에 지구(知舊) 중의 선진(先進)이 찾아와서 치하(致賀)한 뒤에 시달리게 하기 위하여 신은(新恩)의 얼굴에 관주(貫珠)를 그리어 흉악하게 만들고, '이리위 저리위'라 부르며 삼진(三進) 삼퇴(三退)를 시키어 괴롭히다. -이희승,『국어대사전』, 민중서림, 1994 삼판.

② 과거에 급제한 사람을 창방하기 전에 먼저 과거를 본 친한 아는 선배가 찾아와서 치하한 뒤에, 시달리게 하기 위하여 새로 급제한 사람의 얼굴에 관주를 그리어 흉악하게 만들고, "이리위 저리위"라 하면서 세번 앞으로 오랬다 뒤로 물러가랬다 하며 괴롭히다. -박용수,『겨레말 갈래 큰사전』, 서울대학교 출판부, 1993.

③ (과거에 급제한 사람을)괴롭히다. 註;과거에 급제한 사람을 치하하는 뜻에서 선배가 찾아와 급제한 사람의 얼굴에 관주(貫珠)를 그려 흉악하게 만들고, 앞뒤로 오라 가라 하며 괴롭히는 것을 이름. -남영신,『우리말 분류 사전』, 동사편, 한강출판사, 1989.

'불림소리'는 허튼춤에서 서로의 흥을 돋구기 위하여 외치는 말, 좋지·좋아·얼씨구 등의 소리를 일컫는다고 한다. 이러한 점에 착안하여 필자는 불림을 다음과 같이 정리하였다.

'불림'은 '성스럽게 여기는 자리에서 괴롭힘으로써 축하하는 역설적 하례(逆說的 賀禮)'다. 이러한 관념은 과거에 급제하였거나 새로이 관직에 등용되었거나 결혼을 하거나 하는 축하할 만한 자리에서 이루어졌던 것이다. 또한 '불림'의 본래적 기능에는 '구호치어(口號致語)'와 동일한 의미가 있었던 것은 아니라 하더라도 '축(祝)'의 관념이 작용하고 있었던 것은 분명하다. 결국 가면극 대사에서의 '불림'은 '역설적 하례'라는 관념으로 언어유희와 육담(肉談) ─ 재담(才談)과 덕담(德談) ─ 의 난무가 가능했다. 다만 전승되어 오는 과정에서 이러한 관념은 사라지고 오직 그 외형적 기능 ─ 춤 문구(文句)로서의 기능 ─ 만 남게 된 것이다. '불림'은, 국가

(둘재목이 한참 쾌활快活하게 춤을 출 때에 셋재목이 등장登場한다.)

三目[30]. (셋재목이 다름질 하야 들어와서 둘재목의 면面을 한번 탁 처서 퇴
장退場시키고 타령곡打令曲의 반주伴奏에 맞후어 장내場內를 한
바쿠 돌아다니며 쾌활快活하게 춤을 추다가 악공樂工의 앞으로 와
서 좌우左右를 도라보면서)

「쉬이.」

(악樂의 반주伴奏와 무舞는 그친다.)

(창唱)

「이곳을 당도當到하야 사면四面을 도라보니

담박청정淡泊淸正[31] 네 글자

분명分明히 붙혀 잇고[32].

동편東便을 바라보니

만고성군萬古聖君[33] 주문왕周文王[34]이

적 제전에서의 구호치어와 그 형식과 기능면에서 상응하는 것으로, 오신(娛神) 즉 풀이와 갱신(更新) 즉 신명
등과 관련이 있으며, 언어유희와 재담과 덕담을 매개로 하면서, '역설적 하례'를 지향하는 연극적 행위이다.

30 [보정] 정병호는, 삼목의 춤은 불림으로 시작하여 '개구리뛰기', '두 팔 벌려 어깨춤으로 어르면서 회전하기', '물
결사위', '고개잡이', 도무로서의 '외사위', '겹사위', '양사위' 등이 있다고 한다.

31 [보정] 담박청정淡泊淸正 ; 원래는 '담박영정'이다. 원자료 그대로 밝힌다.

32 [보정] 담박청정淡泊淸正 네 글자 분명分明히 붙혀 잇고 ; '담박청정'이라는 네 글자가 분명히 붙어 있고. 이
대사는 가면극이 공연되는 현장을 '담박청정' 즉 담박하고 맑고 바른 삶을 지향한다는 의미를 가진 공간으로
전이시키는 기능을 발휘한다. '담박청정淡泊淸正'은 원래는 '澹泊寧靜(담박영정)'이다. 여기서는 '담박청정'이
라고 채록된 것이다. '담박하며 맑고 바르다'는 뜻으로 풀이 될 수 있다. 제갈량이 '계자서(誡子書)'에서 '군자의
행실이란 고요한 마음으로 몸을 닦고, 검소함으로써 덕을 기르는 것이다. 마음에 욕심이 없어 담박하지 않으면
뜻을 밝힐 수 없고, 마음이 안정되어 있지 않으면 원대한 이상을 이룰 수 없다. 夫君子之行 靜以修身 儉以養
德 非澹泊無以明志 非寧靜無以致遠'라고 하였다. 이러한 뜻을 압축하여 사자성어(四字成語)를 만든 것이다.
전통적으로 이 사자성어를 현판으로 만들어 붙였다. 임석재본에는 澹泊寧靜 '諸葛武侯書 非詹伯無以明志 非
寧靜無以致遠'라고 주를 달았다.

33 만고성군萬古聖君 ; 만고에 어질고 덕이 뛰어난 임금을 말한다.

34 주문왕周文王 ; 기원전 12세기경, 중국 주(周)나라를 창건한 왕이다. 은나라에서 크게 덕을 베풀고 강국으로
서 이름을 떨친 계(季)의 업을 계승하여, 점차 인근 적국들을 격파하였다. 위수(渭水)를 따라 동진하여 지금의
서안(西安) 남서부 풍읍(豊邑), 즉 호경(鎬京)에 도읍을 정하였다. 은나라의 주왕(紂王)이 산동반도(山東半
島)의 동이(東夷)민족 정벌에 여념이 없는 틈을 타, 인근 제후의 지지를 받아 세력을 길러 황하강(黃河江)을
따라 동으로 내려가, 화북(華北) 평원으로 진출하였다. 그 도하점(渡河點) 맹진(孟津)을 제압하고, 은나라를
공격할 태세를 정비하였다. 만년에는 현상(賢相) 여상(呂尙: 太公望)의 도움을 받아 덕치(德治)에 힘썼다. 뒤
에 은나라로부터 서방 제후의 패자(覇者)로서 서백의 칭호를 사용하도록 허락받았다. 은나라와는 화평주의적
태도를 취하였으며, 우(虞)·예(芮) 등 두 나라의 분쟁을 중재하여 제후들의 신뢰를 얻어 천하 제후의 절반 이

태공망太公望³⁵ 찾으랴고

위수양渭水陽³⁶가는 경景을

역력歷歷히 그려 있고.³⁷

상이 그를 따랐다. 죽은 뒤 무왕이 은나라를 쓰러뜨리고 주나라를 창건하였으며, 그에게 문왕이라는 시호를 추존하였다. 뒤에 유가(儒家)로부터 이상적인 성천자(聖天子)로서 숭앙을 받았으며, 문왕과 무왕의 덕을 기리는 시가 『시경(詩經)』에 수록되어 있다.

35 태공망太公望 ; 주나라 초기의 현신(賢臣) 여상(呂尙)이다. 여상은 주나라 동해(東海) 사람으로 본성은 강씨(姜氏)다. 그의 선조가 여(呂)에 봉해졌으므로 여상(呂尙)으로 칭해졌다. 자는 자아(子牙)다. 나이 칠순에 위수(渭水)에 낚시를 드리우며 때를 기다린 지 10여 년 만에 주나라 문왕(文王)을 만나 초빙된 다음, 문왕(文王)의 스승이 되었으며, 문왕은 그가 조부인 태공(太公)이 항시 바라던 사람이라는 뜻에서 '태공망(太公望)'이라고 했다. 병법의 이론에도 밝아서 문왕(文王)이 죽은 뒤에 무왕(武王)을 도와 목야(牧野)의 전투에서 은(殷)나라 주(紂)왕의 군대를 물리치고 주(周)나라를 세우는데 큰 공을 세웠고, 후에는 제(齊) 땅을 영지로 받아 제(齊)나라의 시조(始祖)가 되었다.

36 위수양渭水陽 ; 강 이름이다. 중국 감소성(甘肅省) 위원현(渭源縣)의 서북 조서산(鳥鼠山)에서 발원하여 섬서성(陝西省)을 거쳐 낙수(洛水)와 합쳐 황하(黃河)로 흐른다. 강태공(姜太公)이 이곳에서 은거하며 낚시를 하며 세월을 보내다 주나라 문왕(文王)을 만난 곳으로 유명하다.

37 [보정] 동편東便을 바라보니 만고성군萬古聖君 주문왕周文王이 태공망太公望 찾으랴고 위수양渭水陽가는 경景을 역력歷歷히 그려 있고. ; 주문왕과 태공망과의 고사를 그린 그림을 말한다. 소위 '사벽도(四壁圖) 사설'을 원용한 것이다. [참고] 『사기』 제태공세가(齊太公世家) ; 태공망(太公望) 여상(呂尙)은 동해(東海) 근처 사람으로, 그의 선조는 일찍이 사악(四嶽)이 되어 우(禹)임금이 물과 땅을 정리하는 것을 도와 크게 공을 세웠다. 그들은 우(虞)와 하(夏) 시대에 여(呂) 또는 신(申) 땅에 봉해졌으며 성(姓)은 강씨(姜氏)였다. 하(夏)와 상(商) 왕조 때에는 그 방계의 자손이 신과 여 땅에 봉해지기도 하였고, 또 평민이 되기도 하였는데, 상(尙)은 그 후예로서, 본래의 성은 강씨였지만 그 봉지(封地)를 성으로 하여 여상(呂尙)이라고 부른 것이다. 여상은 곤궁하고 연로하였던 듯한데 낚시질로 주 서백(周西伯)에게 접근하려고 하였다. 서백(西伯)이 사냥을 나가려고 하다가 점을 쳤는데, 점괘가 나오기를 "잡을 것은 용도 이무기[螭]도 아니고, 호랑이도 곰[羆]도 아니다. 잡을 것은 패왕의 보필이다"라고 하였다. 이리하여 주서백이 사냥을 나갔다가 과연 위수(渭水) 북쪽에서 여상을 만났는데, 그와 이야기를 나누고는 크게 기뻐하며 이렇게 말하였다. 우리 선대(先代)의 태공(太公) 때부터 이르기를 "장차 성인(聖人)이 주(周)나라에 올 것이며, 주나라는 그로 하여 일어날 것이다"라고 하였습니다. 선생이 진정 그분이 아닙니까? 우리 태공께서 선생을 기다린 지가 오래되었습니다. 이리하여 그를 '태공망(太公望)'이라고 부르며 수레에 함께 타고 돌아와서 사(師)가 되게 하였다. 어떤 이의 말로는, 태공은 박학다식하여 상 주왕(商紂王)을 섬겼으나 주왕이 포악무도하자 떠나버렸으며, 제후들에게 유세하였지만 알아주는 이를 만나지 못하였다가 마침내 서쪽으로 가서 주 서백에게 의지하게 된 것이라고 한다. 어떤 이의 말은 또 이러하다. 여상은 처사(處士)로서 바닷가에 숨어 살았는데, 주 서백이 유리(羑里)에 구금되자 평소에 여상을 알고 있던 산의생(散宜生)과 굉요(閎夭)가 그를 불러냈다. 여상도 "내가 듣기에 서백은 현명하고 또 어른을 잘 모신다고 하니, 어찌 그에게 가지 않겠는가?"라고 하였다고 한다. 이들 세 사람은 서백을 위하여 미녀와 보물을 구해서 주왕에게 서백의 죄값으로 바쳤다. 이리하여 서백은 구금에서 풀려나 주나라로 돌아올 수 있었다는 것이다. 이처럼 전설에 따라 여상이 주나라를 섬기게 된 경위를 달리 말하지만, 그 요점은 다같이 그가 주나라의 문왕(文王)과 무왕(武王)의 사(師)가 되었다는 것이다. 주 서백 희창(姬昌)은 유리에서 벗어나 돌아오자 여상과 은밀히 계획을 세우고 덕행을 닦아 상(商)나라의 정권을 넘어뜨렸는데, 그 일들은 주로 용병술과 기묘한 계책을 펴는 것들이었다. 따라서 후세에 용병술과 주나라의 권모(權謀)를 말하는 이들은 모두 태공(太公)을 그 주모자로 존숭하였다. 주 서백이 공평한 정치를 하며, 우(虞)나라와 예(芮)나라의 분쟁을 해결하자 시인들이 서백을 '천명을 받은 문왕(文王)'이라고 칭송하였다. 문왕이 숭(崇), 밀수(密須), 견이(犬夷) 등의 나라들을 정벌하고, 풍읍(豐邑)

남편南便을 바라보니

춘추春秋적[38] 진목공秦穆公[39]이

건숙健叔[40]을 찾으랴고

농명촌農明村 가는 경景을

역력歷歷히 그려 있고.[41]

을 크게 건설하고, 천하의 3분의 2를 주나라에 귀순하게 한 것들은 대부분이 태공의 계책에 의한 것이었다.

38　춘추春秋적 ; 춘추시대를 말한다. 주(周)의 동천(東遷) 이후부터 진(秦) 시황제(始皇帝)의 통일까지의 기원 전 770년부터 221년까지로 공자(孔子)가 사서인 춘추(春秋)에서 이 시대의 역사적 사건들을 서술한 데서 붙여 진 이름이다. 이 시대는 지방분권적인 봉건제도가 해체되고, 진(秦), 한(漢)의 중앙집권적인 군현제가 실시되어 가는 과도적인 시기로 존왕양이(尊王洋夷)의 정신을 숭상하며 지방 분권적인 모습을 보였으나, 전국시대에 들 어와서 존왕양이의 정신이 쇠퇴하고 오로지 약육강식의 논리만 살아남음으로써 7개의 강국 진(秦)·초(楚)·연 (燕)·제(齊)·한(韓)·위(魏)·조(趙)의 전국칠웅(戰國七雄)만이 남아 중앙집권적 국가의 모습을 보여주었으 며, 춘추시대의 군주가 후(候)라고 칭했던 반면, 전국시대의 군주는 왕(王)이라 칭하는 등 지방분권에서 중앙 집권으로 변모해가는 모습이 나타나고 있다.

39　진목공秦穆公 ; 진(秦)나라의 14대 군주로 본명은 임호(任好)다. 진나라의 진흥의 터전을 마련한 영명한 군 주로, 공자·백리해·건숙·서걸술(西乞術)·건병(蹇丙, 건숙의 아들)·공손지·요여 등의 현신, 책사들의 보필 을 받아 서융(西戎) 지역의 많은 부락들을 정벌해 진나라의 영토와 영민(領民)을 대폭 증가시킴으로써 진을 무시하지 못할 서방 강국으로 융성시켰다.

40　건숙健叔 ; '蹇叔'이라고도 한다. 제나라 출신의 현인이다. 세상이 몰라주는 백리해(百里奚)의 비범함을 첫눈 에 간파하고 그를 오랫동안 거두어 주었다. 백리해가 주인을 찾아 나설 때마다 신중할 것을 거듭 충고했고 드 디어 진목공(秦穆公)에게 발탁되자 그의 추천으로 역시 진목공을 섬기게 되었다. 뛰어난 지략과 경륜으로 백 리해와 함께 진목공이 서융(西戎)의 패주(覇主)가 되도록 하는 데 결정적 역할을 한 사람이다.

41　[보정] 남편南便을 바라보니 춘추春秋적 진목공秦穆公이 건숙健叔을 찾으랴고 농명촌農明村 가는 경景을 역력歷歷히 그려 있고. ; 진목공과 건숙과의 고사를 그린 그림을 말한다. 소위 '사벽도(四壁圖) 사설'을 원용한 것이다. [참고] 『사기』 진본기(秦本紀) ; 목공 임호(任好) 원년, 목공은 친히 군대를 이끌고 모진(茅津)을 토벌 하여 승리하였다. 4년, 목공이 진(晉)나라에서 아내를 맞아들였는데, 그녀는 진의 태자 신생(申生)의 누이였다. 그해 제 환공은 초(楚)를 토벌하여 소릉(邵陵)에 이르렀다. 5년, 진 헌공(晉獻公)이 우(虞)나라와 괵(虢)나라 를 멸망시키고 우왕(虞王)과 그의 대부 백리혜(百里傒)를 포로로 잡아왔는데, 이것은 진헌공이 백옥(白玉)과 양마(良馬)를 우왕에게 뇌물로 주었기 때문에 가능하였다. 진 헌공은 백리혜를 잡아온 후, 진 목공의 부인이 시집올 때 시종으로 진(秦)나라에 딸려 보냈다. 백리혜는 진(秦)에서 도망쳐서 완(宛)으로 갔으나, 초(楚)나라 변경 사람에게 붙잡혔다. 백리혜가 어진 사람이라는 것을 들은 목공은 많은 재물로 그의 몸값을 치르고 데려오 려고 했으나, 초나라 사람이 내주지 않을까 걱정하여 사람을 초나라에 보내 "나의 잉신(媵臣)인 백리혜가 귀국 에 있는데, 검정 숫양의 가죽 다섯 장으로 그의 몸값을 치르고자 한다"라고 전하게 하였다. 초나라 사람은 응낙 하고 백리혜를 놓아주었다. 이때 백리혜의 나이는 70세가 넘었다. 목공은 백리혜를 석방시켜 그와 함께 국사를 논의하였다. 그러자 백리혜는 사양하며 "신(臣)은 망한 나라의 신하인데 어찌 하문(下問)을 하십니까"라고 하 였다. 목공은 "우왕은 그대를 등용하지 않아 망한 것이니, 그대의 죄가 아니오"라고 하며, 계속 하문하며 백리 혜와 삼일 간 담론하였다. 목공은 크게 기뻐하며 그에게 국정을 맡기고 그를 오고대부(五羖大夫)에 임명하였 다. 그러자 백리혜는 사양하며 이렇게 말했다. 신(臣)은 신의 친구인 건숙(蹇叔)만 못합니다. 건숙은 현명하지 만 세상 사람들이 알지 못합니다. 신이 일찍이 관직을 구해 돌아다니다가 제(齊)나라에서 곤경에 빠져 질 땅의 사람에게 걸식을 하였을 때 건숙이 거두어주었습니다. 저는 제왕(齊王) 무지(無知)를 섬기려고 하였으나 건숙 이 만류하였으므로, 신은 제나라의 난리에서 벗어날 수 있었습니다. 이에 주(周)나라로 가서 주나라 왕자 퇴

서편西便을 바라보니

전국戰國적[42] 오자서吳子胥[43]가

손무자孫武子[44] 찾으랴고

나부산那夫山[45] 가는 경景을

역력歷歷히 그려 있고.[46]

북편北便을 바라보니

(犧)가 소를 좋아한다기에 신은 소 기르는 재주로 알현을 청했습니다. 퇴가 신을 임용하려고 하였으나 건숙이 신을 만류하였기에 주나라를 떠나서 죽지 않을 수 있었습니다. 또 우왕(虞王)을 섬기니 건숙이 신을 만류하였으나 우왕이 신을 임용하지 않을 것을 알면서도 속으로 봉록과 관직을 탐내어 잠시 머물렀습니다. 두 번은 그의 말을 들어서 재난에서 벗어날 수 있었고, 한 번은 듣지 않아 우왕의 재난을 당했습니다. 이에 목공은 사람을 보내 후한 예물을 갖추어 건숙을 맞아들이고 그를 상대부(上大夫)에 임명하였다. 그해 가을, 목공은 친히 군대를 이끌고 진(晉)나라를 정벌하여 하곡(河曲)에서 싸웠다. 진나라의 여희(驪姬)가 난을 일으켜 태자 신생이 신성(新城)에서 죽었고, 중이(重耳)와 이오(夷吾)는 도망하였다.

42 전국戰國적 ; 전국시대 중국 역사에서, 춘추 시대 다음의 기원전 403년부터 진나라가 중국을 통일한 기원전 221년까지 약 200년간의 과도기를 말한다. 여러 제후국이 패권을 다투었던 동란기로 '전국 칠웅'이라는 일곱 개의 제후국이 세력을 다투었으며, 제자백가와 같이 학문의 중흥기를 이루었고, 토지의 사유제와 함께 농사 기술의 발달 따위로 화폐가 유통되기도 하였다.

43 오자서吳子胥 ; 오자서(伍子胥)가 옳다. 중국 춘추시대 오나라의 대부(大夫)다. 이름은 원(員), 자서(子胥)는 그의 자다. 초나라 평왕(平王)이 소인(小人)의 참소(讒訴)를 듣고 오자서의 아버지와 형을 죄 없이 죽이자, 오나라로 망명하여 오나라의 장수가 되어 초나라를 쳤다. 그러나 이미 평왕(平王)이 죽은 다음이었는지라, 그 묘를 파내어 시체를 매질하여 아버지와 형의 복수를 하였고, 후에 오나라로 하여금 패권을 잡게 하였다. 그 뒤 오나라 왕인 부차(夫差)가 서시(西施)의 미색에 빠져 정사를 게을리 하고 오히려 간하던 오자서에게 칼을 주어 자살하게 하였다. 오자서는 자살하면서 자기의 눈을 오나라 성의 동문에 걸어서 자기의 말을 듣지 않고 자기를 죽이니 오나라가 멸망하는 것을 보게 하라는 유언을 남겼는데, 이후 역대의 시인들은 오나라 성 아래를 흐르는 상강(湘江)의 거친 물결을 오자서의 통분한 마음으로 비유하고 있다.

44 손무자孫武子 ; 중국 춘추시대 제(齊)나라 출신으로 오나라의 합려(闔廬)를 따랐던 병법가다. 본명은 손무(孫武)로, 손자(孫子)라고도 부른다. 오(吳)나라의 왕 합려(闔閭)를 섬겨 절제·규율 있는 육군을 조직하게 하였다고 하며, 초(楚)·제(齊)·진(晉) 등의 나라를 굴복시켜 합려로 하여금 패자(覇者)가 되게 하였다고 한다. 하오나라 궁중의 미녀 180명을 데리고 군사 훈련을 시키는 과정에서 합려(闔廬)가 가장 총애하던 두 명의 미인을 참수였던 '일벌백계(一罰百戒)'의 고사와, 장수가 군문(軍門)에 있을 때에는 임금의 명을 받들지 않을 수도 있다고 말한 고사가 있다. 합려(闔廬)는 그를 등용하여 초(楚)나라의 도읍을 점령하였고, 제(齊)나라와 진(晉)나라를 위협함으로써 춘추오패(春秋五覇) 중의 하나가 되었다. 그가 저술하였다는 병서(兵書) '손자병법(孫子兵法)'은 단순한 국지적인 전투의 작전서가 아니라 국가경영의 요지(要旨), 승패의 기미(機微), 인사의 성패(成敗) 등에 이르는 내용을 다룬 책이며, 그는 '싸우지 아니하고도 남의 군사를 굴복시키는 것은 착한 자의 으뜸'이라 가르치고 있다. 손무는 나부산(羅浮山) 은거지에서 병서 13편의 초고를 완성하였다. 손무는 은거 시에 알게 된 친구 오자서(伍子胥)의 도움으로 오나라에 출사하게 된다.

45 나부산那夫山 ; 나부산(羅浮山)으로 광동성(廣東省) 혜주부 부라(惠州府傅羅)에 있는 산이다.

46 [보정] 서편西便을 바라보니 전국戰國적 오자서吳子胥가 손무자孫武子 찾으랴고 나부산那夫山 가는 경景을 역력歷歷히 그려 있고. ; 오자서와 손무자의 고사를 그린 그림을 말한다. 소위 '사벽도(四壁圖) 사설'을 원용한 것이다.

초한楚漢[47]이 요란擾亂[48]할 제

천하장사天下壯士[49] 항적項籍[50]이가

범아부范亞夫[51] 찾으랴고

기고산祈高山[52] 가는 경景을

역력歷歷히 그려 있고.[53][54]

47　초한楚漢 ; 중국 초나라와 한나라를 말한다.

48　[보정] 요란擾亂 ; 여기서는 전쟁에 휘말렸다는 뜻으로 쓰였다.

49　천하장사天下壯士 ; 세상에 비길 데 없는 힘센 장사를 말한다. 항우가 한나라 군사들이 부르는 초나라 민요를 들으며 착잡한 마음을 달래려고 지은 칠언절구인 '해하가(垓下歌)'에서 '힘은 산을 뽑도다. 기상은 세상을 덮고 시세가 불리함이여 추마는 가지 않는구나. 추마가 가지 않음이여, 우미인이여, 우미인이여, 그대를 어쩌면 좋은가. 力拔山兮氣蓋世 時不利兮騅不逝 騅不逝兮可奈何 虞兮虞兮奈苦何' 라고 읊었다.

50　항적項籍 ; 중국 진말(秦末)의 범인(梵人)이다. 초나라의 장수 항우(項羽)를 말한다. 이름은 적(籍)이다. 숙부 양(梁)과 함께 기병(起兵)하여 진군(秦軍)을 쳐서 함양(咸陽)을 불사르고 진왕(秦王) 자영(子嬰)을 죽이고 자립하여 서초(西楚)의 패왕(覇王)이 되었다. 패공(沛公) 유방과 천하를 다투었으나 해하(垓下)의 싸움에서 패하고 오강(烏江)에 투신자살하였다.

51　범아부范亞夫 ; 항우(項羽)의 책사였던 범증(范增)을 말한다. 항우를 도와 패왕(覇王)이 되게 하였다. 기이한 계책을 좋아하여 나이 70에 항우의 모사가 되어 항우가 아부(亞父)라 불렀다. 기고산에서 스승이던 양진인(楊眞人)을 섬겨 도를 닦아 선인(仙人)이 되고자 하였으나 항우(項羽)의 부하인 계포가 끈질기게 쫓아와 임관을 청하여 항우의 모사가 되었다. 통일 진나라를 격파하기 위하여 각종 신묘(神妙)한 계책을 짜내었다. 진나라를 평정(平廷)한 이후에도 항우의 수하로 있던 유방(劉邦)을 경계시키어 그를 죽일 것을 간언(諫言)하였으나 장량(張良)이 중간에서 계략을 폄으로써 항우는 끝내 유방을 죽이지 않는다. 그래도 범증은 유방을 매우 탐탁지 않게 여겨 함양(咸陽) 점령의 논공행상(論功行賞) 때 항우에게 '유방은 천운을 타고난 사람이므로 언젠가 우리에게 해가 될 것이옵니다. 유방을 파촉으로 보내어 그곳에서 갇혀 늙어죽게 하는 것이 좋을 줄 아뢰옵니다.' 라고 하여 유방을 파촉으로 보낸다. 그러나 유방은 오히려 거기서 장량의 공으로 한신(韓信)을 얻어 군사력을 증강(增强)시켜 중원 서부 지방을 점령하고 뒤이어 함양까지 점령하였다. 그리고 유방이 항우와 날카롭게 경계하고 있을 때 항우에게 이러저러한 간언을 하였으나 유방이 이간질함으로써 항우는 그러한 범증의 충언을 믿지 않는다. 장량은 범증에게 한군(漢軍)으로 넘어올 것을 권유하였으나 끝내 범증은 이것을 거절해버렸다. 장량은 진평에게 명을 내려 '범증이 우리에게 오지 않으니 우리는 그를 버릴 수밖에 없다. 항우는 평소 의심이 많고 강직한 사람이므로 범증이 역모를 꾸미고 있다는 사실을 듣기라도 하면 당장 범증을 죽일 것이다.' 라고 말하였다. 진평은 거짓 계책을 꾸며 마치 범증이 항우에게 역모(逆謨)를 꾸미고 있는 듯이 범증에게 서신을 보내서 이를 발견한 항우는 결국 범증을 역모죄로 체포하였다. 하지만 끝내 죽이지 못하고 범증의 고향인 기고산으로 그를 쫓아낸다. 기고산으로 가던 중 범증은 71세의 일기로 사망하였다. 항우는 범증 생전에 그를 총애하여 '아부(亞父)' 라고 하였다. 이 말 뜻은 아비에 버금가는 사람이라는 것으로 그를 얼마나 아꼈는지 알려주는 것이다. 중국 한대 이후에도 아부라는 명칭은 군주의 스승이라는 직위로 사용되기도 하였다. 항우의 모사인 범아부(范亞父)는 유방이 제왕이 되리라고 점치고 홍문(鴻門)의 잔치에서 옥결(玉玦)을 자주 들어 항우에게 유방을 죽이도록 신호했으나 뜻을 이루지 못했고, 이 일의 실패로 인한 화를 참지 못하고 등에 종기가 나서 죽었다고도 한다.

52　기고산祈高山 ; '旗鼓山' 혹은 '旗鼓山'이다. 범증의 고향에 있는 산이다. 이곳에서 산신이 되려다가 항우에게 발탁된다. 하남성(河南省) 회양(淮陽)에 있다. 중국 하남성(河南省) 동부 영하(穎河) 북안에 위치한다. 주나라 때는 진국(陳國)의 땅이었다.

53　[보정] 북편北便을 바라보니 초한楚漢이 요란擾亂할 제 천하장사天下壯士 항적項籍이가 범아부范亞夫 찾으

중앙中央을 살펴보니

여러 동무들이 풍류風流를 잡히고[55]

흐낙이[56] 노니

나도 한번 놀고 가려든[57][58].」

　　(타령곡打令曲의 반주伴奏에 맞후어 한참 춤을 추다가 다시)

「쉬이.」

　　(악樂과 무舞는 그친다.)

「봉제사연후奉祭祀然後에 접빈객接賓客하고

수인사연후修人事然後에 대천명待天命이라고 하였으니

수인사修人事 한 마듸 드러가오.」

　　(타령곡打令曲의 반주伴奏에 맞후어 춤을 추면서…… 창唱)

「이 두견杜鵑[59] 저 두견杜鵑

───────────

라고 기고산祈高山 가는 경景을 역력歷歷히 그려 있고. ; 항적과 범아부와의 고사를 그린 그림을 말한다. 소위 '사벽도(四壁圖) 사설'을 원용한 것이다.

54　[보정] 이 대목은 사벽도(四壁圖) 사설을 원용하고 있다. 사벽도는 방안 네 벽에 장식으로 그려 놓은 네 폭의 그림을 말한다. 판소리, 가사 등의 문학에는 이 사벽도 묘사 장면이 자주 보인다. 여기에 등장하는 인물들을 보면 도연명, 강태공, 상산사호, 탕왕, 삼고초려 고사, 엄자릉, 우미인, 이태백, 항우와 장비, 성진과 팔선녀, 소부와 허유 등이 있다. 여기에서는 '주문왕과 태공망', '진목공과 건숙', '오자서와 손무자', '항적과 범아부' 등으로 주로 임금과 신하의 관계, 혹은 친구의 관계 등이 등장한다. 여기 사벽도에 등장하는 인물들은 '충(忠)'과 '의(義)'를 대의로 삼고 있음을 엿볼 수 있다.

55　[보정] 풍류風流를 잡히고 ; '삼현육각에 맞추고' 라는 뜻이다. 여기서 '잡히다'는 노래 따위를 제 박자와 음정에 맞게 한다는 뜻이다.

56　[보정] 흐낙이 ; '흐낙'은 '喜樂(희락)'의 구음인 듯하다. 즉 '기쁘고 즐겁게' 라는 뜻이다. 임석재본에 '喜樂히'로 채록되었다.

57　[보정] 나도 한번 놀고 가려든 ; 노래조로 실현되는 대목의 마지막 구절이 불림으로 활용되었다. 임석재본에는 '가려든'이 '가려던'으로 채록되었다. '-던'은 해라할 자리에 쓰여, 과거에 직접 경험하여 새로이 알게 된 사실에 대한 물음을 나타내는 뜻을 품고 있다. '-더냐'보다 더 친근하게 쓰는 말이다.

58　[보정] 중앙中央을 살펴보니 여러 동무들이 풍류風流를 잡히고 흐낙이 노니 ; 나도 한번 놀고 가려든 ; 가운데를 살펴보니 여러 동무들이 풍류를 잡히고 기쁘고 즐겁게 노니 나도 한번 놀고 가려는데 어떠하냐. 여기서 '중앙을 살펴보니 여러 동무들이'를 주목할 필요가 있다. 네 벽에 그려진 그림은 '주문왕과 태공망', '진목공과 건숙', '오자서와 손무자', '항적과 범아부' 등으로 충과 의를 대의로 삼는 인물들이고, 중앙에 있는 동무들은 여덟목으로, 이들은 사벽도에 등장하는 인물과 동류에 놓이게 되는 것이다. 이렇게 하여 가면극 현장은 '충'과 '의'를 강조하는 효과를 겨냥하고 있다.

59　[보정] 두견 ; 두견이과에 속하는 새다. 우리말로는 접동새라 하고, 한자어로는 두우(杜宇)·자규(子規)라고도 한다. 소쩍새라고도 되어 있다. 두견이는 대체로 그 울음소리가 구슬퍼서 슬픈 정서를 표출하는 시가문학의 소재로 자주 등장하였다.

　　[참고] 두견은 일찍이 고려시대에 정서(鄭敍)가 지은 '정과정(鄭瓜亭)'에는 "내 님을 그리亽와 우니다니 산

만첩청산萬疊靑山[60]에 문두견問杜鵑.[61]」

(셋재목이 한참 쾌활快活하게 춤을 출 때에 넷재목이 등장登場한다.)

四目.　　　(넷재목이 다름질 하야 들어와서 셋재목이의 면面을 한번 탁 처서
퇴장退場시키고 타령곡打令曲의 반주伴奏에 맞후어 장내場內를 한
박쿠 돌아다니며 춤을 추다가 악공樂工의 앞으로 와서 좌우左右를
돌아보면서)[62]

「쉬이.」

(악樂의 반주伴奏와 무舞는 그친다.)

(창唱)

「멱라수汨羅水[63] 맑은 물은

굴삼려屈三閭[64]의 충혼忠魂[65]이오.

접동새勸 이슷悌요이다.”라고 하여 유배지에서의 외로운 신세를 산접동새에 비기어 노래하고 있다. 또한, 이
조년(李兆年)이 지었다는 시조에도 자규가 등장한다. “이화에 월백하고 은한(銀漢)이 삼경인제 일지춘심(一
枝春心)을 자규야 아랴마는 다정도 병인양하여 잠 못 드러 하노라.” 여기서 자규는 달 밝은 밤 삼경에 울어
춘심을 자극하는 새로 등장하고 있음을 알 수 있다. 민요 ‘새타령’에는 “성성제혈염화지 귀촉도불여귀(聲聲
啼血染花枝歸蜀道不如歸)”라고 두견을 읊고 있다. 두견이에 관한 설화로는 ‘접동새 유래’가 있다. 경기도 남
양주시에서 조사된 자료의 내용은 다음과 같다. “어떤 사람이 아들 아홉과 딸 하나를 낳아 기르다가 죽었는
데, 계모가 들어와서 전실 딸을 몹시 구박하였다. 그래서 그 딸은 혼인날을 받아 놓고 죽었는데 그 딸의 넋이
접동새가 되었다. 한편 계모는 죽어서 까마귀가 되었는데 그래서 까마귀와 접동새는 원수지간이 되었다.”는
것이다. 접동새 울음소리가 “구읍 접동”이라고 하는데 이것은 “아홉 오라버니 접동”이라는 뜻이다. 여기서도
접동새는 억울하고 한 맺힌 새로 등장함을 알 수 있다.

60　만첩청산萬疊靑山 ; 겹겹이 둘러싸인 푸른 산을 말한다.

61　[보정] 이 두견杜鵑 저 두견杜鵑 만첩청산萬疊靑山에 문두견問杜鵑. ; 한자어를 우리말화한 불림이다. 두견
새와 만첩청산을 대비한 표현은 가사와 판소리에 두루 쓰이고 있다. ‘問杜鵑’은 ‘聞杜鵑’이 옳다. 오청본에서는
‘이 杜鵑 저 杜鵑 萬疊靑山에…….’로 채록되었다.

62　[보정] 정병호는, 사목의 춤은 불림으로 시작하여 ‘어깨춤으로 어르면서 팔을 목에 거는 사위’, ‘다리 들어 돌리
며 사선으로 전진하는 사위’, ‘고개잡이’, 도무로서의 ‘외사위’, ‘겹사위’, ‘양사위’ 등이 있다고 한다.

63　멱라수汨羅水 ; 전국 시대에 초(楚)나라의 충신 굴원(屈原)이 주위의 참소로 분함을 못 이겨 투신자살한 강
이다. 멱수(汨水)와 나수(羅水)가 합류하여 이룬 강이다. 호남성(湖南省)에 있다.

64　굴삼려屈三閭 ; 굴원(屈原)을 말한다. 굴원이 삼려대부(三閭大夫) 벼슬을 지내 이렇게 부르는 것이다. 중국
전국시대(戰國時代) 초(楚)나라의 우국지사(憂國之士)이며, 시인(詩人)이다. 이름은 평(平)이다. 회왕(懷王)
을 도와서 공이 컸으나, 참소(讒訴)를 당하고 한때 방랑 생활을 하다가 마침내 울분을 참지 못하여 ‘회사부(懷
沙賦)’를 읊고 멱라수(汨羅水)에 빠져 죽었다. 그는 죽으면서도 조국과 임금을 위하는 마음을 변하지 않았기
때문에 후대에 충신의 대명사로 일컬어진다. [참고]『사기』 굴원가생열전(屈原賈生列傳) ; 굴원이 강가에 이르
러, 머리를 풀어헤치고 물가를 거닐면서 시를 읊었다. 그의 안색은 초췌하였고, 모습은 야위었다. 어떤 어부가
그를 보고 ‘그대는 삼려대부(三閭大夫)가 아니십니까? 무슨 까닭에 여기까지 이르렀습니까?’라고 물었다. 굴원
이 대답하기를 ‘온 세상이 혼탁하나 나 홀로 깨끗하고, 모든 사람들이 다 취해 있으나 나 홀로 깨어 있어, 이런
까닭에 추방당하였소.’라고 말하였다. 어부가 묻기를 ‘대저 성인이란 물질에 구애되지 않고 능히 세속의 변화를

삼강수三江水⁶⁶ 얼크러진⁶⁷ 비는

오자서吳子胥⁶⁸의 정령精靈⁶⁹이요.

따를 수 있는 사람입니다. 온 세상이 혼탁하다면, 왜 그 흐름을 따라 그 물결을 타지 않으십니까? 모든 사람이 취해 있다면, 왜 그 지게미를 먹거나 그 밑술을 마셔서 함께 취하지 않으십니까? 어찌하여 미련한 자존심만을 움켜잡고 추방을 자초하셨습니까?'라고 하였다. 굴원이 대답하기를 '내가 듣기로, 새로 머리를 감은 사람은 반드시 관을 털어서 쓰고, 새로 목욕을 한 사람은 반드시 옷을 털어서 입는다고 하였소. 사람으로서 또한 누가 자신의 깨끗함에 더러운 오물을 묻히려 하겠소? 차라리 흐르는 강물에 몸을 던져 물고기의 뱃속에서 장사를 지낼지라도, 또 어찌 희디흰 결백함으로서 세속의 더러운 먼지를 뒤집어 쓰겠소!'라고 하였다. 그리고서 회사(懷沙)라는 부(賦)를 지었다. 그리고 바위를 품고 마침내 멱라강(汨羅江)에 빠져서 죽었다. 굴원이 죽은 뒤에 초나라에는 송옥(宋玉), 당륵(唐勒), 경차(景差) 등과 같은 무리들이 있어서, 모두 문사를 좋아하여 부(賦)로써 호평을 받았다. 그러나 모두 굴원의 함축성을 모방하였지만, 끝내 감히 직간(直諫)을 표달하지 못하였다. 그 후로 초나라는 날로 쇠락하여, 수십 년 뒤에는 결국 진나라에 의해서 멸망당하였다. 굴원이 멱라강에 빠진 지 100여 년이 지나서, 한(漢)나라의 가생(賈生)이라는 사람이 장사왕(長沙王)의 태부(太傅)가 되어 상수를 지나다가, 글을 지어 강물에 던져서 굴원을 애도하였다.

65 충혼忠魂 ; 충의를 위하여 죽은 사람의 넋을 말한다.
66 삼강수三江水 ; 중국(中國) 강소성(江蘇省)의 태호(太湖)에서 흘러나가는 세 개의 강으로 곧 송강(松江)·누강(婁江)·동강(東江)을 아울러 이르는 말이다.
67 얼크러진 ; 얼크러지다. 일이나 물건 따위가 서로 얽히게 하다. 여기서는 궂은비 내리는 형상을 일컬은 것이다.
68 오자서吳子胥 ; '伍子胥'가 옳다. 아버지와 형이 모두 초나라의 평왕(平王)에게 살해되었을 때 자서는 오나라로 도망하여 오를 도와 월을 쳤으나, 참소로 오나라 부차(夫差)의 노여움을 입고 삼강(三江)에 던져져 죽음을 당했다. [참고]『사기』오자서열전(伍子胥列傳) ; 오나라의 태재 백비는 원래 오자서와 사이가 나빴으므로 오자서를 참언하여 '오자서의 사람됨은 고집이 세고 사나우며 인정이 없고 시기심이 강하니, 그가 품고 있는 원한이 큰 화근을 일으킬까 근심스럽습니다. 예전에 왕께서 제나라를 공격하시려고 할 때 오자서가 안 된다고 하였지만 왕께서는 결국 제나라를 공격하여 큰 공을 이루셨습니다. 오자서는 자신의 계책이 쓰이지 않은 것을 수치스럽게 여기며 오히려 원망을 품었습니다. 그런데 지금 왕께서 또 제나라를 공격하시려고 하는데 오자서가 멋대로 고집을 부리며 강력히 간하여 왕께서 하시려는 일을 저지하고 비방하는 것은 단지 오나라가 실패하여 자기의 계책이 뛰어나다는 것이 증명되기를 바라는 것일 뿐입니다. 지금 왕께서 친히 출정하시고 온 나라의 병력을 총동원하여 제나라를 공격하시려고 하는데, 오자서는 간언이 채택되지 않았다 하여 사직하고 병을 핑계 삼아 출정하지 않으려 하니 왕께서는 이에 대한 방비를 하셔야만 합니다. 이번에 어떤 화(禍)가 일어날지 예상하는 것은 그리 어려운 일이 아닙니다. 또 제가 사람을 시켜 은밀히 오자서를 조사해보니 그가 제나라에 사신으로 갔을 때 자기 아들을 제나라의 포씨(鮑氏)에게 맡겨두었습니다. 오자서는 신하의 몸으로 국내에서 뜻을 못 이루었다고 해서 밖으로 제후들에게 의탁하려고 하며, 자기는 선왕의 모신(謀臣)이거늘 지금은 저버림을 당하고 있다고 하여 항상 불평과 원망을 품고 있습니다. 원컨대 왕께서는 속히 이 일을 처리하십시오.'라고 하였다. 그러자 오왕은 '그대의 말이 없었다고 하더라도 나 역시 그를 의심하고 있었소.'라고 하고는, 사신을 보내 오자서에게 촉루(屬鏤)라는 이름의 명검을 내리며 '그대는 이 칼로 죽으라.'라고 하였다. 오자서는 하늘을 우러러보고 탄식하며 '아, 참신(讒臣) 백비가 나라를 어지럽히고 있거늘 왕은 도리어 나를 주살하시는구나. 내가 그의 아버지를 패자로 만들었고 그가 왕위에 오르기 전부터 여러 공자(公子)들이 왕위를 다투고 있을 때 내가 죽음으로써 선왕과 그 점을 다투었으니 그렇지 않았다면 그는 거의 태자가 될 수 없었을 것이다. 그가 왕위에 오르고 나서 나에게 오나라를 나누어주려고 하였을 때 나는 감히 그것을 바라지 않았다. 그러나 지금 그는 아첨하는 간신의 말을 듣고 나를 죽이려고 하는구나.'라고 말하였다. 그리고는 그의 문객(門客)에게 '나의 묘 위에 반드시 가래나무[梓]를 심어 관재(棺材)로 삼도록 하라. 그리고 내 눈알을 도려내어 오나라 동문(東門) 위에 걸어두어 월나라 군사들이 쳐들어와 오나라를 멸망시키는 것을 볼 수 있게 하라.'고 하고는 스스로 목을 찔러 죽었다. 이 소식을 듣고 크게 노한 오왕은 오자서의 시체를 가져다가 말가죽 자루에 넣어 강물에 던져버렸다. 오

채미採薇[70]하든 백이숙제伯夷叔齊[71]

구추명절九秋名節[72] 일렀건만

수양首陽[73]에 아사餓死[74]하고.

말 잘하는 소진장蘇秦張은[75]

나라 사람들이 그를 불쌍히 여겨 강기슭에 사당을 세우고 서산(胥山)이라고 이름 하였다.

69   정령精靈 ; 만물의 근원을 이룬다는 신령스러운 기운이다. 죽은 사람의 영혼을 말하기도 한다. 산천초목이나 무생물 따위의 여러 가지 사물에 깃들어 있다는 혼령으로 원시 종교의 숭배 대상 가운데 하나이다.

70   채미採薇 ; '고사리를 캔다'는 뜻으로 고사리로 연명하였다는 말이다. '首陽薇(수양미)'는 수양산 고사리로, 은나라의 충신 백이(伯夷)와 숙제(叔齊)가 수양산(首陽山)에서 고사리를 꺾어 먹고 연명하였다는 데서 나온 말이다.

71   백이숙제伯夷叔齊 ; 중국 은나라 때의 처사(處士)인 형 백이(伯夷)와 아우 숙제(叔齊)는 모두 은나라 고죽군(孤竹君)의 아들이다. 주(周) 무왕(武王)이 은을 치려고 하는 것을 말리다가 이를 듣지 않으므로 형제는 주나라의 녹 먹기를 부끄럽게 여기고 수양산(首陽山)에 들어가 고사리를 캐어 먹으며 숨어 살다가 채미가(采薇歌)를 남기고 굶어 죽었다고 한다. 『맹자(孟子)』에 '백이(伯夷)와 숙제(叔齊)는 성인 중에서 청백한 분(夷齊聖之淸者)'이라는 말이 있다. [참고] 사기 백이열전 ; 백이와 숙제는 고죽국(孤竹國) 국왕의 두 아들이었다. 아버지는 아우 숙제를 다음 왕으로 삼으려고 하였다. 그런데 아버지가 죽은 뒤 숙제는 왕위를 형 백이에게 양여하였다. 그러자 백이는 '아버지의 명령이었다.'라고 말하면서 마침내 피해 가버렸고, 숙제도 왕위에 오르려 하지 않고 피해 가버렸다. 이에 나라 안의 사람들은 둘째 아들을 왕으로 옹립하였다. 이때 백이와 숙제는 서백창(西伯昌)이 늙은이를 잘 봉양한다는 소문을 듣고 그를 찾아가서 의지하고자 하였다. 가서 보니 서백은 이미 죽고, 그의 아들 무왕(武王)이 시호를 문왕(文王)이라고 추존한 아버지의 나무 위패를 수레에다 받들어 싣고 동쪽으로 은 주왕(殷紂王)을 정벌하려 하고 있었다. 이에 백이와 숙제는 무왕의 말고삐를 잡고 간하기를 '부친이 돌아가셨는데 장례는 치르지 않고 바로 전쟁을 일으키다니 이를 효라고 말할 수 있습니까? 신하된 자로써 군주를 시해하려 하다니 이를 인(仁)이라고 말할 수 있습니까.'라고 하였다. 그러자 무왕 좌우에 있던 시위자들이 그들의 목을 치려고 하였다. 이때 태공(太公)이 '이들은 의인(義人)들이다.'라고 하며, 그들을 보호하여 돌려보내주었다. 그 후 무왕이 은난(殷亂)을 평정한 뒤, 천하는 주(周) 왕실을 종주(宗主)로 섬겼지만 그러나 백이와 숙제는 주나라의 백성이 되는 것을 치욕으로 여기고, 지조를 지켜 주나라의 양식을 먹으려 하지 않고, 수양산(首陽山)에 은거하며 고비[薇]를 꺾어 이것으로 배를 채웠다. 그들은 굶주려서 곧 죽으려고 하였을 때, 노래를 지었는데 그 가사는 이러하였다. '저 서산(西山)에 올라 산중의 고비나 꺾자꾸나. 포악한 것으로 포악한 것을 바꾸었으니 그 잘못을 알지 못하는구나. 신농(神農), 우(虞), 하(夏)의 시대는 홀연히 지나가버렸으니 우리는 장차 어디로 돌아간다는 말인가. 아, 이제는 죽음뿐이로다. 쇠잔한 우리의 운명이여.' 마침내 이들은 수양산에서 굶어 죽고 말았다.

72   구추명절九秋名節 ; 보통 천추명절(千秋名節)이라고 한다. 천추명절(千秋名節)은 지조와 절개를 지킴으로 오래고 긴 세월 동안 이름을 날린 인물을 말한다.

73   수양首陽 ; '首陽山'을 말한다. 중국 산서성(山西省)에 있는 산 이름이다. 이곳에서 백이(伯夷)와 숙제(叔齊)가 아사(餓死)했다고 한다. 또한 황해도 해주 시내에서 바로 동쪽 지점에 있는 산으로, 옛날 백이숙제(伯夷叔齊)가 고사리를 캐먹다 굶어 죽었다는 산과 이름이 같아서, 조선 시대에 이 산을 소재로 하여 지어진 한시 중에 백이숙제(伯夷叔齊)와 관련된 작품이 많다.

74   아사餓死 ; 굶어 죽음을 말한다.

75   [보정] 말 잘하는 소진장蘇秦張은 ; '말 잘하는 소진장의는'이 옳다. 원문 그대로 살린다. 소진과 장의가 말을 잘 했기 때문에 '말 잘하기는 소진 장의로군'과 같은 속담도 태어났다. '소진이도 말 잘못할 때가 있다'는, 소진이와 같이 말 잘하는 사람도 말에서 실수하는 경우가 있다는 뜻으로, 말실수를 한 경우에 빗대어 이르는 속담이다. [참고] 蘇秦(소진) 張儀(장의) ; 소진과 장의는 옛날 전국시대 때의 언변가로 말 잘하기로 유명했다. 소진

열국제왕列國諸王[76] 달래도

염라대왕閻羅大王[77] 못 달래여

춘풍세우두견성春風細雨杜鵑聲[78]에

슬픈 혼백魂魄 되였으니.

하물며 초로草露[79]같은 우리 인생人生이랴.[80]

이러한 풍류風流소리 듣고

아니 놀 수 없거든.[81]」

은 전국시대의 유세가로 장의와 함께 종횡가(縱橫家)의 대표적 인물이다. 6국 연합으로 진(秦)에 대항하자는 합종책(合縱策)을 주장하여 연(燕)의 소왕(昭王)에게 채용되었고, 조(趙)·제(齊)·위(魏)·한(韓)·초(楚) 등 열국(列國)을 설득하여 이를 관철시켰다. 이로 인해 6국의 재상이 되어 10여년간 부귀영화를 누렸으나 장의의 연횡책(連衡策)에 의해 그의 합종책은 깨지고 그동안 벌여왔던 각국 간의 이간활동이 들통 나 제나라에서 살해되었다. 장의는 위(魏)나라 사람으로 일찍이 벼슬자리를 노려 위(魏)·초(楚)를 떠돌다가 화씨지벽(和氏之璧)의 도범으로 몰려 죽음 직전에 놓여나기도 했다. 그 후 진(秦)에 들어가 혜왕(惠王)에게 연횡책을 건의, 이것이 수용되어 무신군(武信君)의 벼슬에 올랐고 위나라에 들어가 한(韓)·위 간 동맹으로 제(齊)·초에 대응토록 했으며 소양왕(昭襄王) 때는 초에 들어가 제·초 동맹을 와해시키고 다시 제·진 동맹으로 초를 고립시켰는데, 이같은 연횡책은 소진의 합종책과 더불어 전국시대 각 나라간의 세력 균형을 형성하는 데 큰 역할을 했다.

76 열국제왕列國諸王; 여러 나라의 왕을 말한다.
77 염라대왕閻羅大王; 지옥에 살며, 십팔 장관과 팔만 옥졸을 거느리고, 죽어 지옥으로 떨어지는 인간이 생전에 지은 죄악을 심판·징벌하는 대왕을 말한다.
78 춘풍세우두견성春風細雨杜鵑聲; '봄바람과 이슬비 내리는데 두견새 소리'라는 뜻이다.
79 초로草露; 풀잎에 맺힌 이슬을 말한다. 인생무상을 비유하는 데에 자주 쓰인다.
80 [보정] 멱라수汨羅水 맑은 물은 굴삼려屈三閭의 충혼忠魂이오. ~ 하물며 초로草露같은 우리 인생人生이랴. ; 판소리 단가 '불수빈(不須嚬)'을 원용한 것이다. 이 불수빈은 '장부가'라고도 하며, 판소리를 부르기에 앞서 목을 풀려고 부르는 단가(短歌)의 하나다. 불수빈이라 함은 웃지 말라는 뜻으로, 젊었다 자랑 말고 백발을 비웃지 말라는 것이다. 요순 우탕으로부터 시작하여 성현·군자·문장·재사·명장·충신·열사·협객·호걸·미희·미인 등 중국의 역대 인물들을 총망라한 단가다.

[참고] 여보아라 소년들아 이 닉말을 들어보쇼 / 어졔 쳥츈 오날 빅발 그 아니 가련흔가 / 장딕에 일등미식 곱다고 자랑마소 / 셔산에 지는 히는 뉘라셔 금지ᄒ며 / 창히슈 흐르는 물 다시 오기 어려워라 / 요순우탕 문무쥬공 공밍안증 경부ᄌ / 도덕이 관쳔ᄒ야 만고셩현 일넛것만 / 미미흔 인싱들이 져 어이 아라 보리 / 강티공과 황셕공과 사마양져 손빈오긔 / 젼필승과 공필취는 만고명장 일넛것만 / 흔번 죽음 못 면ᄒ고 / 명나슈 맑은 물은 굴삼려 충혼이오 / 상강슈 셩권 비는 오자셩의 졍령이라 / 쳐미흐든 빅이슉졔 쳔츄명졀 일넛것만 / 수양산에 아스ᄒ고 / 말 잘 ᄒ고 말 잘 흐든 소진장의 / 렬국제왕 달녀도 념라왕은 못 달녀여 / 츈풍셰우 두견셩에 슬픈 혼빅 쓴이로다 / 밍산군의 계명구폐 신릉군의 졀부구죠 / 만고호걸 일넛것만 한산 셰우 미초즁에 / 일부토만 가ᄒ련다 / 통일쳔ᄒ 진시황도 아방궁을 놉히 짓고 / 만리장셩 싼 연후에 륙국졔후 죠공밧고 / 삼쳔궁녀 시위흘 졔 동남동녀 오빅인을 / 삼신산에 불스약을 구ᄒ랴고 보닌 후에 / 소식죠ᄌ 돈졀ᄒ고 사구평딕 져문 날에 / 려산황초 쓴이로다 / 력발산 긔긔셰ᄒ는 초픽왕도 시불리혜 추불셰라 / 우미인의 손목 잡고 눈물 쓰려 리별흘 졔 / 오강풍랑 즁에 칠십삼젼 가쇼롭다 / 동남셰풍 목우류마 상통텬문 하달디리 / 젼무후무 졔갈공명 난셰간웅 위왕죠조 / 묘연추초 쳐량ᄒ고 / 사마쳔과 한퇴지와 리틱빅과 두목지는 / 시부즁에 문장이오 / 월셔시와 우미인과 왕소군과 양구(귀)비는 / 만고졀식 일넛것만 황양고총 되야잇고 / 팔빅장슈 핑됴슈며 삼쳔갑ᄌ 동박삭도 / 초일시며 피일시라 / 안긔싱과 젹송ᄌ는 동히상에 신션이라 일넛것만 / 말만 듯고 못 보왓네 / 아셔라 풍빅에 붓친 몸이 / 아니 놀고 무엇ᄒ리 −『신구증보잡가』

(타령곡打令曲의 반주伴奏에 맞후어 춤을 추다가 다시)

「쉬이.」

(악樂의 반주伴奏와 무舞는 그친다.)

「봉제사연후奉祭祀然後에 접빈객接賓客하고

수인사연후修人事然後에 대천명待天命이라 하였으니

수인사修人事 한 마듸를 드러가오.」

(타령곡打令曲의 반주伴奏에 맞후어 춤을 추면서…… 창唱)

「흑운黑雲이 만첩천불견萬疊天不見…….[82]」

(넷재목이 한참 춤을 출 때에 다섯재목이 등장登場한다.)

五目.

(다름질 하야 들어와서 넷재목의 면面을 한번 탁 처서 퇴장退場시키고 타령곡打令曲의 반주伴奏에 맞후어 춤을 추며 장내場內를 한 바쿠 도라 악공樂工의 앞으로 와서 좌우左右를 도라보면서)[83]

「쉬이.」

(악樂의 반주伴奏와 무舞는 그친다.)

(창唱)

「오호五湖[84]로 도라드니

범려范呂[85]는 간 곳 없고

---

81 [보정] 이러한 풍류風流소리 듣고 아니 놀 수 없거든. ; 노래조로 실현되는 대목의 마지막 구절이 불림으로 활용되었다.

82 [보정] 흑운黑雲이 만첩천불견萬疊天不見 ; 한자어 불림이다. '검은 구름이 만첩이 되도록 두꺼워 하늘을 볼 수 없다'는 뜻이다. 오청본에서는 '節槪는 驪山이요 地上仙은…….'로 채록되었다.

83 [보정] 정병호는, 오목의 춤은 불림으로 시작하여 '한삼을 어깨에 메는 사위', '고개잡이', '제자리걸음', '두 손 앞뒤치기', 도무로서의 '외사위', '겹사위', '양사위' 등이 있다고 한다.

84 오호五湖 ; 월(越)의 미인(美人) 서시(西施)가 오(吳)를 망하게 하고 월(越)에 돌아와 범려(范蠡)를 좇아 놀았다는 호수다. 西施(서시)는 중국 춘추시대 월국(越國)의 미녀로 저라산(苧羅山) 근처에서 나무장수의 딸로 태어났다. 절세미녀였기 때문에 그 지방의 여자들은 무엇이든 서시의 흉내를 내면 아름답게 보일 것이라 생각하고, 병이 들었을 때의 서시의 찡그리는 얼굴까지 흉내를 냈다고 한다. 그래서 방빈(倣矉)이라는 말까지 생겼다. 또 오(吳)나라에 패망한 월왕(越王) 구천(勾踐)의 충신 범려(范蠡)가 서시를 데려다가, 호색가인 오왕(吳王) 부차(夫差)에게 바치고, 서시의 미색에 빠져 정치를 태만하게 한 부차를 마침내 멸망시켰다고도 전해지고 있다. 후에 서시는 범려와 함께 오호(五湖)로 도피했다고도 하고 또는 강에 빠져 죽었다고도 한다. '襟三江而帶五湖'는, 삼강(三江)을 깃으로 하고 오호(五湖)를 두르고, 형강(荊江), 송강(松江), 절강(浙江) 삼강은 옷깃이며, 태호(太湖), 파양(坡陽), 청초(靑艸), 원양(圓陽), 동정호(洞庭湖) 오호(五湖)는 띠와 같다는 말로 왕발(王勃)의 '등왕각서(滕王閣序)'에 있다.

백빈주白瀕州[86] 갈매기는

홍료안紅蓼岸[87]으로 날아들고

삼상三湘[88]의 떼기러기는

부용당芙蓉堂[89]으로 나라들 제

심양강瀋陽江[90]으로 도라드니

백락천일거후白樂天[91]一去後에

85 [보정] 범려范呂 ; '范蠡(범려)'를 말한다. 춘추시대(春秋時代) 월왕구천(越王句踐)의 충신으로 서시(西施)로 미인계(美人計)를 써서 오왕(吳王) 부차(夫差)에 대한 구천(句踐)의 치욕을 씻었다. 범소백(范小伯), 범상공(范上公)이라고도 한다. 월왕 구천(句踐)을 도와서 오왕 부차(夫差)를 쳤으나, 높은 명성을 얻은 뒤에는 오래 살기 어렵다고 하며 벼슬을 내어 놓고 미인 서시(西施)와 더불어 오호(五湖)에 배를 띄우고 놀았다고 한다. 그 뒤 배를 타고 제(齊)에게 가서 변성명(變姓名)하여 치이자(鴟夷子)라 일컫고 재물을 모았다가 그 재물을 모두 흩어 백성들에게 나누어 준 다음 또 도(陶)땅에 가서 호를 도주공(陶朱公)이라 자칭했다. 다시 수만금을 모아 대부호가 되었으며, 왕이 공인(工人)에게 명하여 금으로 그의 형상을 새기게 하여 조정에서 예를 올렸다고도 한다.

86 [보정] 백빈주白瀕州 ; '白蘋洲(백빈주)'를 말한다. 흰 마름꽃이 피어 있는 물속의 작은 섬을 말한다. '마름'은 마름과의 한해살이풀로, 진흙 속에 뿌리를 박고, 줄기는 물속에서 가늘고 길게 자라 물 위로 나오며 깃털 모양의 물속뿌리가 있다. 잎은 줄기 꼭대기에 뭉쳐나고 삼각형이며, 잎자루에 공기가 들어 있는 불룩한 부낭(浮囊)이 있어서 물 위에 뜬다. 여름에 흰 꽃이 피고 열매는 핵과(核果)로 식용한다. 연못이나 늪에 나는데 한국, 일본, 중국 등지에 분포한다.

87 홍료안紅蓼岸 ; 붉은 여뀌꽃이 무성하게 피어 있는 물가 언덕을 말한다. '여뀌'는 마디풀과의 한해살이풀로. 잎은 피침형이며 줄기는 60cm가량, 여름에 흰 꽃이 핀다. 잎과 줄기는 짓이겨 물에 풀어서 고기를 잡는 데 쓰며, 매운 맛이 나므로 조미료로도 쓴다. '빈료(蘋蓼)'는 부평초와 여뀌다.

88 [보정] 삼상三湘 ; 동정호(洞庭湖) 부근의 세 강, 소상(瀟湘), 자상(資湘), 원상(沅湘)을 말한다. 임석재본에서는 '삼호(三湖)'로 채록되었는데, 이는 동정호, 파양호, 태호를 말한다.

89 부용당芙蓉堂 ; 연꽃이 피어있는 연못을 말한다. 또한 황해도 해주(海州)에 있는 누각이기도 하다. 임진왜란 때, 인조(仁祖)가 탄생한 곳으로 건물의 구조가 웅장하고 아름답다.

90 심양강瀋陽江 ; 중국 강서성(江西省) 구강현(九江縣)에 있는 강의 이름으로, 당나라 문인인 백거이(白居易)가 이곳을 지나다가 밤에 비파를 연주하는 소리를 듣고 '비파행(琵琶行)'을 지었다고 해서 유명해졌다.

91 백락천白樂天 ; 백거이(白居易)를 말한다. 낙천(樂天)은 그의 또 다른 이름이다. 호는 취음선생(醉吟先生), 향산거사(香山居士)라고 부른다. 산서성 태원 낙양 부근의 신정(新鄭)에서 태어났다. 이태백, 두보, 한유(韓愈)와 함께 '이두한백(李杜韓白)'으로 불린다. 어려서부터 시 짓는 법을 배웠으며 15세가 지나자 주위 사람을 놀라게 하는 시재를 보였다. 대대로 가난한 관리 집안에 태어났으나, 29세로 진사(進士)에 급제하였고 32세에 황제의 친시(親試)에 합격하였으며, 그 무렵에 지은 '장한가(長恨歌)'는 유명하다. 태자 좌찬선태부(左贊善太夫)에 임용되었으나, 이듬해에 일찍이 사회를 비판하는 그의 시가의 대상이 되었던 고급관료들의 반감을 사서 구강(九江)의 사마(司馬)로 좌천되었다. 그곳에서 인생에 대한 회의와 문학에 대한 반성을 거쳐 명시 '비파행(琵琶行)'을 지었다. [참고] '비파행(琵琶行) 병서(幷序)' ; '원화 10 년에 나는 구강군사마로 좌천되었다. 다음해 가을 손님을 배웅하러 분포강(湓浦江) 포구에 나갔다가, 배 속에서 비파 타는 소리를 들었다. 쟁쟁(錚錚)하게 울리는 그 소리를 들으니 전에 서울(京都)에서 듣던 소리였다. 그 사람을 찾아 물으니 본래 장안 창녀(倡女)로 일찍이 목(穆), 조(曹) 두 선생에게서 비파를 배웠다고 한다. 나이 들어 모습이 퇴락하게 되자 장사꾼에게 시집가서 의지하게 된 것이라 한다. 끝내 술상을 차리게 하고 몇 곡 청해 들었는데, 연주를 끝내고 민연해졌다. 젊은 시절엔 웃고 즐기기만 하다가 이제는 시골구석으로 떠도는 신세가 되었다고. 나도 이 시골로 쫓겨 온지 2년,

비파성琵琶聲이 끊어지고.[92]

적벽강赤壁江[93] 도라드니

소동파蘇東坡[94] 노든 풍월風月[95]

의구依舊히 있다만은

조맹덕일세지웅趙孟德[96]一世之雄[97]

이금爾今에 안재재安在哉오[98].[99]

스스로 편안하게 마음먹으려 했지만, 오늘 밤 이 여인의 말에 끝내 감격해서 비로소 멀리 귀양살이하고 있다는 느낌이 들었다. 그리하여 장구(長句)의 노래를 지어 이 여인에게 보낸다. 모두 612언인데, 비파행이라 부른다.'

92   [보정] 백빈주白瀕州 갈매기는 홍료안紅蓼岸으로 날아들고 삼상三湘의 떼기러기는 부용당芙蓉堂으로 나라 들 제 심양강潯陽江으로 도라드니 백락천일거후白樂天一去後에 비파성琵琶聲이 끊어지고 ; 백락천이 지은 '비파행'의 한 대목 '심양강 어구에서 밤에 손님을 보내려니 潯陽江頭夜送客'으로 보아도 이 대사는 '비파행'과 관련한 백락천의 생애를 연상시킨다. 백락천의 무상감과 비애를 주조로 비파행에 담았음이 '비파행(琵琶行) 병서(幷序)'에 잘 나타나 있다. '비파행'은 '비파인(琵琶引)'이라고도 한다. 당시 백거이는 신악부(新樂府)를 비롯한 일련의 사회비판의 시 때문에 중앙에서 쫓겨나, 천애(天涯:하늘 끝)라고 하던 구강(九江)에 좌천되어 있었다. 어느 가을날 저녁 우연히 들려오는 비파 소리에 느낀 바 있어 자신의 내면을 대상으로 이 시를 지어냈다. 비파의 음색에 매혹되어 끊임없이 떠오르는 환상을 때로는 화사하게 때로는 울적하게 펼쳐 나간다. 그것은 바로 음악을 언어로 옮기는 독창적인 형상이 되기도 한다. 또 한때 화려한 서울에서 미모와 슬기로 뭇사람의 이목을 끌었던 몸이 지금은 상인의 아내가 되어, 강상(江上)의 배에서 외로이 남편을 기다린다는, 비파를 탄주하는 여인의 술회에 문화의 그림자도 찾아볼 수 없는 변경의 땅에서 잿빛의 나날을 보내는 자신의 처지가 생각되어 누를 길 없는 한탄을 슬픈 억양으로 노래하였다고 평가된다. '백락천일거후白樂天一去後에 비파성琵琶聲이 끊어지고'가 임석재본에서는 '李謫山 간곳없고'라고 채록되었다.

93   적벽강赤壁江 ; 중국 호북성 황강현에 있는 강으로 삼국시대 오나라의 장군인 주유가 제갈량의 도움을 받아 조조의 군대를 대파한 곳이다. 또한 송나라의 문인인 소식(蘇軾)이 뱃놀이를 하면서 '적벽부(赤壁賦)'를 지었던 곳이다.

94   소동파蘇東坡 ; 중국 북송(北宋) 때의 문인이자 정치가인 소식(蘇軾)을 말한다. 자(字)는 자첨(子瞻)이며, 호(號)는 동파(東坡)다. 소선(蘇仙)이라고도 한다. 아버지 순(洵)과 아우 철(轍)과 더불어 '삼소(三蘇)'라고 불리며, 당송팔대가(唐宋八大家)의 한 사람이자 송나라를 대표하는 제일의 문인으로 문명을 날렸다. 대표적인 작품으로는 특히 「적벽부(赤壁賦)」가 유명하며, 서화(書畫)에도 능했다.

95   풍월風月 ; 청풍(淸風)과 명월(明月)을 말한다. 아름다운 자연(自然)을 뜻하기도 한다.   여기서는 바람과 달에 부쳐 시가(詩歌)를 지으면서 살아가는 삶을 말한다.

96   조맹덕曹孟德 ; 중국 위(魏)나라 무제(武帝)다. 중국 삼국시대의 걸출한 정치가이자 군사가다. 맹덕(孟德)은 그의 자이고 이름은 조(操)이며, 어릴 때 이름은 아만(阿瞞)이다. 초(譙) 사람으로, 동한말 효렴에 천거되어 입신하였다. 건안 18년 위공(魏公)으로 봉해지고, 건안 21년 위왕(魏王)에 봉해졌으며, 건안 25년에 죽었다. 그의 아들인 조비(曹丕)가 한(漢)을 대신하여 칭제(稱帝)하였으며, 조조를 무제(武帝)로 추존하였다. 황건의 난을 다스려 군공을 세웠으며, 적벽의 싸움에서는 유비와 손권의 연합군에 패하여 중국이 삼분되었다.

97   일세지웅一世之雄 ; 한 시대의 영웅을 말한다. 소동파 '전적벽부'의 한 구절을 그대로 원용하였다. 임석재본에서는 '一世梟雄(일세효웅)'으로 채록되었는데, 이는 한 시대의 사납고 용맹스러운 영웅을 말한다.

98   [보정] 이금爾今에 안재재安在哉오 ; 지금은 어디에 있는가. 소동파 '전적벽부'의 한 구절을 그대로 원용하였다.
      [참고] 전적벽부(前赤壁賦) ; 소자(蘇子)가 근심스레 옷깃을 바루고 곧추앉아 손에게 묻기를 '어찌 그러한가.' 하니, 객이 말하기를 '달은 밝고 별은 성긴데, 까막까치가 남쪽으로 난다.'는 것은 조맹덕(曹孟德)의 시가 아닌가. 서쪽으로 하구(夏口)를 바라보고 동쪽으로 무창(武昌)을 바라보니 산천(山川)이 서로 얽혀 빽빽히

월락오제月落烏啼 깊은 밤에

고소성외姑蘇城¹⁰⁰外 배를 대니

한산사寒山寺¹⁰¹ 쇠북소리

객선客船을 둥둥 울리고.¹⁰²

소언少焉¹⁰³에 천변일륜홍天邊一輪紅¹⁰⁴은

부상扶桑¹⁰⁵에 둥실 높았는대¹⁰⁶

푸른데, 여기는 맹덕이 주랑(周郎)에게 곤욕(困辱)을 받은 데가 아니던가. 바야흐로 형주(荊州)를 깨뜨리고 강릉(江陵)으로 내려갈 제, 흘러서 동으로 가니 배는 천 리에 이어지고 깃발은 하늘을 가렸어라. 술을 걸러 강물을 굽어보며 창을 비끼고 시를 읊으니 진실로 일세(一世)의 영웅(英雄)이러니 지금 어디에 있는가. (이하 생략)' 蘇者。秋然正襟。危坐而問客曰：何爲其然也 客曰：月明星稀烏鵲南飛此非曹孟德之詩乎 西望夏口 東望武昌 山川上繆 鬱乎蒼蒼 此非孟德之困於周郎者乎 方其破荊州 下江陵 順流於東也 軸轤千里 旌旗蔽空 釃酒臨江 橫槊賦詩 固一世之雄 而今安在哉

99   [보정] 적벽강赤壁江 도라드니 소동파蘇東坡 노든 풍월風月 의구依舊히 있다만은 조맹덕일세지웅趙孟德一世之雄 이금爾今에 안재재安在哉오 ; 소동파의 '전적벽부(前赤壁賦)'의 한 대목을 원용하고 있다. 무상감(無常感)을 주조로 하고 있다.

100 고소성(姑蘇城) ; 중국 강소성(江蘇省) 오현(吳縣)의 고소산(姑蘇山)에 있는 성으로, 춘추시대 오나라 부차(夫差)가 건축하였으며, 완성하는 데에 7년이 넘는 기간이 소요되었다고 한다.

101 한산사寒山寺 ; 중국 강소성(江蘇省) 오현(吳縣) 서쪽 풍교(楓橋)에 있는 절로, 한산(寒山)과 습득(拾得)이라는 두 도승이 이곳에 있었으므로 붙여진 이름이다. 풍교사(楓橋寺)라고도 한다.

   [참고] 月落烏啼 霜滿天호니 江楓漁火 對愁眠이라 姑蘇城外 寒山寺의 夜半鍾聲의 到客船이라 밤중만 矣欠乃一聲의 山水綠이로다.『靑丘永言』

   [참고] 寒山寺 쇠북 소리 五更枕을 놀래 깨니 소상강 세기럭기 碧波 秋月을 반기는 듯 壁上의 耿耿孤燈에 心懷를 도도는 듯.『雜誌』

102 [보정] 월락오제月落烏啼 깊은 밤에 고소성외姑蘇城外 배를 대니 한산사寒山寺 쇠북소리 객선客船을 둥둥 울리고 ; 당나라 장계張繼의 '풍교야박楓橋夜泊'의 '달은 지고 까마귀는 울고 서리는 하늘에 가득한데, 강변의 단풍과 어부의 불빛을 바라보다 시름 속에 잠든다. 고소성 밖 한산사의 한 밤 북소리가 나그네 뱃머리에 들려온다. 月落烏啼霜滿天 江楓漁火對愁眠 姑蘇城外寒山寺 夜半鍾聲到客船'를 원용한 것이다. 이 시는 장안(長安)으로 과거시험을 보러 갔다가 세 번째 고배를 마시고 고향으로 돌아오던 장계의 배가 풍교와 강촌교(江村橋) 사이에 머물렀을 때, 한산사의 종소리를 듣게 된다. 수심에 차 있던 장계는 이곳의 경치에 빗대어 자신의 낙담한 마음을 시로 지어 표현했다고 한다. 무상감(無常感)을 주조로 하고 있다. 이는 우리 연행문화에서 흔히 원용되었다.

103 소언少焉 ; 잠깐 동안이라는 뜻이다.

104 천변일륜홍天邊一輪紅 ; '하늘가에 붉게 떠오르는 해'를 비유적으로 이르는 말이다. 해가 바퀴처럼 생겼기 때문에 일륜(一輪)이라 한다. '일륜(日輪)'은 태양을 말한다.

105 부상扶桑 ; 해가 뜨는 동쪽 바다다. 중국 전설에서, 해가 뜨는 동쪽 바다 속에 있다고 하는 상상의 나무다. 또는 그 나무가 있다는 곳을 말한다.

106 소언少焉에 천변일륜홍天邊一輪紅은 부상扶桑에 둥실 높았는대 ; '吟山歌(영산가)'의 한 대목과 같다.『필사본 악부(樂府)』의 '吟山歌(영산가)'에 '가쟈 어서가 이수건너 빅로가 빅로횡강을 홈게가 소지노화 월일선 초강 어부가 뷘빈 긔경션즈 간연후에 공츄월지 단단 자라등에다 져달을 실어라 우리고향을 홈게가 구구천변 일륜홍 부상에 둘실놉히셧ᄃ 어허룽에 잠즈고 즈규시 펄펄날아들졔 동졍여천에 파시츄 금슈츄파가 이안나냐'라고 노래하였다. '吟山歌(영산가)'는, 동정호에 비친 가을달의 모습, 흐르는 물과 바람에 흔들리는 장송(長松)의

풍류정風流亭 당도當到하야

사면四面을 바라보니[107]

만학천봉운심처萬壑千峰[108]雲深處[109]에

학선鶴仙[110]이 노니는 듯[111] [112]

유량嚠喨[113]한 풍류風流소리

모습, 늘어진 버들의 모습을 묘사하면서 진시황(秦始皇), 당명황 등 영웅 호걸과 초야의 군상(群像)들의 인생을 노래하면서 세월이 빨리 지나 세상만사가 무상함을 노래하고 있다고 평가된다.

107　[보정] 풍류정風流亭 당도當到하야 사면四面을 바라보니 ; 풍류를 즐기는 정자에 도착하였다는 말이다. 여기에서 풍류정은 구체적인 공간이 아니라 관념적 공간으로 가면극 공연 현장을 '풍류'가 대유(代喩)하는 연극적 공간으로 전이시키는 기능을 발휘한다.

108　만학천봉萬壑千峯 ; 첩첩이 겹쳐진 깊고 큰 골짜기와 수많은 산봉우리를 말한다.

109　운심처雲深處 ; 구름이 깊고 깊은 산속을 말한다.

110　학선鶴仙 ; '화표학귀(華表鶴歸)'의 주인공 정령위(丁令威)를 일컫는다. '화표학귀(華表鶴歸)'는 '학이 되어 돌아와 화표에 앉다'라는 뜻으로, 인간 세상의 변천을 감탄하는 뜻으로 사용되는 고사성어이다. 도연명(陶淵明)이 지은 것으로 알려진 『수신후기(搜神後記)』에서 유래되었다. 학귀화표(鶴歸華表)라고도 한다. 중국 한나라 때의 요동(遼東) 사람 정령위는 영허산(靈虛山)에서 선도(仙道)를 닦았다. 나중에 그는 학이 되어 고향으로 돌아가 성문 앞에 있는 화표주(華表柱) - 묘 앞에 세우는 것으로 망주석 - 위에 머물렀다. 어느 날 한 소년이 학을 보고는 활을 겨누어 쏘려고 하였다. 학은 날아올라 공중에서 빙글빙글 돌며 '새가 있네 새가 있네 정령위라는 새지, 집 떠난 지 천 년 만에 돌아왔다네. 성곽은 옛날과 다름없건만 사람들은 바뀌었네. 어찌 선도를 배우지 않아 무덤만 많아졌단 말인고. 有鳥有鳥丁令威, 去家千年今始歸, 城郭如故人民非, 何不學仙塚壘壘'라고 하고는 하늘 높이 솟구쳐 날아가 버렸다. 정령위가 선인(仙人)의 술을 배워 학이 되어 하늘로 올라갔다는 고사로 인하여 '정령위화학(丁令威化鶴)'이라고도 한다.

111　[보정] 만학천봉운심처萬壑千峰雲深處에 학선鶴仙이 노니는 듯 ; 가사 '고고천변(杲杲天邊)'의 한 대목을 원용하고 있다. '악부(樂府)'에 수록된 단가(短歌)에서도 이 대목은 '산슈를 굽어보니 만학천봉 운심쳐라 창송은 울울ᄒᆞ고 록슈는 잔완ᄒᆞ다'와 같이 흔히 나타난다. 이 단가의 주요 내용은 인간의 일생과 인간사(人間事)란 모두 부질없는 일장춘몽(一場春夢)에 불과한 것이며 그렇기에 다만 선경(仙境)에 취하고자 한다는 것이다. '고고천변(杲杲天邊)'에서도 내용은 봄날 좋은 날을 맞아 산으로 강으로 들로 나가 놀고 싶은 마음을 노래하면서 이같은 대목이 나온다.

112　[보정] 이 대목은 판소리 심청가 가운데에서, 심청이가 인당수에 빠져 가라앉지 않고 떠내려갈 때 주위의 경치를 읊은 대목인 '범피중류(泛彼中流)'를 원용한 것이다.

[참고] 범피중류(泛彼中流) 둥덩실 떠나간다. 망망(茫茫)한 창해(滄海)이며 탕탕(蕩蕩)한 물결이로구나. 백빈주(白頻洲) 갈매기는, 홍요안(紅蓼岸)으로 날아들고, 삼강(三江)의 기러기는, 한수(漢水)로만, 돌아든다. 요량한 남은 소리, 어적(魚笛)이 여기렸만. 곡종인불견(曲終人不見)의 수봉(數峯)만 푸르렀다. 의내성중(疑乃聲中) 만고수(萬古愁)는, 날로 두고 이름이라. 장사(長沙)를 지내가니, 가태부(賈台傅)는 간 곳 없고, 멱라수(泊羅水)를 바라보니, 굴삼여(屈三閭) 어복충혼(魚腹忠魂), 무량도 하시던가. 황학루(黃鶴樓)를 당도하니, 일모향관(日暮鄕關) 하처재(何處在)요, 연파강상(煙波江上) 사인수(使人愁)는, 최호(崔灝)의 유적(遺跡)이라. 봉황대(鳳凰臺)를 돌아드니, 삼산(三山)은 반락청천외(半落靑天外)요 이수중분(二水中分) 백로주(白鷺洲)는 이태백(李太白)이, 노던데요. 침양강(浸陽江)을 다달으니, 백낙천(白樂天) 일거후(一去後)에, 비파성(琵琶聲)이 끊어졌다. 적벽강(赤壁江)을 그져 가랴. 소동파(蘇東坡) 노던 풍월(風月), 의구(依舊)하여 있다만은 조맹덕(曹孟德) 일세지웅(一世之雄), 이금(而今)에 안재재(安在哉)요. 월락오제(月落烏帝) 깊은 밤에, 고소성(姑蘇城)의 배를 매니, 한산사(寒山寺) 쇠북소리는 객선(客船)이 댕댕, 들리는구나. [하략]

113　유량嚠喨 ; 음악 소리가 맑으며 또렷함을 말한다.

그저 지날 수 없거든[114].」

　　　(타령곡打令曲의 반주伴奏에 맞후어 한참 춤을 추다가 다시)

「쉬이.」

　　　(악樂의 반주伴奏와 무舞는 그친다.)

「봉제사연후奉祭祀然後에 접빈객接賓客하고

수인사연후修人事然後에 대천명待天命이라 하였으니

수인사修人事 한 마듸 드러가오.」

　　　(타령곡打令曲의 반주伴奏에 맞후어 춤을 추면서…… 창唱)

「낙양[115]동천[116]이화정[117]洛陽東天梨花亭[118]…….」

　　　(다섯재목이 한참 춤을 출 때에 여섯재목이 등장登場한다.)

六目.　　　(다름질 하야 들어와서 다섯재목의 면면을 한번 탁 처서 퇴장退場시키
　　　　　고. 타령곡打令曲의 반주伴奏에 맞후어 춤을 추면서 장내場內를 한
　　　　　박쿠 도라 악공樂工의 앞으로 도라와서 좌우左右를 도라보면서)[119]

「쉬이.」

　　　(악樂의 반주伴奏와 무舞는 그친다.)

　　　(창唱)

「산불고이수려山不高而秀麗[120]하고

수불심이청징水不深而淸澄[121]이라

114　[보정] 유량嚠喨한 풍류風流소리 그저 지날 수 없거든 ; 노래조로 실현되는 대목의 마지막 구절이 불림으로
　　활용되었다.

115　낙양洛陽 ; 중국 하남성(河南省)의 도시로, 주(周)의 낙읍(洛邑)으로 후한(後漢)·진(晋)·수(隋)·후당(後
　　唐)의 도읍지였다. 하남은 주대(周代)의 고도인 낙양의 별칭이다. 하남성(河南省)이 예부터 한(漢) 민족의 활
　　동 중심지였기에 중원(中原)이라고도 한다.

116　동천(東天) ; '洞天(동천)'의 잘못이다. 신선이 사는 세계, 혹은 산에 싸이고 내에 둘린 경치 좋은 곳을 뜻한
　　다. 참고로 '扶桑 東天(부상동천)'은 동쪽 바다의 해 돋는 곳에 있다는 신목(神木), 또는 그 신목이 있는 곳을
　　말한다.

117　이화정(梨花亭) ; 낙양의 동쪽 산기슭에 있는 정자로, 조선 후기의 고소설인 '숙향전(淑香傳)'에 나오는 지명
　　이기도 하다.

118　낙양동천이화정洛陽東天梨花亭 ; 한자어 불림이다. 오청본에서는 '商山四晧옛늙은이날찾는다…….'로 채록
　　되었다.

119　[보정] 정병호는, 육목의 춤은 불림으로 시작하여 '독수리 날개치는 사위', '어깨춤으로 어르면서 팔을 목에 거
　　는 사위', '외불림' 도무로서의 '외사위', '겹사위', '양사위' 등이 있다고 한다.

120　산불고이수려山不高而秀麗 ; 산은 높지 아니하며 빼어나게 아름답다.

지불광이평탄地不廣而平坦[122]하고

인불다이무성人不多而茂盛[123]이라

월학月鶴은 쌍반雙伴하고[124]

송죽松竹은 교취交翠로다[125]

기산영수별건곤箕山潁水[126]別乾坤[127]에

소부허유巢夫許由[128] 노라 있고

---

121 수불심이청징水不深而清澄 ; 물은 깊지 아니하며 맑고 깨끗하다.
122 지불광이평탄地不廣而平坦 ; 땅은 넓지 아니하며 평평하다.
123 [보정] 인불다이무성人不多而茂盛 ; 사람은 많지 않으나 무성하다. '임불다이(林不多而)'가 옳다. 원자료 그대로 밝힌다. 판소리 '적벽가'에는 '林不多而(임불다이) 茂盛(무성)'으로, '나무는 많지 않으나 무성하다'의 뜻이다. 의도적인 잘못인지 자세치 않다.
124 월학月鶴은 쌍반雙伴하고 ; 달빛에 학은 나란히 거닐고 라는 뜻이다.
125 송죽松竹은 교취交翠로다 ; 소나무와 대나무는 비취빛이로구나. 푸른 대나무를 취죽(翠竹)이라고 한다.
126 기산영수箕山潁水 ; 중국 하남성에 있는 산과 시내를 말한다. 요임금 때 소부와 허유가 임금의 자리를 물려 받으라는 왕명을 피하여 들어가 隱居(은거)했다는 산과 물이다. '기산'은 하남성(河南省) 행당현(行唐縣) 서북쪽에 위치한다. '영수'는 하남성(河南省) 등봉현(登封縣) 서쪽 경계에 있는 영곡(潁谷)에서 발원하여 회수(淮水)로 유입하는 물길이다.
127 별건곤別乾坤 ; 별세계, 별천지를 말한다.
128 소부허유巢夫許由 ; '巢父許由(소부허유)'를 말한다. 고대 중국의 전설상의 은자(隱者)인 소부와 허유를 말한다. 속세를 떠나서 산의 나무 위에서 살았기 때문에 생긴 이름이며, 요(堯)가 천하를 그에게 나라를 맡기고자 하였으나 이를 사양하고 받지 않았다. 허유(許由)가 영천에서 귀를 씻고 있는 것을 소를 몰고 온 소부(巢父)가 보고서 그러한 더러운 물은 소에게도 마시게 할 수 없다며 돌아갔다는 고사(故事)가 있다. 소부와 허유를 소유(巢由), 소허(巢許)라고도 하며, 이를 한 사람으로 보는 설도 있다. [참고] 소부(巢父) ; 소부는 요임금 때의 은자로, 산 속에 살면서 세속의 이득을 영위하지 않았다. 늙어서는 나무에 보금자리를 만들고 그 위에서 잤기 때문에 당시 사람들이 소부라고 불렀다. 요 임금이 허유에게 양위하려 하자 허유는 소부에게 그 사실을 알렸다. 이에 소부는 '그대는 어찌하여 그대의 모습을 숨기지 않고 그대의 빛남을 감추지 않았는가. 그대는 내 친구가 아닐세.' 라고 하면서 허유의 가슴을 밀치며 그를 내려 보냈다. 허유는 실의에 빠졌다. 이에 소부는 청령(清泠) -- 하남성(河南省) 남양현(南陽縣) 북쪽 풍산(豐山)에 있음. 맑고 깨끗한 물이라는 설도 있음. -- 의 강으로 가서 자신의 귀를 씻고 눈을 닦으며 '방금 전 탐욕스런 말을 듣고는 내 친구를 잃게 되었구나.' 하고는 마침내 떠나가서 평생을 만나지 않았다. (황보밀·김장환 역, 『고사전』(예문서원, 2000)) [참고] 허유(許由) ; 허유는 자가 무중(武仲)이며 양성(陽城) 괴리(槐里) 사람이다. 사람됨이 의에 근거하고 올바른 도리를 실천하여, 그릇된 자리에는 앉지 않고 그릇된 음식은 먹지 않았다. 나중에는 패택(沛澤) -- 강소성(江蘇省) 패현(沛縣)에 있는 택지(澤池) -- 에 은거하였다. 요임금이 천하를 허유에게 양위(讓位)하고자 하여 말했다. '해와 달이 떠 있는데 횃불을 끄지 않는다면 비추기가 또한 어렵지 않겠습니까. 때맞춰 단비가 내리는데도 여전히 물을 끌어대고 적시는 것 또한 애만 쓰는 것이 아니겠습니까. 선생께서 임금의 자리에 서시면 천하가 잘 다스려질 텐데 내가 여전히 이 자리를 지키고 있습니다. 제 자신을 돌아보건대 부족한 게 많습니다. 부디 천하를 맡아 주십시오.' 허유는 말하였다. '그대가 천하를 다스려 이미 잘 다스려지고 있는데 내가 그대를 대신한다면 날더러 허울 좋은 이름을 위하라는 말인가. 이름이란 실(實)의 손님이니 날더러 손님이 되라는 말인가. 뱁새[鷦鷯]가 깊은 숲에 둥지를 튼다 해도 나뭇가지 하나면 충분하고, 두더지[偃鼠]가 황하의 물을 마신다 해도 배만 채우면 그만이오. 그러니 당신은 돌아가시오. 나에게는 천하가 쓸모가 없소이다. 요리사가 음식을 잘 만들지 못한다 하더라도 시축(尸祝) -- 중국의 고대 풍습에서 제례, 특히 조상에 대한 제례에서 특정한 사람을 조상의 자리에 앉히고

채석강명월야采石江[129]明月夜[130]에

이적선李謫仙 노라 있고

적벽강추야월赤壁江秋夜月에

소동파蘇東坡 노라 있다[131] [132]

이러한 풍류정風流亭에

한번 놀고 가려든[133].」

제물을 바치면서 그를 통해 신의 은택을 받고자 했는데, 그 사람을 尸라고 한다. 祝은 제주(祭主)와 尸 사이에서 제주의 성의를 尸에게 전달하는 자로서, 실질적으로는 제사를 주관하며 축문(祝文)을 읽는 사람임. -- 의 술단지와 도마를 넘어가서는 그를 대신할 수는 없는 노릇이오.' 그리고 천하를 받지 않고 도망가 버렸다. 설결이 허유를 만나 '그대는 어디로 가려는가' 하자, 허유는 '요 임금을 피하려고 합니다.' 하고 하였다. 설결이 '다시 무슨 일인가' 하자 '저 요 임금은 현인(賢人)이 천하에 이익이 된다는 것은 알지만 천하를 해친다는 것은 모르고 있습니다. 무릇 현과 불현의 경계에서 벗어난 사람[外乎賢者]만이 그것을 아는 것이지요.' 라고 하였다. 허유는 이에 중악(中岳) -- 오악(五岳) 가운데 하나인 숭산(嵩山)을 말함. -- 의 영수(潁水) -- 하남성(河南省) 등봉현(登封縣) 서쪽 경계에 있는 영곡(潁谷)에서 발원하여 회수(淮水)로 유입하는 물길임. -- 북쪽 기산(箕山) -- 하남성(河南省) 행당현(行唐縣) 서북쪽에 위치함. -- 아래에 숨어 밭을 갈면서 죽을 때까지 천하를 경영하려는 마음을 먹지 않았다. 요 임금이 다시 허유를 불러 구주(九州)의 수장(首長)으로 삼으려 했으나 허유는 듣고자 아니하고 영수 가에서 귀를 씻었다. 그때 그의 친구 소부(巢父)가 송아지를 끌고 와 물을 먹이려다 허유가 귀를 씻는 것을 보곤 그 이유를 물었다. '요임금이 나를 불러 구주의 수장으로 삼으려 하기에 그 소리가 듣기 싫어 귀를 씻고 있네.' 라고 대답하자, 소부는 이렇게 말하였다. '자네가 높은 언덕과 깊은 계곡에 거처한다면 사람 다니는 길이 통하지 않을 텐데, 누가 자네를 볼 수 있겠는가. 자네가 일부러 떠돌며 알려지기를 바라서 명예를 구한 것이니, 내 송아지의 입만 더럽혔네.' 그리고는 송아지를 끌고 상류로 가서 물을 먹였다. 허유가 죽자 기산의 꼭대기에 장사를 지내고 또한 허유산(許由山)이라 명명하였는데, 그 산은 양성의 남쪽 10여리에 있다. 요 임금은 그 묘를 찾아가 기산공신(箕山公神)이라 부르고 오악(五岳)에 배향하였으며, 대대로 제사를 받들어 지금까지 끊이지 않고 있다 하였다. -황보밀, 김장환 역, 『고사전』, 예문서원, 2000.

129 채석강采石江 ; 중국 안휘성(安徽省)에 위치한 강으로, 동정호(洞庭湖)의 한 지류다. 이백(李白)이 채석강(采石江)에서 놀 때 술에 취하여 물에 비친 달을 잡으려고 강에 뛰어들어 빠져 죽었다고 한다. 한편 이화(李華)의 태백묘지(太白墓誌)나 이양(李陽)의 '빙초당집서(氷草堂集序)'로 보아 그의 죽음에 대해서는 의심쩍은 데가 있다고 하는 입장도 있다.

130 명월야明月夜 ; 달 밝은 밤을 말한다.

131 [보정] 이 대목에서는 '노라 있고'가 반복되어 실현하고 있다. 이는 깊은 산속에 은거하여 번거로운 세상을 떠나서 한가롭게 지내거나, 또는 풍류스런 생활을 즐기거나, 풍월을 읊으면서 지낸다는 말이다.

132 [보정] 이 대목은 판소리 '적벽가'의 '와룡강 경계'와, 판소리 '춘향가'의 '기산영수'가 원용되었다.

　　　[참고] '적벽가' 와룡강 경계 ; 이때는 건안 8년 중춘이라. 와룡강을 당도허니 경개가 무궁 기이허구나. 산불고이수려허고 수불심이증청이요 지불광이평탄허고 임불대이무성이라. 원학은 상친허고 송죽은 교취로다. 석벽부용은 구름 속에 잠겨 있고 창송은 천고절 푸른 빛을 띠었어라. 시문에 다다라 문을 뚜다리며, 동자야, 선생님 계옵시냐

　　　[참고] '춘향가' '기산영수' ; 기산 영수 별건곤, 소부 허유 놀고, 채석강 명월야에 이 적선도 놀아 있고, 적벽강 추야월의 소동파도 놀고, 시상리 오류촌 도연명도 놀아있고, 상산의 바돌뒤던 사호선생이 놀았으니, 내 또한 호협사라. 동원도리 편시춘 아니 놀고 무엇허리. 잔말 말고 일러라. 김세종제 '춘향가' 참조.

　　　[참고] 箕山 潁水 別乾坤에 巢父 許由 놀아 잇고 / 赤壁江 秋夜月 蘇子瞻이 놀아 잇다 / 아마도 三公不換은 此江山인가. -『雜誌』

(타령곡打令曲의 반주伴奏에 맞후어 한참 춤을 추다가)

「쉬이.」

(악樂의 반주伴奏와 무舞는 그친다.)

「봉제사연후奉祭祀然後에 접빈객接賓客하고

수인사연후修人事然後에 대천명待天命이라 하였으니

수인사修人事 한 마듸 드러가오.」

(타령곡打令曲의 반주伴奏에 맞후어 춤을 추면서…… 창창唱)

「청산녹수青山綠水 깊은 곳134…….」

(여섯재목이 한참 춤을 추고 잇슬 때에 일곱재목이 등장登場한다.)

七目.　　　　　(다름질 하야 들어와서 여섯재목의 면面을 한번 탁 처서 퇴장退場시
　　　　　　　키고 타령곡打令曲의 반주伴奏에 맞후어 춤을 추면서 장내場內를
　　　　　　　한 박쿠 도라 악공樂工 앞으로 와서 좌우左右를 도라보면서)135

「쉬이.」

(악樂의 반주伴奏와 무舞는 그친다.)

(창창唱)

「천지현황天地玄黃136 생긴 후後에

일월영측日月盈昃137되였어라138

천지天地가 개벽開闢139 후後에

만물萬物이 번성繁盛이라

산山 절로 수水 절로 하니

산수간山水140間에 나도 절로141

133　[보정] 이러한 풍류정風流亭에 한번 놀고 가려든 ; 노랫조로 실현되는 대목의 마지막 구절이 불림으로 활용되
　　　　었다. 임석재본에서는 '洛陽 東天 柳下亭 이러한 風流亭에 한번 놀고 가려던' 라고 채록되었다.
134　청산녹수青山綠水 깊은 곳 ; 오청본에서는 '洗耳人間不聞閑暇롭다…….'로 채록되었다.
135　[보정] 정병호는, 칠목의 춤은 불림으로 시작하여 '좌우로 허리 돌리기', '한삼 꼬리 치기', '고개잡이', 도무로서
　　　의 '외사위', '겹사위', '양사위' 등이 있다고 한다.
136　천지현황天地玄黃 ; 하늘은 위에 있으니 그 빛이 검고 그윽하며, 땅은 아래 있으니 그 빛이 누르다는 뜻이다.
137　일월영측日月盈昃 ; 해는 서쪽으로 기울고 달도 차면 점차 이지러진다는 뜻이다. 즉 우주의 진리를 말한다.
138　[보정] 천지현황天地玄黃 생긴 후後에 일월영측日月盈昃되였어라 ; 천자문 첫 여덟 자를 원용하였다.
139　개벽開闢 ; 세상이 처음으로 생겨 열림을 말한다. 세상이 어지럽게 뒤집힘을 말하기도 한다. 새로운 시대가
　　　열리는 것을 비유적으로 이르는 말로도 쓰인다.

때마춤 춘절春節이라

산천경개山川景槪[142] 구경求景코저

죽장망혜단표자竹杖芒鞋[143]單瓢子[144]로

이 강산江山에 들어오니

만산滿山의 홍록紅綠[145]들은

일년일차一年一次[146] 다시 피여

춘색春色을 자랑하야 색색色色이 붉었는대

창송녹죽蒼松綠竹[147]은 울울창鬱鬱蒼[148]하고

기화요초난만중奇花瑤草爛熳中[149]에

꽃 속에 자든 나비

자취 없시 날아든다

유상앵비柳上鶯飛는 편편금片片金[150]이요

화간접무花間蝶舞는 분분설紛紛雪[151]이라

삼춘가절三春佳節[152]이 조을시고

도화만발점점홍桃花萬發点点紅[153]하니

---

140 산수山水 ; 산과 물이라는 뜻으로, 경치를 이르는 말이다.

141 산산山 절로 수水 절로 하니 산수간山水間에 나도 절로 ; 산과 물이 잘 어우러진 좋은 봄철이라 나도 그 풍광
    속에 절로 빠져든다는 말이다.

142 산천경개山川景槪 ; 자연의 경치를 말한다.

143 죽장망혜竹杖芒鞋 ; 대지팡이와 짚신의 뜻으로, 먼 길을 떠날 때의 아주 간편한 차림새를 이르는 말한다. '망
    혜'는 '미투리'라고도 한다. '마혜(麻鞋)'가 '망혜(芒鞋)'로 와문 되어 흔히 죽장망혜(竹杖芒鞋)라고 많이 읽히는
    데 이것은 노래를 부를 때에 '마' 음(音)을 길게 뽑는 데서 말미암은 것이라 한다.

144 [보정] 단표자單瓢子 ; '簞瓢子(단표자)'가 옳다. 도시락과 표주박이라는 말이다.

145 만산滿山의 홍록紅綠 ; 온 산이 붉고 푸름으로 가득 참을 말한다.

146 일년일차一年一次 ; 일 년에 한번이라는 뜻이다.

147 창송녹죽蒼松綠竹 ; 푸른 소나무와 푸른 대나무를 이른다. '蒼松翠竹(창송취죽)'이라고도 한다.

148 [보정] 울울창鬱鬱蒼 ; 큰 나무들이 빽빽하게 들어서 푸르게 우거져 있다. '鬱鬱蒼蒼(울울창창)'이 옳다.

149 [보정] 기화요초난만중奇花瑤草爛熳中 ; 아름답고 고운 꽃과 풀이 활짝 많이 피어 화려하다는 뜻이다. 임석재
    본에는 '奇花瑤章(기화요장)'으로 채록되었는데, '奇花瑤草(기화요초)'의 잘못이다.

150 유상앵비柳上鶯飛는 편편금片片金 ; 버들 위에 꾀꼬리가 날아다니니 조각조각 난 금빛과 같다.

151 화간접무花間蝶舞는 분분설紛紛雪 ; 꽃 사이로 나비가 춤을 추니 펄펄 나는 흰 눈 같구나.

152 삼춘가절三春佳節 ; 봄철 석 달의 좋은 시절을 말한다. 음력 정월, 2월, 3월을 각각 맹춘(孟春), 중춘(仲春),
    이춘(李春)이라고 하며 이를 통틀어 삼춘(三春)이라고 한다.

153 도화만발점점홍桃花萬發点点紅 ; 복숭아꽃이 만발하여 점점이 붉도다. 기존 작가의 작품의 한 구절을 원용
    하여 관용구formula로 정착된 사례다. [참고] 동국이상국집 백운소설(白雲小說) ; 시중(侍中) 김부식(金富軾)

무릉도원武陵桃源154이 예 아니냐

양유세지사사록楊柳細枝絲絲綠155하니

황산곡리당춘절黃山156谷157裏當春節158에

연명오류淵明五柳159가 예 아니냐

층암절벽상層岩絶壁上에 폭포수瀑布水가

꽐꽐 흘러 수정렴水晶簾160 들이운 듯

과 학사 정지상은 문장으로 함께 한때 이름이 났는데, 두 사람은 알력이 생겨서 서로 사이가 좋지 못했다. 세속에서 전하는 바에 의하면 지상이, '임궁(琳宮)에서 범어를 파하니 琳宮梵語罷 하늘빛이 유리처럼 깨끗하구나. 天色淨琉璃' 라는 시구를 지은 적이 있었는데, 부식(富軾)이 그 시를 좋아한 끝에 그를 구하여 자기 시로 삼으려 하자, 지상은 끝내 들어 주지 않았다. 뒤에 지상은 부식에게 피살되어 음귀(陰鬼)가 되었다. 부식이 어느 날 봄을 두고 시를 짓기를, '버들 빛은 일천 실이 푸르고 柳色千絲綠 복사꽃은 일만 점이 붉구나 桃花萬點紅' 하였더니, 갑자기 공중에서 정지상 귀신이 부식의 뺨을 치면서, '일천 실인지, 일만 점인지 누가 세어보았느냐. 왜, 버들 빛은 실실이 푸르고 柳色絲絲綠 복사꽃은 점점이 붉구나 桃花點點紅 라고 하지 않는가.' 하니, 부식은 마음속으로 매우 그를 미워하였다. 뒤에 부식이 어느 절에 가서 측간에 올라앉았더니, 정지상의 귀신이 뒤쫓아 와서 음낭을 쥐고 묻기를, '술도 마시지 않았는데, 왜 낯이 붉은가.' 하자, 부식은 서서히 대답하기를, '언덕에 있는 단풍이 낯에 비쳐 붉다.' 하니, 정지상의 귀신은 음낭을 더욱 죄며, '이놈의 가죽주머니는 왜 이리 무르냐.' 하자, 부식은, '네 아비 음낭은 무쇠였더냐.' 하고 얼굴빛을 변하지 않았다. 정지상의 귀신이 더욱 힘차게 음낭을 죄므로 부식은 결국 측간에서 죽었다 한다.

154 무릉도원武陵桃源 ; 선경(仙境) 또는 낙원(樂園)을 가리키는 말이다. 진(晉)나라 때에 어부가 계곡물에 떠내려 오는 복숭아꽃을 따라 올라갔다. 동굴 속으로 이어진 물줄기를 따라 굴속에 들어가서, 그곳에 있는 선경(仙境)을 발견하고 귀가하였다가 뒤에 다시 찾으려 했을 때 그 지형을 분별할 수가 없었다고 한 데서 온 말이다. 이와 관련하여 진(晉)나라 문인인 도잠(陶潛)이 지은 '도화원기(桃花源記)'가 있고, 당나라 문인인 이백(李白)이 지은 '산중문답(山中問答)'에도 '桃花流水渺然去 別有天地非人間'이라는 구절이 있다.

155 양유세지사사록楊柳細枝絲絲綠 ; 버드나무 가느다란 가지마다 푸르르구나. 기존 작가의 작품의 한 구절을 원용하여 관용구formula로 정착된 사례다.

156 황산黃山 ; 옛 이름은 이산(移山)이다. 주봉은 연화봉(蓮華峰)으로, 천도봉(天都峰)이라고 한다. 당나라 때부터 현재의 명칭으로 바뀌었다. 황산은 안휘성 남부에 있는 연화봉을 위시로 한 72 봉이 연이어 있는 산괴(山塊)를 말하는 것으로 이 황산의 아름다움에 대해서는 수많은 시인들이 찬미하였다. 옛부터 황산의 아름다움은 대시인인 이백 등에 의해 칭송되었으며 명나라 때의 지리학자이며 여행가였던 서하객(徐霞客)은 30년에 걸쳐서 중국의 산하를 두루 여행한 후에 이렇게 말했다고 한다. '오악(五岳) -- 태산(泰山), 화산(華山), 형산(衡山), 항산(恒山), 숭산(嵩山) -- 을 보고 온 사람은 평범한 산은 눈에 들지 않는다. 황산을 보고 돌아온 사람은 오악도 눈에 차지 않는다. 五岳歸來不看山, 黃山歸來不看五'

157 황산곡黃山谷 ; 이름은 정견(庭堅), 자(字)는 노직(魯直), 호는 산곡(山谷)이라고 한다. 송나라 철종(哲宗) 때 사람으로 시에 특장(特長)이 있어 세상 사람들이 소동파(蘇東坡)의 다음 간다고 해서 소황(蘇黃)이라 하고, 또한 초서(草書)와 해법(楷法)에 유명하다. 벼슬은 교서랑사인(校書郞舍人)을 역임하고 지태평주(知太平州)를 하다가 선주(宣州)로 귀양 가서 죽었다.

158 황산곡리당춘절黃山谷裏當春節 ; 황산곡(黃山谷)속에서 봄철을 맞이하였구나. 송나라 시인 황정견(黃庭堅)의 호가 산곡(山谷)인데 인명을 지명과 같이 사용하였다. 중의적 표현이다.

159 연명오류淵明五柳 ; 도연명이 자기가 살던 집 문 앞에 버드나무 다섯 그루를 심어 놓고 스스로 오류선생(五柳先生)이라 하였다. 버들을 보고 도연명을 연상하여서 한 말이다.

160 수정렴水晶簾 ; 수정 구슬을 꿰어서 만든 아름다운 발을 말한다.

병풍석屛風石[161]에 마조 처서

은옥銀玉[162]같이 흩어지니

소부허유문답巢父許由問答하는

기산영수其山潁水 예 아니냐

주각제금住刻啼禽[163]은 천고절千古節[164]이오

적다정조積多鼎鳥는 일년풍一年豐[165]이라

경개무궁景槪無窮[166] 조흘시고[167]

---

161 병풍석屛風石 ; 능(陵)을 보호하기 위하여 능의 위쪽 둘레에 병풍처럼 둘러 세운 긴 네모꼴의 넓적한 돌이다.
겉에 12신(神)이나 꽃무늬 따위를 새긴다.

162 은옥銀玉 ; 은빛이 나는 옥을 말한다.

163 주각제금住刻啼禽 ; '주각주각하고 우는 새'라는 뜻이다. '住刻'은 주걱새를 이른다. '주각(住刻)'은 울음소리
에서 따온 것이다. 주걱새[촉국새]는 촉나라 망제의 혼이 화(化)하여 이 새가 되어 천년을 두고 그 비운을 슬피
운다는 이야기가 있다. 다 접동새(杜鵑)를 두고 말한 것이다.

164 천고절千古節 ; 영원히 변하지 않는 빛나는 곧은 절개를 말한다.

165 적다정조積多鼎鳥는 일년풍一年豐 ; 소쩍새가 솥이 작다고 울면 풍년이 든다. '적다정조積多鼎鳥'는 소쩍새
를 말한다. 접동새라고도 한다. 소쩍새가 '솥 작다 솥 작다'하고 울었다는 데서 '積多鼎(적다정)'의 음과 훈을
따온 것이다. 민간어원이다. 임석재본에는 '積多鼎鳥日年豐'라고 채록되었다. 그리고 다른 자료들도 한해의 풍
년이라는 뜻인 '一年豐'이라고 하였다. 우리나라에서는 예로부터 '솟쩍' 하고 울면 다음해에 흉년이 들고, '솟쩍
다'라고 울면 '솥이 작으니 큰 솥을 준비하라'는 뜻에서 다음해에 풍년이 온다는 이야기가 전해 내려온다. '소쩍
소쩍' 또는 '소쩍다 소쩍다'라는 울음소리를 내는데 이 울음소리에는 전설이 전해지고 있다. 아주 오랜 옛날에
며느리를 몹시 구박하는 시어머니가 있었는데 며느리에게 밥을 주지 않으려고 아주 작은 솥을 내주어 밥을 하
게 하였다고 한다. 결국 며느리는 굶어죽었고 그 불쌍한 영혼은 새가 되어 '솥이 적다. 솥이 적다. 소쩍 소쩍'이
라고 운다고 한다. 민간에서는 이 소쩍새의 울음소리로 그 해의 풍년과 흉년을 점치기도 한다. 새가 '소쩍 소쩍'
하고 울면 흉년이 들고, '소쩍다 소쩍다' 하고 울면 풍년이 든다고 한다. 즉, '솟쩍다'는 솥이 작으니 큰 솥을
마련하라는 뜻으로 해석한다.

166 경개무궁景槪無窮 ; '경치가 무궁하다'라는 뜻이다.

167 [보정] 이 대목은 시조와, 잡가 '유산가'를 원용하고 있다.
　　[참고] 靑山도 절로 절로 綠水도 절로 절로 / 山 절로 水 절로 山水間에 나도 절로 / 그 中에 절로 ᄌ란
몸이 늙기도 절로 ᄒ리라.『靑丘永言』
　　[참고] 유산가(遊山歌) ; 화란춘성ᄒ고 만화방창이라 넙 죠타 벗님네야 / 산천경긔를 구경을 가세 / 죽장망
혜 단표ᄌ로 천이강산을 드러를 가니 / 만산홍록드른 일년일도 다시 퓌여 / 츈싁을 자랑노라 싁싁이 불겻ᄂ
딋 / 창송취쥭은 챵챵울을ᄒ고 긔화요초 란만중의 / 곳 속에 잠든 나뷔 ᄌ취 업시 나라 든다 / 유상잉비는
편편금이오 화간졉무는 분분셜이라 / 삼츈가졀이 조흘시고 도화만발 졈졈홍이로구나 / 어쥬츅슈 삼츈이여든
무릉도원이 예 아니냐 / 양류셰지 ᄉᄉ록 ᄒ니 황산곡리 당츈졀에 / 연명오류가 예 아니냐 / 졔비는 물을
차고 기럭이 무리져셔 / 거지중천에 놉히 넷서 두 날릭 훨신 펴고 / 펄펄 빅운간에 놉히 넷셔 / 천리강산
머남은 길에 어이갈ᄭᆞ 슬피운다 / 원산은 쳡쳡틱산은 쥬춤ᄒ여 긔암은 층층 장송은 낙낙 / 에이구 부러져
광풍에 흥을 겨워 우쥴우쥴 춤을 츈다 / 층암졀벽상에 폭포슈은 쫠쫠 슈졍렴 드리온듯 / 이 골 물이 주루루
룩 져 골 물이 쌀쌀 / 열에 열 골 물이 한딋 합수ᄒ야 / 천방져 디방져 소코라지고 펑펴져 / 넌출지고 방울져
져 건너 병풍셕으로 / 으르렁 쫠쫠 흐르는 물결이 은옥갓치 흐터지니 / 소부허유 문답ᄒ든 긔산영슈가 예
안나냐 / 쥬각졔금은 천고졀이오 적다졍조는 일년풍이라 / 일츌낙됴가 눈압헤 버러나 경무긔궁이 됴흘시고
- 『증보신구잡가』

장중場中을 굽어보니

호걸豪傑[168]들이 만히 모여

해금奚琴 피리 저 북 장고杖鼓 느러 놓고

이리 뛰며 저리 뛰니

이 아니 풍류정風流亭인가

나도 흥興 겨워

한번 놀고 가려든.[169]」

　　　（타령곡打令曲의 반주伴奏에 맞후어 한참 쾌활快活하게 춤을 추다

　　가 다시)

「쉬이.」

　　　（악樂의 반주伴奏와 무舞는 그친다.)

「봉제사연후奉祭祀然後에 접빈객接賓客하고

수인사연후修人事然後에 대천명待天命이라 하였으니

수인사修人事 한 마듸 드러가오.」

　　　（타령곡打令曲의 반주伴奏에 마추어 춤을 추면서…… 창唱)

「옥동도만수춘玉洞[170]桃萬樹春[171]

168　호걸豪傑 ; 지혜와 용기가 뛰어나고 기개와 풍모가 있는 사람을 말한다.
169　나도 흥興 겨워 한번 놀고 가려든 ; 대화 반응이 불림으로 활용되었다. 특히 '놀고 가려든'을 노래조로 실현한다.
170　옥동玉洞 ; 옥으로 된 동혈(洞穴)로 신선이 사는 곳이다. 또는 은자(隱者)가 사는 곳을 일컫는 말로 쓰고 있다.
171　[보정] 옥동도만수춘玉洞桃萬樹春 ; '玉洞桃花萬樹春'이 옳다. '옥동(玉洞)의 복숭아꽃이 일만 나무 봄이로구나.'라는 뜻이다. 사설시조에서도 이 구절이 자주 나타난다. 입춘첩(立春帖)에도 활용된다. 남사고 설화에도 등장한다.
　　[참고] 六洲 五洋에 探險隊가 아즉도 發見 못한 武陵桃源 朱陳村이 世上 天下에 어듸매뇨 / 三千年開花 三千年結實하는 崑崙山 瑤池 蟠桃園인가 金鷄啼罷日 輪紅하는 都桃樹下인가 거긔도 아니오 劉關張 三人이 烏牛 百馬로 祭天結義하시든 桃園이 그 곳인가 玉洞桃花萬樹春이 거긔인가 前度劉郎 今又來한 玄都觀이 거긔련가 / 至今에 春水 方生하고 片片紅桃 둥둥 넷 흘녀 오는 紫霞洞天에 가 무러 보소. -『樂府』(高大本)
　　[참고] 『지봉유설(芝峯類說)』 ; 이달(李達)이 남격암(南格菴)을 위한 만사에 말하기를, '난새를 멍에 하여 표연히 야목진(若木津)을 떠났으니, 군평(君平)의 주렴 아래 다시 어느 사람이 있는가. 상동(床東)의 제자가 유초(遺草)를 거두니, 옥동(玉洞)의 복숭아꽃이 일만 나무 봄이로구나 鸞馭飄然若木津 君平簾下更何人 床東弟子收遺草 玉洞桃花萬樹春'라고 했다. 격암(格菴)은 남사고(南師古)의 호이다. 사고(師古)가 일찌기 이인(異人)에게서 진결(眞訣 ; 참비결)을 배워 드디어 비술(秘術)에 능통하였다고 한다. 이 글에 야진목(若木津)이라고 한 것은 아마 석목진(析木津) -- 석목(析木)은 성좌(星座) 위치의 이름으로 은하수의 나루다. -- 이라는 말을 잘못 인용한 것일 것이다.

가지가지…….[172]」

(일곱재목이 한참 춤을 출 때에 여덜재목이 등장登場한다.)

八目.   (다름질 하야 들어와서 일곱재목의 면面을 탁 처서 퇴장退場시키고
타령곡打令曲의 반주伴奏에 맞후어 춤을 추면서 장내場內를 한 박
쿠 도라 악공樂工의 앞으로 와서 좌우左右를 도라보면서)[173]

「쉬이.」

(악樂의 반주伴奏와 무舞는 그친다.)

(창창唱)

「죽장竹杖[174] 집고 망혜芒鞋[175] 신어

천리강산千里江山[176] 들어가니[177]

폭포瀑布도 장히 좋다만은

여산驪山[178]이 여기로다

---

172 옥동도만수춘玉洞桃萬樹春 가지가지…… ; 한시와 우리말이 결합된 불림이다.
173 [보정] 정병호는, 팔목의 춤장단은 첫목과 같다고 한다. 춤은 '수인사', '한삼끌어 어깨에 걸기', '한삼 걸어 고개
잡이', '한삼 좌우로 돌려 불림', 도무로서의 '외사위', '겹사위', '양사위' 등이 있다고 한다.
174 죽장竹杖 ; 대지팡이를 말한다.
175 망혜芒鞋 ; 마혜(麻鞋)의 잘못이다. 竹杖芒鞋(죽장망혜)는 대지팡이와 짚신의 뜻으로, 먼 길을 떠날 때의 아
주 간편한 차림새를 이르는 말한다. '망혜'는 '미투리'라고도 한다. '마혜(麻鞋)'가 '망혜(芒鞋)'로 와문 되어 흔
히 죽장망혜(竹杖芒鞋)라고 많이 읽히는데 이것은 노래를 부를 때에 '마' 음(音)을 길게 뽑는 데서 말미암은
것이라 한다.
176 천리강산千里江山 ; 넓고 넓은 강산이라는 뜻이다.
177 [보정] 죽장竹杖 집고 망혜芒鞋 신어 천리강산千里江山 들어가니 ; 이 대사는 가사문학에서 두루 보인다.
      [참고] 竹杖芒鞋 單瓢子로 千里 江山 드러가니 / 그 곳이 골이 깁퍼 杜鵑 접동이 나제 운다 구름은 뭉게
뭉게 뀌여 落落長松에 어리엿고 바람은 촬촬 러 시닉 巖上에 꼿 가지만 절쩔이는고나 / 그 곳이 別有天地
非人間이니 놀고 갈가. [출전]『南薰太平歌』
      [참고] 竹杖芒鞋 단표자로 千里 江山 드러가니 山은 흐여 구름 갓고 구름도 흐여 山 깃으며 雲山은 千變
이라 / 金芙蓉 싹어낸 ○○ 銀폭포 급한 물의 九天의 넓러지고 울울창창 松林中에 百獸 千禽 석어 울어 ○
○을 조롱한다 / 雲梯를 발고 절정에 올나 三界를 바라보니 玉京이 지척이요 紅塵이 부도로다 하마 고이
仙景인 듯. [출전]『雜誌』(平洲本)
178 [보정] 여산驪山 ; 여기서는 '廬山'이 옳다. 강서성 구강부(江西省九江府)에 있는 명산이다. 보는 장소에 따라
달리 보이고 향로봉(香爐峰)과 여산 폭포가 유명하며, 광유(匡裕)라는 사람이 여기 살았기에 광려(匡廬)라고
도 한다. 평야 지대에 위치해 있어서, 그 기세가 더욱 웅장하고 높아 보인다. 깎아지른 듯한 높은 절벽이 많고
맑은 물과 폭포가 유명하며, 산중에 늘 운무(雲霧)가 끼어 있어서 산봉우리를 보는 일이 쉽지가 않아 '不識廬
山眞面目(불식여산진면목)'이라는 말이 있으며, 예로부터 명승지로 이름이 높다.
      [참고] 소식(蘇軾) '제서림벽(題西林壁)'
      橫看成嶺側成峰, 옆에서 보면 산령이오, 곁에서 보면 산봉이로세,
      遠近高低各不同. 멀고, 가깝고, 높고, 낮기가 각각 다르구나.

비류직하삼천척飛流直下三千尺[179]은

옛말로 들었더니

의시은하낙구천疑是銀河落九天[180]은

과연果然 허언虛言이 아니로다

은하석경銀河石徑[181] 좁은 길로

인도引導한 곳 나려가니

사호선생四皓先生[182] 바둑 두고

소부巢父는 무삼 일로

소골피[183]를 거슬이고[184]

不識廬山眞面目, 여산의 참 모습을 알지 못하는 것은,
只緣身在此山中. 바로 이 몸이 산 속에 있기 때문이로구나.

179 비류직하삼천척飛流直下三千尺 ; 날듯 수직으로 떨어지는 삼천 척 물줄기라는 뜻이다. 이백(李白)의 '망여산폭포(望廬山瀑布)'의 한 구절이다.
  [참고] 이백(李白) '망여산폭포(望廬山瀑布)'
  日照香爐生紫烟 향로봉에 해 비치니 자주빛 안개 피어나고
  遙看瀑布掛前川 멀리 보이는 폭포는 앞 냇물에 걸렸도다.
  飛流直下三千尺 날듯 수직으로 떨어지는 삼천 척 물줄기는
  疑是銀河落九天 의심컨대, 은하수가 하늘에서 떨어진 것이리.
180 의시은하낙구천疑是銀河落九天 ; 의심컨대, 은하수가 하늘에서 떨어진 것이라는 뜻이다. 이백(李白)의 '망여산폭포(望廬山瀑布)'의 한 구절이다.
181 은하석경銀河石徑 ; 은하수와 같이 밝게 빛나는 돌길을 말한다.
182 사호선생四皓先生 ; 중국 진시황(秦始皇) 때 어지러운 세상을 피하여 섬서성(陝西省) 상산(商山)에 은거한 동원공(東園公)·하황공(夏黃公)·기리계(綺里季)·녹리선생(甪里先生) 등 네 사람의 백발노인을 가리킨다. 한나라 고조(高祖)의 부인 여후(呂后)가 제일 공이 많은 한신(韓信)과 영포(英布), 팽월(彭越) 등에게 반(叛)한다고 죄를 뒤집어 씌워 죽이고, 한고조의 후궁 적부인(寂夫人)과 조왕(趙王) 여의(呂意)를 무참히 죽이는 등 하여 자기 세력을 늘리기 위해 혹독한 짓을 많이 하므로 이를 피해 상산(商山)에 은거(隱居)한 네 노인을 가리킨다. 후에 모두 한나라 혜제(惠帝)의 스승이 되었다. 모두들 수염과 눈썹이 백색이기 때문에 호(皓)라 한다. 이들은 상산에서 바둑이나 두고 한일월(閑日月)했다고 전한다. 상산(商山)은 중국 섬서성(陝西省) 상현(商縣)의 동쪽에 있는 산이다.
183 소골피 ; 소고삐를 말한다.
184 [보정] 소부巢父는 무삼 일로 소골피를 거슬이고 ; 임석재 채록에서는 '巢父는 무삼 일로 소고삐를 거슬리고'라 하였다. 오청 채록에서는 '蘇武는무삼일노 소골피를거슬이고'라 하였다. '소무'는 '소부'의 잘못이다. 소부허유 고사에 연원을 두고 있다. 즉 '소부는 무슨 일로 소고삐를 쥐고 거슬러 올라갔는가.'의 뜻이다. 소부허유 고사를 요약하면 다음과 같다. 그때 그의 친구 소부(巢父)가 송아지를 끌고 와 물을 먹이려다 허유가 귀를 씻는 것을 보곤 그 이유를 물었다. '요임금이 나를 불러 구주의 수장으로 삼으려 하기에 그 소리가 듣기 싫어 귀를 씻고 있네.' 라고 대답하자, 소부는 이렇게 말하였다. '자네가 높은 언덕과 깊은 계곡에 거처한다면 사람 다니는 길이 통하지 않을 텐데, 누가 자네를 볼 수 있겠는가. 자네가 일부러 떠돌며 알려지기를 바라서 명예를 구한 것이니, 내 송아지의 입만 더럽혔네.' 그리고는 송아지를 끌고 상류로 가서 물을 먹였다.

허유許由는 어이하야

팔은 것고 앉어 있고[185][186]

소리쪼차 나려가니[187]

풍류정風流亭이 분명分明키로[188]

한번 놀고 가려든[189].」

    (타령곡打令曲의 반주伴奏에 마추어 한참 춤을 추다가)

「쉬이.」

    (악樂의 반주伴奏와 무舞는 그친다.)

「봉제사연후奉祭祀然後에 접빈객接賓客하고

수인사연후修人事然後에 대천명待天命이라 하였으니

수인사修人事 한 마듸 드러가오.」

    (타령곡打令曲의 반주伴奏에 맞후어 춤을 추면서…… 창唱)

「강동에 번인하니

길나래비 훨훨…….[190]」

---

185 허유許由는 어이하야 팔은 것고 앉어 있고 ; 소부허유 고사에 연원을 두고 있다. 물가에서 귀를 씻는 허유의 모습을 두고 이른 것이다.

    [참고] 巢父는 무슴 일노 箕山 潁水에 귀를 씻노 / 許由은 어이 허여 곡비를 거슬런노 / 아마도 堯舜天地 말근 間答은 巢許 박게. -『樂府』

186 [보정] 이 대목은 소위 단가 '죽장망혜'를 원용하고 있다. 판소리를 부르기 전에 목을 풀기 위하여 부르는 짧은 노래를 '단가(短歌)'라 하는데, 제목은 첫 구절을 그대로 따온 것이다. 단가로는 만고강산(萬古江山)·호남가(湖南歌)·강산풍월(江山風月)·진국명산(鎭國名山)·죽장망혜·천하태평(天下太平) 등이 대표적이다.

    [참고] 단가 죽장망혜 ; 죽장망혜 단표자로 천리 강산 들어가니, 폭포도 장히 좋다, 여산이 여기로구나, 비류 직하 삼천척은 옛말로 들었더니, 의시은하락구천은 과연 허언이 아니로구나. 그물이 유도허여 진금을 씻은 후, 석경의 좁은 길로 인도한 곳 내려가니, 저익은 이랴, 밭 갈고, 사호 선생 바돌 둔다. 기산을 넘고 넘어들어 영수로 내려가니 소부난 어이하야 팔 걷고 귀를 씻고, 허유난 무삼 일로 소고삐를 거사렸나. 창랑가 반겨 듣고 소리 쫓아 내려가니, 엄릉탄 여울물으 고기 낚는 어옹 하나, 양의 갖옷 떨쳐 입고 벗을 줄을 모르더라. 오호라, 세인이 기군평 허니, 미재, 군 평 역기세라. 황 산곡을 돌아드니 죽림칠현이 다 모였네. 영척은 소를 타고, 맹호연은 나귀 타, 두 목지 본 연후, 백낙천 찾어가니, 장건은 승사로구나. 맹 동야 너른 들으 와룡강 중 들어가니, 학창의 혁대 띠고 팔진도 축지법을 흉장만갑허여 두고, 초당에 앉어 졸며 대몽시를 읊네그려, 헐일을 허여 가며 지내.

187 소리쪼차 나려가니 ; '가면극 현장에서 울려 퍼지는 소리를 따라 내려가니'라는 말이다.

188 풍류정風流亭이 분명分明키로 ; 풍류정이 분명하여, 즉 가면극 공연 공간을 '풍류정'이라고 비유한 것이다.

189 [보정] 한번 놀고 가려든 ; 노랫조로 실현되는 대목의 마지막 구절이 불림으로 활용되었다.

190 강동에 번인하니 길나래비 훨훨…… ; 한자어와 우리말이 결합된 불림이다. 오청본 제4장 노장무에서는 '江東에범인하니 질나래비훨훨'이라고 채록되었다. '강동범인'은 진말(秦末)의 범인(梵人)인 항적(項籍)으로 자(字)는 우(羽)이다. 강동(江東)은 강남(江南), 양자강 하류 이남의 땅으로, 여기서는 항우의 고향을 가리킨다. '질나

(여덟재목이 한참 춤을 출 때에 퇴장退場하였든 먹중 7인七人이 일제一齊히 등장登場한다.

먹중 8인八人이 한데 엉키어서 각자各自의 장기長技춤을 각각各各 함부로 춘다.

육각六角은 타령곡打令曲과 굿거리곡曲을 석거서 반주伴奏한다.

먹중 8인八人은 이와같이 뭇동춤[191]을 추고 모다 퇴장退場한다.)[192]

래비휠휠'은 어린아이에게 새가 휠휠 날듯이 팔을 흔들라는 뜻으로 하는 말이라고 한다. 이 대목에서 오청본에서는 '萬事無心一釣竿可笑롭다……'로 채록되었다.

191 [보정] 뭇동춤 ; '합동춤'이라고도 한다. 뭇동춤은 탈판에 나온 팔목이 흩어져 서서 각자 추었던 개인춤을 중심으로 군무를 추는 것으로 공동체를 형성하는 화합의 춤을 추는 것을 의미한다고 한다. 정병호는, 뭇동춤은 일제히 불림을 하고 잦은 타령에 맞추어 한동안 각자 추다가 또다시 일제히 불림을 하고 '앉아뛰기 외사위', '앉아뛰기 겹사위', 도무하면서 '외사위', '겹사위', '연풍대', '까치걸음' 등 활달한 건무(健舞)를 추다가 원무(圓舞)로 돌면서 퇴장한다고 한다.

192 (여덟재목이 한참 춤을 출 때에 퇴장退場하였든 먹중 7인七人이 일제一齊히 등장登場한다. 먹중 8인八人이 한데 엉키어서 각자各自의 장기長技춤을 각각各各 함부로 춘다. 육각六角은 타령곡打令曲과 굿거리곡曲을 석거서 반주伴奏한다. 먹중 8인八人은 이와같이 뭇동춤을 추고 모다 퇴장退場한다.) ; 임석재본에서는 '먹중 Ⅷ이 춤추는 동안 일단一旦 퇴장退場했던 다른 먹중 칠인七人이 일제一齊히 입장入場하여 한데 엉기여 뭇동춤을 추면서 각기各自 자기自己의 장기長技의 춤을 관중觀衆에게 보인다.' 라고 채록되었다. 정병호는 이때 까치걸음으로 뛰어나온다고 한다. 각자의 장기춤을 함부로 춘다는 데에서 뭇동춤의 성격을 알 수 있다.

4. '제삼과장 사당무'의 복원

제삼과장第三科場 사당무社黨舞[1]

이 장면場面은 그 절(사寺) 부근附近의 촌락村落에 왔든 거사사당社黨[2] 일단一團으

1　[보정] 사 당 무社 黨 舞 ; 일반적으로 사당춤은 사당패의 전문 춤꾼들인 사당들이 추던 춤으로서 민족적인 흥취와 특색 있는 춤가락들을 적지 않게 포함하고 있다. 지금까지 전하여 내려오는 '사당춤'은 의상과 소도구에서 자기의 특색을 가지고 있다. 이 춤은 남자 2명과 여자 1명이 추는데 남자는 머리에 수건을 매고 날개 달린 쾌자에 넓은 소매옷을 입고 바지는 행전으로 꽉 조여매어 날씬하다. 여자는 고깔을 쓰고 긴 치마를 입고 쾌자를 걸쳤다. 그리고 소도구는 남녀가 다같이 색깔이 있는 큰 접이부채를 들었다. '사당춤'은 의상과 소도구에서 뿐만 아니라 춤가락에서도 자기의 고유한 특징을 가지고 있다. 무용은 굿거리장단에 맞추어 추는 부분과 휘모리장단에 맞추어 추는 부분으로 나뉘어져 있다. 굿거리장단에 맞추어 추는 부분에서는 깊은 굴신과 함께 부채를 시원스럽게 접었다 폈다 하는 팔 동작, 무릎을 높이 들면서 뒤로 혹은 사선으로 걸어가는 근기 있는 발디딤, 앞으로 나갈 듯하다가 몸을 뒤로 젖히는 전주르기 등과 같은 동작들로 하여 아름답고 우아하면서도 멋들어지고 건드러진 감을 준다. 이와 반대로 휘모리장단에 맞추어 추는 대목에서는 남녀 사당들이 벼락같이 돌아가는 원돌기, 남자 사당이 접은 부채로 무릎과 어깨를 신바람 나게 치며 교체하는 동작 등과 같은 춤가락들로 하여 매우 활달하고 경쾌하면서도 시원한 감을 준다.

사당무의 춤장단은 주로 만장단과 세마치다. 만장단은 국악 장단의 하나다. 빠르면서도 활발하고 흥취가 있는 장단으로 보통 매구를 비롯한 무용곡에 많이 쓴다. 세마치는 민요·판소리·농악 등에서 사용하는 장단의 하나. '세 번 마친다', 즉 세 번 친다는 뜻이다. 민요에서는 '양산도'·'긴방아타령'·'진도아리랑'·'한오백년'·'강원도 긴아리랑'·'밀양아리랑'·'도라지 타령'·'아리랑' 등에 사용되고, 3분박 좀 느린 속도의 3박자로 되어 있다. 민요에서 이 장단으로 된 곡은 활기찬 느낌을 주며, 판소리에서는 자진진양을 말하고, 3분박 보통 빠른 속도의 6박인 8분의 18박자 장단이다. 그러나 한배(빠르기)만 다를 뿐 치는 방법은 느린 진양과 같다. 정응민(鄭應珉) 제 심청가의 '심봉사 망사대(望思臺) 찾아가는' 대목과 적벽가의 '옳더니라 옳더니라' 대목이 대표적인 예이다. 판소리에서 이 장단을 쓰는 곡은 꿋꿋한 느낌을 준다. 농악에서는 징을 세 번 치는 자진삼채가락을 말한다. 3분박 좀 빠른 속도의 4박인 8분의 12박자의 장단으로 자진모리장단과도 같다. 두레굿이나 마을굿과 같은 소박한 농악에서는 첫 장단은 꽹과리를 치고, 둘째 장단은 꽹과리와 함께 징을 3점 친다. 걸립패의 판굿과 같은 세련된 매구에서는 이 장단을 '덩덕궁이'라고도 하며, 꽹과리로 다양하게 변주하여 치고, 징은 첫 박에만 한 점을 친다. 매구에서의 이 장단은 매우 흥겹고 씩씩한 느낌을 준다. 이렇게 본다면 이 장면은 빠르고 활달하고 씩씩하여 흥겨운 느낌을 준다고 할 수 있다.

2　거사사당社黨 ; '사당'의 취음이다. 寺黨, 社堂, 舍黨, 社長 등으로 표기되었다. 가무희로써 유랑하던 예인집단을 일컫는다. 이곳저곳 떠돌아다니며 온갖 노래와 춤을 연행하였던 집단을 말하는 고유어이다. 일찍이 '남사당'이 있었는데 '男寺黨', '男社堂' 등으로 표기되었다. 본래 불문에서 헌신적인 봉사와 염불에만 전심할 목적이었으나 차츰 속가(俗歌)를 부르는 쪽으로 변모하였다. 원래 사당패라고 하였는데, 여자 중심의 집단이었기에

로 하야금 노승老僧의 마음을 간즈려³ 보는 것이다.⁴

(홀아비거사 1인一人이 시래기집⁵을 지고 타령곡打令曲의 반주伴奏

여사당이라는 명칭이 붙었고, 후대에 이르러 남자 중심의 집단을 남사당이라 한 것으로 추정된다. 사당패의 조직은 대체로 남자가 집단의 우두머리격인 모갑이와 거사(居士)로 구성되고, 거사 밑에 사당이 있었다. 그런데 모갑이나 거사는 사당의 기생자들이었다. 이러한 점으로 볼 때에 여사당과 남사당을 별개의 것으로 볼 필요는 없다고 판단된다. 굳이 구별한다면 여사당이 노래와 춤 중심이었다면 남사당은 풍물, 버나, 살판, 어름 등과 같은 재주 중심이었다고 생각된다. 전신재의 「居士考」에 의하면 조선 전기 거사는 다음과 같은 동태를 보였다. 중도 아니고 속인도 아닌 비승비속의 집단이고, 승려를 비롯해서 관리, 군인, 노비 등이 이 집단을 형성했으며, 서울 및 지방에 존재했고, 도성 안에 절도 아니고 집도 아닌 사(社)를 짓고 불사를 행했으며, 사람들을 모아놓고 징과 북을 치며 가무를 하였다. 후기에 이르러서는 갑자기 수가 불어났고, 유랑하였다고 한다. 이들 무리를 거사사당배라고 불렀다고 하니 거사와 사당은 별개가 아니다.

3 [보정] 간즈려 ; 여기서는 마음을 떠본다는 뜻으로 쓰였다.

4 [보정] 이 장면場面은 그 절(寺) 부근附近의 촌락村落에 왔든 거사사당社黨 일단一團으로 하야금 노승老僧의 마음을 간즈려 보는 것이다. ; 이 장면이 다음 장면인 노장춤과의 연계성을 암시해주는 대목이다. 여기서 '거사社黨一團'은 이두현본에 '鳳山탈춤 臺詞 後記'에 보면 '호래비거사 一名 「가무기」먹중탈로 共用. 거사 六 먹중탈로 共用.'이라고 한 점으로 보아 본래 팔목춤에서 등장하였던 팔목 중에서 6인이 역할을 담당하였던 것으로 생각된다. 그리고 홀아비거사는 노장춤의 노장 – 혹은 老僧 – 을 지칭하는 또다른 등장인물 기호일 것이다. '그 절(寺) 부근附近의 촌락村落에 왔든'은 사당패에 대한 연극사회학적 접근이 필요한 대목이다. 사당패들은 19세기 전기에 이르기까지의 오랜 역사적 기간에 걸쳐 광범한 지역의 도시와 농어촌들에서 다양한 가무 활동을 벌였다. 그리하여 17~19세기에는 사당패들의 활동에서 일대 전성기를 이루었다. 사당패들은 중부지방을 비롯하여 서부지방과 남부지방의 여러 도시들과 농어촌 등 전국 각지에서 활동하였으며 산골짜기들에 자기들의 활동본거지인 '본산'을 두고 있었다. 원래 '본산'이라고 하면 한 불교종파의 절간체제에서 여러 작은 절간[말사]들을 총관할하는 큰 절간[본사]를 말한다. 그러나 사당패들의 본산은 각지를 돌아다니며 순회공연을 하던 사당패들이 일상적으로 생활하며 공연종목을 준비하는 본거지로서 그것은 많은 말사들을 관할하는 불교 중들의 본산과는 본질적으로 구별되었다. 사당패들의 본산은 비록 절간이기는 하였으나 부처를 공양하는 곳은 아니었으며 그들의 생활조건을 보장해주고 예술활동에 유리한 조건을 마련해 주는 보금자리였다. 사당패들은 그 수가 급격히 늘어남에 따라 본산인 절간뿐 아니라 그 부근의 일부 마을에도 본거지를 두었다. 이리하여 '사당골'이라는 이름을 가진 마을들이 생기게 되었는데 사당골은 본산과 깊은 연계를 가지고 있었다. 당시에 생겨난 사당패의 본산과 사당골로서 유명한 것은 경기 안성 청룡사와 그 부근의 청룡사당골, 고양 진관사, 양주 보광사, 여주 신륵사와 그 사당골, 황해도 문화 구월산의 패엽사와 그 근처의 사당골, 경상도 하동 쌍계사와 그 부근의 사당골, 전라도 강진 정수사와 그 부근의 사당골, 경상도 남해 화방사와 그 부근의 사당골, 충청도 서산 개심사와 그 부근의 사당골 등이었다. 이러한 점에 유의한다면 이 봉산가면극에 등장한 '거사사당社黨 일단一團'은 외래의 연희집단이거나 '거사사당社黨 일단一團'의 연희를 원용한 것일 것이다.

5 [보정] 시래기집 ; 무청을 말린 것을 시래기라고 한다. 이두현 채록 보고서에 '호래비거사는 가마니나 거적을 달아서 둘러멘다.'라고 한 것으로 보아 여기서 시래기집이라고 한 것은 시래기짐을 졌거나 가마니나 거적을 두고 이른 듯하다. 『동국세시기(東國歲時記)』 정월 상원에 의하면 박나물·버섯 등의 말린 것과 대두황권(大頭黃卷)·순무·무우 등을 묵혀 두는데 이것을 진채(陳菜)라 한다고 했다. 이러한 것들은 이 날 나물로 무쳐서 먹는다고 했다. '대체로 외고지·가지고지·시래기 등도 모두 버리지 않고 말려 두었다가 삶아서 먹는데, 이렇게 하면 여름 동안 더위를 먹지 않는다(凡瓜顱茄皮蔓靑葉 皆不棄曬乾 亦爲烹食 謂之不病署)'고 했다. 그리고 『평양지』에 의하면 묵은 나물에 고추잎나물, 고비나물, 구엽초나물, 고사리나물 등이 있는데 이것을 검정나물이라고 하며 그것을 정월 보름 명절 아침에 찰밥과 함께 먹으면 그 해에 건강하여 앓지 않는다고 하였다. 여기에서 등장하는 시래기짐은 이러한 입장에서 조망하여야 할 것으로 본다.

에 맞후어 춤을 추면서 등장登場하야 뭇동춤[6]이라는 춤을 되는 대로 한부로 춘다.

이때에 거사 6인六人이 어여쁜 사당社黨 1인一人을 다리고 등장登場한다.

거사 1인一人은 사당社黨을 업고[7] 거사 5인五人은 그 뒤에 따라 장내場內의 중앙中央으로 들어와서 사당社黨을 땅에 나려 놓고 거사 6인六人이 모다 사당社黨의 곁으로 모여선다.)

(홀아비거사는 거사사당社黨 일단一團의 등장登場하는 것을 보고 어찌할 바를 몰라서 이리저리로 왔다갔다 한다.)

거사 甲.　　　「술녕수우[8].」

　　　　　　(악樂의 반주伴奏는 그친다.)

거사 乙丙丁戊己.　(5인五人 일제一齊히)

　　　　　　「에에잇.」

　　　　　　(소고小鼓, 장고長鼓, 쟁錚, 꽹매기[9] 등等의 악기樂器를 각각各各 울리며 응덩이 춤[10]을 추면서 홀아비거사를 붙잡으랴고 장내場內를 쪼차다닌다.

　　　　　　홀아비거사는 한참 쫓겨다니다가 장외場外로 도망逃亡한다.)

　　　　　　(사당社黨과 6六인의 거사는 한데 엉키어 놀냥가歌[11]를 합창合唱하

6　[보정] 뭇동춤 ; 봉산 가면극과 은율 가면극에서, 팔목들이 함께 추는 춤이다. 합동춤이라고도 한다.
7　[보정] 거사 일인은 사당을 업고 ; 임석재본에서는 가마에 태워서 등장시킨다.
8　술녕수우 ; 악을 그치라는 소리다. 불림과 같은 기능을 한다.
9　꽹매기 ; '꽹과리'의 방언이다.
10　[보정] 엉덩이춤 ; 허튼춤의 하나이다. 정병호는, 이 장면은 허튼춤이 주조를 이룬다고 한다. 매우 기쁘거나 신이 나서 엉덩이를 들썩들썩하는 짓 혹은 엉덩이를 흔들며 추는 춤을 말한다. 허튼춤은 일정한 형식에 매이지 아니하고 자유로이 추는 흐트러진 춤이다. 여럿이 어울려 추되 각자가 흥과 멋에 겨워 추는 것으로, 크게 입춤과 병신춤인 잡기춤으로 나뉜다. 허튼춤은 매구나 가면극, 소리춤과 같은 대동 춤판에서 추는 즉흥적인 개인춤이라고 한다.
11　놀냥가歌 ; '놀량'을 말한다. '놀령'이라고도 한다. 경기나 서도의 산타령의 첫째 곡을 말한다. 경기 산타령은 일정한 장단 없이 느린 속도에 의하여 넓은 음넓이에 높은 소리와 가성(假聲)을 많이 쓴다. 서도 산타령에는 세마치 장단, 도들이 장단, 잦은 타령 장단 등으로 친다. 서도 산타령의 놀량 가사는 다음과 같다.
　　에라디여 어허야 요홀 네로구나. 녹양(綠楊)에 벋은 길로 북향산(北香山) 쑥 들어도 간다.
　　에헤에헤이에—어허야 요홀 네로구나.
　　춘수(春水)는 낙락 기러기 나니 훨훨 낙락장송이 와자지끈 딱 부러졌다. 마들가지 남아 지화자자 좋을씨구

면서 악기樂器를 울리며 난무亂舞한다.[12]

이 노래 전부全部가 끝나자 모다 퇴장退場한다.)

나. 지화자자 좋을씨구나.

얼씨구나 좋다 말 들어도 보아라.

인간을 하직하고 청산을 쑥 들어도 간다. 에헤에 에이에 어허야 요홀 네로구나.

황혼 아니 거리검쳐 잡고 성황당 숭벅궁새 한 마리 낡에 앉고, 또 한 마리 땅에 앉아 네가 어디메로 가자느냐. 네가 어디메로 가자느냐. 이 산 넘어가도 거리숭벅궁새야 저산 넘어가도 거리숭벅궁새야 에.

어린 양자(樣姿) 고운 태도 눈에 암암(暗暗)하고 귀에 쟁쟁. 비나이다 비나이다. 비나니로구나. 소원성취로 비나니로구나. 에—

삼월이라 육구 함도(六衢咸道) 대삼월이라 얼씨구나 절씨구나. 담불담불이 생긴도 사랑 사랑 내 사랑아.

남창에 북창을 열고나 보니 담불담불이 쌓인 사랑 기암(奇巖)에 고송(古松)에 기어나 올라 휘휘 칭칭도 감긴도 사랑.

사랑초 다방초 홍두께 넌출넞출이 박년출이 이내 가슴에 맺힌다. 사랑에 에—

나엘 네로구나. 아하 아하. -『한국가창대계』(이창배)

12 [보정] 사당社黨과 6六인의 거사는 한데 엉키어 놀냥가歌를 합창合唱하면서 악기樂器를 울리며 난무亂舞한다. ; 정병호는, 이때 허튼춤을 춘다고 한다. 원래 악기를 연주하며 춤을 추는 것이다. 현재 이렇게 실현되는 사례는 보고되지 않고 있다.

5. '제사과장 노승무'의 복원

제사과장第四科場 노승무老僧舞[1]

이 장면場面은 소무小巫[2], 팔묵승八墨僧, 노승老僧, 취발醉發[3], 혜상鞋商 등等이 등장登場하야 노승老僧의 파계破戒를 표현表現하는 것이다.[4]

---

1 [보정] 정병호는, 이 장면의 춤은 염불, 굿거리, 잦은타령을 장단으로 하며, 춤은 '근경사위', '육환장을 떼어내려는 사위', '부채로 공을 드리는 사위', 육환장을 어깨에 메고 '뒷걸음으로 접근하는 사위', '부채 펴서 소무를 보는 사위', '어깨춤사위', '소무 뒤에서 등을 대는 근경사위', '고개잡이', '염주를 소무 목에 거는 사위', '단장하는 갖가지 사위', '개구리 뛰기', '소무어르기', '풍구질 사위' '취발이와 대무하러가는 사위', '취발이와 싸우는 사위' 등이 있고, 소무의 춤도 염불, 굿거리, 잦은타령을 장단으로 한다고 한다.

2 [보정] 소무小巫 ; '少巫'로 채록되기도 하였다. 무당과 관련하여 설명되기도 하는데, 『경도잡지(京都雜誌)』의 '야희(野戲)는 당녀(唐女) 소매(小梅)로 분하고 춤을 춘다. [중략] 소매는 옛날 미녀의 이름이다.'라는 기사에 나오는 '小梅'를 염두에 두어야 할 것이다. 즉 '小巫'는 '小梅'의 동일한 표기이다.

3 [보정] 취발醉發 ; 일반적으로 술에 취하여 지지벌가지고 다니기에 이러한 이름이 붙었다고 한다.

그런데 다음과 같은 사실을 염두에 두어야 한다고 본다. 은율가면극에서는 '최괄이'라 하였고, 이를 이두현은 취발이와 같이 보았다. 손진태의 『校註 歌曲後集』 권제육 농가월령가(農家月令歌) 시월령을 보면 '李風憲 金僉知는 준말잇회 醉倒하고 崔勸農 姜約正은 체궐이춤을 춘다.'라는 대목이 보인다. 여기의 '체궐이춤'을 주목할 일이다. 또한 중국의 팔선(八仙) 가운데에 술을 잘 먹는 철괴리(鐵拐李)가 나오는데, 박지원의 '광문자전'에 나오는 광문이도 철괴리춤에 능했다고 하였다. 따라서 철괴리, 체궐이, 최괄이, 취발이 등은 동일 대상, 혹은 동일한 관념이 작용하고 있는 대상에 대한 상이한 표기라고 보아야 할 것이다. 『퇴계원산대놀이 연희본』에서 다음과 같이 설명하고 있다.

[참고] 취발이 : 취발이는 노총각으로 절에서 밥 짓고 물 긷는 일을 하는 불목한. 임석재는 그의 회고록에서 '취발이도 그냥 한글로 써야 할 것을 한자로 썼는데, 그 당시 막연히 취한 것 같은 인물이 연상이나 취발(醉發)이라고 했다'고 하였는데, 취발이 대사에 '술 서너 잔 먹어 얼굴이 지지벌거니깐…'라는 대목이 있다. 같은 역이 은율가면극에서만은 '최괄이'로 되어 있다. 최괄이는 사설시조 <관등가(觀燈歌)>에 '사자(獅子) 탄 체괄(體适)이요 호랑(虎狼)이 탄 오랑캐(兀良哈)와…'로 보이는 그 '체괄'에서 최괄(崔适)로 바꾼 말이 아닌가 생각된다. 최괄은 오랑캐의 이름이라고 하였는데 (鄭炳昱 編, 『時調文學事典』, 新丘文化社, 1966, 524쪽)오랑캐는 야만스러운 종족이란 뜻으로 침략자를 업신여겨 부르던 말이다. 고려 말부터 조선 전기에 걸쳐 두만강 연변이나 그 북쪽지방에서 살던 여진족(女眞族)을 이르던 말이다. 그러나 원래는 북부 만주에서 시베리아 남쪽에 걸친 삼림 속에 살던 수렵민(狩獵民)의 범칭(汎稱)이다. 그러기에 힘세고 용맹스런 '사자탄 체괄이요'라고 읊었고, 다시 은율가면극에서는 '최괄'로 취발이의 배역명으로 정하지 않았나 생각된다. <농가월령가(農家月令歌)> 10월령의 1절에 '체달이 춤을 춘다.' 라고 있는데 이 체달이 춤이 '체괄(體适)이 춤'으로도 표기된 곳이 있어 취발이의 옛 표기로 생각된다는 의견도 있다. -서연호, 『山臺탈놀이』, 열화당, 1987, 78쪽.

(소무小巫 2인二人이 화관花冠몽두리5로 찬란燦爛하게 차리고 각각
各各 가마 바탕6을 타고 먹중 8인八人에게 떠받히어 등장登場하야
타령곡打令曲의 반주伴奏에 맞후어 먹중들과 가치 화려花麗한 춤
을 춘다.7

---

4 [보정] 여기서는 '노승老僧의 파계破戒를 표현表現하는 것'이라 하였는데, 이렇게 볼 만한 근거는 뚜렷하지 않
다. 채록자의 선입견이 개재된 기사로 생각된다. 임석재본에는 이 기사는 없다. 일부 기존 연구에서도 이 기사
를 근거로 하였을 뿐이다.

5 [보정] 화관花冠몽두리 ; '화관'과 '몽두리'를 말한다. 화관은 여자가 예식용으로 쓰는 조그마한 관을 말한다.
족두리는 갖가지 보석으로 화려하게 장식하지만, 화관은 앞뒤로 걸치는 양(梁) – 굴건(屈巾)이나 금량관(金梁
冠) 등의 앞이마에서부터 우뚝 솟아 둥긋하게 마루가 져서 뒤에 닿은 부분이다. – 있고, 자디잔 구슬 꿴 깃을
여러 개 달아 걸을 때마다 간들간들 흔들리는 보요(步搖)가 있다. 혼례 때에 족두리를 쓰고 일반 의식에서는
화관을 쓴다. 몽두리는 기생이 잔치에 나아가는 정식 차림을 말한다. 초록색으로 원삼 비슷이 지어입고 끝 띠
를 등 뒤로 매어 드리운다. 맞섶의 포(袍)로 소매 끝에 오색의 한삼 소매를 단다.
의상이다. 원래 이와 같은 차림이었는가는 연구 과제이다.

6 [보정] 바탕 ; 물체의 뼈대나 틀을 이루는 부분을 말한다. 여기서는 '가마 바탕'이라 하여 관용적으로 쓰였다.

7 [보정] 소무小巫 2인二人이 화관花冠몽두리로 찬란燦爛하게 차리고 각각各各 가마 바탕을 타고 먹중 8인八
人에게 떠받히어 등장登場하야 타령곡打令曲의 반주伴奏에 맞후어 먹중들과 가치 화려花麗한 춤을 춘다. ;
여기서 살펴 볼 일은 '소무이인'이 먹중들과 춤을 춘 뒤에 퇴장하는가의 문제이다. 임석재본에는 다음과 같이
채록되었다.

> 소모<小巫> : (二人 登場. 花冠몽두리를 쓰고, 劍舞服을 입었다. 八먹중이 이 小巫둘을 各各 가마에 태워
> 들어와, 場內 中央쯤 와서 내려놓는다. 小巫는 가마에서 내려와서 먹중들과 어울려서 打令曲
> 에 맞추어 춤을 춘다. 이렇게 추는 동안 小巫는 場內의 한편으로 닥아 서서 손춤을 추다가,
> 먹중과 老丈 사이에 여러 가지 일이 일어나게 되면 適當한 時期에 살며시 退場한다.)

오청본과 비교해 보면 소무 이인이 여덟 목과 춤을 추는 것은 동일하나, '소무 이인'이 도중에 퇴장한다는 점
이 다르다. 이 장면의 후반부에 다시 소무 이인이 등장하여 노승[혹은 노장]과 함께 어울리게 된다. '소무 이인'
이 퇴장함은 분명치 않다. 뒤에서 '(먹중들이 모다 퇴장退場하자 소무小巫 2인二人은 장내場內의 중앙中央에
서 염불念佛장단의 반주伴奏에 맞후어 화려華麗한 춤을 추기 시작始作한다.)'라고 채록된 것으로 보아 이 대
목에서 소무 이인이 퇴장하는 것이 아닐 것이다. 그런데 이두현본에서는 소위 '제1경 노승춤'에서는 노장에게
천변수륙재를 지낸 다음에 소무가 등장하는 것으로 다음과 같이 채록되었다.

> 목중들 : 오냐. (염불곡이 일제히 다시 시작되면서 장고 북 꽹과리 등을 치면서 소생한다 그것을 본 목중들
> 전원 퇴장하여 소모의 가마를 메고 들어온다.)
> 소 모 : (화려하게 치장하고 머리엔 족두리를 썼다 부채로 얼굴을 가리고 얌전히 가마위에 앉아있다)
> 목중들 : (등롱을 둘을 앞세우고 네 사람이 가마를 메고 뒤에 일산을 받쳐 들었다 타령곡으로 들어온다 노
> 승과 어느 정도의 거리를 두고 가마를 내려놓는다)
> 소 모 : (부채를 그 자리에 놓고 가마에서 내려선다)
> 목중들 : (소모가 내리면 가마를 들고 반대편으로 일제히 퇴장한다)
> 소 모 : (목중들이 퇴장하면 도도리곡이 나온다 춤을 추기 시작한다 <소모와 사이엔 일체 말이 없이 그들
> 의 심중을 춤과 행동으로만 표현한다>)

그러니까 오청본이나 임석재본에서처럼 이 장면이 시작될 때에는 소무는 등장하지 않는다는 점이 이두현본
이 다르다. 결국 두 가지 연출 방법을 상정할 수 있다. 노장과 팔목들이 소무 2인을 가마에 태워 등장하면서
시작하는 방법이고, 다른 하나는 먼저 팔목과 노장이 등장하여 전개한 다음 나중에 소무 2인이 가마를 타고
등장하는 방법이다. 전자는 앞으로 전개될 장면이 예고된다는 점이 후자와 다르다. 우리 가면극연구에 있어서

이러는 동안에 노승老僧이 송松낙[8]을 쓰고 먹장삼長衫[9] 우에 홍가사

紅袈裟[10]를 메고[11] 백팔염주百八念珠를 목에 걸고 남모르게 슬적이

입장入場하야 한편 구석에서 사선선四仙扇[12]으로 얼굴을 가리우고

육환장六環杖[13]을 집고 가만히 선다.

먹중들은 소무小巫 2인二人과 가치 한참 춤을 추다가 그 중中 한 사

람이 노승老僧의 서있는 편便을 바라보고 깜작 놀랜다.

이때에 악樂의 반주伴奏와 무舞는 그친다.[14])[15]

지속적인 탐구가 필요한 부면이다.

8　송松낙 ; 송라립(松蘿笠)을 말한다. 소나무 겨우살이로 만든 여승(女僧)의 쓰개다. 차양을 넓게 하여 햇빛이
　나 비를 막는데 쓰인다. 승려가 평상시에 납의(衲衣)와 함께 착용하는 모자다. 소나무 겨우살이, 즉 소나무에
　기생하는 지의류(地衣類)인 송라로 짚주저리 비슷하게 엮는데, 위는 촘촘히 엮고 아래는 15㎝쯤 엮지 않고 그
　대로 둔다. 위는 뾰족한 삼각형이나 정수리 부분은 뚫려 있다. 기본형상은 상고시대의 고유관모인 변(弁)과 비
　슷하다.

9　먹장삼長衫 ; 두루마기 길이에 큰 소매를 단 스님의 웃옷이다. 장삼은 정중한 옷이라 검은 물을 들여 '먹장삼'
　이라고 부르기도 한다. 장삼은 정중한 옷이라 검은 물 ― 검은 회색 ― 을 들여 '먹장삼'이라고 부르기도 한다.
　요즈음에 와서 밝은 회색의 장삼을 입었다. 가사는 산스크리트어인 '카사kasaya'의 음차로 '어둡고 칙칙한 색'
　을 뜻한다. 그래서 승려들은 검회색으로 물들인 장삼을 입었고, 밝은 회색에 가까운 장삼을 입는 지금에도 그
　언어의 습관은 남아 승복을 지칭할 때 '먹물 옷'이나 '치의(緇衣 : 검은 옷)'라 부르기도 한다.

10　홍가사紅袈裟 ; 장삼 위에 걸치는 외옷자락을 말한다. 붉은 천을 조각보 모양으로 모으는데 두 줄로 이어 호
　은 속은 모두 통하게 짓는다. 가사(袈裟)는 대체로 붉은 색이다.

11　[보정] 메고 ; '어깨에 걸치거나 울려놓고'라는 뜻이다. 여기서는 '홍가사를 걸친다.'는 말이다.

12　[보정] 사선선四仙扇 ; 사선(四仙)을 그린 부채다. '사선(四仙)'이 누구인지는 분명하지 않다. 부채를 제작하는
　입장에 따라 다르게 나타난다고 한다. 여기서 사선은 사벽도(四壁圖)에 등장하는 인물을 말하는 것이 아닌가
　한다. 소도구이다. 참고로 궁중무용(宮中舞踊)인 일명 사선악부(四仙樂部) 혹은 사인취무(四人醉舞)로 사선
　무(四仙舞)가 있다. 신라 때 산수를 찾아 돌던 영랑(永郎)·술랑(述郎)·안상(安詳)·남석행(南石行)등을 사선
　이라 불렀고, 금강산(金剛山)에는 이와 관련된 무선대(舞仙臺)라 부르는 곳이 있어, 이들에서 연유되어 이름
　지어진 것이다. 사선무는 여기(女妓) 2명이 각기 연꽃 한 가지씩을 들고, 앞에서 1대가 되고 4명이 뒤에서 2대
　를 지으며 풍경곡(豊慶曲) 등에 맞추어 북쪽을 향해서 춤을 춘다. 사선무는 1829년(순조29)에 세자가 이를 개
　작한 것이 있다. 이 '사선무'의 영향으로 등장한 소도구로 추정된다.

13　[보정] 육환장六環杖 ; 소도구의 하나다. 석장(錫杖)이라고도 한다. 머리에 쇠로 불탑을 장식하고 여섯 개의
　쇠고리가 달린 중이 짚는 지팡이이다. 쇠고리는 쇳소리를 내어 야수를 퇴치하기 위한 것이라 하는데, 어떤 종
　교적 심성과 관련이 있는 듯하다.

14　먹중들은 소무小巫 2인二人과 가치 한참 춤을 추다가 그 중中 한 사람이 노승老僧의 서있는 편便을 바라보
　고 깜작 놀랜다. 이때에 악樂의 반주伴奏와 무舞는 그친다. ; 임석재본에서는 '이렇게 추는 동안 소무小巫는
　장내場內의 한편으로 닥아 서서 손춤을 추다가, 먹중과 노장老丈 사이에 여러 가지 일이 일어나게 되면 적당
　適當한 시기時期에 살며시 퇴장退場한다.' 라고 채록되었다. 여기서 살펴 볼 일은 '소무이인'이 먹중들과 춤을
　춘 뒤에 퇴장하는가의 문제이다. 비교해 보면 소무 이인이 여덟 목과 춤을 추는 것은 동일하나, '소무 이인'이
　도중에 퇴장한다는 점이 다르다. 이 장면의 후반부에 다시 소무 이인이 등장하여 노승[혹은 노장]과 함께 어울
　리게 된다. '소무 이인'이 퇴장함은 분명치 않다. 이 장면에서 노장과 소무가 상봉하는 대목을 보면 '(먹중들이
　모다 퇴장退場하자 소무小巫 2인二人은 장내場內의 중앙中央에서 염불念佛장단의 반주伴奏에 맞추어 화려

初目[16].　　　「아나야아.[17]」

墨僧들.　　　「그래와이.[18]」

初目.　　　　　(노승老僧을 가르치면서)

　　　　　　「저 동편東便을 바라보니 비가 오실라는지 날이 흐렸구나.[19]」

二目.　　　「내가 한번 가서 보고 올거나.」

　　　　　　　(춤을 추며 노승老僧을 가까이 가보고 도라와서)

　　　　　　「아나야아.」

墨僧들.　　　「그래와이.」

二目.　　　「내가 이제 가보니 날이 흐린 것이 아니라 옹기장甕器匠이[20]가 옹기甕器

　　　　　　짐을 버티어 놨드라.[21]」

華麗한 춤을 추기 시작始作한다.)'라고 채록된 것으로 보아 이 대목에서 소무 이인이 퇴장하는 것이 아닐 것이다. 그런데 이두현본에서는 소위 '제1경 노승춤'에서는 노장에게 천변수륙재를 지낸 다음에 소무가 등장하는 것으로 다음과 같이 채록되었다.

　　　　　목중들 : 오냐. (염불곡이 일제히 다시 시작되면서 장고 북 꽹과리 등을 치면서 소생한다 그것을 본 목중들 전원 퇴장하여 소모의 가마를 메고 들어온다.)
　　　　　소　모 : (화려하게 치장하고 머리엔 족두리를 썼다 부채로 얼굴을 가리고 얌전히 가마위에 앉아있다)
　　　　　목중들 : (등롱을 둘을 앞세우고 네 사람이 가마를 메고 뒤에 일산을 받쳐 들었다 타령곡으로 들어온다 노승과 어느 정도의 거리를 두고 가마를 내려놓는다)
　　　　　소　모 : (부채를 그 자리에 놓고 가마에서 내려선다)
　　　　　목중들 : (소모가 내리면 가마를 들고 반대편으로 일제히 퇴장한다)
　　　　　소　모 : (목중들이 퇴장하면 도도리곡이 나온다 춤을 추기 시작한다 <소모와 사이엔 일체 말이 없이 그들의 심중을 춤과 행동으로만 표현한다>)

　그러니까 오청본이나 임석재본에서처럼 이 장면이 시작될 때에는 소무는 등장하지 않는다는 점이 이두현본이 다르다. 결국 두 가지 연출 방법을 상정할 수 있다. 노장과 팔목들이 소무 2인을 가마에 태워 등장하면서 시작하는 방법이고, 다른 하나는 먼저 팔목과 노장이 등장하여 전개한 다음 나중에 소무 2인이 가마를 타고 등장하는 방법이다. 전자는 앞으로 전개될 장면이 예고된다는 점이 후자와 다르다. 우리 가면극연구에 있어서 지속적인 탐구가 필요한 부면이다.

15　[보정] 이 기사는 연출[연기]법을 말한 것이다. 공연 집단 안에서 구술로 전승되어오던 것이기 때문에 상세하지 않다.

16　[보정] 초목初目 ; 제2장에서는 '첫목'이라 하였다. 이와 같이 初目, 초목, 첫목, 첫째목, 첫째목중, 첫째묵승 등이 채록 자료에 따라서 혼재한다.

17　아나야아 ; 무리를 부르는 '여러분!'의 뜻이다. '아나'는 상대편의 분수에 맞지 않는 희망이나 꿈에 대하여 비웃거나 조롱할 때 쓰는 말이다.

18　그래와이 ; 상대의 부름에 대한 답으로 '그래, 왜?' 라는 말이다.

19　[보정] 저 동편東便을 바라보니 비가 오실라는지 날이 흐렸구나 ; 무엇을 비유한 것이지 분명하지 않다. 노승 탈이 검은 빛이어서 '날이 흐렸다' 하였다고 보는 입장이 있다.

20　옹기장甕器匠이 ; 옹기를 만드는 사람으로 여기서는 옹기를 팔러 나온 사람이라는 말이다.

21　[보정] 옹기장甕器匠이가 옹기甕器짐을 버티어 놨드라 ; 노장을 옹기장이에 빗댄 이유를 밝히는 것은 우리 가면극 대사를 해명하는 데에 있어서 간과할 일이 아니다. 김일출 채록에는 '장마에 떠내려 와 걸린 것을 옹기장

三目.	「아나야아.」
墨僧들.	「그래와이.」
三目.	「내가 한번 가서 자세仔細히 보고 올라.[22]」

      (노승老僧 있는 곳으로 가까이 가서 老僧을 바라보고 도라와서)

      「아나야아.」

墨僧들.	「그래와이.」
三目.	「내가 이제 가서 자세仔細히 본즉 숫장사가 숫짐을 버티여 놨드라.[23]」
四目.	「아나야아.」
墨僧들.	「그래와이.」
四目.	「내가 한번 가서 더 자세仔細히 보고 올라.」

      (노승老僧에게로 가까이 가서 보고 도라와서)

      「아나야아.」

墨僧들.	「그래와이.」
四目.	「내가 이제 가서 자세仔細히 본즉 날이 흐려서 대망大蟒[24]이가 나왔드라.[25]」
墨僧들.	「대망大蟒이야?」

      (큰 목소리로 말하며 깜짝 놀랜다.)

五目.	「아나야아.」

사라고 했더라' 라고 하였다. 이와 관련하여 토정 이지함 설화에 보면 옹기장사와 토정이 내기를 하는 이야기가 있다. 마을이 물에 잠길 정도로 비가 내려 온 마을 사람을 산마루로 피하게 하였는데, 옹기 장사가 마을 사람들 보다 아래에 옹기짐을 버티고 태연히 앉아 있었다. 이때 토정이 물에 잠길 것이라 피하기를 권하였는데, 물은 옹기장사 발목까지 밖에 차지 않았다는 이야기다. 거꾸로 옹기장사의 위치에 토정이 앉아 있는 이야기도 있다. 여기서 토정과 옹기장사는 예지력을 가진 인물로 나타난다. 이같은 사실을 생각해보면 옹기장사는 예지력을 가진 인물을 상징적으로 보여주는 것이다. 결국 옹기장사의 상징적 의미는 소위 사은유화(死隱喩化) 되었을 가능성을 점칠 필요가 있다. 속담에 '독장사 구구', '독장사 구구는 독만 깨뜨린다' 등이 있다는 점에서도 이 대사는 심상히 볼 일이 아니다.

22 올라 ; '오겠다'는 뜻이다.

23 [보정] 내가 이제 가서 자세仔細히 본즉 숫장사가 숫짐을 버티여 놨드라 ; 무엇을 비유한 것인지 현재는 알 수 없다. 앞의 '옹기장이'와 같은 맥락에서 해명되어야 한다.

24 대망大蟒이 ; 이무기를 말한다. 이무기는 한국의 전설에 등장하는 상상의 동물이다. 용이 되기 전 상태의 동물로, 여러 해 묵은 구렁이를 말하기도 한다. 차가운 물속에서 천년 동안 지내면 용으로 변한 뒤 굉음과 함께 폭풍우를 불러 하늘로 날아올라간다고 여겨졌다.

25 [보정] 내가 이제 가서 자세仔細히 본즉 날이 흐려서 대망大蟒이가 나왔드라 ; 앞의 '옹기장이'와 '숯짐' 등과 같은 맥락에서 해명되어야 한다.

墨僧들.　　　「그래와이.」

五目.　　　　「내가 다시 가 보고 올라.」

　　　　　　　(응덩이 춤을 추면서 무서운 모양으로 엉기정거리며[26] 노승老僧 있
　　　　　　　는 곳으로 가까이 가서 이리저리 살펴보고 깜짝 놀래여 땅에 구을
　　　　　　　며[27] 도라온다.)

墨僧들.　　　(오목五目이 땅에 구을며 도라오는 양樣을 보고 일제一齊히)

　　　　　　　「야 이놈 지랄 벗는구나. 지랄 벗는구나. 지랄 벗는구나.[28]」

五目.　　　　(땅에서 이러나면서)

　　　　　　　「아나야.」

墨僧들.　　　「그래와이.」

五目.　　　　「사실事實이야 대망大蟒이 분명分明하더라.」

六目.　　　　「아나야.」

墨僧들.　　　「그래와이.」

六目.　　　　「사람이 이렇게 많이 모였는데 大蟒이란 말이 웬 말이냐. 내가 한번 가
　　　　　　　서 자세히 보고 올라.」

　　　　　　　(용맹勇猛스럽게 춤을 추며 노승老僧의 앞으로 가서 슬금슬금 머리
　　　　　　　로 노승老僧을 부닷처 본다.)

26　엉긔정거리며 ; '어기적'이 옳다. '어기적어기적'에 '거리다'가 붙었다. 팔다리를 부자연스럽고 크게 움직이며
　　천천히 걷는 모양이다.

27　구을며 ; '구르며'가 옳다. '구을다'는 '구르다'의 고어투다. '구르다'는 '밑바닥이 울리도록 발을 내리 디디다.'의
　　뜻인데, 여기서는 '오목'이 땅을 힘차게 내디디며 달려오는 모양을 두고 이른 것이다.

28　[보정] 야 이놈 지랄 벗는구나. 지랄 벗는구나. 지랄 벗는구나. ; '지랄 벗는구나.'는, 지랄을 떨다, 혹은 지랄을
　　부리다, 혹은 지랄을 친다는 말이다. 반복적으로 실행하고 있다.
　　　'지랄'은 마구 법석을 떨며 분별없이 하는 행동을 속되게 이르는 말이다. 지랄병을 말하기도 한다. 여기서 지
　　랄은 욕설의 일종으로 가면극 대사에 다반사로 등장한다. 속담 '하던 지랄도 멍석 펴주면 안 한다.'에서처럼 '지
　　랄'은 어떤 행동을 비속화한 것이다. 원래 '지랄'은 간질(癎疾)을 뜻하기도 하는데, 보통은 변덕스럽거나 잡스러
　　운 언행을 두고 이른다. 여기서는 말짱하다가 갑자기 변덕스러워진 모습을 두고 이른 것이다. 속담 '지랄발광
　　네굽질'은 온몸을 다 놀리면서 지랄하고 발광을 한다는 뜻으로, '미친 듯이 몹시 야단함'을 욕으로 이르는 말이
　　다. 속담 '지랄쟁이 녹두밭 버릇듯 한다.'는 지랄쟁이가 녹두밭에 들어가 닥치는 대로 헤집어 놓듯이 무엇을 마
　　구잡이로 뒤범벅이 되게 헤집어 놓는 모양을 비겨 이르던 말이다. 속담은 민간화술의 하나로 서민 사이에서
　　큰 대립적 요인이 없이 통용되는 것이다. 우리 가면극 대사에서의 욕설은, 대립 갈등이 아닌 일상성 속에서 이
　　해되어야 한다.

老僧.	(얼굴을 가리운 선선扇을 흔들흔들한다.)
六目.	(놀래여 도라와서)
	「아나야.」
墨僧들.	「그래와이.」
六目.	「대大망이니 옹긔짐이니 숫짐이니 머니머니 하더니 그런 것이 아니고 뒷절²⁹ 노老스님이 분명分明하더라.」
七目.	「아나야.」
墨僧들.	「그래와이.」
七目.	「그럴 리理가 있나. 내가 한번 가서 자세히 알아보고 올라.」
	(태연泰然히 타령곡打令曲의 반주伴奏에 맞후어 춤을 추며 노승老僧의 앞으로 가서)
	「노老스님.」
老僧.	(선선扇을 흔들며 고개를 끄덕끄덕한다.)
七目.	(다름질 하야 도라와서)
	「아나야.」
墨僧들.	「그래와이.」
七目.	「노老스님이 분명分明하더라. 우리 노老스님이 평생平生 좋와하시던 것이 백구타령白鷗打令³⁰이 아니드냐.³¹ 우리가 모다 백구타령白鷗打令이

29　뒷절 ; 마을의 뒤쪽이나 북쪽, 그리고 산속 깊은 곳에 위치하였다 하여 관습적으로 불려지는 명칭이다.

30　백구타령白鷗打令 ; 십이가사의 한 가지이다. 작자·연대 미상의 가사로 '백구가(白鷗歌)'라고도 한다. 벼슬에서 쫓겨난 처사가 대자연 속을 거닐면서 아름다운 봄날의 경치를 완상하는 내용이다. 『청구영언』과 『가곡원류』에 실려 전하며, 『남훈태평가』에도 비슷한 내용의 가사가 수록되어 있다. 내용은 임금에게 버림받은 작자가 백구가 나는 시골로 내려와 백구에게 놀라지 말라고 안심시키고, 함께 좋은 곳에 놀러 가자고 권유하는 대목으로부터 시작된다. 안개 자욱한 푸른 시내에 붉게 꽃이 피고 버드나무 파랗게 잎이 날 때, 깊은 골짜기 여러 봉우리에서 쏟아지는 폭포를 보고, 이곳이 바로 별천지라고 하였다. 뒤이어 높은 봉우리 삐죽 솟은 가에 맑은 시냇물이 흐르고, 그 곁에 푸른 대나무와 소나무 우거진 경치를 묘사하였다. 그리고는 명사십리 모랫길에 흐드러지게 핀 해당화가 모진 광풍에 뚝뚝 떨어져 나부끼는 한 폭의 그림 같은 정경을 그리고 있다. 이들을 통해서 상춘(賞春)의 즐거움과 대자연 속에서 물외(物外)의 한적을 즐기는 자신의 흥겹고 경쾌한 심정을 노래하였다. 그러나 광풍을 견디지 못하고 뚝뚝 떨어진 해당화로 자신의 처지를 간접적으로 비유하는 등 눈앞에 보이는 경치에 대한 묘사 속에 암시적으로 서정을 이입하여 형상화하였다. '백구사'는 장단은 도드리이다.

　　[참고] 백구야 펄펄 나지 마라 너 잡을 내 아니로다. 성상(聖上)이 바리시니 너를 좋아 예왔노라. 오류춘광(五柳春光) 경(景)좋은데 백마금편화유(白馬金鞭花遊)가자. / 운침벽계화홍유록(雲枕碧溪花紅柳綠)한데 만

나 한번 하여보자.」[32]

墨僧들.　　「그것 좋은 일이야.」

八目.　　「그러면 내가 노老스님께 가서 엿주어 보고 올라.」

　　　　　　(의기양양意氣揚揚하게 응덩이 춤을 추며 노승老僧의 앞으로 가서)

「노老스님.」

老僧.　　　　(고개를 끄덕끄덕한다.)

八目.　　「백구타령白鷗打令을 돌돌 말아서[33] 귀에다 소르르[34]……」

老僧.　　　　(고개를 끄덕끄덕 한다.)

八目.　　　　(도라와서)「아나야.」

墨僧들.　　「그래와이.」

八目.　　「내가 이제 가서 노老스님께다 백구타령白鷗打令을 돌돌 말아서 귀에다

소르르 하니까 굼주린 개가 주인主人보고 대강이[35] 흔들듯이 끄덕끄덕

하더라.[36]」

初目・二目.　　　(억개를 겨누고 노승老僧에게로 향向하야 가면서 타령곡打令曲의

학천봉비천사(萬壑千峰飛泉瀉)라. 호중천지별건곤(壺中天地別乾坤)이 여기로다. / 고봉만장청기울(高峰萬
丈淸氣鬱)한데 녹죽창송(綠竹蒼松)은 높기를 다투어 명사십리(明沙十里)에 해당화(海棠花)만 다 피어서. /
모진 광풍을 견디지 못하여 뚝뚝 떨어져서 아주 펄펄 날아가니 건들 아니 경(景) 일러냐. / 바위 암상(巖上)
에 다람이 가고 시내 계변(溪邊)에 금(金)자라 긴다. 조팝 남게 피죽새 소리며 함박꽃에 벌이 나서. / 몸은
둥글고 발은 작으니 제 몸을 못 이겨 동풍(東風) 건듯 불 제마다 이리로 접두적 저리로 접두적 너훌너훌 춤
을 추니 건들아니 경(景)일러냐. / 황금(黃金)같은 꾀꼬리는 버들 사이로 왕래하고 백설(白雪) 같은 흰 나비
는 꽃을 보고 반기 여겨. / 날아든다. 떠든다. 두 나래 펼치고 날아든다. 까맣게 별같이 높다랗게 달같이이
펄펄 날아드니 건들 아니 경(景) 일러냐. –장사훈 소장, 『운초가사집 1』.

31　[보정] 우리 노老스님이 평생平生 좋와하시던 것이 백구타령白鷗打令이 아니드냐 ; 특별히 노스님이 백구타
령을 좋아한 이유가 무엇인지 사은유화된 상태다. '백구타령'의 '불려 진 자리'를 염두에 두고 고찰할 대상이다.

32　[보정] 노장을 두고 이리저리 운운하는 이 대목은 '날이 흐리다 → 옹기장이 옹기 → 숯장사 숯짐 → 대망(大
蟒)이' 순으로 전개되는 그 의미를 해명할 필요가 있다. 이 대목은 한편에 서있는 '노장'을 대상으로 하여 '수수
께끼식 문답'을 원용한 것이다. '수수께끼식 문답'을 원용함으로써 놀이성을 강화하게 된다.

33　[보정] 돌돌 말아서 ; 돌돌 말다. 백구타령을 돌돌 마는 모양은 백구타령을 불러서 들려드린다는 뜻이다.

34　[보정] 소르르 ; 뭉치거나 얽히거나 걸린 물건이 쉽게 잘 풀리거나 흘러내리는 모양, 혹은 바람이 천천히 보드
랍게 불어오는 모양, 혹은 물이나 가루, 낟알 따위가 조용히 보드랍게 새어 나오는 모양, 혹은 살며시 졸음이
오거나 잠이 드는 모양이다. 여기서는 백구타령을 들려드리는 모양새를 말한다.

35　대강이 ; 머리를 속되게 이르는 말이다.

36　[보정] 내가 이제 가서 노老스님께다 백구타령白鷗打令을 돌돌 말아서 귀에다 소르르 하니까 굼주린 개가 주
인主人보고 대강이 흔들듯이 끄덕끄덕 하더라 ; 비속한 행위이다. 이와 같은 비속한 행위가 무엇인지는 탐구
대상이다. 노스님을 비하하기 위한 행위로만 볼 수는 없다.

반주伴奏에 맞후어 춤을 추며 백구타령白鷗打令을 병창竝唱[37]한다.)

(창唱)

「백구白鷗[38]야 훨훨 날지 마라.

너 잡을 내 아니로다.

성상聖上[39]이 버리시매[40]

너를 쫓아 여기 왔다.

오류춘광경五柳春光景[41] 좋은데

백마금편[42] 화류花柳[43]가자.」

(삼목三目이 초목初目 이목二目의 뒤로 따라가다가 두 사람의 억개

를 한번 탁 친다.

두 사람은 깜짝 놀라며 뒤를 흘낀[44] 도라다본다.)

---

37 [보정] 병창竝唱 ; 가야금이나 거문고 따위의 악기를 타면서 자신이 거기에 맞추어 노래를 부름, 또는 그 노래를 말한다. 여기서는 '합창(合唱)'이 옳다.

38 백구白鷗 ; 갈매기를 말한다.

39 성상聖上 ; 집정(執政) 중인 자기 나라의 황제를 높이어 일컫는 말이다.

40 버리시매 ; 이에 대하여는 '바리다'로 보는 입장과 '버리다'로 보는 입장이 있다.

41 오류춘광경五柳春光景 ; 다섯 그루의 버드나무에 봄빛이 비친 광경이라는 말로 화창한 봄날을 두고 이른 것이다.

42 백마금편(白馬金鞭) ; 흰 말에 금빛 채찍이라는 뜻으로, 훌륭하게 장식한 말을 두고 이르는 말이다. 여기서는 나들이 치장을 호사스럽게 한 모양을 두고 이르는 말이다.

43 화류花柳 ; 화류놀이를 말한다. 봄에 즐기는 꽃놀이다. 음력 삼월 무렵이면 날씨가 온화하여져 산과 들에는 온갖 꽃들이 피어나고 마른나무 가지에서도 새싹이 돋기 시작한다. 이때가 되면 남녀노소 할 것 없이 각자 무리를 지어 경치 좋은 산으로 놀러가 하루를 즐기는데 이를 화류놀이 혹은 꽃놀이라 한다. 삼월 삼짇날을 전후하여 화창한 날을 골라 제각기 좋아하는 음식을 정성껏 만들어 가지고 산기슭이나 산골짜기 사이에 자리를 잡고 해가 서산으로 기울 때까지 하루를 즐기다 진달래꽃 등을 꺾어 만든 '꽃방망이'를 들고 삼삼오오 짝을 지어 장단을 치면서 흥겹게 산을 내려온다. 이 화류놀이는 우리의 일반적인 세시풍속으로서 예로부터 성행되어왔으므로 많은 기록을 통하여 당시의 모습을 엿볼 수 있을 뿐 아니라 지금도 도처에서 행하여지고 있다. 『열양세시기(洌陽歲時記)』 삼월조에는 "서울의 버들과 꽃은 3월에 성하여 남산(南山)의 잠두(蠶頭)와 북한산의 필운대(弼雲臺)와 세심대(洗心臺)는 놀이하는 이들이 모여드는 곳이다. 사람들이 구름같이 모이고 안개같이 자욱하여 한 달 동안 줄어들지 않았다."고 하였고, 옛 시조에는 "낙양(洛陽) 삼월시에 곳곳이 화류(花柳)로다 만성(滿城) 춘광(春光)이 그림에 들었세라 아마도 당우(唐虞)세계를 다시 본 듯하여라." 하여 서울의 화류놀이 광경을 읊고 있다. 또한, 구전되어오는 민요 '꽃노래'에는 "이때 저때 어느 때냐, 춘삼월 좋은 때라 울 아버지 생신 땐가, 술은 좋아 금청주라 그 술 먹고 취중 끝에 노래 한 장 불러보자 쫓아가는 자미화(紫薇花)는 가지마다 금빛이라 청류(지조 있는)기생 살구꽃은 해를 걸고 휘돌았네 무릉도원 복숭아는 그물 안에 걸리시네 섬 우에 모란꽃은 꽃 중에도 임금일세 돌아 못간 두견화는 촉국(蜀國)산천 생각한다 열없는 할미꽃은 남보다 먼저 피고 사시장춘 (四時長春) 무궁화는 우리나라 꽃이라네." 라고 노래하고 있는데, 이 '꽃노래'는 여성들만의 화류놀이에서 즐겨 불리던 것이다.

三目.　　　「백구白鷗야 껑충 날지 마라. 너 잡을 내 아니다.[45]」

　　　　　　　　（라고 창唱하면서 초목初目 이목二目 두 먹중과 어깨를 겨누고 춤
　　　　　　　　을[46]추며 도라온다.）

四目.　　　「아나야.」

　　　　　　　　（악樂의 반주伴奏는 그친다.）

墨僧들.　　「그래와이.」

四目.　　　「아 네 어미를 부틀 놈들 백구白鷗야 껑충 날지 마라도 나뿌지는 않지만
　　　　　　　그것 고만 두고 오도도기타령打슈[47]을 엿주어 보자.」

墨僧들.　　「그것도 조혼 일이야.」

四目.　　　　（노승老僧의 앞으로 가서）

　　　　　　　「노老스님, 이번에는 오도도기타령打슈을 돌돌 말아서 귀에다가 소르
　　　　　　　르…….」

老僧.　　　　（고개를 끄덕끄덕한다.）

四目.　　　　（다름질 하야 도라와서）

　　　　　　　「아나야.」

墨僧들.　　「그래와이.」

四目.　　　「내가 이제 노老스님께 가서 오도도기타령打슈을 돌돌 말아서 귀에다가
　　　　　　　소르르 하니까 대강이를 ×××치다가[48] 내버린 ×대강이[49] 흔들듯 하더라.[50]」

44　흘긴 ; '힐끔'이다. 가볍게 곁눈질하여 슬쩍 한번 쳐다보는 모양이다. 오청본에서는 '횔근'로 채록되었다.
45　[보정] 백구白鷗야 껑충 날지 마라. 너 잡을 내 아니다. ; 여기에서는 백구타령이 불림으로 활용되었다.
46　원자료에는 '춤을'이라고 하였다.
47　오도도기타령打슈 : 오독떼기 타령을 말한다. 오돌도기, 도독도기라고도 불린다. 강원도 강릉일대에 전승되고
　　있는 김매기소리의 하나다. 강릉지방에서는 마을마다 두레패를 이루어 한 조에 두 명 이상씩 여러 조를 만들어
　　번갈아가며 이 '오독떼기'를 불러가면서 즐겁게 김을 맨다. 아이김·두벌김·세벌김을 매면서 이 '오독떼기'를
　　부르는데, 부르는 속도나 가사에 따라서 '냇골오독떼기'·'수남오독떼기'·'하평오독떼기'로 달리 부르고 있다.
　　이 '오독떼기'는 강릉시 구정면 학산리에서 가장 뚜렷이 전승되고 있는데, 이곳에서는 냇골조 '오독떼기'를 부
　　른다. 이 '오독떼기'와 잡가·사리당 등의 소리를 섞어서 부르며 흥을 돋우는데, 김맬 때만이 아니라 놀 때에도
　　이 소리들을 부른다. 다음과 같은 주장도 있다. '제주도 민요가 서울에 옮겨 와서 유행된 민요의 하나다. 서울
　　지방에서 부르는 오돌도기는 그 가락과 사설에 있어서 본바닥 제주도의 것과 상당히 다르다. 후렴도 변질된
　　것이다. 굿거리 장단으로 맞춘다.'
48　×××치다가 ; 오청본에서는 '용두질 치다가'로 채록되었다. 채록자가 비속한 표현이라고 생각한 듯하다. 용두
　　질은 남성이 여성과의 육체적 결합 없이 자기의 생식기를 주무르거나 다른 물건으로 자극하여 성적 쾌감을 얻

(먹중 8명八名은 이렇게 서로 각각各各 번番갈러가면서 무슨 타령
打令이니 무슨 노래이니 하면서 노승老僧에게 무러보고 도라와서
노승老僧을 모욕侮辱한다.)[51]

初目. 「아나야.」

墨僧들. 「그래와이.」

初目. 「스님을 저렇게 불 부튼 집의 ×기동[52]같이 세워 두는 것[53]은 우리 상좌上
佐의 도리道理가 아니니 스님을 우리가 모셔야 하지 않겠나.」

墨僧들. 「그래, 네 말이 옳다.」

(8명八名의 먹중들이 모다 노승老僧에게로 가서 초목初目과 이목二
目은 노승老僧의 앞에서 그의 지팽 끝을 잡고 「남무대성인로왕보살
南無大聖引路王菩薩[54]」이라고 인도引導소리[55]를 하면서 노승老僧

는 짓이다. 용개질이라고도 한다.

49 ×대강이 ; 오청본에서는 '좆대강이'로 채록되었다. 남성 성기를 비속하게 부르는 말이다.

50 [보정] 대강이를 ×××치다가 내버린 ×대강이 혼들듯 하더라 ; 머리를 흔드는 모습을 비속하게 표현한 것이다.
전통연희에서의 비속성은 비속성으로 그치지 아니한다. 이러한 비속성은 세계의 여러 전통극에서 흔히 보이는
표현이다. 임석재본에서는 다음과 같이 채록되었다.
    먹중 Ⅷ : 내가 이자 가서 老시님게다 白鷗打令을 돌돌 말아서 귀에다 소르르하니가 대갱이를 횟물 먹은
    메기 대갱이 혼들듯이 하더라. (或은 굶주린 개가 主人보고 대갱이 혼들 듯이 끄덕끄덕 하더라.)

51 [보정] (먹중 8명八名은 이렇게 서로 각각各各 번番갈러가면서 무슨 타령打令이니 무슨 노래이니 하면서 노
승老僧에게 무러보고 도라와서 노승老僧을 모욕侮辱한다.) ; 임석재본에서는 <주註. 이하략以下略. 단但 남
은 먹중들도 각각各各 번番갈라서 시조時調나 단가短歌를 돌돌 말아서 노장老丈 귀에다 넜겄다고 하고 와서
는 노장老丈을 모욕하는 말을 하는 것이다> 라고 채록되었다. 이로 보아 채록된 것 이외에도 실제로는 다른
타령이 더 실현되었을 것으로 추정된다. 시조나 단가를 불러주는 행위가 왜 모욕하는 행위인지 연구 대상이다.
그리고 '노승을 모욕한다'함은 이미 '계획된 욕 먹이기'라는 관점에서 이해할 필요가 있다. 다음 수영들놀음 자
료는 우리 가면극 대사 속에 나타나는 욕설을 이해하는 데에 중요한 단서를 제공한다.
    넷째양반 : 그 놈을 다시 불러? 兩班 體面에 그 놈에게 逢辱을 當하면 어찌하겠단 말인고? (一同 완강하
    게 反對하는 등 異論이 紛紛하다가)
    次兩班 : 逢辱을 當해도 적잖이 한 섬쯤은 받을 걸세.
    首兩班 : 그러나 저러나 逢辱을 혼자서 다 감당할 수 없으니 내가 적당히 辱分配를 하지. 辱이 만약 한섬
    이 내린다며는 지차는 닷말을 먹고, 세째와 네째는 꼭같이 두말씩 먹고 宗家아기는 한말은 쳐먹
    으면 안 되겠나.
    次兩班 : 니는 한번도 안 쳐먹겠단 말인가. (서로 首兩班에게 辱사발을 퍼부으니 宗家의 責任上 逢辱을
    독담키로 하고)
                                        -水營 들놀음, 양반탈; 釜山大學校 傳統藝術硏究會 채록

52 ×기동 ; 오청본에서는 '좆기동'으로 채록되었다. 채록자가 비속한 표현이라고 생각한 듯하다. '좆기동'으로 남
성의 성기를 비속하게 이르는 말이다.

53 [보정] 불 부튼 집의 ×기동같이 세워 두는 것 ; 불난 집에 타다 남은 기둥이 서있는 형상을 비속하게 표현하여
활용되는 관용구다. 아무 관심도 두지 않는다는 뜻이다.

을 장내場內의 중앙中央으로 인도引導한다.

노승老僧은 먹중들에게 떠받히여 입장入場하다가 중도中途에서 넘어진다.

이때 뒤에서 따라오든 먹중 한 사람이 노승老僧의 지팽이를 쥐고 노승老僧처럼 초목初目 이목二目의 뒤를 따라온다.

초목初目이 뒤를 도라보고 깜짝 놀랜다.)

初目.　「우리 노老스님은 어데로 가시고 이게 웬 놈들이란 말이냐.」

二目.　「그럴 리理가 있나. 상좌上佐인 우리의 정성精誠이 부족不足하야 그런 것이지. 우리가 다시 한번 노老스님을 찾아보쟀구나.」

（타령打令 장단에 맞후어 8명八名의 먹중들이 난무亂舞하여 노승老僧을 찾아간다.

선두先頭에서 가든 초목初目이 노승老僧의 너머져 있는 것을 보고 깜짝 놀래여 뒤로 도라간다.）

初目.　「쉬이.[56]

（악樂의 반주伴奏와 무舞는 그친다.）

이것 큰일 났다.」

八目.　「무슨 일이야.」

初目.　「이제 내가 저편을 가보니 노老스님이 길바닥에 꺾구러져 있겠지. 아마 죽은 모양이더라.」

二目.　「아나야.」

墨僧들.　「그래와이.」

二目.　「과연果然 그런지 내가 자세仔細히 가보고 올라.」

（다름질 하야 노승老僧의 너머져 있는 곳으로 가서 멀리 바라보고

54　남무대성인로왕보살南無大聖引路王菩薩 ; '인로왕보살'은 죽은 이의 영혼을 이끌어 극락세계로 인도하는 보살이라 한다. '대성'은 석가여래를 말한다. '나무(南無)'는 중생이 부처에게 귀의한다는 말이다.

55　인도引導소리 ; 범패(梵唄)로 불교의 의식음악이다. 범음(梵音)·어산(魚山) 또는 인도(印度, 引導) 소리라고도 한다.

56　쉬이 ; 떠들거나 큰 소리를 내지 말라고 할 때 내는 소리를 말한다.

도라와서)

「이거 참 야단났다.」

六目. 「무슨 야단이란 말이냐.」

二目. 「노老스님이 유유정정화화柳柳井井花花[57]했더라.」

六目. 「야 이놈 뻑센 말[58] 한 마디 하는구나. 유유정정화화柳柳井井花花, 유유 정정화화柳柳井井花花? 그것 유유정정화화柳柳井井花花라니 버들버들 우물우물 꽃꽃이[59] 죽었단 말이로구나.」

三目. 「아냐.」

墨僧들. 「그래와이.」

三目. 「우리 노老스님이 그렇게 쉽사리 죽을 리理가 있나. 내가 다시 한번 가 서 자세仔細히 보고 올라.」

(다름질 하야 노승老僧에게로 가서 이리저리 자세仔細히 살펴보고 도라와서)

「야 죽은 것이 분명分明하더라. 6, 7월六七月에 개 썩는 냄새가 나더라.[60]」

(이렇게 먹중 8인八人이 번갈라 가면서 노승老僧의 넘어져 있는 것 을 보고 와서는 여러 가지 욕설辱說을 한다.)[61]

初目. 「아냐.」

墨僧들. 「그래와이.」

初目. 「중은 중의 행세行世를 해야 하고 속인俗人은 속인俗人의 행세行世를 해야 하는 것이니 우리가 스님의 상좌上佐가 아니냐. 스님이 도라가셨는 데 천변수락[62]에 만병야락 굿[63]을 하여 보았구나.[64]」

---

57 [보정] 유유정정화화柳柳井井花花 ; 김삿갓[金笠]의 시 '부음(訃音)'에 '柳柳花花'라 한 점으로 볼 때에 죽음 과 관련이 있다.
58 뻑센말 ; '박센 말'이다. 무슨 뜻인지 알기 어려운 말이다.
59 버들버들 우물우물 꽃꽃이 ; '柳柳井井花花'의 훈을 이용한 언어유희이다. 오청본에서는 '버들버들 우물우물 꽃꽃이'라고 채록되었다.
60 [보정] 6,7월六七月에 개 썩는 냄새가 나더라 ; '육칠월에 개가 죽어 썩은 냄새가 나더라'는 말로 비속한 표현 이다.
61 [보정] (이렇게 먹중 8인八人이 번갈라 가면서 노승老僧의 넘어져 있는 것을 보고 와서는 여러 가지 욕설辱說 을 한다.) ; 여기서 여러 가지 욕설은 연구 대상이다.

墨僧들. 「그것 좋은 말이다.」

(먹중 8인八人이 각각各各 꽹매기[65] 등等 악기樂器를 울리며 노승老僧의 엎더져 있는 곳으로 가서 노승老僧의 주위周圍로 도라다니며 염불念佛을하며 재齋를 올린다.)

(염불念佛)

「원아임욕명종시願我臨欲命終時
진제일체제장애盡除一切諸障碍
면견피불아미타面見彼佛阿彌陀
즉득왕생안락찰卽得往生安樂刹」[66]

四目. 「아나야.」

墨僧들. 「그래와이.」

四目. 「이것이 약藥은 참 약藥[67]이다. 스님이 다시 사라나시는구나.[68] 우리 스님의 평생平生 좋아하시는 것이 염불念佛이었으니 염불念佛을 한바탕 실

---

62 천변수락 ; 천변수륙재(川邊水陸齋)를 말한다. 수륙재(水陸齋)는 불교에서 물과 육지에서 헤매는 외로운 영혼과 아귀(餓鬼)를 달래며 위로하기 위하여 불법을 강설하고 음식을 베푸는 종교의식이다. 설단(設壇)의 양식을 살펴보면, 이 수륙의식이 불보살 이외에 다신교적인 신앙의 대상을 의식도량에 끌어들이고 있는 것을 볼 수 있는데, 여러 신앙의 대상을 의식도량에 끌어들여서 궁극적으로는 불보살의 신앙으로 통섭되고 만다는 밀교적인 지혜가 작용하고 있음을 살필 수 있다. 그리고 수륙재의 수륙은 여러 신선이 흐르는 물에서 음식을 취하고, 귀신이 깨끗한 땅에서 음식을 취한다는 뜻에서 따온 말이므로 청정한 사찰 또는 높은 산봉우리에서 행하기도 한다.

63 만병야락굿 ; '야락'은 야락잔치 즉 씻김굿을 말한다.

64 [보정] 스님이 도라가셨는데 천변수락에 만병야락 굿을 하여 보잤구나 ; 스님이 돌아가셨으니 스님을 위하여 수륙제와 씻김굿을 하여보자는 것이다. 이는 별도로 심도 있는 연구가 필요한 부면이다.

65 [보정] 꽹매기 ; '꽹과리'인데, 원자료 그대로 표기한다.

66 원아임욕명종시願我臨欲命終時 진제일체제장애盡除一切諸障碍 면견피불아미타面見彼佛阿彌陀 즉득왕생안락찰卽得往生安樂刹 ; '장엄염불' 등과 같은 염불의 한 대목이다. '원컨대 내가 죽음에 임해서 일체의 장애를 제거하고 저 아미타불을 볼 수 있다면 안락찰[極樂淨土]에 왕생하게 하소서.'의 뜻이다. 염불곡조로 실현한다.

67 참 약藥 ; 병에 잘 듣는 약이라는 말이다.

68 [보정] 이것이 약藥은 참 약藥이다. 스님이 다시 사라나시는구나 ; 염불곡을 스님에게 들려주었더니 죽었던 스님이 다시 살아났다는 것이다. 염불이 스님을 살아나게 하는 약이라는 것이 무엇인지는 분명치 않다. 다만 '극락왕생'의 뜻이 담긴 염불을 외었으니 갱생한다는 말일 것이다. 삼전삼복(三輾三伏)에 대한 김일출의 『조선민속탈놀이 연구』의 자료를 염두에 둘 필요가 있다. 김일출은 '첫목의 이와 같은 기괴한 춤은 사자(死者)의 부활과 부활의 환희를 표현한 것이라고도 한다(재령 탈놀이 박형식 담). <목춤>은 자연과 인간 사회에 관한 지식이 아직도 불충분하였던 옛날 사람들이 자기의 생활에 재해(災害)와 불행을 가져온다고 믿어온 <역귀>를 구축하는 유쾌감 또 이것을 물리치고 난 후의 승리감·행복감을 표현하고 있다.'고 하였다. 이는 별도로 심도 있는 연구가 필요한 부면이다.

컨 하자.」

(먹중 8인八人은 한데 엉키어 염불곡念佛曲[69]으로 악기樂器를 울리며 난무亂舞하다가 일제一齊히 퇴장退場한다.)

(먹중들이 모다 퇴장退場하자 소무小巫 2인二人은 장내場內의 중앙中央에서 염불念佛장단의 반주伴奏에 맞후어 화려華麗한 춤을 추기 시작始作한다.)

老僧.　　(땅에 엎더진 채로 염불念佛장단의 반주伴奏에 맞후어 춤을 춘다. 그리하야 차츰 차츰 이러나랴고 한다.

한참동안 주저躊躇하다가 겨우 육환장六環杖을 집고 이러나서[70] 선선扇扇으로 얼굴을 가리우고 주위周圍에 사람이 있는지 없는지를 알기 위爲하야 부채살 사이로 가만이 사방四方을 살펴보다가 소무小巫의 춤추고 있는 태도態度를 보고 깜작 놀래어 땅에 엎더진다.

다시 이러나서 사방四方을 살펴보며 은근慇懃히 소무少巫를 바라본다.)[71]

(이로부터 노승老僧의 가슴을 울렁거리게 하는 것은 소무少巫의 춤이다. 처음에는 사람인지 선녀仙女인지를 잘 분별分別할 수 없었다.

깊은 산중山中에 칩거蟄居[72]하여있던 노승老僧으로서는 실實로 꿈

69　염불곡念佛曲 ; '염불(念佛)'을 말한다. 무용 반주곡의 하나다. 도들이 장단으로 경기 민요 형식의 가락에 의한 곡이다.

70　[보정] 땅에 엎더진 채로 염불念佛장단의 반주伴奏에 맞후어 춤을 춘다. 그리하야 차츰 차츰 이러나랴고 한다. 한참동안 주저躊躇하다가 겨우 육환장六環杖을 집고 이러나서 ; 소위 삼전삼복(三顚三伏)이다. 임석재본에서는 '老丈 = (누운 채로 念佛曲에 맞추어 춤추며 일어나려 한다. 그러나 넘어진다. 다시 춤추며 일어나려 하는데 또 넘어진다. 겨우하여 六環杖을 짚고 일어나서 四仙扇으로 面을 가리고 周圍에 사람이 있나 없나를 살펴보려고 부채살 사이로 四方을 살핀다. 그러다 小巫가 춤추고 있는 樣을 보고 깜짝 놀래며 다시 땅에 업딘다. 한참 後에 다시 일어나 四方을 살펴보고 小巫를 은근히 凝視한다)'라고 채록되었다. 연출[연기]법을 제시한 것이다. 삼전삼복(三顚三伏)에 대한 김일출의 『조선민속탈놀이 연구』의 자료를 염두에 둘 필요가 있다. 김일출은 '첫목의 이와 같은 기괴한 춤은 사자(死者)의 부활과 부활의 환희를 표현한 것이라고도 한다(재령 탈놀이 박형식 담). 목춤은 자연과 인간 사회에 관한 지식이 아직도 불충분하였던 옛날 사람들이 자기의 생활에 재해(災害)와 불행을 가져온다고 믿어온 역귀를 구축하는 유쾌감 또 이것을 물리치고 난 후의 승리감·행복감을 표현하고 있다.'고 하였다.

71　[보정] 임석재본에서는 '<註. 老丈과 小巫는 一切 無言. 다만 行動과 춤으로써 그의 中心의 모습을 表現한다>'라고 부기되어 있다. 연기법이 제시되어 있다.

72　칩거蟄居 ; 나가서 활동하지 아니하고 집 안에만 틀어박혀 있음을 말한다.

과 같은 일이었었다.

그러나 아무리 보아도 선녀仙女가 아니고 사람이었었다.

인간사회人間社會에도 저런 것이 있는가라고 생각할 때에 자기自己
의 과거過去는 실實로 무의미無意味하고 적막寂寞하였든 것임을
통감痛感하게 되었다.)[73]

(이에서 노승老僧은 인간사회人間社會란 것이 어떠한 것인지를 비
로소 알았다는 듯이 그리고 이 세상世上의 흥미興味를 깨다렀다는
듯이 고개를 끄덕끄덕하더니 선선扇으로 얼굴을 가리우고 장장杖을 집
고 염불곡念佛曲의 반주伴奏에 맞후어 춤을 추며 장내場內를 일주
一周한 다음 소무少巫의 주위周圍를 멀즈감치 한참 도라다니며 춤
을 춘다.

남아男兒로서 이런 곳에 놀지 않고 무었하리 하는 표정表情을 하고
지팽이를 어깨에 메고 춤을 추며 소무少巫의 가까운 주위周圍로 도
라다니면서 혹或은 소무少巫의 배후背後에 가서 등으로 슬적 부다
쳐 보기도하고 혹或은 소무少巫의 정면正面에 가서 마주서 보기도
한다.)[74]

少巫.   (태연泰然히 춤을 추며 싫다는 듯이 살작 살작 노승老僧을 피避하
         야 도라선다.)

老僧.   (낙심落心한 듯이 휘둥휘둥하다가[75] 다시 소무少巫의 앞으로 가서
         정면正面하야선다.)

少巫.   (살작 도라서서 춤을 춘다.)

老僧.   (노怒한 듯이 소무少巫의 정면正面에 바짝 닥아선다.)

少巫.   (점점漸漸 교태嬌態를 부리며 살작 도라서서 춤을 춘다.)

---

73 [보정] 가면극 공연자들의 증언을 바탕으로 기사화한 것으로 연출법 – 혹은 연기법 – 을 추정할 수 있다.
74 [보정] 이 기사는 가면극 구술자들의 증언을 바탕으로 하여 연출법 – 혹은 연기법 – 을 제시한 것이다. 지시어
    가 추상적이며 주관적이다. 이를 토대로 하여 가면극의 주제를 탐구한 견해가 있다. 그러나 희곡 텍스트의 성
    격상 이를 곧바로 주제와 연결시킴은 무리가 있다.
75 휘둥휘둥하다가 ; '휘뚝휘뚝하다가'인 듯하다. '휘뚝휘뚝'은 넘어질 듯이 자꾸 한쪽으로 쏠리거나 이리저리 흔
    들리는 모양이다. 혹은 일이 위태위태하여 마음을 놓을 수 없게 된 모양이다.

老僧.	(처음 보는 사람이므로 부끄러워서 그런 것이라 생각하고 고개를 끄덕끄덕 하더니 두 손으로 지팽이를 수평水平으로 들고 소무少巫에게 가서 춤을 추며 여러가지 동작動作으로써 얼러본다.
	지팽이를 소무少巫 ××× 밑으로[76] 넣엇다가 내여들고 소무少巫를 한참 바라보며 지팽이를 코에 대이고 냄새를 맡더니 뒤로 물러 나와서 두 손으로 지팽이를 무릎에 대이고 꺾어버리면서 펄적 뛴다.[77]
	(이때 악樂의 반주伴奏는 타령곡打令曲으로 전전轉한다.)
老僧.	(타령곡打令曲의 반주伴奏에 맞후어 춤을 추며 소무少巫의 앞으로 가서 염주念珠를 벗어 그의 목에 걸어준다.[78]
少巫.	(태연泰然히 춤을 추면서 목에 걸어준 염주念珠를 벗겨서 땅에 던저버린다.)
老僧.	(소무少巫의 염주念珠 버린 것을 보고 놀래며 염주念珠를 주어들고 소무少巫의 앞으로 가서 정면正面하야 선다.)
少巫.	(살작 도라선다.)
老僧.	(춤을 추면서 소무少巫 곁으로 다니다가 염주念珠를 다시 소무少巫의 목에 걸어준다.)
少巫.	(모르는 체하고 그대로 태연泰然히 춤을 춘다.)
老僧.	(이에 만족滿足하야 춤을 추며 그 염주念珠의 한 끝을 자기自己 목에 걸고 소무少巫와 마주서서 비로소 만족滿足한 표정表情으로 춤을 춘다.[79]

---

76 ××× 밑으로 ; 오청본에서는 '사타리밋트로'라고 채록되었다. '사타리'는 '사타구니'의 방언이다.

77 [보정] 지팽이를 소무少巫 ××× 밑으로 넣엇다가 내여들고 소무少巫를 한참 바라보며 지팽이를 코에 대이고 냄새를 맡더니 뒤로 물러 나와서 두 손으로 지팽이를 무릎에 대이고 꺾어버리면서 펄적 뛴다. ; 성적 표현이다. 이같은 노골적인 성적 표현은 가면극에서 곳곳에서 보이는데 그 상징적 의미는 대체로 풍요다산을 기원하는 제의적 의미로 해석하고 있다. 여기에서는 존재론적 의미로 해석함이 적합할 것으로 본다. 파계나 타락으로 봄은 사회학적 해석에 지나지 않는다. 우리 가면극을 보는 입장에 있어서 경계해야할 태도다.

78 [보정] 타령곡打令曲의 반주伴奏에 맞후어 춤을 추며 소무少巫의 앞으로 가서 염주念珠를 벗어 그의 목에 걸어준다 ; 염주를 벗어서 그의 목에 걸어준다. 의상의 일부이자 소도구이다. 염주를 벗는 행위에 대한 연구가 더 필요하다. 파계로 보는 일방적인 태도는 경계해야 한다.

79 [보정] 이에 만족滿足하야 춤을 추며 그 염주念珠의 한 끝을 자기自己 목에 걸고 소무少巫와 마주서서 비로소 만족滿足한 표정表情으로 춤을 춘다 ; 임석재본에서는 '(大端히 滿足해 하며 춤을 춘다. 한참 추다가 小巫

(노승老僧은 또 다른 소무少巫를 이와같이 농락弄絡한다.)[80]

(생불生佛[81]이라든 도승道僧[82]이 두 소무少巫의 술책術策에 빠져 무
아몽중無我夢中[83]으로 되어 있을 때[84]에 신장수가 원숭이를 업고 등
場한다.)

鞋商.   「야아 장場 잘 섰다.

          장자미場滋味[85]가 좋다기에

          불원천리不遠千里[86]하고 왔더니

          과연果然 거짓말이 아니로구나.

          인물병풍人物屏風[87]을 돌라쳤으니

          이것 태평시장太平市場이 아닌가.[88]

          태평장太平場[89]이거나 무슨 장場이거나

에게 가까이 가서 입도 만져보고, 젖도 만져보고 겨드랑도 후벼보다가 念珠의 한편 끝을 自己의 목에 걸고
小巫와 마주 서서 비로소 喜喜樂樂하며 춤을 춘다.)' 라고 채록되었다. 여기서는 성적 표현이 좀 더 자세하다.
80   [보정] 노승老僧은 또 다른 소무少巫를 이와 같이 농락弄絡한다 ; 가면극 공연자들의 증언을 바탕으로 하여
      연출법 – 혹은 연기법 – 을 제시한 것이다. 임석재본에서는 '(老丈은 이와 같은 動作과 順序로 小巫Ⅱ에게
      가서 되풀이하여 自己의 手中에 들어오게 한다.)'와 같이 채록되었다.
81   생불生佛 ; 살아 있는 부처라는 뜻으로, 덕행이 높은 승려를 이르는 말이다. 중생과 부처를 아울러 이르는
      말로도 쓰인다. 여러 끼를 굶은 사람을 비유적으로 이르는 말이기도 하다.
82   도승道僧 ; 불도를 닦아 깨달은 승려를 말한다.
83   무아몽중無我夢中 ; 자기를 모르고 꿈속에 있는 것 같다는 뜻으로, 마음이 외곬으로 쏠리거나 넋을 잃어 자
      기도 모르게 행동하는 지경을 이르는 말이다.
84   [보정] 생불生佛이라든 도승道僧이 두 소무少巫의 술책術策에 빠져 무아몽중無我夢中으로 되어 있을 때 ;
      임석재본에서는 '(生佛이라는 老丈은 두小巫를 自己의 手中에 넣은 것이나, 事實은 小巫의 妖艶한 嬌態와
      능난한 誘惑에 빠진 것이다. 老丈은 두 美女의 사이에 恍惚히 되었다.)'와 같이 채록되었다.
85   장자미場滋味 ; 장을 보는 재미로, 시장에서의 좋은 성과나 보람을 말한다. '滋味'는 우리말 '재미'의 한자 표
      기이다.
86   불원천리不遠千里 ; 아무리 먼 길이라도 마다하지 않고 달려간다는 뜻으로, 가까운 벗이나 친한 사람을 만나
      는 데에는 먼 거리도 문제가 되지 않는다는 뜻을 담고 있다. 『맹자(孟子)』 '양혜왕(梁惠王)'편에 '노인께서 천
      릿길도 마다하지 않고 오셨으니, 우리나라에 장차 이로운 일이 생기겠습니까 不遠千里而來 亦將有以利吾國
      乎'에 연유하는데, 맹자가 천릿길도 마다하지 않고 양혜왕을 만난 것은 인의를 말하기 위한 것인데, 하필이면
      이익을 말하느냐고 질책하는 대목이다.
87   인물병풍人物屏風 ; 뛰어난 인물들이 병풍처럼 둘러싸여 있다는 말이다.
88   [보정] 인물병풍人物屏風을 돌라쳤으니 이것 태평시장太平市場이 아닌가 ; 뛰어난 인물들이 병풍처럼 둘러싸
      여 있으니 태평시장이라는 말이다. 인물병풍과 태평시장은 직접적 연관이 없다. 이렇게 직접적 연관이 없는 어
      구를 남발하는 것도 가면극 현장에서 일어날 수 있는 표현이다. 궁극적으로는 가면극 현장의 풍성한 분위기를
      묘사하고자 하는 의도를 담고 있다. 이를 두고 '표현 상징'으로서 '불합리의 합리'라고 한다.
89   [보정] 태평장太平場 ; '태평(太平, 泰平)'은 나라가 안정되어 아무 걱정 없고 평안함, 혹은 마음에 아무 근심
      걱정이 없음을 뜻한다. '태(太)'는 삼년 풍년을, '평(平)'은 일 년 풍년을 말한다. 여기서 '태평장'은 풍년을 기원

속담俗談에 이른 말이

싸움은 말리고 흥정 부치랬으니[90]

장사(상인商人)가 되어서는 물건物件을 잘 팔아야겠다.

식이위천食而爲天[91]이라 하였으니

먹을 것부터 팔아보자.

　　　(사방四方을 바라보며 큰 목소리로)

군밤을 사랴오, 삶은 밤을 사랴오.」

　　　(하나도 팔리지 않는다.)[92]

「그러면 신이나 팔아볼까.」

　　　(큰 목소리로)

「세코 집세기 六날 메트리[93], 고은아씨의 신을 사랴오.」

老僧.　　　(신장수의 뒤에 가서 선선扇扇으로 어깨를 탁 친다.)

鞋商.　　　(깜작 놀라며)

「이게 무었이냐. 네놈의 차림차림을 보니 송낙을 눌러쓰고 백팔염주百八

念珠[94]를 목에 걸고 먹장삼을 입고 홍가사紅袈裟를 걸쳤으니[95] 중놈일시[96]

분명分明한데 승속僧俗[97]이 다르거든 양반兩班을 보고 소승少僧[98] 문안問

하는 뜻을 담은 관념적 명칭이다.

90　싸움은 말리고 흥정 부치랬으니 ; '흥정은 붙이고 싸움은 말리랬다[勸買賣 鬪則解]'는 속담을 원용한 것이다. 좋은 일은 권하고 나쁜 일은 말려야 한다는 뜻이다. 민간화술이다. '열상방언(洌上方言)'

91　식이위천食而爲天 ; 먹는 것으로 하늘을 삼는다는 뜻으로, 사람이 살아가는 데 먹는 것이 가장 중요하다는 말이다.

92　[보정] 하나도 팔리지 않는다 ; 극적 상황을 드러내는 무대지시문이다.

93　세코 집세기 六날 메트리 ; 짚신과 미투리를 말한다. 집세기는 짚신의 사투리이고, 메트리는 미투리의 사투리이다. 짚신은 볏짚으로 새끼를 꼬아 날을 하고 짚을 결어서 바닥을 한 신을 말한다. 보통 코를 셋을 만들기에 세코 짚세기이다. 초혜(草鞋), 비구(扉屨), 망리(芒履)라고 한다. 미투리는 질긴 삼베로 삼은 신인데, 발이 편하라고 날이 여섯 가닥 또는 여덟 가닥 되게 한다. 마혜(麻鞋), 승혜(繩鞋)라고도 한다.

94　백팔염주百八念珠 ; 염주가 108개의 구슬을 사용한다 하여 이렇게 부른 것이다. 불보살에게 예배할 때 손목에 걸거나 손으로 돌리는 불구(佛具)의 하나. 수주(數珠)·송주(誦珠)·주주(呪珠)라고도 한다. 염불의 횟수를 기억하는 구슬이라는 뜻으로, 염불할 때나 다라니를 외울 때 일정한 수의 구슬을 끼워 연결한 염주를 가지고 그 수를 기억하도록 하는 도구이다. 보통 108주(珠)를 사용하는데, 이를 108염주라고 한다.

95　걸쳤으니 ; '걸치다'는 '입다'와 상대적인 뜻을 지닌다.

96　중놈일시 ; '중놈일 것'이다. '-일시'는 '-게'의 방언이다.

97　승속僧俗 ; 승려와 속인을 말한다.

98　소승少僧 ; '小僧(소승)'이 옳다. 중이 자기를 낮추어 이르는 말이다.

安이요라는 인사人事는 없고 사람을 치다니 이것 웬일이란 말이냐.」

老僧.　　　　(소무少巫의 발을 가르치며 신사겠다는 동작動作을 하고 선선扇으로 소무少巫의 신 촌수寸數를 가르친다.)

　　　　　　(신장사가 그 치수에 맞는 신을 끄러내려고 등에 질머진 짐을 내려 놓고 보퉁이를 끌르니까[99] 뜻밖에 원숭이 한 마리가 뛰여 나와 신장사의 앞에 앉는다.)

鞋商.　　　　(깜작 놀래여 원숭이를 보고)

「네가 뭣이냐, 무슨 즘생이냐.」

猿.　　　　(머리를 좌우左右로 살랑살랑 흔드러 부정否定한다.)

鞋商.　　　「그러면 물고기냐.」

猿.　　　　(머리를 좌우左右로 흔든다)

鞋商.　　　「농어냐.」

猿.　　　　(머리를 좌우左右로 흔든다)

鞋商.　　　「뱀장어냐?」

猿.　　　　(머리를 좌우左右로 흔든다.)

鞋商.　　　「그럼 네가 사족四足[100]을 가졌으니 산山즘생이냐.」

猿.　　　　(머리를 전후前後로 끄덕끄덕 하야 긍정肯定한다.)

鞋商.　　　「그럼 범이냐.」

猿.　　　　(머리를 좌우左右로 흔든다.)

鞋商.　　　「그럼 노루냐.」

猿.　　　　(머리를 좌우左右로 흔든다.)

鞋商.　　　「사슴이냐.」

猿.　　　　(머리를 좌우左右로 흔든다.)

鞋商.　　　「오오 이제야 알겠다. 옛날 어른들 말슴을 들은즉 원숭이가 사람의 숭내

99　[보정] 신장사가 그 치수에 맞는 신을 끄러내려고 등에 질머진 짐을 내려놓고 보퉁이를 끌르니까 ; 소도구가 등장한다. 우리 가면극에서 소도구가 등장하는 장면은 흔하지 않으며, 등장한다 하더라도 이 대목과 같이 적극적으로 활용되는 경우는 없다.

100　사족四足 ; 네 다리를 말한다.

를 잘 낸다드니 네가 숭내를 잘 내는구나. 원숭이냐.」[101]

猿.　　　　　(머리를 끄덕끄덕하야 긍정肯定한다.)[102]

鞋商.　　　「오오 그러면 우리 선친先親께서 중국사신中國使臣으로 다닐 적에 중국
　　　　　中國 다니든 기념記念도 되고 이놈이 힘 있고 날램이 있는 고故로 집안
　　　　　에 갖다 두면 가정家庭에 보호保護가 될 만큼 하다고 사두신 것을 이때
　　　　　것 기르고 있었더니 내가 신짐을 지고 나온다는 것이 원숭이짐을 지고
　　　　　나왔구나, 원숭아! 너는 매우 怜怜[103]하고 날랜 놈이니까 내가 저어 뒷절
　　　　　중놈한테 신을 팔고 신값을 못 받은 것이 있으니 네가 가서 받아오너라.」

猿.　　　　　(신값을 받으러가서 거기 있는 소무少巫의 등에 붙어 ××한 동작動
　　　　　作을 한다.[104])

鞋商.　　　「여보오 구경하는 이들[105]! 내 노리개 작란감[106] 어데로 가는 것 못 봤소.」

101　[보정] 이 대목은 신장사가 원숭이의 정체를 알아내려는 대사는 수수께끼식 문답이다. 이미 알려진 것에 대한
　　수수께끼식 문답을 주고받음으로써 가면극 현장을 축제 분위기를 조성한다. 수수께끼는 역사가 오랜 표현 수
　　법으로, 상식적으로는 사물을 빗대어서 맞추는 놀이, 혹은 일정한 대답을 바라는 사물의 비유적 묘사나 표현이
　　다. 또 수수께끼는 은유를 써서 대상물을 정의하는 언어표현법이며, 구연에 있어서 화자와 청자 쌍방이 참여한
　　다는 점, 묘사가 극히 단순하다는 점 · 은유적 표현이란 점, 고의적 오도(誤導)성을 띠고 있다는 점 등을 수수께
　　끼의 특징으로 든다. 또 수수께끼는, 의미의 다발을 전달하고, 긴장과 이완은 혼란을 의도하고, 단어의 탄력을
　　이용하며, 질서에 대한 집단의 원칙을 이야기하는 것이 허용되는 관습적 위상이 일치되는 속에서 전개된다. 또,
　　수수께끼는 사건의 해결을 구하는 문제라고도 하고, 바른 대답을 목적으로 한 고풍(古風)의 질문이라고도 한
　　다. 즉 수수께끼식 문답이란, 이러한 수수께끼의 특성을 바탕으로 전개되는, 가면극 대사의 한 양상이다. 또한,
　　이 수수께끼와 유사한 형태에 '스무 고개(twenty-questions)'가 있다.
　　　여기에서 주목할 일은 지속적으로 '고의적인 오도(誤導)'를 보여주어야 가면극 현장이 더욱 축제적인 분위기를
　　조성할 수 있다는 것이다.
102　[보정] 원숭이 ; 12지의 제9위인 신(申)일을 지칭하는 동물이다. '원숭이날 · 납날'이라고도 한다. 방위는 서남방,
　　오행은 금(金), 색깔은 백(白)색이며, 시간은 3~5시이고 4시가 신시의 중이다. 세시풍속으로 정월 첫 잔나비날에
　　는 일손을 쉬고 놀며, 특히 칼질을 하며 손이 벤다고 하며 삼간다. 남자가 먼저 일어나서 부엌과 마당의 네 귀를
　　쓸고, 부엌에 귀신이 있다고 하여 남자가 먼저 부엌에 들어가기도 한다. 제주도에서는 나무를 자르지 않는데,
　　이날 자른 나무를 사용하여 만든 물건에는 좀이 많이 쓴다고 한다. 한편 경상남도 지방에서는 이날뿐 아니라
　　어느 신일에도 '원숭이'란 말을 입에 담으면 재수가 없다고 하여 불가피한 경우 '잔나비'라고 바꾸어 말한다.
　　　우리 가면극에 이같이 원숭이가 등장하는 이유는 현재 불분명하다. 나례 때나 장터에서 장대를 타는 묘기를
　　보여주는 원숭이가 등장하기도 하였다.
103　영영怜怜 ; '怜悧(영리)' 혹은 '伶俐(영리)'가 옳다.
104　[보정] 소무少巫의 등에 붙어 ××한 동작動作을 한다 ; 오청본에서는 '少巫의등에붓터 淫蕩한動作을한다.'라
　　고 채록되었다.
105　[보정] 여보오 구경하는 이들 ; 관중에게 이른 것이다. 이러한 대사는 관중과의 소통을 유도하는 장치라고 보
　　는 것이 일반적이다.
106　[보정] 노리개 작란감 ; '작란감'은 '장난감'이다. 원숭이를 두고 이른 것이다. 성적 노리개라는 뜻인 듯하다.

(사방四方으로 원숭이를 찾아다니다가 소무少巫에게 있는 것을 보고)

「야 요런놈 신값 받어 오랬드니 돈을 받어 가지고 거기다가 모다 소비消費해 버리는구나.

(원숭이를 끄을고 도라와서)

너는 소무少巫를 ×스니 나는 네놈의 ××이나 한번 하여보겠다.[107]」

(신장사가 원숭이를 엎어놓고 ××한 동작動作을 하면 원숭이가 뛰여 이러나서 신장수 ×에 붙어서 ××한 동작動作을 한다.

신장사와 원숭이가 이렇게 한참동안 서로서로 ××한 동작動作을 하다가 이러나 앉는다.[108])

鞋商.　　「신값은 분명分明히 받어 왔는냐.」

(하며 신값을 계산計算하느라고 땅에 수자數字를 쓴다.

원숭이는 쫓아다니면서 수자數字를 지워버린다.)[109]

猿.　　　(신장수가 신값을 계산計算하랴고 애를 쓰고 있을 때에 또다시 소무少巫에게로 가서 ××한 동작動作을 거듭한다.[110])

老僧.　　(원숭이가 소무少巫에게 와서 ××한 동작動作을 하는 것을 보고 부채자루로 원숭이를 때린다.[111])

(신장수가 원숭이 맞는것을 보고 노승老僧에게로 쫓아가서 원숭이를 빼서가지고 치료治療하러 간다고 하면서 퇴장退場한다.)[112]

---

107 [보정] 너는 소무少巫를 ×스니 나는 네놈의 ××이나 한번 하여보겠다. ; 오청본에서느 '너는少巫를햇스니 나는 네놈의삐약이나 한번하여보겟다.'라고 채록되었다. 삐약은 '비역'으로 남녀 사이에 육체적 교섭을 하듯이 남성 간에 그와 같은 행위를 하는 일을 말한다.

108 [보정] 신장사가 원숭이를 엎어놓고 ××한 동작動作을 하면 원숭이가 뛰여 이러나서 신장수 ×에 붙어서 ××한 동작動作을 한다. 신장사와 원숭이가 이렇게 한참동안 서로서로 ××한 동작動作을 하다가 이러나 앉는다. ; 오청본에서는 '신장사가 원숭이를업허노코 淫蕩한動作을하면 원숭이가뛰여이러나서 신장수뒤에붓터서淫蕩한動作을한다. 신장사와원숭이가 이러케한참동안 서로淫蕩한動作을하다가이러나안는다.' 라고 채록되었다.

109 [보정] (하며 신값을 계산計算하느라고 땅에 수자數字를 쓴다. 원숭이는 쫓아다니면서 수자數字를 지워버린다.) ; 신값을 계산하지 못하게 훼방을 노는 행위이다. 이에 대하여는 별도의 연구가 필요하다.

110 [보정] 신장수가 신값을 계산計算하랴고 애를 쓰고 있을때에 또다시 소무少巫에게로 가서 ××한 동작動作을 거듭한다. ; 오청본에서는 '신장수가 신갑을計算하랴고애를쓰고잇슬때에 또다시少巫에게로가서 淫蕩한動作을거듭한다.' 라고 채록되었다.

111 원숭이가 소무少巫에게 와서 ××한 동작動作을 하는 것을 보고 부채자루로 원숭이를 때린다. ; 오청본에서는 '원숭이가少巫에게와서淫蕩한動作을하는것을보고부채자루로원숭이를때린다.' 라고 채록되었다.

(이때 취발醉發[113]은 울퉁불퉁한 탈[114]을 쓰고 허리에 청엽靑葉의 유

---

112 [보정] 이 장면은 흔히 정현석(鄭顯奭)의 『敎坊諸譜(교방제보)』의 '僧舞(승무)'에 비견한다는 견해가 지배적
이다. 승무의 풍류랑은 취발에 비견한다고 본다. 이는 소위 노장 마당을 해명하는 데에 있어서 염두에 두어야
할 자료다. 그 내용을 보이면 다음과 같다.

　　[참고] 小妓拜而舞 어린 기생이 절하고 춤춘다. / 風流郞着快子對舞 풍류랑은 쾌자를 입고 마주 춤을 춘다
[대무對舞]. / 郞繞妓而舞 戲狎備至 랑이 기생의 주위를 돌며 춤을 추어 희롱하고 친압(親狎)하기에 열중한
다. / 有老僧伏軒隅 때마침 이럴 즈음에 노승이 이르러 무대 한쪽에 엎드려 있다. / 上座出舞 往老僧前 指示
妓 상좌가 춤추다가, 노승에게 앞에 가서 기생을 가리킨다. / 老僧掉頭不見 노승은 머리를 조아리고 보지
않는다. / 上座又附耳而語 老僧稍稍氣視 상좌가 또 귀에 대고 무어라고 말하니 노승은 잠깐 쳐다본다. / 上
座曳山錫杖 상좌가 산석장을 끈다. / 老僧戰慄不能起 노승은 떨며 일어나지 못한다. 欲起而頹臥 又曳出起
舞 漸近妓處 繞行而舞 일어나려다가 자빠져 누워버린다. 다시 끌자 나와 일어나 춤추며 점차로 기생 가까이
가서는 주위를 돌며 춤춘다. / 上座居間周旋 郞故避之 상좌가 끼어들어 주위를 돌자 랑은 그곳을 피한다.
/ 老僧與妓戲狎 노승은 기생과 더불어 희롱하고 친압한다. / 每見郞近則避去 매양 랑이 가까이 들어오는
것을 살피다가 피하여 도망간다. / 郞以錦鞋着妓足而去 랑은 기생 발에 비단신을 신기고 나간다. / 老僧亦
以色鞋換着足而去 노승 역시 색신을 바꾸어 신기고 나간다. / 郞還見其換鞋 怒而打妓 랑이 돌아와 그 바뀐
신을 보고 노하여 기생을 때린다. / 妓佯泣 郞抱腰解忿而去 기생이 우는 체하자 랑이 허리를 안아 달래다가
나간다. / 老僧又來戲 負妓而去 노승이 또 와서 기생을 희롱하다가 업고 나간다. / 郞乘醉亂步而入見妓不
在 乃伸脚坐泣 랑이 술에 취하여 비틀거리며 들어와 기생이 없음을 보고는 다리를 뻗고 운다. / 妓棄僧還入
抱郞腰而泣 기생이 노승을 버리고 돌아와 랑의 허리를 끌어안고 운다. / 郞打妓 妓飮泣不已 랑이 기생을
때리자 기생은 울기를 그치지 않는다. / 郞抱腰解之 妓不聽 랑이 허리를 끌어안아 달래도 기생이 듣지 않는
다. / 郞連解之 更爲起舞郞 랑이 계속해서 달래니 다시 일어나 랑과 춤을 춘다. / 郞抱一少妓 랑이 다른 기
생을 끌어안는다. / 妓妬打之 기생이 질투하여 다른 기생을 때린다. / 又爲起舞 또 (기생이) 일어나 춤을 춘
다. / 妓先拜出 기생이 먼저 절하고 나가면 / 郞亦出 랑도 역시 나간다. / 老僧與上座舞 노승과 상좌는 춤춘
다. / 罷 끝난다.

　　此一場雜戲也 한 마당의 잡희이다. 然究其本意 亦寓勸懲之義 그러나 궁구하는 그 본 뜻은 역시 권선징악
의 뜻을 빗댄 것이다. 女始若懷貞 終爲淫亂 여자는 처음에는 정조를 품은 것 같지마는 끝내는 음란해지고
士始若守操 終爲乖悖 선비는 처음에는 지조를 지키는 것 같지마는 끝내는 어그러지며 僧始若戒行 終爲癡
狂 중은 처음에는 계율을 행하는 것 같지마는 끝내는 미치광이가 된다. 此乃調戲人間 이는 곧 인간 세상의
희롱에 휩쓸려 鮮克有終者也 끝내 자신을 이겨내는 자가 드물다는 것이다. 覽者如是 구경하는 자도 마찬가
지다.
　　少年白晳弄紅粧　　신수 흰한 젊은이는 기생을 희롱하고,
　　撩亂春風老錫腸　　봄바람이 요란하니 노승의 간장이 탄다.
　　禪心幻作探香蝶　　선심이 홀려서 향기로운 나비를 탐하는구나.
　　竟逐飛花上下狂　　필경 날아다니는 꽃을 좇아 상하[젊은이와 늙은이]가 미쳐버리네.

113 [보정] 취발醉發 ; 일반적으로 술에 취하여 지지벌개가지고 다니기에 이러한 이름이 붙었다고 한다. 그런데 다
음과 같은 사실을 염두에 두어야 한다고 본다. 은율가면극에서는 '최괄이'라 하였고, 이를 이두현은 취발이와
같이 보았다. 손진태의 『校註 歌曲後集』 권제육 농가월령가(農家月令歌) 시월령을 보면 '李風憲 金僉知는
즌말깆희 醉倒ᄒ고 崔勸農 妻 約正은 체궐이춤을 춘다.'라는 대목이 보인다. 여기의 '체궐이춤'을 주목할 일이
다. 또한 중국의 팔선(八仙) 가운데에 술을 잘 먹는 철괴리(鐵拐李)가 나오는데, 박지원의 '광문자전'에 나오는
광문이도 철괴리춤에 능했다고 하였다. 따라서 철괴리, 체궐이, 최괄이, 취발이 등은 동일 대상, 혹은 동일한
관념이 작용하고 있는 대상에 대한 상이한 표기라고 보아야 할 것이다. 『퇴계원산대놀이 연희본』에서 다음과
같이 설명하고 있다.
　　[참고] 취발이 : 취발이는 노총각으로 절에서 밥 짓고 물 긷는 일을 하는 불목한. 임석재는 그의 회고록에서
　　'취발이도 그냥 한글로 써야 할 것을 한자로 썼는데, 그 당시 막연히 취한 것 같은 인물이 연상이나 취발(醉
　　發)이라고 했다'고 하였는데, 취발이 대사에 '술 서너 잔 먹어 얼굴이 지지벌거니깐…'라는 대목이 있다. 같은

지柳枝[115]를 꽂고 큰 방울을 차고 술 취醉한 것처럼 비틀거리며 들어
오다가 타령곡打令曲의 반주伴奏에 맞후어 춤을 추며 다름질 하야
등장登場한다.)

醉發.   「에크 아 그 제어미를 할 놈[116]의 집안의

역이 은율가면극에서만은 '최괄이'로 되어 있다. 최괄이는 사설시조 <관등가(觀燈歌)>에 '사자(獅子) 탄 체괄
(體适)이요 호랑(虎狼)이 탄 오랑캐(兀良哈)와…'로 보이는 그 '체괄'에서 최괄(崔适)로 바꾼 말이 아닌가 생
각된다. 최괄은 오랑캐의 이름이라고 하였는데 (鄭炳昱 編, 『時調文學事典』, 新丘文化社, 1966, 524쪽)오랑
캐는 야만스러운 종족이란 뜻으로 침략자를 업신여겨 부르던 말이다. 고려 말부터 조선 전기에 걸쳐 두만강
연변이나 그 북쪽지방에서 살던 여진족(女眞族)을 이르던 말이다. 그러나 원래는 북부 만주에서 시베리아
남쪽에 걸친 삼림 속에 살던 수렵민(狩獵民)의 범칭(汎稱)이다. 그러기에 힘세고 용맹스런 '사자탄 체괄이요'
라고 읊었고, 다시 은율가면극에서는 '최괄'로 취발이의 배역명으로 정하지 않았나 생각된다. <농가월령가(農
家月令歌)> 10월령의 1절에 '체달이 춤을 춘다.' 라고 있는데 이 체달이 춤이 '최괄(體适)이 춤'으로도 표기된
곳이 있어 취발이의 옛 표기로 생각된다는 의견도 있다. -서연호, 『山臺탈놀이』, 열화당, 1987, 78쪽.

114 [보정] 울퉁불퉁한 탈 ; 제2장 '팔묵승무'에서도 '울퉁불퉁하고 기괴奇怪한 가면假面'라고 채록된 것으로 보아
첫목과의 공용탈일 가능성을 확인할 수 있다. 첫목탈과 취발이탈이 동일한 것이라면 등장인물 기호도 같아야
할 것이다. 또한 연극적 위상도 같아야 한다.

115 [보정] 청엽靑葉의 유지柳枝 ; 푸른 버드나무가지를 말한다. 대체로 생명력의 상징으로 본다. 버드나무는 냇가
에서 흔히 자라고 우리나라와 만주와 일본에 분포한다. 썩은 버드나무의 원줄기는 캄캄할 때 빛이 난다. 이것
을 도깨비불이라고 한다. 도깨비가 나온다고 알려진 곳은 습지에서 버드나무가 무성한 숲일 때가 많다. 불교에
서 서른 셋 관세음보살이 신봉되었는데 그 첫째인 양류관세음보살(楊柳觀世音菩薩)을 비롯하여 덕왕(德王),
청경(靑頸), 쇄수(灑水) 관세음보살이 버드나무와 관계가 있다고 한다. 관세음보살 진언에 '몸에 있는 질병을
없애려거든 버드나무 가지를 든 관세음보살에게 진언을 왼다.'라 한 점으로 보아 그 종교적 심성을 알 수 있다.
우리 가면극에서의 푸른 버드나무 가지도 이러한 차원에서 수용할 필요가 있다. 예수가 못 박힌 십자가도 버드
나무로 알려져 있다. 한국의 신화에서도 곳곳에 버드나무가 등장한다.

116 [보정] 제어미를 할 놈 ; 우리 가면극에서 흔히 등장하는 욕설이다. 속담에도 '에미를 붙구 대명 간다.', '에미를
붙어 담양 갈 놈' 등이 있다. 노신은 이를 국매(國罵)라고 하였다. 노신의 말을 빌면 '나는 네 에미의 先親十八
代도 하노라.'에서 왔다고 하면서 '他媽的!'을 '國罵'라 하였다. 中國의 '下等人種' 사이에서는 본래 '你的媽穴
(나는 네 어미 구멍을 한다.)'를 비롯하여 '你媽的祖宗十八代(나는 네 에미의 先祖十八代도 하였다.)', '媽才立
介穴(어미 저 구멍)' 등이 쓰여지고 있었으나, '你'란 말이 제삼자를 의미하는 '他'로 변하여 드디어 구체적인
동사와 목적어가 떨어져간 것이다. 중국어의 이런 종류의 매리(罵詈)는 가문이나 祖宗(祖宗)의 위력을 매세
(賣勢)하는 자에의 반항에서 생긴 것이라 한다. 일본어에도 '母開'라는 말은 '너는 네 어머니를 姦한다.'라는
뜻이다. 야촌신일은, 남사당패 재담에서 쓰인 욕설을, 단어의 수준으로 상대편을 헐뜯어 희롱하는 것·말의 희
롱을 엿볼 수 있는 것으로 마을 생활과 관련 깊은 동식물을 이용한 것·동물 이외의 것·배설물에 관한 것·병
신이나 불구나 볼품없는 사람을 이르는 것 등으로 분류하고는, 욕설은 그 어떠한 가치를 지니고 있든지 간에
적어도 '살아있는' 말이었다 라고 하였다. -野村伸一, 「辱說考」, 『韓國民俗藝能』, 社會評論社, 1985 참조.
욕설은 반드시 비속한 단어를 사용하는 것만으로 성립하는 것이 아니라, 오히려 언어유회라든가 문맥의 전환
혹은 엉뚱한 말을 가져옴으로써 보다 극적효과를 올리고 있다고 할 만하다 한다.
다음과 같은 사례도 있다.
말뚝이 : 이 어떤 제미를 붙고 금각 대명(潭陽)(大命이 옳다 — 필자)을 갈 이 양반들이 … -東萊 들놀음
首兩班 : 이 제기를 붙고 경각대명(頃刻待明) 갈 연식들 … -水營 들놀음
원양반 : … 이내 몸은 한글한글하여 石塔에 비겨 앉아 古今事를 곰곰 생각할 때, 이런 제할미 붙고 홍각대
명을 우쭌 우쭌 갈 놈들이 … 밤이 맞도록 웅방캥캥하는 소리 양반이 잠을 이루지 못하야 이미

곳불¹¹⁷인지 행불¹¹⁸인지

해해 연년年年이 다달이 나날이

시시時時 때때로¹¹⁹

풀도라들고¹²⁰ 감도라드는구나¹²¹.」

　　　(타령곡打令曲의 반주伴奏에 맞후어 춤을 한바탕 춘다)

「쉬이.」

　　　(악樂의 반주伴奏와 무舞는 그친다.)

　　　(창唱)

「산불고이수려山不高而秀麗하고¹²²

수불심이징청水不深而澄淸이라¹²³

지불광이평탄地不廣而平坦하고¹²⁴

인불다이무성人不多而茂盛이라¹²⁵ ¹²⁶

월학月鶴은 쌍반雙伴하고¹²⁷

송죽松竹은 교취交翠로다¹²⁸.¹²⁹

　　　나온지라 이 사람 四寸들! -統營 五廣大, 諷刺탈; 李玟基 채록
　　쇠뚝이 : 얘 우리 같으면 네 어미 썹구녁이나 잘 했느냐 할 터인데, 신중히 계시니 분명한 양반이시더라.
　　　　　　　　　　　　　　　　　　　　　　　　　-楊州別山臺, 의막사령놀이;李杜鉉 채록
　　쇠뚝이 : 하, 이런 놈의 일 보게. 양반의 새끼라 다르다. 상놈같으면 네미나 잘 붙었느냐? 그럴 텐데 그런
　　　　　　호래들 녀석이 어디 있어? 늙은 사람에게 의젓이 좋이 있더냐 그러네!
　　　　　　　　　　　　　　　　　　　　　　　　-楊州別山臺, 샌님과정;趙鐘洵 채록

117　곳불 ; 고뿔의 옛말로 감기(感氣)를 일상적으로 이르는 말이다.
118　행불 ; '고뿔'의 방언이다.
119　[보정] 곳불인지 행불인지 해해 연년年年이 다달이 나날이 시시時時 때때로 ; 동의어반복을 이용한 언어유희
　　이다.
120　풀도라들고 ; '풀돌아 들고'다. '풀돌다'는 '어떤 둘레를 돌던 방향과 반대로 빙빙 돌다.'의 뜻이다.
121　감도라드는구나 ; '감돌아드는구나'다. '감돌다'는 '어떤 둘레를 여러 번 빙빙 돌다.'의 뜻이다.
122　산불고이수려山不高而秀麗 ; 산은 높지 아니하며 빼어나게 아름답다.
123　수불심이징청水不深而澄淸 ; 물은 깊지 아니하며 맑고 깨끗하다.
124　지불광이평탄地不廣而平坦 ; 땅은 넓지 아니하며 평평하다.
125　[보정] 인불다이무성人不多而茂盛 ; 사람은 많지 않으나 무성하다. 원래는 '林不多而(임불다이) 茂盛(무성)'
　　으로, '나무는 많지 않으나 무성하다'의 뜻이다.
126　[보정] 지불광이평탄地不廣而平坦하고 인불다이무성人不多而茂盛이라 ; '인불다이무성'은, 원래 '林不多而
　　[임불다이] 茂盛[무성]'으로, '나무는 많지 않으나 무성하다'의 뜻이다. '지불광이평탄'과 대구를 이루려면 '임불
　　다이무성'이 옳다. 가면극 현장에서는 '임불다이무성'을 '인불다이무성'으로 바꾸는 언어유희를 보이고 있다. 이
　　같은 방식은 가면극에서 두루 활용된다.
127　월학月鶴은 쌍반雙伴하고 ; 달빛에 학은 나란히 거닐고

기산영수별건곤箕山潁水別乾坤[130]에

소부허유巢父許由[131]가 놀고

채석강명월야采石江[132]明月夜[133]에

이적선李謫仙[134]이 놀고

적벽강추야월赤壁江[135]秋夜月[136]에

소동파蘇東坡[137] 노랐으니[138]

나도 본시本是 강산江山 오입장誤入匠이[139]로

128 송죽松竹은 교취交翠로다 ; 소나무와 대나무는 비취빛이로구나. 푸른 대나무를 취죽(翠竹)이라고 한다.
129 임석재본에서는 '녹양綠楊은 춘절春節이다'가 더 있다.
130 기산영수별건곤箕山潁水別乾坤 ; '기산영수箕山潁水'는 중국 하남성에 있는 산과 시내를 말한다. 요임금 때 소부와 허유가 임금의 자리를 물려받으라는 왕명을 피하여 들어가 은거했다는 산과 물이다. '기산'은 하남성(河南省) 행당현(行唐縣) 서북쪽에 위치한다. '영수'는 하남성 등봉현(登封縣) 서쪽 경계에 있는 영곡(潁谷)에서 발원하여 회수(淮水)로 유입하는 물길이다. '별건곤別乾坤'은 별세계, 별천지를 말한다.
131 소부허유巢父許由 ; 고대 중국의 전설상의 은자(隱者)인 소부와 허유를 말한다. 속세를 떠나서 산의 나무 위에서 살았기 때문에 생긴 이름이며, 요(堯)가 천하를 그에게 나라를 맡기고자 하였으나 이를 사양하고 받지 않았다. 허유(許由)가 영천에서 귀를 씻고 있는 것을 소를 몰고 온 소부(巢父)가 보고서 그러한 더러운 물은 소에게도 마시게 할 수 없다며 돌아갔다는 고사가 있다. 소부와 허유를 소유(巢由), 소허(巢許)라고도 하며, 이를 한 사람으로 보는 설도 있다.
132 채석강采石江 ; 중국 안휘성(安徽省)에 위치한 강으로, 동정호(洞庭湖)의 한 지류다. 이백(李白)이 채석강에서 놀 때 술에 취하여 물에 비친 달을 잡으려고 강에 뛰어들어 빠져 죽었다고 한다.
133 명월야明月夜 ; 달 밝은 밤이라는 뜻이다.
134 이적선李謫仙 ; 중국 당 나라 때 시인 이백(李白)을 말한다. 자는 태백(太白)이며, 호는 청련거사(青蓮居士), 주선옹(酒仙翁)이다. 시선(詩仙)으로 일컬어지는데 장안(長安)에 들어가 하지장(賀智章)을 만났을 때 하지장은 그의 글을 보고 탄(歎)하여 적선(謫仙)이라 하였다. 두보(杜甫)는 '飲中八仙歌(음중팔선가)'에서 '이백은 말 술에 백 편의 시를 짓고 장안 거리 술집에서 잠을 자며 천자가 불러도 배에 오르지 않고 술의 신선'이라고 스스로 자랑한다. '李白一斗詩百篇 長安市上酒家眼 天子呼來不上船 自稱臣是酒中仙'라고 노래하였다.
135 적벽강赤壁江 ; 중국 호북성 황강현에 있는 강으로 삼국시대 오나라의 장군인 주유가 제갈량의 도움을 받아 조조의 군대를 대파한 곳이다. 또한 송나라의 문인인 소식(蘇軾)이 뱃놀이를 하면서 '적벽부(赤壁賦)'를 지었던 곳이다.
136 적벽강추야월赤壁江秋夜月 ; 적벽 강가의 가을 달밤이라는 뜻이다.
137 소동파蘇東坡 ; 중국 북송(北宋) 때의 문인이자 정치가인 소식(蘇軾)을 말한다. 자(字)는 자첨(子瞻)이며, 호(號)는 동파(東坡)다. 소선(蘇仙)이라고도 한다. 아버지 순(洵)과 아우 철(轍)과 더불어 '삼소(三蘇)'라고 불리며, 당송팔대가(唐宋八大家)의 한 사람이자 송나라를 대표하는 제일의 문인으로 문명을 날렸다. 정치적으로는 개혁파인 왕안석(王安石)과 대립하여 좌천되었으나 후에 철종(哲宗)에게 중용(重用)되어 구법파(舊法派)를 대표했다. 대표적인 작품으로는 특히 「적벽부(赤壁賦)」가 유명하며, 서화(書畵)에도 능했다.
138 [보정] 산불고이수려山不高而秀麗하고 ~ 금강산金剛山 좋단 말을 풍편風便에 넌짓 듯고 ; 이 대목은 제2장 '팔묵승무'의 육목(六目)의 첫 사설과 같다. 채록 당시에 육목은 김태혁이 맡았고 취발은 이윤화가 맡았는데 동일한 대사가 활용되었다는 것은 연구할 과제다. 공연집단이 공유하는 대사인지 공연자에 국한한 것인지가 연구 과제이다.
139 강산江山 오입장誤入匠이 ; 세상에서 유명한 오입쟁이를 말한다. 여기서는 풍류를 즐기는 사람을 두고 이른 것이다. '匠(장)이'는 우리말 '쟁이'의 한자식 표기이다.

금강산金剛山 좋단 말을 풍편風便에 넌짓[140] 듯고[141]

녹음간綠陰間[142] 수풀 속에 친구親舊 벗을 찾았더니

친구親舊 벗은 하나도 없고

승려僧侶인가 하거든[143]

중이 되어 절간에서 불도佛道는 힘 안 쓰고

입뿐 아씨를 대려다놓고 놀고 나면

꿍—덕꿍.[144]」

　　　　(타령곡打令曲의 반주伴奏에 맞후어 춤을 추며 노승老僧의 앞으로
　　　　슬금슬금 거러간다.)

老僧.　　　　(선扇으로 취발醉發의 얼굴을 탁 친다. 악무樂舞는 그친다)

醉發.　　　「아이쿠 아— 이것이 뭣이란 말이고 아— 대체 매란 것은 마저 본 적이
없는데 뭐가 빡하고 때리니 아 원 이것 뭐야?

오— 알겠다

내가 인간사불문人間事不聞[145]하야

산간山間에 뜻이 없어 명승지名勝地 찾아가니

천하명승天下名勝 오학지중五壑[146]之中에

향산香山[147]이 높았스니

서산대사西山大師[148] 출입후出入後에

140 넌짓 ; '넌지시'의 준말이다. '드러나지 않게 가만히'의 뜻이다.
141 [보정] 금강산金剛山 좋단 말을 풍편風便에 넌짓 듯고 ; 불림으로 흔히 사용되어온 대사다.
142 녹음간綠陰間 ; 우거진 숲속이라는 뜻이다. 여기서는 속세를 떠난 자연이라는 말이다.
143 [보정] 승려僧侶인가 하거든 ; 앞에서 '승속僧俗이다르거든'이라고 채록된 것과 같은 뜻이다.
144 [보정] 꿍—덕꿍 ; 악기의 소리를 불림으로 활용하고 있다.
145 [보정] 인간사불문人間事不聞 ; 세상의 사람 일을 듣지 아니한다는 뜻이다. 임석재본에는 '洗耳人聞事不聞'
　　 – 귀를 씻고 세상의 사람 일을 듣지 아니한다.('人聞'은 '人間'임) – 라고 채록되었다. 임석재본을 참고한다면
　　 '소부허유 고사'를 염두고 두고 이른 것이다.
146 오학五壑 ; 백두산·금강산·묘향산·지리산·삼각산을 말한다. 산악에 대한 신앙으로 오행사상(五行思想)에
　　 의하여 오악의 개념이 생겼다. 보통은 '五岳', '五嶽' 등으로 표기한다.
147 향산香山 ; 묘향산을 말한다. 평안북도 영변군·희천군과 평안남도 덕천군에 걸쳐 있는 산이다. 예로부터 동금
　　 강(東金剛)·남지리(南智異)·서구월(西九月)·북묘향(北妙香)이라 하여 우리 나라 4대 명산의 하나로 꼽혔다.
　　 또한, '수이장(秀而壯)'이라 하여 산이 빼어나게 아름다우면서도 웅장한 모습을 지닌 명산으로 알려졌다. 일명
　　 태백산(太白山 또는 太佰山) 혹은 향산(香山)이라고도 한다. 서산대사와 사명대사의 원당이 이곳에 있다.
148 서산대사西山大師 ; 조선 중기의 승려이며, 승군장(僧軍將)이었다. 완산 최씨(完山崔氏)로 이름은 여신(汝

상좌上佐[149]중 능통자能通者[150]로

용궁龍宮[151]에 출입出入다가

석교상石橋上 봄바람에

팔선녀八仙女[152] 노든 죄罪로

적하인간謫下人間[153] 하직下直하고

태사당太師堂[154] 도라들 때

요조숙녀窈窕淑女[155]는 좌우左右로 벌려있고

信), 아명은 운학(雲鶴), 자는 현응(玄應), 호는 청허(淸虛). 별호는 백화도인(白華道人) 또는 서산대사(西山大師)·풍악산인(楓岳山人)·두류산인(頭流山人)·묘향산인(妙香山人)·조계퇴은(曹溪退隱)·병로(病老) 등이고 법명은 휴정이다. 선조는 그에게 팔도선교도총섭(八道禪敎都摠攝)이라는 직함을 내렸으나 나이가 많음을 이유로 군직을 제자인 유정에게 물려주고, 묘향산으로 돌아가 나라의 평안을 기원하였다. 선조가 서울로 환도할 때 700여 명의 승군을 거느리고 개성으로 나아가 어가(御駕)를 호위하여 맞이하였다. 선조가 서울로 돌아오자 그는 승군장의 직을 물러나 묘향산으로 돌아와 열반(涅槃)을 준비하였다. 이 때 선조는 '국일도 대선사 선교도총섭 부종수교 보제등계존자(國一都大禪師禪敎都摠攝 扶宗樹敎 普濟登階尊者)'라는 최고의 존칭과 함께 정2품 당상관 직위를 하사하여 나라에 있어서의 공과 불교에 있어서의 덕을 치하하였다. 그 뒤에도 여러 곳을 순력하다가 1604년 1월 묘향산 원적암(圓寂庵)에서 설법을 마치고 자신의 영정(影幀)을 꺼내어 그 뒷면에 "80년 전에는 네가 나이더니 80년 후에는 내가 너로구나 八十年前渠是我 八十年後我是渠"라는 시를 적어 유정에게 전하게 하고 가부좌하여 앉은 채로 입적하였다. 나이 85세, 법랍 67세였다. 입적한 뒤 21일 동안 방 안에서는 기이한 향기가 가득하였다고 한다. 묘향산의 안심사(安心寺), 금강산의 유점사(楡岾寺)에 부도(浮屠)를 세웠고, 해남의 표충사(表忠祠), 밀양의 표충사, 묘향산의 수충사(酬忠祠)에 제향하였다.

149 상좌上佐 ; 산스크리트어 'sthavira', 팔리어 'thera'에서 온 말로, 출가한 지 오래 되어, 모임에서 맨 윗자리에 앉는 비구나 수행 기간이 길고 덕이 높은 수행자를 말한다. 승려를 높여 일컫는 말이기도 하다. 또한 출가한 지 오래되고 덕망이 높아, 사원의 승려들을 통솔하는 직책을 맡은 승려를 말하기도 한다.

150 능통자能通者 ; 수도하여 초인적인 영묘한 힘을 얻은 사람을 말한다.

151 용궁龍宮 ; 용신(龍神)이 산다는 곳으로 대개 강·바다·나무 속·우물 속·설산(雪山)의 기슭 등이 그 대상이 된다. 청결한 땅, 즐거운 숲속, 꽃과 과일, 아름다운 새소리, 노래와 춤, 금·은 등으로 만들어진 궁전, 미녀와 쾌락과 장수(長壽), 여의주와 진미(珍味) 등으로 그 아름다움이 묘사된다. 뱀을 살려 주어 용궁에 초대되는 이야기, 인류의 행복을 위하여 용궁으로 여의주를 찾아 떠나는 이야기 등 용궁을 무대로 한 많은 설화문학이 불교의 발상지인 인도에서 나타났다. 한국에서도 고려 태조의 이야기인 '왕건과 용녀', 동부여(東扶餘)의 '금와(金蛙)', '귀토지설(龜兎之說)' 등 용궁에 관한 설화가 있다.

152 팔선녀八仙女 ; 선경에 사는 여덟 여자 신선을 말한다. 난양공주, 영양공주(英陽公主), 진채봉, 계섬월, 백능파, 심뇨연, 적경홍(狄驚鴻), 가춘운(賈春雲) 등을 이른다.

153 적하인간謫下人間 ; 인간 세상으로 귀양을 살러 내려가거나 내려옴을 말한다.

154 태사당太師堂 ; 보통은 대사당이다. '대사(大師)'는 '불보살'을 높여 이르는 말이다. 혹은 '중'을 높여 이르는 말이다. '태사(太師·大師)'는 고려, 삼사(三師)의 하나다.

155 요조숙녀窈窕淑女 ; 말과 행동이 품위가 있으며 얌전하고 정숙한 여자를 말한다. 『시경』에 '관관(關關)히 우는 저구(雎鳩)새 하수(河水)의 모래섬에 있도다. 요조(窈窕)한 숙녀(淑女) 군자(君子)의 좋은 짝이로다. 關關雎鳩 在河之洲 窈窕淑女 君子好逑'에서 유래한다. 한(漢)나라 광형(匡衡)이 말하기를, "'요조숙녀(窈窕淑女) 군자호구(君子好逑)'라는 것은 능히 그 정숙함을 지극히 하여 그 지조(志操)를 변치 않아서, 정욕(情欲)의 느낌이 용의(容儀)에 개입함이 없고, 연사(宴私)의 뜻이 동정(動靜)에 나타나지 않음을 말한 것이다. 그러한 뒤

난양공주蘭陽公主[156] 진채봉秦彩鳳[157]이며

세운細雲[158]같은 계섬월桂蟾月[159]과

심뇨연沈裊烟[160] 백능파白陵波[161]로

이 세상世上 싫도록 놀다가

집으로 도라오든 차次에

마츰 이곳에 당도當到하고 보니

산천山川은 험준險峻하고

수목樹木을 밀립密立한데[162]

이곳에 금수오작禽獸烏鵲[163]이

아마도 나를 희롱戲弄하는가 보다.

내가 다시 드러가서

자세仔細히 알고 나와야겠다.[164]」

      (창唱)

「적막寂寞은 막막중천漠漠中天에 구름은

뭉게뭉게 솟았네.[165]」

      (하면서 타령곡打令曲의 반주伴奏에 맞후어 춤을 추며 노승老僧에

      게로 간다.)

에야 지존(至尊)에 짝하여 종묘(宗廟)의 주인이 될 수 있는 것이니, 이는 기강(紀綱)의 머리요, 왕교(王敎)의 단서이다." 하였다.

156 난양공주蘭陽公主 ; 김만중의 '구운몽(九雲夢)'에 등장하는 인물이다.

157 진채봉秦彩鳳 ; 김만중의 '구운몽(九雲夢)'에 등장하는 인물이다.

158 세운細雲 ; 연기가 피어오르는 듯한 구름을 이른다.

159 계섬월桂蟾月 ; 김만중의 '구운몽(九雲夢)'에 등장하는 인물이다.

160 심뇨연沈裊燕 ; 김만중의 '구운몽(九雲夢)'에 등장하는 인물이다.

161 백능파白凌波 ; 김만중의 '구운몽(九雲夢)'에 등장하는 인물이다.

162 [보정] 내가 인간사불문人間事不聞하야 산간山間에 뜻이 없어 명승지名勝地 찾아가니 ～ 마츰 이곳에 당도當到하고 보니 산천山川은 험준險峻하고 수목樹木을 밀립密立한데 ; 김만중의 '구운몽'의 한 대목을 연상케 하는 대목이다.

163 금수오작禽獸烏鵲 ; 날짐승과 들짐승과 까마귀와 까치를 이른다.

164 [보정] 이곳에 금수오작禽獸烏鵲이 아마도 나를 희롱戲弄하는가 보다. 내가 다시 드러가서 자세仔細히 알고 나와야겠다 ; 이두현본에서는 '중천에 뜬 솔개미란 놈이 나를 고기덩이로 알고 이놈도 휘익 저놈도 휘익. 아마 나를 희롱하는가보다 내다시 들어가 자서히 알고 오려던' 라고 채록되었다.

165 [보정] 적막寂寞은 막막중천漠漠中天에 구름은 뭉게뭉게 솟았네 ; 한자어와 우리말이 결합된 불림이다. '적막은 막막'은 유사음어 반복이다. 운율을 맞추기 위한 것이다.

老僧.　　　　　　(선扇으로 또 취발醉發의 얼굴을 탁 친다.)

　　　　　　　　　(악樂의 반주伴奏와 무舞는 그친다)

醉發.　　　　　「아 잘 맞는다 이게 뭐람 나도 한창 소년시절少年時節에는 마자 본 일이

　　　　　　　　 없는데 아 또 마잣구나.」

　　　　　　　　　(老僧을 바라보며)

　　　　　　　「아— 원 저게 뭐람. 오— 이제야 알겠군.

　　　　　　　 저어 거밋거밋한 것도 보이고

　　　　　　　 또 번득번득한 것도 보이고

　　　　　　　 힛득힛득한 것도 보이고

　　　　　　　 저 아 번들번들한 것을 본즉

　　　　　　　 아마도 금金인가보다.

　　　　　　　 안이 금金이란 말이 당當치 않다.

　　　　　　　 육출기계六出奇計[166] 진평陳平[167]이가.

　　　　　　　 황금삼만냥黃金三萬兩을 초[168]군軍 중中에 흩었으니

　　　　　　　 거어 금金이란 말이 당當치 않다.[169]

166　육출기계六出奇計 ; 진평이 고조 유방(劉邦)을 도와 여섯 번 기묘한 계책을 낸 고사로, 하나는, 황금 4만 근으로
　　초나라 진중의 장수들을 매수하여 항우의 모사인 범증이 한과 내통하고 있다는 허위 풍문을 유포하여 불신케
　　하였고, 둘은, 초나라 사신이 위조 편지를 훔쳐 가게 하여 범증의 계책을 사용하지 못하게 하였고, 셋은, 형양성
　　(滎陽城)이 초나라 군사에게 포위되었을 때 밤에 여자 2천 명을 내보냄으로써 포위를 해제시켜 한 패공을 탈출
　　케 하였고, 넷은, 한신을 제왕(齊王)에 봉하게 하여 제에서 속히 회군하여 초군과 대전케 하였으며, 다섯은, 패공
　　이 제위에 오른 후 운몽(雲夢)으로 수렵을 간다고 핑계를 대고서 한신을 사로잡게 하고, 끝으로 흉노를 정벌하려
　　다가 오히려 흉노에 의해 백등성(百登城)에 포위되자 흉노왕이 고조(高祖)의 황후(皇后)인 여태후의 미색에
　　빠질 것이라는 소문을 퍼트림으로써 흉노왕비의 시기를 유발하여 위기를 벗어나게 한 것 등이다.
167　진평陳平 ; 중국 한(漢)나라 정치가로 진유자(陳留子)라고 한다. 양무(陽武) 호유(戶牖) 사람인데, 호유(戶
　　牖)가 진류현(陳留顯)에 속해 있기 때문에 진유자(陳留子)라고 하였다. 황로(黃老)의 술(術)을 배워 한(漢)나
　　라의 고조를 섬겼다. 그 공(功)으로 혜제(惠帝) 때 좌승상이 되어 주발(周勃)과 여시(呂氏) 일족을 죽여 한실
　　(漢室) 부흥에 공을 이루었다.
168　초(楚) ; 초나라를 이른다.
169　육출기계六出奇計 진평陳平이가. 황금삼만냥黃金三萬兩을 초군軍 중中에 흩었으니 거어 금金이란 말이 당
　　當치 않다. ; 진평이 황금을 써서 초나라에 첩자를 보내 진중을 교란시켰던 사건을 말한다. [참고]『사기』진승
　　상세가(陳丞相世家) ; 이에 한왕은 그렇다고 생각하여 황금 4만 근을 내어 진평에게 주어서 마음대로 쓰게 하
　　고, 그 돈의 출납에 대해서는 일체 묻지 않았다. 진평이 많은 황금을 써서 초나라 군대에 대량으로 첩자를 파견
　　하여 공개적으로 유언비어를 퍼뜨려 종리매 등이 항왕의 장수로서 공을 많이 쌓았는데도 항왕이 끝내 땅을 떼
　　어 왕으로 봉하지 않았기 때문에 한나라와 동맹하여 항왕을 멸망시키고 그 땅을 나누어 각기 왕이 되고자 한

> 그러면 옥玉인가.
>
>> (노승老僧의 앞으로 가서)
>
> 네가 옥玉이여든
>
> 옥玉의 내력來歷을 들어봐라.[170]
>
> 홍문연鴻門宴[171] 높은 잔체
>
> 범정范正[172]이가 깨친[173] 옥玉[174]이

다고 하였다. 그러자 항왕은 과연 종리매 등을 불신하기 시작하였다. 항왕이 이미 그들을 의심하면서 사신을 한나라로 보냈다. 이에 한왕은 사람을 시켜 풍성한 태뢰(太牢)를 마련하여 들고 들어가게 하였다. 그리고는 초나라의 사신을 보고 짐짓 놀라는 척하며 말하기를 "나는 아부의 사신인 줄 알았더니 알고 보니 항왕의 사신이었구려!"라고 하고는 그 풍성한 음식을 가지고 나가게 하고, 다시 나쁜 음식을 사신에게 올리게 하였다. 초나라 사신이 돌아가 모든 사실을 항왕에게 보고하니, 항왕은 과연 아부를 매우 의심하였다. 그때 아부는 급히 형양성을 공격하여 항복시키려고 하였으나, 항왕이 그의 말을 의심하여 따르려고 하지 않았다. 아부는 항왕이 자신을 의심한다는 말을 듣고는 화를 내며 말하기를 "천하의 대사가 대체로 확정되었으니 이제 대왕께서 직접 경영하소서. 원컨대 이 늙은 해골을 집으로 돌아갈 수 있도록 해주십시오"라고 하였다. 아부는 귀가 도중 팽성에 못 미쳐 등에 종기가 나서 죽고 말았다. 이에 진평이 야밤을 틈타 여자 2,000명을 형양성 동문으로 내보내자, 초나라가 곧 이를 공격하였다. 그 틈에 진평은 한왕과 함께 성의 서문을 통해서 밤중에 달아났다. 한왕은 이렇게 하여 관중으로 들어가서 흩어진 병사를 모아 다시 동쪽으로 진군하였다. 그 이듬해 회음후(淮陰侯)는 제(齊)나라를 격파하고 자립하여 제왕(齊王)이 된 후, 사신을 보내어 그 사실을 한왕(漢王)에게 알렸다. 이에 한왕이 크게 노하여 욕을 하였는데, 진평이 슬며시 한왕의 발을 밟으니, 한왕 또한 문득 크게 깨닫고 곧 제나라 사신을 후하게 대접하였고, 장자방(張子房)을 보내어 결국 한신을 제왕으로 세웠다. 한왕은 호유향(戶牖鄕)을 진평에게 봉해 주고 그의 기묘한 계책을 써서 마침내 초나라를 멸망시켰다. 진평은 일찍이 호군중위의 신분으로 한왕을 따라 연왕(燕王) 장도(臧茶)를 평정하기도 하였다.

170 옥玉의 내력來歷을 들어봐라 ; 옥이라 할 사연이나, 옥이라 할 증거를 내보이라는 말이다.

171 홍문연鴻門宴 ; 중국 섬서성 임동현의 홍문(鴻門)에서 한고조 유방(劉邦)에게 초나라 왕 항우(項羽)가 베푼 잔치를 말한다. 항우가 범증(范增)의 말을 듣고 유방을 죽이려다가 장양(張良)의 꾀로 유방이 무사히 피할 수 있었던 유명한 회합이다.

172 [보정] 범정范正 ; '범증(范增)'의 오기다. 원문 그대로 표기한다. 범증은 기이한 계책을 좋아하여 나이 70에 항우의 모사가 되어 항우가 아부(亞父)라 불렀다. 홍문연에서 패공(沛公) - 한고조 유방(劉邦) - 을 죽이도록 권하였으나 항우가 따르지 않아 뜻을 이루지 못했고, 이 일의 실패로 인한 화를 참지 못하고 등에 종기가 나서 죽었다.

173 [보정] 깨친 ; '깨뜨린'의 잘못인 듯하다.

174 홍문연鴻門宴 높은 잔체 범정范正이가 깨친 옥玉 ; 홍문지회 고사에 연유한다. 홍문연은 섬서성 임동현(陝西省臨潼縣)의 홍문(鴻門)에서 한고조 유방(劉邦)에게 초왕 항우(項羽)가 베푼 잔치를 말한다. 항우가 범증(范增)의 말을 듣고 유방을 죽이려다가 장량(張良)의 꾀로 유방이 무사히 피할 수 있었던 유명한 회합이다. 범증(范增)은 기이한 계책을 좋아하여 나이 70에 항우의 모사가 되어 항우가 아부(亞父)라 불렀다. 홍문연에서 한패공(漢沛公) - 한고조 유방(劉邦) - 을 죽이도록 권하였으나 항우가 따르지 않아 뜻을 이루지 못했고, 이 일의 실패로 인한 화를 참지 못하고 등에 종기가 나서 죽었다. [참고] 『사기』 항우본기(項羽本紀) ; 장량이 묻기를 "대왕께서는 오실 때 무슨 선물을 가지고 오셨습니까?" 라고 하니, 패공이 말하기를 "백벽(白璧) 한 쌍을 가져와서 항왕에게 바치려고 하였으며, 옥두(玉斗) 한 쌍은 아부(亞父)에게 주고자 하였는데, 그 노한 모습을 대하고는 감히 바치지를 못하였소이다. 그러니 공께서 나를 대신해서 바쳐주시오" 라고 하였다. 장량이 말

옥석玉石의 구분俱焚[175]이라.

옥玉과 돌이 다 탔거든[176]

옥玉이란 말도 당當치 않다.

그러면 귀신鬼神이냐.

귀신鬼神이여든

귀신鬼神의 내력來歷을 들어봐라

백주청명白晝淸明[177] 밝은 날에

귀신鬼神이란 말도 당當치 않다.

그러면 네가 대망大蟒이냐.」[178]

하기를 "삼가 받들겠나이다" 라고 하였다. 이때 항왕의 군대는 홍문 아래에 있었고 패공의 군대는 패상에 있었으니 서로 떨어진 거리가 40리였다. 패공은 자신의 수레와 말을 버려둔 채 몸만 빠져나와서 홀로 말에 오르고, 검과 방패를 들고 도보로 수행하는 번패, 하후영(夏侯嬰), 근강(靳彊), 기신(紀信) 등 네 사람과 함께 여산(驪山)을 내려와서 지양(芷陽)의 샛길을 이용하였다. 그전에 패공은 장량에게 이르기를 "이 길을 통해서 우리 군영까지는 20리에 불과하니, 내가 군영에 이르렀다고 생각되거든 공께서는 즉시 들어가시오" 라고 하였다. 패공이 나간 뒤 샛길을 통해서 군영에 이르렀을 때가 되자 장량은 들어가서 사죄하여 이렇게 말하였다. 패공께서 술을 이기지 못하여 하직인사를 드릴 수가 없었습니다. 그리하여 삼가 신 장량으로 하여금 백벽 한 쌍을 받들어 대왕 족하(足下)께 재배(再拜)의 예를 올리며 바치게 하고, 옥두 한 쌍은 대장군 족하께 재배의 예를 올리며 바치게 하였나이다. 항왕이 "패공은 어디에 계신가?" 라고 물으니, 장량이 대답하기를 "대왕께서 심히 질책하려는 마음이 있으시다 는 것을 듣고 빠져나가서 홀로 떠났는데 이미 군영에 당도했을 것입니다" 라고 하였다. 그러자 항왕은 구슬을 받아서 자리 위에 두었는데, 아부는 옥두를 받아서 땅에 놓고는 검을 뽑아 그것을 깨뜨리며 말하기를 "에이! 어린아이와는 더불어 대사를 도모할 수가 없도다. 항왕의 천하를 빼앗을 자는 반드시 패공일 것이며, 우리들은 이제 그의 포로가 될 것이다" 라고 하였다. 패공은 군영에 당도하자마자 즉시 조무상을 베어 죽였다.

175 옥석玉石의 구분俱焚 ; 옥과 돌이 함께 불타 버린다는 뜻으로, 착한 사람이나 악한 사람이 함께 망함을 이르는 말이다. 『서경』 윤정(胤征)에 '불이 곤강(崑岡)을 태우면 옥과 돌이 모두 불탄다. 천리(天吏)로서 지나친 덕(德)은 맹렬한 불보다 더하니, 큰 괴수를 죽이고 위협(威脅)에 따른 자들은 다스리지 말아서 옛날에 물든 나쁜 풍습을 모두 함께 새롭게 하겠다.'에서 연유한다.

176 홍문연鴻門宴 높은 잔체 범정范正이가 깨친 옥玉이 옥석玉石의 구분俱焚이라. 옥玉과 돌이 다 탔거든 ; 玉石俱焚(옥석구분)은 『서경(書經)』 '윤정'에 연유한 말로, 옥과 돌이 모두 불에 탄다는 뜻에서, 선악의 구별 없이 함께 멸망함을 일컫는 말이다. 이 '옥석구분'은 '홍문연'과는 직접적인 관련성이 없다. 여기서는 '옥'에 관한 이야기를 하자니 임의로 '옥석구분'을 등장시킨 것이다. 이같이 모순된 면을 보이는 대사가 가면극에는 흔히 등장한다. 셰익스피어의 '로미오와 줄리엣' 1막 2장에서 어릿광대는 '구둣방장이는 잣대를, 양복장이는 신틀을, 낚시꾼은 연필을, 그림장이는 그물을 가지고 먹고 살아야 한다?'라고 한다. 구둣방장이와 신틀, 양복장이와 잣대, 낚시꾼과 그물, 그림장이와 연필 등이 정상인데도 모순된 대사를 보이고 있다.

177 [보정] 백주청명白晝淸明 ; '백주'와 '청명' 즉 대낮과 밝은 날이 결합된 말이다. 유사의미어 반복이다.

178 [보정] 이 대목은 소위 '정체확인형 사설' 혹은 '금옥 사설'의 실현 방법을 원용한 것이다. 위에서와 같이 금인가, 옥인가, 귀신가 등으로 대상의 정체를 알아내려는 모습을 보이는 대사를 판소리에서는 소위 '정체확인형 사설'이라고 한다.

老僧.   (고개를 좌우左右로 흔들어 부정否定하며 앞으로 두어 거름 나온다.)

醉發.   「아아 이것 야단났구나. 오오 이제야 알겠다. 자세仔細히 보니까 네 몸에
         다 칠포장삼漆布長衫[179]을 떨처 입었으며[180] 백팔염주百八念珠를 목에
         걸고 사선선四仙扇[181]을 손에 들고 송낙을 눌러 썼을 때에는 중놈일시 분
         명分明하구나. 중이면 절간에서 불도佛道나 섬길 것이지 중의 행세行世
         로 속가俗家에 나와서 입분 아씨를 하나도 뭣한데 둘식 셋식 다려다놓고
         낑꼬랑 깽꼬랑.[182]」

         (타령打令의 곡반주曲伴奏에 맞후어 한참 춤을 추다가)

         「쉬이.」

         (악樂과 무舞는 그친다.)

         「이놈 중놈아! 말 드러라. 너는 입뿐아씨를 둘식이나 다려다놓고 그와 같
         이 노니 네놈의 행동行動도 잘 되었다. 그러나 너하고 나하고 날기나[183]
         하여보자. 네— 이전前에 땜질[184]을 잘 했다 하니 너는 풍구[185]가 되고 나
         는 불 테니[186] 네가 못 견듸면 저년을 날 주고 내가 못 견듸면 내 엉덩이
         밖에 없다.[187]

         그러면 솟을 땔가 가마를 땔가.[188]」

         (타령곡打令曲의 반주伴奏에 맞후어 춤을 춘다.)

---

179 칠포장삼漆布長衫 ; 옻칠한 헝겊으로 만든 장삼을 이른다.
180 떨처 입었으며 ; '떨쳐입었으며'다. '드러나게 차려입었으며'라는 말이다.
181 사선선四仙扇 ; 세 부처를 그린 삼불선(三佛扇)이 있으며, 네 선녀를 그린 사선(四仙)부채, 여덟 선녀를 그린
     팔선녀(八仙女)부채도 있다.
182 [보정] 낑꼬랑 깽꼬랑 ; 우리말 불림이다. 대사와 불림이 결합된 경우다.
183 [보정] 날기나 ; '내기나'의 잘못이다. 이두현본에서는 '너하고 나하고 내기나 해보자'로 채록되었다.
184 땜질 ; 금이 가거나 뚫어진 그릇을 때우는 일을 말한다.
185 풍구 ; '풀무'의 방언으로 불을 피울 때에 바람을 일으키는 도구이다. 또한 곡물에 섞인 쭉정이·겨·먼지 등을
     날리는 데 쓰인다. 지역에 따라 '풍로(경상남도 영산, 전라남도 보성)'·'풀무'·'풍차(風車)'로도 불린다.
186 [보정] 너는 풍구가 되고 나는 불 테니 ; 풍구는 풀무라고도 하는데, 곡물에 섞인 쭉정이, 겨, 먼지 따위를 날려
     서 제거하는 농기구의 하나다. 노장보고 풍구가 되어 바람을 일으키라 하고, 취발 자신은 입으로 분다는 것이
     다. 이 내기는 애초부터 취발이 이길 수 없는 내기다.
187 [보정] 내 엉덩이밖에 없다 ; 민간화술에 해당하는 관용어화 된 비속어이다. 뒤에서 하는 성행위의 노골적 표
     현이다.
188 [보정] 솟을 땔까 가마를 땔까 ; 우리말 불림이다. 가마솥에 불을 땐다는 뜻을, '솥'과 '가마'를 떼어서 언어유회
     를 보이고 있다. '솥가마'는 방언이다.

「쉬이.」

(악樂과 무舞는 그친다.)

「아아 이것도 못견듸겠군. 그러면 이번에는 너하고 내하고 가치 춤을 춰
서 네가 못 견듸면 그렇게 하고 내가 못 견듸면 그렇게 하잤구나.[189]」

老僧.   (고개를 끄덕 끄덕한다.)

(노승老僧과 취발醉發이가 마주 서서 타령곡打令曲의 반주伴奏에
맞후어 춤을 춘다.

소무少巫 2인二人도 가치 춤을 춘다.)

醉發.   (춤을 추다가 「백수한산白首寒山에 심불로心不老…….[190]」 라고 창
唱하니 악樂과 무舞는 그친다)

「아아 이것도 못 견듸겠군 자아 이것 야단낫구나 그저 독개비는 방망이
로 흰다드니[191] 이것 드러가서 막 두들겨 바야겠군.」

(타령곡打令曲의 반주伴奏에 맞후어 춤을 추면서)

「강동江東에 범인하니

질나래비[192] 훨훨.[193]」

---

189 [보정] 아아 이것도 못견듸겠군. 그러면 이번에는 너하고 내하고 가치 춤을 춰서 네가 못 견듸면 그렇게 하고
내가 못 견듸면 그렇게 하잤구나. ; 내기에서 승패의 결과가 분명하지 않게 말하고 있다. 어떻게 해서든지 이겨
야겠다는 의중을 드러낸 것이다.

190 [보정] 백수한산白首寒山에 심불로心不老…… ; 한자어 불림이다. 이 대목에서 보통은 악을 그치라는 뜻에서
'쉬--' 라고 실현한다. '한산과 같이 머리는 희었으나 마음은 늙지 않았다'는 뜻이다. 당나라 왕발(王勃)의 '등왕
각서(滕王閣序)'의 '내가 믿는 바로는 군자는 가난을 편안하게 여기고 달인은 자신의 운명을 안다. 늙을수록
더욱 강해져야 하나니 어찌 노인의 마음을 알 것이며, 가난할수록 더욱 굳건해져야 하나니 청운의 뜻을 저버리
지 않을 것이다. 所賴 君子安貧 達人知命 老當益壯 寧知白首之心 窮且益堅 不墜靑雲之志'를 연상케 하는
구절이다. 몸은 늙었을망정 마음은 청운지지(靑雲之志)를 버리지 않는다는 뜻이다. 이를 원용한 것이다. 이같
은 양상은 가사 작품에서도 나타나는데 '금강도사도덕가'에서는 '白首寒山心不老라 靑春압장 이世界에 마음
조차 늘글소냐' 라고 읊었다.

191 [보정] 그저 독개비는 방망이로 흰다드니 ; '도깨비는 방망이로 떼고, 귀신은 경(經)으로 뗀다.'는 우리 속담이
다. 해로운 자를 물리치는 데는 특이한 방법이 있다는 말이다. -『한국속담집』, 한국민속학회 편.

192 질나래비 ; 현재는 미상하다. '질나래비훨훨'은 어린아이에게 새가 훨훨 날듯이 팔을 혼들라는 뜻으로 하는
말이라고 한다.

193 [보정] 강동江東에 범인하니 질나래비 훨훨. ; 한자어와 우리말이 결합된 불림이다. '江東에범인'은 '강동 범인'
을 말하는 것이다. '강동범인'은 진나라 말의 범인인 항적(項籍)으로 자(字)는 우(羽)이다. 강동(江東)은 강남
(江南), 양자강 하류 이남의 땅으로, 여기서는 항우의 고향을 가리킨다. 이두현본에는 '강동에 범이 나니 길로
래비 훨훨'이라고 채록되었다.

(이라고 창唱하며 슬금슬금 소무少巫에게 거러간다.)

(소무少巫는 태연泰然히 춤을 추고 있다.)

老僧.　　　　(부채 자루로 취발醉發의 얼굴을 탁 친다.)

(악樂과 무舞는 그친다.)

醉發.　　　　「아이쿠 이게 웬 말이냐. 이놈이 때리긴 바로 때렸구나 아 이놈이 때리긴 바로 때렸구나. 아아 피가 솟겨 올라서 코피가 나는군. 아아 이것을 어떻게 하면 좋단 말인가. 그저 코터진 건 트러 막는 것이 제일第一이라드라. 자아 그런즉 코를 차을 수가 있어야지. 상相판[194]이 조선朝鮮 반半만해서[195] 아아 어듸가 코인지 찾을 수가 있어야지. 그러나 지재차산중只在此山中[196]이겠지. 내 상相판 가운데 있겠지.[197] 그런즉 이걸 찾을나면 끝에서부터 찾아드러야지.[198]

(손으로 머리 우서부터 차츰차츰 더듬어 내려온다)

---

194 상相판 ; 얼굴을 말한다. 보통은 '쌍판'이라고 한다.
195 조선朝鮮 반半만해서 ; 얼굴 크기가 조선 땅의 반 만하다는 말로 얼굴이 크다는 과장된 표현이다.
196 지재차산중只在此山中 ; 다만 이 산중에 있도다. 가도(賈島)의 시의 한 구절이다. 이 구절은 다른 연행물에서도 흔히 나타난다.

　　　[참고]　松下問童子(송하문동자)　　소나무 아래에서 동자에게 물으니,
　　　　　　　言師採藥去(언사채약거)　　스승은 약을 캐러 갔다고 대답하네.
　　　　　　　只在此山中(지재차산중)　　다만 이 산 속에 있으련만,
　　　　　　　雲深不知處(운심부지처)　　구름이 깊어서 간 곳을 알길 없구나.
　　　[참고] 가도(賈島)는 당나라 때의 시인으로 자는 낭선(浪仙)이다. 하북(河北) 범양 사람으로 처음에 출가(出家)하여 법호를 무본(無本)이라 하였다가 후에 한유와 가까이 사귀게 되어 환속(還俗)하였다. 일찍이 시 읊기를 좋아하며 항상 시구를 찾아 명상하였으며, 비록 귀인들을 만나도 깨닫지 못할 정도였다. 퇴고(推敲)에 관한 일화는 유명(有名)하다. 하루는 서울에서 말을 타고 가면서 '鳥宿池邊樹, 僧敲月下門(조숙지변수, 숭고월하문)'이라는 시구를 지었는데, '推'자와 '敲'자 중에서 어느 자가 좋은지 고심하다가 한유(韓愈)와 충돌하는 것도 알지 못했다. 충돌한 사연을 들은 한유가 '敲'자가 좋다고 했다. 이후 한유와 포의교(布衣交)를 맺고 환속하여 장강(長江)의 주부(主簿)를 지냈다.
　　　[참고] 松下에 問童子ᄒ니 스승이 영장 방장 봉래 三神山으로 採藥하러 가선니아다 / 只在此山中이나 雲深ᄒ여 不知處라 / 童子야 스승이 오시거든 나 왔드라고. −『時調』(關西本)
197 [보정] 아아 어듸가 코인지 찾을 수가 있어야지. 그러나 지재차산중只在此山中이겠지. 내 상相판 가운데 있겠지. ; 코는 얼굴에 있다는 말이다. '지재차산중이겠지.'는 본래의 뜻과는 상관없이 '내 상판 가운데 있겠지.'라는 동일 의미로 활용되었다. 이와 같은 불합리한 표현은 가면극 대사에 흔히 등장한다.
198 [보정] 자아 그런즉 코를 차을 수가 있어야지. 상相판이 조선朝鮮 반半만해서 아아 어듸가 코인지 찾을 수가 있어야지. 그러나 지재차산중只在此山中이겠지. 내 상相판 가운데 있겠지. 그런즉 이걸 찾을나면 끝에서부터 찾아드러야지. ; 얼굴이 조선 땅 반만하다고 하여 얼굴이 큼을 과장한 것이다. 또한 이하의 사설로 보아 취발이 탈이 매우 큼을 짐작할 수 있다. 결국 취발이 탈을 직설한 것이다. 이같이 가면극 현장에서 탈의 형상을 직설한 대사가 곳곳에 보인다.

아 여기에 코가 있는데 그렇게 찾았군. 아아 이 코에다 트러막어도 피가 작고 나는구나. 옛날 의원醫員 말에 코 터진 데는 문지르는 것이 제일第 一[199]이랬으니 손으로 문질러 볼가. 아 이렇게 잘 낫는 것을 공연空然히 그렇게 애를 썼다. 이제는 다시 드러가서 찬물을 먹고[200] 이를 갈며[201] 이 놈을 때려 쪼차버리고 저년을 다리고 놀 수밖에 없구나.」

(창唱)

「소상반죽瀟相斑竹 열두 마디[202]…….」

(라고 창唱하며 타령곡打令曲의 반주伴奏에 맞후어 춤을 추면서 노 승老僧에게로 가서 노승老僧을 때린다.

노승老僧은 취발醉發에게 쫓겨 퇴장退場한다.)

醉發.　　　(창唱)

「때렸네 때렸네

뒷절 중놈을 때렸네

영낙 아니면 송낙이지[203.204]」

(하며 타령곡打令曲의 반주伴奏에 맞후어 춤을 추다가 소무少巫 1

199　코 터진 데는 문지르는 것이 제일第一 ; 코 터진 데에는 특별한 약이 있는 것이 아니라 문지르기만 하면 된다
　　　는 말이다. 별것 아니라는 말이다.
200　찬물을 먹고 ; 보통 '정신 차린다'는 뜻으로 쓴다.
201　이를 갈며 ; 마음을 다부지게 먹는다는 관용적 표현이다.
202　소상반죽瀟相斑竹 열두 마디 ; 한자어와 우리말이 결합된 불림이다. '소상반죽으로 만든 담뱃대'를 두고 이른
　　　것이다. '소상반죽'은 중국 소상지방에서 나는 아룽진 무늬가 있는 대를 말한다. 순임금이 창오산에서 죽은 후,
　　　순임금의 두 비인 아황, 여영이 소상강 가에서 피눈물을 흘린 것이 대나무에 맺혀 소상반죽이 되었다는 전설이
　　　있다.
　　　　[참고] '담바귀타령' – 담바귀야 담바귀야 동래 울산 담바귀야 너의 국은 어떻건데 우리 국은 왜 나왔나 은
　　　도 없고 금도 없고 담바귀 씨 갖고 나와 저기저기 남산 밑에 홀홀살살 뿌려놓고 낮이어던 찬 냉수 주고 밤이
　　　나 되면 찬 이슬 맞아 곁에 겉잎 다 제쳐놓고 속의 속잎 척척 접어 네 귀 번듯 은장도로 어슥비슥 곱게 썰어
　　　소상반죽 열두 마디 모양나게 맞춰놓고 청동화로 백탄 숯을 이글이글 피워놓고 담배 한 대 먹고 나니 목구멍
　　　에서 실안개 돌고 또 한 대를 먹고 나니 청룡 황룡이 뒤틀어지고 또 한 대를 먹고 나니 용문산 밑에서 안개
　　　돈다.
　　　　[참고] 청울치 뉵늘 메토리 신고 휘대 長衫 두루쳐 메고 / 瀟湘斑竹 열 두 마듸를 불훳재 쌘혀 집고 ㅁ로
　　　너머 재 너머 들 건너 벌 건너 靑山 石逕에 구분 늙은 솔 아릐로 횟근 누은 누은 횟근 횟근동 너머 가옵거늘
　　　보신가 못 보신가 긔 우리 男便 禪師 듕이올너니 / 남이셔 듕이라 ㅎ여도 밤ㅁ中만 ㅎ여셔 玉 ᄀᆞᆺ튼 가슴 우희
　　　슈박 ᄀᆞᆺ튼 ᄃᆡ고리를 둥굴썰금 썰금둥굴 둥실 둥실 긔여 올나 올 제 내사 죠해 즁 書房이 –『靑丘永言』(珍本)
203　영낙 아니면 송낙이지 ; '영낙'과 '송낙'을 결합한 유사음 언어유희이다. '영낙 없다'는 말이다.
204　때렸네 때렸네 뒷절 중놈을 때렸네 영낙 아니면 송낙이지 ; 대화 반응이 불림으로 활용되었다.

인一人을 보고)

「자아 이년아! 어떠냐. 뒷절 중놈만 좋아하고 사자獅子 아금이[205]같은 나는 싫여?

이년아 돈 받어라.」

少巫.　　　　(돈 달라고 손을 벌린다.)

醉發.　　　「아 시럽의 아들년[206] 다 보겟다. 대충[207] 그름자 보고 따라댕기겟군.[208]

이년아 돈 받어라.」

　　　　　　(돈을 소무少巫 앞에 던진다)

少巫.　　　　(돈을 주으려 온다.)

醉發.　　　　(큰 목소리로 「아」하며 소무少巫보다 먼저 쪼차가서 돈을 도로 줍는다.)

少巫.　　　　(부끄러운 듯이 두어 거름 뒤로 물러선다.)

醉發.　　　「아 그년 쇳줄[209] 밭은 것[210] 보니 문門고리 쥐고 엿장사 부르겟군[211]

그러나 너 내 말 들어 보아라

주사청루酒肆靑樓[212]에 절대가인絶對佳人[213]절영絶影[214]하야

청산靑山동무[215]로 세월歲月을 보냈더니 만은

---

205 사자獅子 아금이 ; 관용구다. 힘을 쓰는 데에 없어서는 안 될 물건이나 사람을 가리키는 말이다.
206 시럽의 아들년 ; '시러베아들'은 실없는 사람을 낮추어 이르는 말이다. 보통은 아들놈, 혹은 딸년 하는데 여기서는 '시럽의 아들년'이라 하여 더욱 비속화하였다.
207 대충 ; '대퉁'이다. 오청본에서는 '대퉁'이라고 채록되었다.
208 대충 그름자 보고 따라댕기겟군 ; 속담 '돈맛을 보면 대퉁 그림자를 따라 간다'를 원용한 것이다. 돈이라면 오금을 못 쓰는 사람의 행동을 비유적으로 이르는 말이다.
209 쇳줄 ; '쇠줄'이다. 임석재본과 이두현본에서는 '쇠줄피'로 채록되었다. '쇠줄피'는 '쇠줄바'로, 여러 가닥의 강철철사를 합쳐 꼬아 만든 줄인 강삭(鋼索)을 말한다. 여기서는 엽전을 엮는 쇠줄을 가리켜, 결국은 '엽전꾸러미'를 이른다. 김일출본에서는 '취발이는 뒤꽁무니에 차고 간 쇠사슬을 풀어서 돈이라고 하고 탈판 가운데 내던지니까'라고 채록되었다.
210 쇳줄밭은 것 ; '쇠줄을 꼭 붙들고 있는 모양'이라는 뜻이다. '밭다'는 '어떤 사물에 열중하거나 즐기는 정도가 너무 심하다.'라는 뜻이다. 여기서는 돈에 욕심이 많은 것을 뜻한다.
211 쇳줄 밭은 것 보니 문門고리 쥐고 엿장사 부르겟군 ; 돈에 욕심이 많은 것을 보니 행실이 바르지 못하다는 뜻이다. 속담 '행실을 배우라 하니까 포도청 문고리를 뺀다'는 바른 행실을 배우라고 하니까 한 수 더 떠서 범죄자를 붙잡아가는 관청의 문고리를 뺀다는 뜻으로, '품행을 단정히 하라고 하였더니 오히려 더 엄청난 못된 짓을 함'을 비겨 이르던 말이다. 같은 뜻을 담은 속담으로 '버릇 배우라니까 과붓집 문고리 빼어들고 엿장수 부른다.'도 있다.
212 주사청루酒肆靑樓 ; 술집, 기생집, 매음굴 따위를 통틀어 이르는 말이다.
213 절대가인絶對佳人 ; 이 세상에서는 견줄 사람이 없을 정도로 뛰어나게 아름다운 여자를 이른다.
214 절영絶影 ; 그림자조차 끊어진다는 뜻으로, 발길을 아주 끊음을 이르는 말이다.

오늘날에 너를 보니 세상인물世上人物 아니로다

탁문군卓文君의 거문고²¹⁶로 월노승²¹⁷ 다시 매자

나하고 백세百歲²¹⁸를 무양²¹⁹하는 게 어떠냐.」

少巫.　　　　（싫다는 듯이 살작 도라선다.）

醉發.　　　　「아 그래도 나를 마대²²⁰? 그러면 그것은 다 농담弄談이지만 참으로 너같

은 미색美色을 보고 주랴든 돈을 다시 내가 거두어 가진다는 것은 당當

치않은 일이니

아나²²¹ 돈 바더라.」

（소무少巫에게 돈을 던저준다.）

215　청산靑山동무 ; 청산을 벗 삼는다는 말이다.

216　탁문군卓文君의 거문고 ; 탁문군과 사마상여에 얽힌 고사를 말한다. 탁문군(卓文君)은 한나라 탁왕손의 딸로 음악을 좋아했는데, 익주에 살다가 사마상여(司馬相如)가 타는 '봉구황곡(鳳求凰曲)'의 거문고 소리에 반하여, 밤에 집을 도망쳐 나가 사마상여의 아내가 되었다. 탁문군의 아버지는 처음에는 사마상여를 냉대하다가 후에 사마상여가 익주의 자사가 되어 가자, 탁문군에게도 재산을 아들들과 똑같이 나누어 주었다고 한다. 녹기금(綠綺琴)은 한나라 사마상여가 쓰던 거문고인데, 사마상여는 녹기금으로 '봉구황곡(鳳求凰曲)'을 타서, 과부였던 탁왕손(卓王孫)의 딸 탁문군을 꾀어내었다. 사마상여의 자(字)는 장경(長卿)이다. 그는 한나라 성도인(成都人)으로 경제(景帝) 때에 무기상시(武騎常侍)가 되었으나 병으로 사임하고 촉나라로 돌아가던 중 임공(臨邛)에서 탁문군을 만나 함께 사랑하게 되었다. 무제(武帝) 때에 양득의(楊得意)의 추천(推薦)으로 효문원령(孝文園令)이 되었다.

217　월노승(月老繩) ; 월하노인이 가지고 다니며 남녀의 인연을 맺어 준다고 하는 주머니의 붉은 끈을 말한다. 중매쟁이를 뜻한다. 보통은 '월하빙인'이라 하며 '월하노'와 '빙산인'의 약어이다. [참고] 月老繩(월노승) ; 당나라 위고(韋固)가 어려서 결혼하지 않았을 때 송성(宋城)에 여행하던 차에 기인한 주머니를 지니고 달빛 아래 책을 넘기고 있는 이인(異人)을 만났다. 위고가 묻자 대답하였다. '하늘 아래 혼인이라는 것은 주머니 속의 붉은 끈에 달렸다. 이로써 남편과 아내의 발을 묶어 놓으면 비록 원수지간이라도 끈이 하나로 묶어 바꿀 수가 없다. 그대의 아내는 이곳 채소 파는 노파의 딸이라네.' 그 뒤 십사 년 후 삼상주(參相州)의 군사 자사왕(刺史王) 태(泰)의 딸로써 아내를 삼았다. 나이는 십육 칠이었다. 그 딸이 말하였다. '저는 군수의 딸이었다. 아버지가 송성에 부임하여 때마침 강보에 쌓여 있을 때에 돌아가시자 아침저녁으로 채소를 보급하는 유모에 의하여 길러졌다.' 송성에서 들으니 그 가게 이름을 정혼점(定婚店)이라 한다. –『속유괴록(續幽怪錄)』

　또 색담(索紞)의 자는 숙철(叔徹)이다. 점술을 잘 했다. 후령(候令) 호책(狐策)이 얼음 위에 서서 얼음 아래에 있는 사람과 말을 주고받는 꿈을 꾸었다. 담(紞)이 말하였다. 얼음 위는 양(陽)이라 하고, 아래는 음(陰)이라 하는데 양과 음이 이야기를 했다는 것이다. 그대가 얼음 위에 있어 얼음 아래 사람과 말을 주고받았다는 것은 양이 음에게 말한 것으로 중매의 일이다. 그대는 마땅히 일을 도모할 것이로되. 혼인은 얼음이 녹을 때에 이루어진다. 태수 전표(田豹)를 만나 인하여 책(策)의 아들을 위하여 장공(張公)의 딸을 취하여 중춘(仲春)에 혼인이 성사되었다. –『진서예술전(晉書藝術傳)』

218　백세百歲 ; 여기서는 오랜 세월을 뜻한다.

219　무양(無恙) ; 몸에 탈이 없음을 말한다.

220　마대 ; '마다고 해'다, '거절해'의 뜻이다.

221　[보정] 아나 ; '옛다'의 방언이다. 원자료 그대로 밝힌다.

少巫.　　　　　（그돈을 줍는다.）

醉發.　　　　　（타령곡打令曲의 반주伴奏에 맞후어 춤을 추면서……）

　　　　　　　　（창唱）

　　　　「낙양동천洛陽東天

　　　　리화전222.223」

　　　　　　　　（하며 소무少巫에게로 와서 서로 어울러저서 춤을 추며 소무少巫를
　　　　　　　　다리고 한참동안 희롱戲弄한다.）

少巫.　　　　　（배앞은 표정表情을 하더니 소언少焉224에 소아小兒를 산출産出한다.）225

醉發.　　　　　（춤을 추며 소무少巫에게로와서 아이를 안고 소아小兒목소리로226）

　　　　「애애애애.

　　　　　　　　（하다가 큰 목소리로）

　　　　애게게227 이것이 웬일이냐.」

　　　　　　　　（이때 소무少巫 2인二人은 가치 퇴장退場한다.）

醉發.　　　　「아아228 동내洞內 양반兩班229들 말슴 드러보오 연만年晩23070七十에 생
　　　　남生男231했오.232 우리집에 오지도 마시오.233

222　[보정] 리화전 ; '이화정'이 보통이다. 원자료 그대로 밝힌다.

223　[보정] 낙양동천洛陽東天리화전 ; 불림이다. 임석재본에서는 '洛陽東天 柳下亭……'라고 채록되었다. '梨花亭
　　（이화정）'은 낙양의 동쪽 산기슭에 있는 정자다. 조선 후기의 고소설인『숙향전(淑香傳)』에 나오는 정자 이름
　　이기도 하다. 낙양은 중국 하남성의 도시로, 북에는 망산(邙山) 남에는 낙수(洛水)가 있으며, 주나라, 후한, 진
　　（晋）나라, 수나라, 후당(後唐) 등의 도읍지였다. 참고로 낙양성 동쪽에 피어 있는 복숭아와 오얏나무 꽃을 두고
　　'성동(城東) 도리(桃李)'라고 한다. 또한 한 사설시조에서 '洛陽 東村 梨花亭에 麻姑仙女 집의 술 닉단 말 반
　　겨 듯고 靑驢에 鞍裝 지어 金돈 싯고 드러가 兒孩也 淑娘子 계신야 門 밧긔 李郎 왓다 살와라.' 라고
　　하였다. -『靑丘永言』

224　少焉(소언) ; '잠깐 동안'이다.

225　（배앞은 표정表情을 하더니 소언少焉에 소아小兒를 산출産出한다.） ; 무대지시문이다.

226　[보정] 소아小兒목소리로 ; 취발탈이 어린 아이 목소리를 내어 어린아이 역할을 실현한다는 것이다. 한 행위자
　　에 의한 두 행위이다. 소위 1인 2역이다.

227　애개개 ; '애개개'다. '애개'는 뉘우치거나 탄식할 때 아주 가볍게 내는 소리 혹은 대단하지 아니한 것을 보고
　　업신여기어 내는 소리다.

228　아아 ; 여기서는 말을 하기에 앞서 상대편의 주의를 끌기 위하여 가볍게 내는 소리다.

229　[보정] 동내洞內 양반兩班 ; 여기서는 관중을 가리킨다. '양반'은 남자를 범상히 또는 홀하게 이르는 말로도
　　쓴다.

230　연만年晩 ; 나이가 아주 많음을 말한다.

231　생남生男 ; 사내아이를 낳음을 말한다.

232　[보정] 연만年晩70七十에 생남生男했오 ; 늦은 나이 70세에 남자아이를 낳았다는 말이다. 자료에 따라 차이가

우리아기 일홈을 지어야겠군. 둘재라고 할가. 아 첫재가 있어야, 둘재라

하지.[234] 에라[235] 마당에서 낳으니 마당이라고 지을 수밖에 없군.[236] 마당어

머니 우리아기 젖좀주소.」

  (아이를 안고 엉둥이춤을 추면서)

  (창唱)

「어화둥둥[237] 내사랑

어델갔다 이제오나.[238]

기산영수별건곤箕山潁水別乾坤[239]에

소부허유巢父許由[240]와 놀다 왔나.

채석강釆石江[241]명월야明月夜[242]에

이적선李謫仙[243]과 놀다 왔나.

있다. 취발을 '젊음'의 상징으로 보는 견해가 있었다. 이는 노장탈이 '검은색'이고 취발이탈이 '붉은색'이라는 점
에만 관심을 두고 도출해낸 결과다. 재고의 여지가 있다.

233 [보정] 우리집에 오지도 마시오 ; 아이를 낳았으니 출입을 삼가라는 말이다. 아이를 낳은 집에는 삼칠일간 찾
  아감을 꺼리는 풍속이 나타나 있다.
234 [보정] 첫재가 있어야, 둘재라 하지 ; 태어난 순서에 따라 이름을 부르는 관습이 나타나있다.
235 에라 ; 생각을 단념하거나 무엇을 포기하려 할 때 내는 소리를 말한다.
236 [보정] 마당에서 낳으니 마당이라고 지을 수밖에 없군 ; 태어난 곳을 따서 이름으로 삼는다는 말이다. 본명은
  아니지만, 귀하게 낳은 자식일수록 별명으로 태어난 곳을 이름으로 삼는 풍속이 나타나 있다.
237 어화둥둥 ; 노랫가락 따위에서 기쁜 마음을 나타내어 노래로 누구를 부르는 소리다.
238 어화둥둥 내사랑 어델갔다 이제오나. ; 임석재본에서는 '에 게게 동동동동 내사랑. 어델 갔다 이제 오나.' 라고
  채록되었다. 여음구에 차이를 보인다. 이러한 현상은 채록현장의 상황이나 공연자에 따라 달라질 수 있다.
239 기산영수별건곤箕山潁水別乾坤 ; '기산영수'는 중국 하남성에 있는 산과 시내를 말한다. 요임금 때 소부와
  허유가 임금의 자리를 물려받으라는 왕명을 피하여 들어가 은거했다는 산과 물이다. '기산'은 하남성(河南省)
  행당현(行唐縣) 서북쪽에 위치한다. '영수'는 하남성(河南省) 등봉현(登封縣) 서쪽 경계에 있는 영곡(潁谷)에
  서 발원하여 회수(淮水)로 유입하는 물길이다. '별건곤'은 별세계, 별천지를 말한다.
240 소부허유巢父許由 ; 고대 중국의 전설상의 은자(隱者)인 소부와 허유를 말한다. 속세를 떠나서 산의 나무 위
  에서 살았기 때문에 생긴 이름이며, 요(堯)가 천하를 그에게 나라를 맡기고자 하였으나 이를 사양하고 받지
  않았다. 허유(許由)가 영천에서 귀를 씻고 있는 것을 소를 몰고 온 소부(巢父)가 보고서 그러한 더러운 물은
  소에게도 마시게 할 수 없다며 돌아갔다는 고사(故事)가 있다. 소부와 허유를 소유(巢由), 소허(巢許)라고도
  하며, 이를 한 사람으로 보는 설도 있다.
241 채석강釆石江 ; 중국 안휘성(安徽省)에 위치한 강으로, 당(唐)나라의 시인 이태백(李太白)이 놀다가 빠져 죽
  은 곳으로 유명하다.
242 명월야明月夜 ; 달 밝은 밤을 말한다.
243 이적선李謫仙 ; 중국 당 나라 때 시인 이백(李白)을 말한다. 자 태백(太白)이며, 호 청련거사(青蓮居士), 주
  선옹(酒仙翁)이다. 시선(詩仙)으로 일컬어지는데 장안(長安)에 들어가 하지장(賀智章)을 만나자 하지장은 그
  의 글을 보고 탄(歎)하여 적선(謫仙)이라 하였다.

　　　　　수양산首陽山[244]伯夷叔齋[245]와

　　　　　採薇[246]하다 이제왔나.

　　　　　어허둥둥 내 사랑

　　　　　아가 아가 둥둥 내 사랑.」[247]

小兒.　　　「여보시요[248] 아버지 날다리고 이렇게 둥둥타령打鈴[249]만 하지 말고 나도

　　　　　남의집 자식子息들과같이 글공부工夫나 시켜주시요.」

醉發.　　　「야 이거 좋은 말이로구나.」

小兒.　　　「그러면 아버지 나를 양서兩書[250]로 배워주시요.」

醉發.　　　「양서兩書[251]라니 평안도平安道하고 황해도黃海道란 말이냐.」[252]

小兒.　　　「아아니 그것 아니라오 언문諺文[253]하고 진서眞書[254]하고.」

醉發.　　　「오냐 그래라. 내가 읽는 대로 받어 일러.」

小兒.　　　　「네.」

244　수양산首陽山 ; 중국 산서성(山西省)에 있는 산 이름이다. 이곳에서 백이(伯夷)와 숙제(叔齊)가 아사(餓死)
　　했다고 한다. 또한 황해도 해주 시내에서 바로 동쪽 지점에 있는 산으로, 옛날 백이숙제가 고사리를 캐먹다 굶
　　어 죽었다는 산과 이름이 같아서, 조선 시대에 이 산을 소재로 하여 지어진 한시 중에 백이숙제(伯夷叔齊)와
　　관련된 작품이 많다.

245　백이숙제伯夷叔齊 ; 중국 은나라 때의 처사(處士)인 형 백이(伯夷)와 아우 숙제(叔齊)는 모두 은나라 고죽군
　　(孤竹君)의 아들이다. 주나라 무왕(武王)이 은을 치려고 하는 것을 말리다가 이를 듣지 않으므로 형제는 주나
　　라의 녹 먹기를 부끄럽게 여기고 수양산(首陽山)에 들어가 고사리를 캐어 먹으며 숨어 살다가 채미가(采薇歌)
　　를 남기고 굶어 죽었다고 한다. 『맹자(孟子)』에 '백이와 숙제는 성인 중에서 청백한 분(夷弟聖之淸者)'이라는
　　말이 있다.

246　채미採薇 ; '고사리를 캔다'는 뜻으로 고사리로 연명하였다는 말이다. '首陽薇(수양미)'는 수양산 고사리로,
　　은나라의 충신 백이(伯夷)와 숙제(叔齊)가 수양산(首陽山)에서 고사리를 꺾어 먹고 연명하였다는 데서 나온
　　말이다.

247　[보정] (창창)「어화둥둥 내사랑 어델갔다 이제오냐. 기산영수별건곤箕山潁水別乾坤에 소부허유巢父許由와
　　놀다 왔나. 채석강采石江명월야明月夜에 이적선李謫仙과 놀다 왔나. 수양산首陽山伯夷叔齋와 採薇하다 이
　　제왔나. 어허둥둥 내사랑 아가 아가 둥둥 내사랑.」 ; 대사 자체가 불림이 된 경우다.

248　여보시요 ; 남을 부를 때 또는 그의 주의를 환기시킬 때 예사(例事)로 높여서 부르는 말이다.

249　둥둥타령打鈴 ; 어린아이를 안거나 쳐들고 어를 때 내는 소리를 두고 이른 것이다.

250　양서兩書 ; 한글과 한문을 아울러 이르는 말이다.

251　양서兩書 ; '兩西'라고 표기하여야 옳다. 兩書(양서)를 양서(兩西)로 받아 평안도와 황해도로 유도하는 언어
　　유희다. 보통 황평양서(黃平兩西)라고 한다.

252　小兒.「그러면 아버지 나를 양서兩書로 배워주시요.」 / 醉發.「양서兩書라니 평안도平安道하고 황해도黃海
　　道란 말이냐.」 ; 아이가 양서(兩書) 즉 한글과 한문을 배우게 하여 달라고 하였는데, 취발은 양서(兩西) 즉 평
　　안도와 황해도라고 받은 유사음 이의어를 활용한 언어유희다.

253　언문諺文 ; 한글을 예전에 일컫던 말이다.

254　진서眞書 ; 예전에, 우리글 '언문(諺文)'을 상대하여 '한문'을 이르던 말이다.

醉發.　　　「하늘 천天.」

小兒.　　　「따 지地.」

醉發.　　　「야 이놈봐라. 나는 하늘 천天하는데 너는 따 지地하는구나.²⁵⁵」

小兒.　　　「아바지 하늘 천天 따地로 배워주시지 말고²⁵⁶ 천자千字뒤푸리²⁵⁷로 배워
　　　　　주시요.」

醉發.　　　「오냐 그것참 좋은 말이다.」

　　　　　（웅등이춤을 추면서 큰 목소리로）

　　　　　（창唱）

　　　　「자시子時²⁵⁸에 생천生天²⁵⁹하니 불언행사시不言行四時²⁶⁰로다

　　　　유유피창悠悠彼蒼²⁶¹ 하늘 천天.

　　　　축시丑時²⁶²에 생지生地²⁶³하니 만물창성萬物昌盛²⁶⁴ 따 지地.

　　　　유현비모²⁶⁵흑적색黑赤色²⁶⁶ 북방현무北方玄武²⁶⁷ 가물 현玄.

255　나는 하늘 천天하는데 너는 따 지地하는구나 ; '하늘 천'을 가르쳐주니 '따 지'도 아는구나. '하나를 가르쳐주
　　면 열을 안다'와 같은 뜻이다.
256　아바지 하늘 천天 따地로 배워주시지 말고 ; '본래의 천자문풀이로 가르치시지 말고'의 뜻이다.
257　천자千字뒤푸리 ; 천자문에 있는 글자의 뜻을 풀어 운율에 맞추어 해석하여 부르는 타령의 한 가지이다. 천자
　　문의 글자를 풀어 노랫조로 꾸민 민요. 어희요(語戲謠)의 일종이다. 한자의 특징을 해학적으로 풀이하여 부르
　　는 내용으로, 서당에서 한문공부가 성행하던 근래까지 전국적으로 많이 불린 노래이다. 이러한 어희요는 한국
　　민요의 특징의 하나로 한자공부의 어려움을 잊기 위하여 해학과 풍자로 읊은 것이다. 개인창의 음영민요가 주
　　종을 이루고 있는데, 그 대표적인 예를 들면 "하늘천 따따지/가마솥에 누룽지/딸딸 긁어서/배꼭다리 한 그릇"
　　(禮安地方), "높고 높은 하늘천(天)/깊고 깊은 따지(地)/홰홰친친 가물현(玄)/불타졌다 누룽황(黃)"(春香傳 完
　　本) 등이 있다. 글자풀이 노래는 비단 이것만 있는 것은 아니다. 이와 유사한 것으로 '한글풀이(국문풀이)'와
　　'구구(九九)풀이', '지명풀이' 등이 있는데 그 중에도 '한글풀이'는 천자풀이와 맥을 같이 하는 것으로 다양한 사
　　설이 전한다. 천자문(千字文)은 중국 양(梁)나라의 주흥사(周興嗣)가 무제(武帝)의 명으로 지은 책이다. 1구
　　4자로 250구, 모두 1,000자로 된 고시(古詩)이다. 하룻밤 사이에 이 글을 만들고 머리가 허옇게 세었다고 하여
　　'백수문(白首文)'이라고도 한다.
258　자시子時 ; 밤 11시부터 1시 사이를 말한다.
259　생천生天 ; 하늘이 생긴다는 말이다.
260　불언행사시不言行四時 ; 말없이 네 계절이 운행된다는 말이다.
261　유유피창悠悠彼蒼 ; 아득히 먼 저 푸른 하늘을 말한다.
262　축시丑時 ; 밤 1시에서 3시 사이를 말한다.
263　생지生地 ; 땅이 생긴다는 말이다.
264　만물창성萬物昌盛 ; 만물이 번성한다는 말이다.
265　[보정] 유현비모 ; '유현비묵(幽玄秘墨)'의 잘못이다. 이치가 깊고 그윽하여 알기 어려운 검은색[墨]을 말한다.
266　[보정] 흑적색黑赤色 ; 붉은 빛이 도는 검은색을 말한다. 천자문 뒤풀이 자료들에서는 대체로 '黑正色'으로 나
　　타난다.
267　북방현무北方玄武 ; 사신(四神) 중의 하나로 북쪽을 맡은 거북과 뱀의 형상을 닮은 태음신(太陰神)을 말한다.

궁상각치우宮商角徵羽[268] 동서사방東西四方[269]중앙토색中央土色[270] 누루 황黄.

천지사방天地四方[271] 몇 만리萬里냐 거루광활巨樓廣闊[272] 집 우宇.

여도국도國都[273] 홍성쇠왕興盛衰旺[274] 그 누구— 집 주宙.

우치홍수禹治洪水[275]긔자춘[276] 홍범구주洪範九疇[277] 넓을 홍洪.

전원장부田園丈夫(장무將蕪)불호귀不好歸[278] 상경취황[279] 것츨 황荒.

요순성덕堯舜聖德[280] 장壯하시다 취지여일[281] 날 일日.

억조창생億兆蒼生[282] 격양가擊壤歌[283] 강구연월康衢烟月[284] 달 월月.

---

268 궁상각치우宮商角徵羽 ; 동양 음악의 다섯 음(音)을 이른다.
269 동서사방東西四方 ; 동서남북의 사방을 말한다.
270 중앙토색中央土色 ; 중앙은 흙색이라는 말이다.
271 천지사방天地四方 ; 온 세상을 말한다.
272 거루광활巨樓廣闊 ; 크고 너른 누각을 말한다.
273 [보정] 여도국도國都 ; '역대국도(歷代國都)'의 오기인 듯하다. 혹은 '역대국조(歷代國朝)'의 오기로 보기도 한다.
274 [보정] 홍성쇠왕興盛衰旺 ; 흥하고 망함을 이른다. 보통은 '興亡盛衰'라고 한다.
275 우치홍수禹治洪水 ; 우(禹)의 아버지 곤(鯀)은 제요(帝堯) 때에 황하(黃河)의 대홍수를 9년간이나 다스렸으나 치수의 업적을 올리지 못하고 마침내 죽음을 당하고 말았다. 따라서 그의 아들 우가 치수에 전력하여 제순(帝舜) 때에 완전히 성공을 보았으므로 마침내 천자가 될 수 있었다는 고사에서 연원을 두고 있다. '구년치수(九年治水)'라고도 한다. 관용구다.
276 [보정] 긔자춘 ; '箕子推演(기자추연)'의 잘못이다. 기자가 홍범구주의 내용을 상세히 풀이[추연(推演)]한 것을 두고 이른다. 기자는 은나라 주임금에게 그릇됨을 바로 잡고자 하였으나 듣지 아니하자 주나라로 도망하여 무임금에게 홍범구주를 추연한 것을 바쳤다고 한다.
277 홍범구주洪範九疇 ; 중국 하나라 우왕(禹王)이 남겼다는 정치 이념이다. 홍범은 대법(大法)을 말하고, 구주는 9개 조(條)를 말하는 것으로, 즉 9개 조항의 큰 법이라는 뜻이다. 우왕이 홍수를 다스릴 때 하늘로부터 받은 낙서(洛書)를 보고 만들었다고 한다. 주나라 무왕(武王)이 기자(箕子)에게 선정의 방안을 물었을 때 기자가 이 홍범구주로써 교시하였다고 한다.
278 [보정] 전원장부田園丈夫(장무將蕪)불호귀不好歸 ; 고향의 전원이 장차 거칠어지려는데 어찌 돌아가지 않으리. 도연명의 '귀거래사'의 한 대목이다. '田園丈夫(將蕪)'라고 채록한 것은 '田園丈夫'라고 한 바를 '田園將蕪'가 바르다고 본 것이다. '不好歸(불호귀)'는 '胡不歸'가 옳다.
279 상경취황 ; '삼경취황(三經就荒)'의 잘못이다. '전원의 세 갈래 길은 거칠어진다.'는 뜻이다. 도연명의 '귀거래사'의 한 대목이다.
280 요순성덕堯舜聖德 ; 중국 고대의 성군인 요임금과 순임금의 거룩한 덕을 이른다.
281 취지여일(就之如日) ; 해를 따르고 구름을 바라본다는 말로 임금의 덕을 우러러 본다는 말이다. 『사기』의 '오제기(五帝紀)'에 옛날 요임금의 덕이 지극하여 사람들이 '그 어짊이 하늘과 같고 그 슬기 신 같으며, 그에게 나아가기를 해에 나아가듯 하고 그를 바라보기를 구름같이 하네. 其仁如天 其知如神 就之如日 望之如雲'이라 했다.
282 억조창생億兆蒼生 ; 매우 많은 수의 백성, 혹은 많은 사람을 가리키는 말로 쓰이며 '억만창생(億萬蒼生)'이라고도 한다.
283 격양가擊壤歌 ; '땅을 치며 노래한다.'는 뜻이며 요(堯)나라 때의 태평세월을 구가한 것이다. 이 노래는 요나라 때 지은 노래라 하나 필경 후세의 위작(僞作)일 것이라는 설이 강하다. 격양이란 원래 나무를 깎아 만든

오거시서五車詩書 백가여百家語²⁸⁵ 적안영상積案盈床²⁸⁶ 찰 영盈.

밤이 어는 때냐 월중지척月中咫尺²⁸⁷ 기울 측昃.

___

양(壤)이라는 악기를 친다는 뜻과, 땅[壤]을 친다는 뜻이 있다. 요임금이 천하를 다스린 지 50년이 되었을 때, 과연 천하가 잘 다스려지고 백성들이 즐거운 생활을 하고 있는지 직접 확인하고자 평민 차림으로 거리에 나섰다. 넓고 번화한 네거리에 이르렀을 때 아이들이 노래 부르며 놀고 있어 그 노랫소리를 유심히 들었다. 그 노랫말은 "우리가 이렇게 잘 살고 있는 것은 모두가 임금의 지극한 덕이네. 우리는 아무것도 모르지만 임금이 정하신 대로 살아간다네. 立我烝民 莫匪爾極 不識不知 順帝之則" 라고 하였다. 그 뜻은 임금님이 인간의 본성에 따라 백성을 도리에 맞게 인도하기 때문에 백성들은 법이니 정치니 하는 것을 염두에 두거나 배워 알거나 하지 않아도 자연 임금님의 가르침에 따르게 된다는 것으로, 이 노래를 강구가무(康衢歌舞)라고도 한다. 임금은 다시 발길을 옮겼다. 한 노인이 길가에 두 다리를 쭉 뻗고 앉아 한 손으로는 배를 두들기고 또 한 손으로는 땅바닥을 치며 장단에 맞추어 노래를 부르고 있었다. 그 노랫말은 "해가 뜨면 일하고, 해가 지면 쉬고, 우물 파서 마시고, 밭을 갈아 먹으니, 임금의 덕이 내게 무슨 소용이 있으랴 日出而作 日入而息. 鑿井而飮 耕田而食 帝力于我何有哉" 하였다. 이는 정치의 고마움을 알게 하는 정치보다는 그것을 전혀 느끼기조차 못하게 하는 정치가 진실로 위대한 정치라는 것을 뜻하는 것으로, 이 노래를 격양가라 한다. 이 노래를 들은 요임금은 크게 만족하여 "과시 태평세월이로고." 하였다 하며, 그 후 중국은 물론 우리나라에서도 풍년이 들어 오곡이 풍성하고 민심이 후한 태평시대를 비유하는 말로 쓰이고 있다.

284 강구연월康衢烟月 ; '강구(康衢)'는 번화한 네거리를 뜻하며, '연월(煙月, 烟月)'은 달빛이 연무(煙霧)에 은은하게 비치는 모습을 형용한다. 이는『열자(列子)』'중니편'에 나오는 '강구요(康衢謠)'에서 유래한 말이다. '강구요'는 중국의 요임금이 나라를 다스린 지 50년이 되어 민심을 살피려고 나온 길에 어느 번화한 네거리에서 놀고 있던 아이들이 불렀다는 노래이다. 그 가사는 "우리가 이렇게 잘 살고 있는 것은 모두가 임금의 지극한 덕이네. 우리는 아무것도 모르지만 임금이 정하신 대로 살아간다네. 立我烝民 莫匪爾極 不識不知 順帝之則" 라는 것으로, 요임금의 치세를 찬양하는 내용이다. 여기서 유래하여 강구연월은 태평성대의 평화로운 풍경을 비유하는 말로 사용된다.

285 [보정] 오거시서五車詩書 백가어百家語 ; '오거서'와 '시서백가어'와 '백가어'가 결합된 말이다. '오거서'는 다섯 수레에 가득 실을 만큼 많은 책을 말한다. 장자(莊子)의 친구 혜시(惠施)가 학식이 많아 장서가 오거지서(五車之書)였다 한다. '시서백가어'는『시전(詩傳)』과『서전(書傳)』과 제자백가(諸子百家)의 서책을 말한다. '백가어'는 중국(中國) 전국시대(戰國時代)의 제자백가(諸子百家)의 말을 두고 이른 것이다.

286 적안영상積案盈床 ; 누독연편(累牘連篇), 연편누폭(連篇累幅), 연장누독(連章累牘)이라고도 한다. '독(牘)'은 종이가 발명되기 이전에 글을 쓰는 데 이용한 죽간(竹簡)이나 목간(木簡)을 가리킨다. '연편누독(連篇累牘)'은 '편에서 편으로 이어지는 글과 높이 쌓인 죽간'이라는 뜻으로, 쓸데없이 문장이 길고 복잡함을 비유하는 말이다. 중국 수(隋)나라 때 이악(李諤)이 쓴 글에서 유래되었다. 이악은 자가 사회(士恢)이며, 수나라 문제(文帝) 때 치서시어사(治書侍御史)라는 벼슬을 지냈다. 당시 문단의 풍조는 위진남북조시대를 답습하여 문장의 화려함만을 추구하고 내용은 중시하지 않았기 때문에 실생활과는 동떨어진 공허함이 만연하였다. 이에 이악은 황제에게 '상서정문체(上書正文體)'라는 글을 올려 이러한 풍조를 바로잡아야 한다고 상주하였다. 이 글에서 이악은 당시의 문인들의 행태에 대하여 "도리는 빠뜨리고 기이함만 있으며, 허황된 것을 찾고 사소한 것을 좇아 한 운(韻)의 기이함을 다투고, 한 글자의 교묘함만 다투고 있습니다. 글이 편에서 편으로 이어지고 죽간이 높이 쌓이도록 달과 이슬의 형체가 드러나지 않으며, 다 읽은 죽간이 책상에 가득하고 상자를 채우도록 오직 바람과 구름의 형상만 묘사하고 있을 뿐입니다. 連篇累牘, 不出月露之形, 積案盈箱, 唯是風雲之狀" 라고 비판하였다. 이악의 글은 당시의 문단에 상당한 영향을 미쳤다고 한다. 여기서 유래하여 연편누독은 내용도 없으면서 쓸데없이 장황하고 복잡하기만 한 글을 비유하는 고사성어로 사용된다. 적안영상(積案盈箱)도 비슷한 의미로 쓰인다.

287 [보정] 월중지척月中咫尺 ; 달이 가깝게 보인다는 말이다. 임석재본에서는 '月滿則昃'으로 채록되었다. '月滿則昃(월만즉측)'은 달도 차면 기운다는 뜻이다. '月滿則昃'이 옳다.

이십팔수二十八宿[288] 하도낙서河圖洛書[289] 중성공지衆星拱之[290] 별 진辰.

투계소년鬪鷄少年 아해兒孩들아[291] 창가금침娼家衾枕[292] 잘 숙宿.

절대가인絶代佳人[293] 좋은 풍류風流 만반진수滿盤珍羞[294] 벌 열列.

야반삼경夜半三更 심창리深窓裡[295]에 가진 정담情談[296] 베풀 장張.」[297]

小兒.　　「아바지 그건 그만두고 언문諺文을 배워주시요.」

醉發.　　「그러면 이제는 언문諺文을 배우자.」

　　　　「가갸 가겨 고교 구규.」

小兒.　　「아바지 그것도 그렇게 배워주시지 말고 언문諺文뒤푸리[298]로 배워주시요.」

醉發.　　「그것 그래라.」

　　　　（창唱）

　　　　「가나다라마바사 아자차 이졌구나 기억[299].[300]

288　이십팔수二十八宿 ; 해와 달의 위치를 밝히기 위하여 황도를 중심으로 나눈 스물 여덟 자리를 말한다.

289　하도낙서河圖洛書 ; 고대 중국에서 예언(豫言)이나 수리(數理)의 기본이 된 책이다. 『하도(河圖)』는 복희(伏羲)가 황하(黃河)에서 얻은 그림으로, 이것에 의해 복희는 팔괘(八卦)를 만들었다고 하며, 『낙서(洛書)』는 하우(夏禹)가 낙수(洛水)에서 얻은 글로, 이것에 의해 우(禹)는 천하를 다스리는 대법(大法)으로서의 『홍범구주(洪範九疇)』를 만들었다고 한다.

290　중성공지衆星拱之 ; 뭇별들이 북극성을 둥글게 둘러싸는 모양을 두고 이른 것이다. 보통은 제후국이 천자에게 충성을 다한다는 뜻으로 쓰인다. 『논어』 '위정(爲政)'에 '덕정(德政)을 펴게 되면, 북신(北辰)이 가만히 제자리를 지키고 있어도 뭇별들이 옹위하는 것처럼 될 것이다. 爲政以德 譬如北辰居其所 而衆星共之' 라고 하였다.

291　투계소년鬪鷄少年 아해兒孩들아 ; '투계鬪鷄'와 같은 도박에 빠져서 소일하는 젊은이를 일컫는다. '투계鬪鷄'는 닭끼리 싸움을 붙여서 이를 보고 즐기거나 내기를 거는 놀이로 지금까지도 세계적으로 분포되어 있으며, 도박의 폐해가 심하여 금지하는 경우도 있었다.

292　창가금침娼家衾枕 ; '창가'는 몸 파는 기생의 집을 말한다. '금침'은 이부자리와 베개를 아울러 이르는 말이다. 결국 기생집에 들러 질탕하게 논다는 말이다. 일부 판소리나 천자뒤풀이에는 왕발의 시 '임고대'의 '가련금야숙창가(可憐今夜宿娼家)'라는 구절이 원용되기도 하였다.

293　절대가인絶代佳人 ; 그 시대에 견줄 이 없는 뛰어난 미인을 말한다.

294　만반진수滿盤珍羞 ; 상에 가득 차린 진수성찬을 말한다.

295　야반삼경夜半三更 심창리深窓裡 ; '한밤중 깊은 창문 안에'라는 말이다.

296　가진 정담情談 ; '갖은 정담'이다. 여기서는 깊은 사랑을 나눈다는 뜻이다.

297　[보정] 이 대목은 천자뒤풀이를 원용한 것이다.

298　언문諺文뒤푸리 ; 한글의 자모 순서에 따라 말을 만들어가며 말놀이하는 동요다. 어희요(語戲謠)의 하나로 가갸뒤풀이·국문뒤풀이·언문뒤풀이·가갸풀이·국문풀이·언문풀이라고도 한다. 곧, ㄱㄴㄷ 혹은 가갸거겨의 순서에 따라서 말을 꾸며나가는데, 거침없이 외어나가는 데에 흥취를 느끼며 전승된다. '이고사본춘향전 李古寫本春香傳'이나 '신구잡가 新舊雜歌'에도 드러나는 것으로 보아 오래 전부터 전승된 듯하다. 경기 잡가의 하나이기도 하다. 경기도의 '창부 타령' 곡조를 많이 땄으며, 굿거리장단이다.

299　[보정] 기억 ; 언문뒤풀이로 보면 '기역'이 옳다. 여기서 언어유희를 보이고 있다.

300　[보정] 가나다라마바사 아자차 이졌구나 기억 ; 동음이의어를 원용한 언어유희이다. '아자차'는 '아차차'로 원용하여 잊었음을 유도하면서 다시 기억을 되살려 'ㄱ' 즉 '기역'을 '기억'으로 받은 것이다. 여기서 '기억'은 한글

기억 니은 디긋하니 기억자字로 집을 짓고

니은같이 사잤더니 디긋같이 이별離別된다.[301]

가갸거겨 가이없은 이내몸이 거이[302] 없이 되였구나.[303]

고교구규 고생하면 요내몸이 구구하기 짝이 없네.[304]

나냐너녀 나귀등에 솔질하여 순금 안장[305] 지여타고

사해강산四海江山[306] 널은 천지天地

주유천하周遊天下[307]를 하잤구나.[308]

노뇨누뉴 노자노자 앵무배鸚鵡盃[309]에

잔盞 가득이 술 부어라

이별낭군離別郎君 배송拜送[310]할가.[311]

다댜더뎌 다닥다닥 붙었던 정情이

더지없이[312] 떨어를 진다.[313]

자모 'ㄱ'과 '記憶(기억)'의 뜻을 동시에 갖는 소위 중의법을 사용하였다.

301 [보정] 기억 니은 디긋하니 기억자字로 집을 짓고 니은같이 사잤더니 디긋같이 이별離別된다 ; 한글 자모 이름 낭송은 '기억자로 집을 짓고 니은같이 사는 것'은 편안한 삶을 뜻하게 된다. 그러던 것이 '디귿'이 '지긋지긋'의 뜻으로 의미가 전이(轉移)되어 '이별'과 대구가 된다. 결국 편안한 삶을 갈구하였는데 이별하고 마는 신세가 되었다는 뜻이 된다.

302 거이 ; '가이'가 옳다.

303 [보정] 가갸거겨 가이없은 이내몸이 거이 없이 되였구나 ; '가엾은 이 몸이 아무것도 없는 신세가 되었구나.'의 뜻이다. 'ㄱ'음 변용을 통한 언어유희이다. '거이'는 '가이'를 받은 것인데 경우에 따라서는 '거지'로 채록된 경우도 있다.

304 [보정] 고교구규 고생하면 요내몸이 구구하기 짝이 없네 ; '고생하던 이 몸이 구구한 신세가 되었네.'의 뜻이다. 'ㄱ'음을 변용한 언어유희이다.

305 순금안장(純金鞍裝) ; 안장은 말, 나귀 따위의 등에 얹어서 사람이 타기에 편리하도록 만든 도구다. 여기서는 금으로 호화롭게 장식한 안장을 말한다.

306 사해강산四海江山 ; 온 세상을 이른다. 사해는 '사방의 바다' 혹은 '온 세상'을 말한다.

307 주유천하周遊天下 ; 천하를 두루 다니며 구경함을 말한다.

308 [보정] 나냐너녀 나귀등에 솔질하여 순금 안장 지여타고 사해강산四海江山 널은 천지天地 주유천하周遊天下를 하잤구나 ; 'ㄴ'음을 이용하여 '나귀'를 끌어내는 언어유희를 보이고 있다.

309 앵무배鸚鵡杯 ; 자개를 가지고 앵무새의 부리 모양으로 만든 술잔을 말한다.

310 이별낭군離別郎君 배송拜送 ; 이별하는 임을 보낸다는 뜻이다. 배송(拜送)은 해로움이나 괴로움을 끼치는 사람을 건드리지 아니하고 조심스럽게 내보낸다는 말이다.

311 [보정] 노뇨누뉴 노자노자 앵무배鸚鵡盃에 잔盞 가득이 술 부어라 이별낭군離別郎君 배송拜送할가 ; 'ㄴ'음을 이용하여 '노자노자'를 끌어내는 언어유희를 보이고 있다.

312 [보정] 더지 없이 ; '덧없이'다. 원자료 그대로 밝힌다.

313 [보정] 다댜더뎌 다닥다닥 붙었던 정情이 더지없이 떨어를 진다 ; '더지업시'는 '덧없이'다. 'ㄷ'음을 변용한 언어유희이다. 'ㄷ'음으로부터 의태어 '다닥다닥'을 도출해내고 그에 맞추어 '더지업시'를 이끌어 대구를 이루고

도됴두듀 도창[314]에 늙은 몸을

두고 떠나기가 망연茫然하다[315].[316]

라랴려려 랄아가는 앵무鸚鵡새는

너와 나와 짝이로다.[317]

로료루류 노류장화路柳墻花 인개가절人皆佳節[318]

날로[319] 위해 푸러를 내네.」[320]

　　　[321](이와같이 언문諺文 뒤푸리를 낭랑朗朗하게 창창唱한 다음, 타령打
　　　鈴 장단長短에 맞후어 춤을 추며 아해를 안고 퇴장退場한다.)

있다. '깊었던 정이 덧없이 떨어지고 말았구나.'의 뜻이다.

314　도창 ; 미상하다. '도장'으로 채록된 경우가 있다.

315　망연茫然하다 ; 넓고 멀어서 아득하다. 아무 생각 없이 멍하다.

316　[보정] 도됴두듀 도창에 늙은 몸을 두고 떠나기가 망연茫然하다 ; 'ㄷ'음을 변용한 언어유희이다. '도창에서 늙은 몸을 두고 떠나기가 아득하구나.'의 뜻이다.

317　[보정] 라랴려려 랄아가는 앵무鸚鵡새는 너와 나와 짝이로다 ; 'ㄹ'음을 변용한 언어유희이다. '날아가는 앵무새는 짝을 이루었구나.'의 뜻이다.

318　[보정] 노류장화路柳墻花 인개가절人皆佳節 ; '路柳墻花 人皆可折'이 옳다. 길 가의 버들과 담 밑의 꽃은 누구든지 쉽게 만지고 꺾을 수 있다는 뜻으로, 기생을 뜻한다. 달리 말하면 기생은 여러 남자의 노리개가 될 수 있다는 말이다. 『열자(列子)』에 '山鷄野鶩 莫可能馴 路柳墻花 人皆可折 산닭이나 들오리는 능히 길들이지 못하고, 길가의 버들이나 담 밑의 꽃은 다 꺾을 수 있다.'라고 하였다.

319　날로 ; '나를'의 방언이다.

320　[보정] 이 대목은 언문 뒤풀이 전체가 불림으로 활용된 것이다.

321　[보정] 임석재본에서는 '(以下略)'이라고 부기되어 있다. 이하를 생략하였다는 것이다. 이것은 실제 현장에서는 계속될 수 있음을 말한다. 즉 현장의 상황에 따라 출입이 있을 수 있다는 것이다. 이를 가면극의 현장성의 하나라고 한다.

6. '제오과장 사자무'의 복원

제오과장第五科 사자무獅子舞

이 장면場面은 생불生佛[1]과 같은 노승老僧을 유인誘引하야 타락墮落시킨 불량배不良輩[2]를 징계懲戒[3]하려고 부처님의 사자使者[4]로서 사자獅子가 표현出現하는것이다.[5] 먹중 1인一人이 돌연突然 출현出現한 사자獅子에게 그 이유由來를 묻다가 사자獅子를 때리면 사자獅子는 그 먹중을 잡아먹는다.[6] 이에서 다른 먹중들은 사자獅子의 온 뜻을 알고 크게 공포恐怖하여 곧 개과改過하기로 맹서盟誓하고 최후最後의 춤이라 하며 사자獅子와 함께 춤을 추는 것이다.[7][8][9]

---

1   생불生佛 ; 살아 있는 부처라는 뜻으로, 덕행이 높은 승려를 이르는 말이다. 중생과 부처를 아울러 이르는 말이기도 하다. 여러 끼를 굶은 사람을 비유적으로 이르는 말로 쓰이기도 한다.

2   [보정] 불량배不良輩 ; 여기서는 목승들을 지칭하는 것이다.

3   징계懲戒 ; 허물이나 잘못을 뉘우치도록 나무라며 경계함을 뜻한다. 또는 부정이나 부당한 행위에 대하여 제재를 가함을 뜻한다.

4   [보정] 사자使者 ; 명령이나 부탁을 받고 심부름하는 사람이다. 불교에서는 죽은 사람의 혼을 저승으로 잡아간다는 귀신을 말하기도 한다. 법률적으로는 타인의 완성된 의사 표시를 전하는 사람이나 또는 타인이 결정한 의사를 상대편에게 알려 그 의사 표시를 완성하는 사람을 말한다. 여기에서는 '서유기'에 나오는 문수보살이 타고 다니던 '푸른 사자'를 염두에 둔 것이다.

5   [보정] 이 장면場面은 생불生佛과 같은 노승老僧을 유인誘引하야 타락墮落시킨 불량배不良輩를 징계懲戒하려고 부처님의 사자使者로서 사자獅子가 표현出現하는것이다. ; 이 기사는, '먹중갑'의 대사에서도 볼 수 있듯이 '서유기'에서, 삼장법사와 손오공을 시험하기 위하여 문수보살이 자신이 타고 다니던 푸른 사자를 오계국왕으로 변장시켜 괴롭혔던 장면을 용용하였다. 서유기에서는 삼장법사와 손오공에게 힘을 불어넣어주기 위하여 시험하는 것인데, 여기에서는 불량배를 징계하려고 사자를 출현시켰다고 하였다. '시험'함으로써 더욱 힘을 발휘토록 한다는 관념이 후대에 이르러서는 '징계'로 관념하는, 즉 권선징악적 발상에 의한 기사다. '노승을 유인하여 타락시켰다'함은 '제4장 노승무'와 연락 관계가 있다고 보는 입장에서 나온 기사다. 이는 우리 가면극의 각 장면이 연락 관계가 어떻게 되는가와 관련시키면서 탐구할 과제다.

6   [보정] 먹중 1인一人이 돌연突然 출현出現한 사자獅子에게 그 이유由來를 묻다가 사자獅子를 때리면 사자獅子는 그 먹중을 잡아먹는다. ; 이 문제는 앞으로 전개될 대목에서 다루기로 한다.

7   [보정] 이에서 다른 먹중들은 사자獅子의 온 뜻을 알고 크게 공포恐怖하여 곧 개과改過하기로 맹서盟誓하고 최후最後의 춤이라 하며 사자獅子와 함께 춤을 추는 것이다. ; '개과천선'을 이 장면의 요체로 보는 입장이다.

(먹중 8인八人이 먼저 살작 등장登場하여 한편 구석에 모여 있을 때
에 백사자白獅子 한 필匹이 설렁설렁 들어온다.[10]

'最後의춤'은 무엇을 의미하는지 미상하다. 다음 임석재본의 채록을 보면 특별한 의미가 있는 것은 아니고 춤
을 끝으로 마무리 짓는다는 뜻으로 생각된다.

> 먹중 Ⅱ : (獅子를 向하야) 사자야 네가 온 뜻 알겠다. 우리들이 悔改하여 이제부터는 부처님을 잘 섬길
> 터이니 우리가 기왕에 잘못한 것을 용서하고 춤이나 한 번 추고 마즈막으로 헤여지자.
> 獅子 : (肯定)
> 먹중 Ⅱ : 꿍 떡 (이 말이 나자 音樂이 演奏된다. 먹중 八人과 獅子, 한데 어울려 各各 長技의 춤을 추다가
> 全員 退場)

8　[보정] 정병호는, 사자무의 춤장단은 잦은타령과 굿거리이며, 사자에 맞추어 허튼춤을 춘다고 한다.

9　[보정] 사자놀이 ; 보통은 음력 정월 대보름날 축사연상(逐邪延祥)의 주원(呪願)으로서 거행되는 탈놀이다. 지
방에 따라서는 주지놀음[하회지방]·사지놀음[광주(廣州)지방]·사자놀음[북청지방]이라고도 한다. 이 놀이는
나무나 대광주리·종이를 가지고 만든 사자탈 속에 두 사람이 들어가 쓰고 풍물을 치면서 마을을 돌아다닌다.
이때에 여유 있는 집으로 들어가 마당에서 한바탕 춤을 추고 논 뒤에, 그 집주인으로부터 사례로 곡물이나 금
전 등을 받는다. 이 곡물과 금전은 마을을 위한 공공사업에 사용되는 것이 보통이다. 지금은 시대의 변천으로
옛날같이 세시풍속의 하나로서 연회되지는 않는다. 광복 8년 전까지만 해도 정초의 벽사(僻邪)에 북청(北青)·
정평(定平)·종성(鐘城)·명천(明川)·회령(會寧)·경성(鏡城)·경흥(慶興)·고성(高城)·횡성(橫城)·순천(順
川)·광주(廣州)·안성(安城)·송화(松禾)·은율(殷栗)·해주(海州)·봉산(鳳山)·마산(馬山)·통영(統營)·수
영(水營)·김해(金海)·남해(南海)·아산(牙山)·경주(慶州) 등 큰 고을 20여 곳에서 행하여졌다. 그 중에서도
지방으로는 북청의 사자놀음이 봉산가면극의 사자춤과 더불어 한때 그 이름이 높았다. 이 사자놀이가 언제부
터 연행되었는지는 분명하지 않으나, 문헌상으로는 《삼국사기》 악지(樂志)에 사자놀이가 보인다. 최치원(崔
致遠)의 '향악잡영鄕樂雜詠'에는 '산예(狻猊)'가 보인다. 또, 성종 19년(1488) 3월에 우리나라에 사신으로 왔던
명나라의 동월이 자신을 영접하는 산대희(山臺戱)를 보고 지은 '조선부'에 사자가 나온다. 동월이 본 놀이 가운
데 '말가죽을 벗겨 뒤집어쓰고 사자와 코끼리로 꾸민 것飾獅象盡蒙解剝之馬皮'이 나온다. 여기서의 사자는
바로 사자춤을 추는 것으로 생각된다. 유득공의 '경도잡지' 성기조에 의하면, 나례도감에 속하는 산회에 사자춤
이 나온다. 그리고 송만재가 1843년에 지은 '관우회'에도 사자춤이 보인다. 또 김홍도가 그린 평안감사환영도와
화성성역의궤의 낙성연도에도 사자춤이 보인다. 『국연정재창사초록(國宴呈才唱詞抄錄)』에 의하면, 고종24년
에 성천잡극이라고 하는 사자춤을 처음 사용했다는 기록이 발견된다. 이 사자춤은 평안남도 성천지방의 민속
사자춤을 받아들인 것으로 보인다. 두 마리의 사자가 춤을 우는 놀이 내용은 현재의 북청사자놀이와 매우 유사
하다. 사자춤에서는 머리 쪽에 한 사람, 뒤쪽에 한 사람이 들어가는 것이 보통이며, 사자가 큰 경우에는 몸뚱이
쪽에 한 사람이 더 들어가서 추기도 한다. 춤의 동작은 꼿꼿하게 높이 솟기도 하고, 앉아서 좌우로 몸을 돌려
이 잡는 시늉을 하기도 하며, 꼬리를 흔들면서 몸을 긁기도 한다. 타령이나 굿거리장단에 맞추어 덩실덩실 춤
을 추기도 한다. 이 사자놀이에는 대체로 사자 한 마리가 나오는데, 지방에 따라서는 두 마리도 나온다. 왕년에
경주지방에서 축사연상의 주원으로서 행하여졌던 사자놀이에는 두 마리의 사자가 나와 싸우며, 하회가면극(河
回假面劇)에도 두 마리가 나와 싸운다. 조선시대에 간행된 『화성성역의궤(華城城役儀軌)』의 '낙성연도(落成
宴圖)'에는 3명의 몰이꾼이 사자와 범 한 마리씩을 놀리는 장면을 볼 수 있다. 1887년(고종 24) '성천잡극(成川
雜劇)'이라는 사자무를 시용(始用)하였다는 필사본 기록에는, '악기만방녕(樂氣萬方寧)'의 곡(영산회상)에 사
자 두 마리가 풍류를 따라서 몸을 흔들고 뛰어나간다. 이 사자들은 동과 서로 나뉘어 북으로 향하여 머리를
들고, 입으로 땅을 두드리고, 눈을 번쩍이며 일어난다. 풍류장단에 맞추어 꼬리를 휘두르고 발로 뛰며 좌우로
돌아보고, 또 입을 벌리고 이빨을 딱딱거리며 나가고, 물고 돌아 즐거이 춤추다가 물러가며, 풍류도 그쳤다.'고
하였다.

10　[보정] 먹중 8인八人이 먼저 살작 등장登場하여 한편 구석에 모여 있을 때에 백사자白獅子 한 필匹이 설렁설
렁 들어온다 : 여덟 목이 먼저 등장하고 이어서 여덟 목 중에서 한 목이 '짐승 났소.'하고 외치면, 그 뒤에서

이 사자獅子는 두 사람이 전후前後에 서서 사자獅子에 전피全皮를
덮어 쓴 것[11]인데 흙으로 사자면獅子面의 모형模型을 만들어가지고
백지白紙[12]를 물에 적셔 이에 붙쳤다가 백지白紙가 마른 후後에 흙
을 빼버리고 그 지형紙型으로써 사자獅子의 면面으로 하고 무명이
나 광목廣木[13]으로써 사자獅子의 피皮처럼 만들어서 그 지형紙型에
대이고 꾸어맨 다음 백지白紙를 털처럼 가늘게 오려서 그 우에 붙치
고 그 면面에는 붉은 칠을 하고 금박金箔[14] 기타其他 회구繪具[15]로
써 눈섭, 수염을 그리고 두頭로부터 미尾까지 등의 중앙中央으로 푸
른 줄을 그린 일대백사一大白獅[16]이다.[17])

백사자가 한 필 등장한다. 임석재본에서는 아래와 같이 채록되었다. 그리고 '<馬夫는 먹중中 하나가 된다>'라
고 하고 '채록자 주'라고 각주를 달았다. 그러니까 여덟 목 중에서 한 목이 '마부'의 역할role을 담당하게 되는
것이다.

　　　먹중 八人 : (등장하며, 한편 구석에 適當히 느러 선다)
　　　馬夫 : (登場. <馬夫는 먹중中 하나가 된다> [필자;채록자 주] 큰 소리로 외친다) 짐생났오——.
　　　獅子 : (馬夫 뒤에서 어슬렁어슬렁 들어온다)
　김유경 연회본에서는 다음과 같다.
　　　마부 : <먹중들이 흥겹게 합동춤을 출 때 사자가 뛰어 나온다.
　　　　　　먹중들이 놀라서 도망하는데 한 먹중이 미쳐 피하지 목하고 잡아먹힌다. 사자는 잡아먹고 춤추면서
　　　　　　뒤꽁무니로 사람을 빼어서 퇴장시키고 한참 놀다 쉰다.>
　이같은 김유경 연회본 자료를 중시한다면 여덟 목이 등장하여 뭇둥춤을 추다가 사자가 등장하는 방식으로
전개되었을 것으로 추정된다.

11　[보정] 이 사자獅子는 두 사람이 전후前後에 서서 사자獅子에 전피全皮를 덮어 쓴 것 ; 앞뒤로 두 배우가 사
　　자피 안에 들어가 춤을 추도록 되어 있다는 것이다. 오청본의 '개설'에 보면 '獅子----前-李潤華 後-金振玉'
　　라고 하였다.
12　백지白紙 ; 닥나무 껍질로 만든 흰빛의 우리나라 종이를 말한다.
13　광목廣木 ; 무명실로 서양목처럼 넓이가 넓게 짠 베를 말한다.
14　금박金箔 ; 금이나 금빛 나는 물건을 두드리거나 압연하여 종이처럼 아주 얇게 눌러서 만든 것을 말한다.
15　회구繪具 ; 그림을 그리는 데 쓰는 물감이나 붓 따위를 통틀어 이르는 말이다.
16　일대백사一大白獅 ; 한 마리의 크고 흰 사자를 말한다.
17　[보정] 흙으로 사자면獅子面의 모형模型을 만들어가지고 백지白紙를 물에 적셔 이에 붙쳤다가 백지白紙가
　　마른 후後에 흙을 빼버리고 그 지형紙型으로써 사자獅子의 면면으로 하고 무명이나 광목廣木으로써 사자
　　子의 피皮처럼 만들어서 그 지형紙型에 대이고 꾸어맨 다음 백지白紙를 털처럼 가늘게 오려서 그 우에 붙치
　　고 그 면면에는 붉은 칠을 하고 금박金箔 기타其他 회구繪具로써 눈섭, 수염을 그리고 두頭로부터 미尾까지
　　등의 중앙中央으로 푸른 줄을 그린 일대백사一大白獅이다. ; 사자탈 제작법을 설명하고 있다. 흙으로 모형을
　　만들고, 백색 한지와 무명이나 광목을 이용하여 사자피를 제작한다. 붉은빛과 금빛으로 얼굴을 그리고, 등에는
　　푸른색 줄을 긋는다.
　　　　白獅子 ; 사자춤 장면은 우리춤의 외래설을 입증하려는 자료의 대표다. 그러나 흰 사자라는 점을 감안한다
　　　　　　　면 굳이 현존하는 사자라고 보아야할 까닭은 없다. 최치원의 '향악잡영(鄕樂雜咏)'의 '산예(狻猊)'
　　　　　　　를 염두에 둘 필요가 있다.

墨僧甲.[18]　　　　　(맨처음에 사자獅子의 출현出現을 보고)

　　　　　「즘생 났오.」

墨僧들.　　　「즘생이라니

　　　이것이 무슨 즘생이냐.

　　　노루 사슴도 아니요

　　　범도 아니로구나.」[19]

墨僧甲.　　　「어디 내가 한번 물어보자.

　　　　　　(사자獅子의 앞으로 가서)

　　　네가 무슨 즘생이냐.

　　　우리 조상祖上적부터

　　　보지 못한 즘생이로구나.

　　　그런대 노루냐.」

獅子.　　　　　(머리를 좌우左右로 설렁설렁 흔들어 부정否定한다.)

　　　　　[참고] 최치원 '향악잡영' 산예
　　　　　　　遠涉流沙萬里來　　멀리 유사를 건너 만리를 오니
　　　　　　　毛衣破盡着塵埃　　털은 다 빠지고 먼지로 뒤덮였네.
　　　　　　　搖頭掉尾馴仁德　　머리를 흔들고 꼬리를 치며 인덕(仁德)을 가르치네.
　　　　　　　雄氣寧同百獸才　　웅혼한 기상과 안녕은 백수의 재목이라.

　상상의 동물인 '산예'의 형상과 '사자'의 형상 사이에서 혼재 현상이 일어난 것으로 추측된다.『청장관전서(靑莊館全書)』의 다음과 같은 기사가 이를 방증하여 준다. '경복궁(景福宮) 어구(御溝)의 곁에 누워 있는 석수(石獸)가 있다. 얼굴은 새끼 사자 같은데 이마에 뿔이 하나 있으며 온 몸에는 비늘이 있다. 새끼 사자인가 하면 뿔과 비늘이 있고, 기린인가 하면 비늘이 있는 데다 발이 범과 같아서 이름을 알 수 없다. 후에 상고해 보니, 남양현(南陽縣)의 북쪽에 있는 종자비(宗資碑) - 종자(宗資)의 비. 종자는 후한(後漢)의 남양현(南陽縣) 안중(安重) 사람으로 벼슬이 여남 태수(汝南太守)에 이르렀다. 《後漢書 卷67 范滂傳》 - 곁에 두 마리의 석수(石獸)가 있는데, 그 짐승의 어깨에 하나는 천록(天祿)이라 새겨져 있고, 하나는 벽사(辟邪)라 새겨져 있다. 뿔과 갈기가 있으며 손바닥만한 큰 비늘이 있으니 바로 이 짐승이 아닌가 싶다. 지화(至和 송 인종의 연호, 1054~1055) 연간에 교지(交趾)에서 기린을 바쳤다. 모양은 소와 같으나 크며 큰 비늘이 있고 뿔이 하나 있었다. 심존중(沈存中 존중은 송(宋) 나라 심괄(沈括)의 자)은 이를 보고 기린이 아니라 천록(天祿)이라 하였다. 남양(南陽)에 있는 송균(宋均)의 묘 앞에도 두 마리의 석수(石獸)가 있는데 모양은 영양(羚羊) 같다. 왼쪽의 것에는 천록이라 새겼고 오른쪽 것에는 벽사(辟邪)라 새겨 있으니 이는 같은 동물로서 두 가지 이름이 있는 것인 듯싶으나 자세히 알 수 없다. 남별궁(南別宮)에도 이러한 짐승이 하나 있는데 바로 경복궁에서 옮겨 놓은 것이다.'

18　묵승갑墨僧甲 ; 이두현본에서는 목승 중 한 명이 마부가 되는 것으로 채록되었다. 이렇게 보면 여기서는 '墨僧甲'이 마부의 역할을 맡는다. 이러한 사실은 보다 심도 있는 연구가 요청된다. 즉 등장인물기호가 그 인물의 성격을 대변해준다는 입장을 염두에 둔다면, 여기서 등장인물 기호를 '마부'로 볼 것인가 '墨僧甲'으로 볼 것인가 하는 문제가 남는다.

19　[보정] 이 대목은 '수수께끼식 문답'으로 전개된다.

墨僧甲.	「사슴이냐.」

獅子.　　　　　　(머리를 좌우左右로 설렁설렁)

墨僧甲.　　　「그러면 범이냐.」

獅子.　　　　　　(머리를 좌우左右로 설렁설렁)

墨僧甲.　　　「옳다, 알겠다,

　　　　　　　　예로부터 성현聖賢²⁰이 나면 기린麒麟²¹이 나고

　　　　　　　　군자君子가 나면 봉鳳²²이 난다드니

　　　　　　　　우리 스님이 나셨으니

　　　　　　　　네가 분명分明히

　　　　　　　　기린麒麟이구나.²³」

獅子.　　　　　　(머리를 좌우左右로 설렁설렁)

墨僧甲.　　　「이것 야단났구나.」

墨僧들.　　　「이것 참 야단났다.」²⁴

20　성현聖賢 ; 성인(聖人)과 현인(賢人)을 아울러 이르는 말이다.

21　기린麒麟 ; 털은 오색이고 이마에 뿔이 하나 돋아 있으며, 사슴의 몸에 소의 꼬리, 말과 같은 발굽과 갈기를 가지고 있는 것으로 알려진 상상의 동물이다. 용·거북·봉황과 함께 사령(四靈)이라 하며, 상서로운 동물로 인식되었다.

22　봉鳳 ; 상서롭고 고귀한 뜻을 지닌 상상의 새다. 고대 중국에서 신성시했던 상상의 새로 기린·거북·용과 함께 사령(四靈)의 하나로 여겼다. 수컷을 봉(鳳), 암컷을 황(凰)이라고 하는데 그 생김새는 문헌에 따라 조금씩 다르게 묘사되어 있다. 『설문해자(說文解字)』에는 봉의 앞부분은 기러기, 뒤는 기린, 뱀의 목, 물고기의 꼬리, 황새의 이마, 원앙새의 깃, 용의 무늬, 호랑이의 등, 제비의 턱, 닭의 부리를 가졌으며, 오색(五色)을 갖추고 있다고 하였다. 『악집도(樂汁圖)』에는 닭의 머리와 제비의 부리, 뱀의 목과 용의 몸, 기린의 날개와 물고기의 꼬리를 가진 동물로 봉황의 모양을 묘사하고 있다. 『주서(周書)』에는 봉의 형체가 닭과 비슷하고 뱀의 머리에 물고기의 꼬리를 가졌다고 하였다. 봉황은 동방 군자의 나라에서 나와서 사해(四海)의 밖을 날아 곤륜산(崑崙山)을 지나 지주(砥柱)의 물을 마시고 약수(弱水)에 깃을 씻고 저녁에 풍혈(風穴)에 자는데, 이 새가 세상에 나타나면 천하가 크게 안녕하다고 한다. 그래서 봉황은 성천자(聖天子)의 상징으로 인식되었다. 천자가 거주하는 궁궐 문에 봉황의 무늬를 장식하고 그 궁궐을 봉궐(鳳闕)이라고 했으며, 천자가 타는 수레를 봉연(鳳輦)·봉여(鳳輿)·봉거(鳳車)라고 불렀다. 중국에서 천자가 도읍한 장안(長安)을 봉성(鳳城)이라 하였고 궁중의 연못을 봉지(鳳池)라고 불렀다. 이처럼 봉황이 천자의 상징이 된 까닭은 봉황이 항상 잘 다스려지는 나라에 나타난다고 믿어 천자 스스로가 성군(聖君)임을 표방한 데 연유한다.

23　[보정] 예로부터 성현聖賢이 나면 기린麒麟이 나고 군자君子가 나면 봉鳳이 난다드니 우리 스님이 나셨으니 네가 분명分明히 기린麒麟이구나 ; 옛날부터 성현이 태어나고자 하면 먼저 기린이 나타나고 군자가 태어나고자 하면 봉황이 나타난다고 하더니 우리 스님이 나셨으니 네가 분명히 기린이로구나. 한편 기린이 나면 성현이 태어나고 봉황이 나면 군자가 태어난다고도 한다. 여기서 사자를 기린이라고 오답을 한 이유는 노승을 군자라고 본 것 때문이다.

24　墨僧甲. 「이것 야단났구나.」 / 墨僧들. 「이것 참 야단났다.」 ; 사자의 정체를 알 수 없어서 야단났다는 말이다.

(묵승墨僧 8인八人이 모다 대소동大騷動을 일으킨다.)[25]

墨僧甲. 「옳다 알겠다.

제齊나라 때 전단田單이가

소에다가

사람에 가장假裝을 시켜

수만數萬의 적군敵軍을 물리쳤다더니

그러면

우리가 이렇게 떠드니까

전장戰場으로 알고 뛰여 들어온

소냐.[26]」

獅子. (머리를 좌우左右로 설렁설렁)

---

25 (묵승墨僧 8인八人이 모다 대소동大騷動을 일으킨다.) ; 아래의 임석재본의 채록을 참고하여 보면 출현한 사자에 대하여 제각기 한 마디 하면서 야단법석을 떠는 대목이다.
  먹중 : 이것도 아니라, 저것도 아니라니, 이거 참 야단 났구나.
  먹중들 : 이거 참 야단났구나. (一同 제각기 떠들며)(야단 법석한다)

26 제齊나라 때 전단田單이가 소에다가 사람에 가장假裝을 시켜 수만數萬의 적군敵軍을 물리쳤다더니 그러면 우리가 이렇게 떠드니까 전장戰場으로 알고 뛰여 들어온 소냐. ; 전단(田單)이 연나라를 상대로 싸워 승리했던 역사적 사건을 두고 이른 것이다. 田單(전단)은 제(齊)나라의 명장이자 공족의 후예다. 연나라 장수 악의(樂毅)가 이끄는 5국 연합군의 총공격에 의해 제나라의 70여 개 성읍(城邑)이 한꺼번에 함락되는 전무후무한 국란을 겪을 당시 즉묵(卽墨) 태수를 역임하면서 망국 직전의 제나라를 지키기 위해 고군분투했다. 세자 법장(法章)이 거주(莒州) 땅에 피신해 있는 사실을 알고 그를 영입해 양왕(襄王)으로 즉위시켰다. 그후 참소와 유언비어에 의해 당대의 명장 악의가 연나라로 소환되고 기겁(騎劫)이 제나라에 주둔하게 되자 그 틈을 타 신묘한 작전으로 연나라 군사를 대패시켰다. 이에 호응하여 제나라 70여 개 성이 일제히 독립함으로써 연나라 세력을 제나라에서 완전히 축출하는 데 특등 공신이 됨. 제나라를 수복하고 수도 임치(臨淄)에 입성한 후에도 양왕을 도와 국정을 훌륭하게 운영하였다. [참고] 사기 전단열전(田單列傳) ; 전단은 성 안에서 소 1천여 마리를 모아 붉은 비단 옷을 만들어, 거기에 오색으로 용무늬를 그려 소에게 입혔다. 또한 칼날을 쇠뿔에 붙들어 맨 다음, 갈대를 쇠꼬리에 매달아 기름을 붓고 갈대 끝에 불을 붙였다. 그리고는 성벽에 수십 개의 구멍을 뚫어 밤을 틈타 구멍으로 소를 내보내고, 장사 5천명이 소 뒤를 따르게 했다. 소는 꼬리가 뜨거워지자 성이 나서 연나라 군중으로 뛰어 들어갔고, 연나라 군사는 한밤중에 크게 놀랐다. 쇠꼬리에 붙은 횃불은 눈이 부실 정도로 빛이 났는데, 연나라 군사가 자세히 보니 모두 용의 모습을 하고 있었고, 그것에 부딪치기만 하면 모두들 죽거나 부상을 당했다. 게다가 장사 5천명이 함매(銜枚) - 군사가 행진할 때에 떠들지 못하도록 군졸들의 입에 나무 막대기를 물리던 일. - 를 하고 돌격했고, 성 안에서는 북을 울리며 함성을 올렸으며, 노약자들도 모두 구리 그릇을 두들기며 성원을 했는데, 그 소리가 천지를 뒤엎는 것 같았다. 연나라 군사들은 크게 놀라 패해서 달아났다. 제나라 사람들은 마침내 연나라 장군 기겁(騎劫)을 죽여 버렸다. 연나라 군사는 허둥지둥 정신없이 계속 달아났다. 제나라 사람들은 도망가는 적을 추격했는데, 그들이 지나며 들른 성과 고을은 모두 연나라를 배반하고 전단에게로 귀순했다. 제나라는 날마다 병사가 불어나며 승기를 탔지만, 연나라는 하루하루 패해 도망만 가다가 결국 하상(河上)에 닿았다. 이리하여 제나라의 70여 성은 모두 제나라 것이 되었다.

墨僧甲.　　　「이것 참 야단 났구나.

　　　　　　하하. 그러면 이제야 알겠다.

　　　　　　당唐나라 때 오계국烏鷄國²⁷이 가므러서

　　　　　　온 백성百姓이 떠들 때에

　　　　　　국왕國王이 초빙招聘²⁸으로

　　　　　　너의 신통神通한 조화造化 다 부려서

　　　　　　단비를 나려주고

　　　　　　오계국왕烏鷄國王²⁹의 은총恩寵 입어

　　　　　　궁중宮中에 한거閑居³⁰하여

　　　　　　가진 영화榮華 다 보다가

　　　　　　궁중후원宮中後苑 유리정琉璃井³¹에

　　　　　　국왕國王을 생매生埋³²하고

　　　　　　3년三年 동안이나 국왕國王으로 변장變裝하여

　　　　　　부귀영화富貴榮華 누리다가

　　　　　　서천西天 서역국西域國³³으로

　　　　　　불경佛經을 구구求하러 가던

　　　　　　당삼장唐三藏³⁴의

　　　　　　보림사寶林寺³⁵에 유숙留宿할 제

27　오계국烏鷄國 ; 서유기에 나오는 나라 이름이다.
28　[보정] 초빙招聘 ; 여기서는 오계국왕이 도움을 청한 사실을 두고 한 말이다. 반어적 표현이 담겨 있다.
29　오계국왕烏鷄國王 ; '서유기' 등장인물이다. 도사로 변장한 요괴에게 당해 어화원(御花園)의 우물에 빠져 죽
　　는다. 용왕의 도움으로 시신 상태로 보존되어 있다가, 마침 길을 가다 보림사(寶林寺)에 묵은 삼장법사를 찾아
　　와 도움을 청한다. 삼장법사는 손오공으로 하여금 요괴를 물리치고 국왕을 되살리게 한다. 손오공은 태상노군
　　로부터 구전환혼단(九轉還魂丹)을 얻어와 국왕을 되살려낸다.
30　[보정] 한거閑居 ; 여기서는 하는 일없이 지냄을 뜻한다. 본래 한가하게 집에 있음을 말한다.
31　유리정琉璃井 ; 서유기에 나오는 우물 이름으로, 오계국왕이 갇혔던 곳이다.
32　생매生埋 ; 목숨이 붙어 있는 생물을 산 채로 땅속에 묻음을 뜻한다.
33　서천서역국西天西域國 ; 인도를 지칭한 것이다. '서천'은 부처가 태어나신 나라 즉 인도의 별칭이다. '서역'은
　　옛날 중국인이 중국의 서쪽에 있는 여러 나라를 부른 범칭으로, 곧 중국의 서쪽에 있는 총령(葱嶺)의 동서편에
　　있는 여러 나라를 통틀어 일컫는다. 또는 중국에서 부처님의 나라가 중국의 서쪽에 있으므로 서역(西域)이라
　　고도 한다.
34　당삼장唐三藏 ; 서유기에 나오는 삼장법사를 두고 이른 것이다. '당(唐)'은 중국을 통칭할 때에 쓰인다.
35　보림사寶林寺 ; 서유기에 나오는 절로 삼장법사가 묶은 곳이다.

생매生埋된 오계국왕烏鷄國王의 현몽現夢으로

삼장법사三藏法師[36]에 수제자首弟子[37]로

두솔천兜率天[38]에 행패行悖[39]하던

제천대성齊天大聖 손행자孫行者[40]에게

본색本色이 탄로綻露되야

구사일생九死一生 다라나서

문수보살文殊普薩[41]의 구호救護 받어

근근僅僅히 생명生命을 보존保存케 되야

---

36   삼장법사三藏法師 ; 불교 성전인 경장(經藏), 율장(律藏), 논장(論藏)에 모두 정통한 사람을 이르는 말이다. 삼장 비구(比丘) 또는 삼장 성사(聖師)라고도 부르며 줄여서 삼장이라고도 한다. 한 가지 장에 정통하기도 어려운 일이었으므로 삼장에 모두 정통한 법사란 극진한 존경의 뜻이 포함된 호칭이었다. 중국에서는 인도와 서역에서 불경을 들여와 한자로 번역하는 일에 종사하던 사람들을 역경삼장이나 삼장법사라고 불렀다. 가장 알려진 사람은 중국 최대의 번역승려인 현장이며 쿠마라지바와 진체(眞諦)도 삼장법사로 불렸다. 특히 현장이 천축(天竺)에서 불경을 들여온 일을 소설화한 '대당삼장취경시화(大唐三藏取經詩話)'와, 명나라 때의 장편백화소설인 '서유기(西遊記)'가 세상에 소개된 뒤부터는 손오공, 저팔계, 사오정 등을 제자로 삼아 천축으로 모험과 고난의 여행을 하는 구법승려인 현장을 일컫는 경우가 많다. 현장(玄奘)은 중국 당나라의 고승(高僧)으로 인도로 떠나 나란다 사원에 들어가 계현(戒賢:시라바드라) 밑에서 불교 연구에 힘썼다. 이후 중국으로 돌아와 인도 여행기인 '대당서역기(大唐西域記)'를 저술하였다.

37   수제자首弟子 ; 여러 제자 가운데 배움이 가장 뛰어난 제자를 말한다.

38   두솔천兜率天 ; 불교의 우주관에서 분류되는 천(天)의 하나. 미륵보살(彌勒菩薩)이 머물고 있는 천상(天上)의 정토(淨土)이다. 범어 듀스타(Tusita)의 음역으로서, 의역하여 지족천(知足天)이라고 한다. 즉, 이곳에 사는 무리들은 오욕(五欲)을 만족하고 있음을 뜻한다. 불교에서는 세계의 중심에 수미산(須彌山)이 있고, 그 산의 꼭대기에서 12만 유순(由旬) 위에 있는 욕계(欲界) 6천 중 제4천인 도솔천이 있다고 한다. 도솔천은 미륵보살의 정토(淨土)로서, 정토신앙과 밀접한 관계가 있다.

39   [보정] 행패行悖 ; 여기서는 손오공이 잔재주를 피움을 두고 이른 것이다.

40   제천대성齊天大聖 손행자孫行者 ; 손오공을 말한다. '행자'는 불도를 닦는 사람, 혹은 여러 곳의 성지(聖地)를 돌아다니며 참배하는 사람, 혹은 중이 되기 위하여 출가한 사람으로서 아직 계를 받지 못한 사람을 말한다. '제천대성齊天大聖'은 '서유기(西遊記)'의 주인공인 손오공이 스스로 붙인 봉호이다. 72가지의 변화술과 근두운, 여의봉을 가진 그는 처음 하늘나라에 불려가 마구간을 관리하는 필마온(弼馬溫)이라는 말단 벼슬을 받는데, 나중에 속았다는 것을 알고 다시 화과산의 원숭이 무리로 돌아가 하늘나라에 대항하면서 '제천대성'이라고 자처했다. 이것은 하늘나라 옥황상제와 동등한 위대한 신선이라는 뜻이다. 이후 그의 위세를 누르지 못한 옥황상제는 그 봉호를 승인해준다.

41   문수보살文殊普薩 ; 문수는 문수사리(文殊師利) 또는 문수시리(文殊尸利)의 준말로, 범어 원어는 만주슈리(Manjushri)이다. '만주'는 달다 [甘] , 묘하다, 훌륭하다는 뜻이고, '슈리'는 복덕(福德)이 많다, 길상(吉祥)하다는 뜻으로, 합하여 훌륭한 복덕을 지녔다는 뜻이 된다. 문수보살은 부처님이 돌아가신 뒤 인도에서 태어나 반야(般若)의 도리를 선양한 이로서, 항상 반야지혜의 상징으로 표현되어 왔다. 그는 '반야경'을 결집, 편찬한 이로 알려져 있고, 또 모든 부처님의 스승이요 부모라고 표현되어 왔다. 이는 '반야경'이 지혜를 중심으로 취급한 경전이고, 지혜가 부처를 이루는 근본이 되는 데서 유래된 표현이다.

문수보살文殊菩薩이 타고 다니던

사자獅子냐.[42]」

獅子.　　　　　(머리를 끄덕끄덕하여 긍정肯定한다.)

墨僧甲.　　「그러면 네가 무슨 일로

적하인간謫下人間[43]하였느냐.

---

42 [보정] 당唐나라 때 오계국烏鷄國이 가므러서 온 백성百姓이 떠들 때에 ~ 문수보살文殊菩薩이 타고 다니던 사자獅子냐. ; 오승은의 '서유기'에 나오는 한 장면을 원용한 것이다. 이같이 고사를 원용하는 일은 세계 사자 춤들의 공통점이기도 하다.

　　[참고] '서유기'
　　[전략] 일행이 다다른 월상동산(月上東山)에는 칙건보림사(敕建寶林寺)가 있었다. 삼장 일행은 나이 벌써 저물었으므로 이 절에서 하룻밤 묵어가기로 했다. 밤이 되자 오공과 발계, 오정은 모두 잠에 빠졌다. 삼장만이 혼자 탁자 앞에 앉아 조용히 경문을 외다가 밤이 깊어 삼경이 될 무렵에야 자신도 모르게 잠에 들었다.
　　삼장은 잠결에 임금의 복장을 갖추어 입은 사람이 다가오는 것을 보았다. 그 사람이 말했다.
　　"나는 오계국(烏鷄國)의 임금이오. 5년 전에 나라에 큰 가뭄이 들어 초목이 다 마르고 많은 백성이 굶어 죽는 일이 있었소. 그런데 어느 날 바람과 비를 부르는 도인 한 사람이 날 찾아왔소. 나는 그를 보고 기우제를 지내 달라고 청하였고 그 도사가 제단으로 올라가 기우제를 지내자 과연 큰 비가 내리더니 우리나라에 가뭄이 사라졌소. 나는 그의 은혜에 감사하기 위해 그와 의형제를 맺었소."
　　"형제가 되었군요."
　　"도인과 인연을 맺었으니 난 진심으로 기뻤소. 그를 정말 친형제 이상으로 아꼈지요."
　　"당연한 일이지요."
　　임금은 계속 말을 이었다.
　　"그렇게 이 년이 흘렀소. 그러다 삼 년 전 어느 봄날 나는 그 도인과 함께 꽃동산으로 봄나들이를 하러 나갔을 때의 일이오. 그 도인은 내가 방심하고 있는 틈을 노려 나를 유리정(琉璃井)으로 밀어 떨어뜨린 위 넓적한 돌판으로 우물 입구를 덮고 그 위에는 파초 나무 가지 심어 놓았소. 그리고는 내 모습으로 둔갑을 하더니 내 나라를 빼앗고 임금의 자리에 앉았소. 궁궐의 신하들은 그 도인이 나인 줄로 잘못 알고 있소이다."
　　"아, 그럴 수가? 임금의 자리를 탐내어 접근한 흉악한 놈이었구려."
　　"그렇소. 원통하기 그지없소."
　　"쯧쯧…. 정말 안 되었소이다."
　　삼장은 진심으로 위로하였다.
　　"그래서 하는 말이오……."
　　오계국의 임금은 삼장에게 그 요괴를 쫓아 줄 것을 부탁하고 백옥규(白玉圭)를 주며 말했다.
　　[중략]
　　오공이 여의봉을 들고 요괴의 머리를 내려치려는 순간 문수보살이 나타나 오공을 말렸다. 문수보살은 오공을 도와 요괴를 잡으려고 온 것이었다. 보살이 조요경을 거내 비추자 요괴는 순식간에 본래의 모습으로 돌아 갔다.
　　"모두들 수고하였다."
　　요괴는 다름 아닌 문수보살이 타고 다니던 푸른 털의 사자로 여래의 분부를 받고 오계국에 내려와 삼장과 제자들을 시험했던 것이다.
　　"그대들이 듣던 것보다 더 훌륭히 임무를 수행하고 있어서 흡족하구나."
　　삼장법사가 무릎을 꿇고 두 손을 모아 합장을 하자 오공을 비롯한 제자들도 일제히 삼장을 따라 했다. 보살은 목하 푸른 털 사자를 타고 하늘로 떠났다. 이튿날 삼장과 제자들은 오계국의 임금과 심하들과 작별 인사를 하고 다시 서천을 향해 발길을 재촉하였다. [후략]

43　적하인간謫下人間 ; 인간세계로 귀양 보내 짐을 말한다.

우리 스님 수도修道하여

온 세상世上이 지칭指稱키를 생불生佛[44]이라 일으나니

석가여래釋迦如來[45] 부처님의 명령命令 듣고

우리 스님 모시랴고

여기 왔나.」

獅子.　　　(머리를 좌우左右로 설렁설렁)

墨僧甲.　「그러면

네가 오계국烏鷄國에 있을 때에

실이목지소호悉耳目之所好[46]하며

궁심지지소락窮心志之所樂하여

인간人間의 가진 행락行樂, 마음대로 다 하다가[47]

44　생불(生佛) ; 살아 있는 부처라는 뜻으로, 덕행이 높은 승려를 이르는 말이다. 중생과 부처를 아울러 이르거나, 여러 끼를 굶은 사람을 비유적으로 이르기도 한다.

45　석가여래釋迦如來 ; 가비라국(迦毗羅國) 정반왕(淨飯王)의 맏아들로 석가모니(釋迦牟尼)를 이른다. 부처가 되시기 전에는 이름이 선혜(善慧), 도솔천(兜率天)에 계실 때에는 이름이 성선(聖善) 또는 호명대사(護明大士)였다. 여래는 산스크리트 '타타가타(tathāgata)'를 음역한 것으로 'tathā'는 '이와 같이', 'āgata'는 '왔다'의 뜻이다. 대승 불교에서 주로 진리를 체득하여 중생 제도를 위해 이 세상에 왔다는 의미로 사용되었다. 아울러 여래는 부처의 위대함을 나타내는 열 가지 칭호인 불십호(佛十號)의 첫째 명칭이다.

46　[보정] '悉耳目之所好'를 '尋耳目之所好'의 오류로 본 일부 자료는 잘못된 것이다.

47　[보정] 네가 오계국烏鷄國에 있을 때에 실이목지소호悉耳目之所好하며 궁심지지소락窮心志之所樂하여 인간人間의 가진 행락行樂, 마음대로 다 하다가 ; 푸른 사자인 네가 오계국에서 오계국왕으로 변장하여 귀와 눈에 좋은 바를 다하며, 마음과 뜻에 즐거운 바를 다하며, 인간의 갖은 즐거움 마음대로 다 하다가. 2세 황제가 조고(趙高)에게 한 말이다. 『사기』 이사열전(李斯列傳)에서 원용한 구절이다. 조고는 '지록위마(指鹿爲馬)' 고사의 주인공이다. [참고] 『사기』 이사열전(李斯列傳) ; 2세 황제가 한가할 적마다 조고(趙高)를 불러 함께 의논하였는데 '대저 사람이 태어나 세상에 살아 있는 시간은 비유하자면 여섯 마리의 준마가 끄는 수레가 뚫어진 틈을 지나가는 것과 같소. 나는 이미 천하에 군림하게 되었고, 귀와 눈에 좋은 바를 다하며, 마음과 뜻에 즐거운 바를 다하며, 이로써 종묘(宗廟)를 안정시키고 만백성을 기쁘게 하여, 천하를 오래도록 소유한 채, 나의 천수를 마치고 싶은데, 어떤 방법이 있겠소.' 라고 물었다. 조고는 대답하기를 '이것은 현명한 군주만이 누릴 수 있는 바이고, 어리석은 군주는 그럴 수 없는 바입니다. 제가 감히 도끼로 처형당함을 피하지 않고 말씀을 드립니다만, 폐하께서 조금이라도 이것을 유념해주십시오. 대저 사구(沙丘)에서의 음모를 여러 공자들과 대신들이 모두 의심하고 있는데, 여러 공자들은 모두 폐하의 형들이며, 대신들도 선제께서 등용하셨던 인물입니다. 이제 폐하께서 즉위하시자 그 무리들은 이 일을 못마땅하게 여겨서 모두 복종하지 않았으니, 변란을 일으킬까 두렵습니다. 그리고 몽염이 이미 죽었다고 하나, 몽의(蒙毅)는 군대를 이끌며 변방에 머물고 있습니다. 저는 전전긍긍하며 오로지 두려움을 떨쳐버리지 못하고 있습니다. 그러니 폐하께서 어찌 그러한 즐거움을 누리실 수 있겠습니까. 라고 하였다. 2세 황제가 '이 일을 어찌하면 좋겠소.' 라고 묻자, 조고는 '법을 엄하게 하고 형벌을 가혹하게 하여, 명령을 위배한 자에게는 연좌(連坐)하여 처단하고 일가족을 구속하도록 하십시오. 대신들을 멸하고 골육의 형제들을 멀리하십시오. 가난한 자를 부유하게 하고 천한 자를 존중하게 하십시오. 선제의 옛 신하들을

　　　　손행자孫行者에게 쫓기어서 천상天上으로 올라간 후後

　　　　문수보살文殊普薩 엄시하嚴侍下에 근근僅僅히 지내다가[48]

　　　　우리가 이렇게 질탕이 노는 마당

　　　　유량嚠喨[49]한 풍악風樂소리 천상天上에서 반겨듣고

　　　　우리와 가치 한바탕

　　　　노라보려고 나려왔나.」

獅子.　　　　（머리를 좌우左右로 설렁설렁）

墨僧甲.　　「그러면 네가

　　　　가왕假王[50] 노릇 3년三年 동안

모두 제거하시고, 폐하께 신망을 주는 자로 대체하시어 가까이하십시오. 이렇게 하시면 잠재된 덕이 폐하께 모이고, 해로운 것이 제거되면 간사한 계략이 방지될 것이며, 여러 신하들 가운데 폐하의 두터운 은덕을 입지 않은 자가 없게 되어, 폐하께서는 베개를 높이 하고 마음껏 즐기실 수 있습니다. 이보다 나은 계책은 없을 것입니다.' 2세 황제는 조고의 말을 옳다고 여기고 이에 법률을 바꾸었다. 그리하여 여러 신하들과 공자들 중에 죄를 지으면 조고에게 맡겨서 죄를 조사하고 처형하도록 하였다. 이렇게 하여 대신 몽의 등이 죽었고, 공자 12명이 함양의 시장 바닥에서 죽었으며, 공주 10명도 두현(杜縣)에서 사지(四肢)가 찢겨 죽었다. 재산은 모두 관청에 몰수되었고, 연루된 자도 이루 다 헤아릴 수 없었다. 공자 고(高)는 도망가려다가 가족이 구속되는 것이 두려워서, 이에 상서(上書)를 올렸다. 二世燕居, 乃召高與謀事, 謂曰:「夫人生居世閒也, 譬猶騁六驥過決隙也. 吾旣已臨天下矣, 欲悉耳目之所好, 窮心志之所樂, 以安宗廟而樂萬姓, 長有天下, 終吾年壽, 其道可乎」高曰:「此賢主之所能行也, 而昏亂主之所禁也. 臣請言之, 不敢避斧鉞之誅, 願陛下少留意焉. 夫沙丘之謀, 諸公子及大臣皆疑焉, 而諸公子盡帝兄, 大臣又先帝之所置也. 今陛下初立, 此其屬意怏怏皆不服, 恐爲変. 且蒙恬已死, 蒙毅將兵居外, 臣戰戰栗栗, 唯恐不終. 且陛下安得爲此樂乎」二世曰:「爲之柰何」趙高曰:「嚴法而刻刑, 令有罪者相坐誅, 至收族, 滅大臣而遠骨肉;貧者富之, 賤者貴之. 盡除去先帝之故臣, 更置陛下之所親信者近之. 此則陰德歸陛下, 害除而姦謀塞, 群臣莫不被潤澤, 蒙厚德, 陛下則高枕肆志寵樂矣. 計莫出於此.」二世然高之言, 乃更爲法律. 於是群臣諸公子有罪, 輒下高, 令鞠治之. 殺大臣蒙毅等, 公子十二人僇死鹹陽市, 十公主矺死於杜, 財物入於縣官, 相連坐者不可勝數. [참고]『사기』진시황본기(秦始皇本紀);8월 기해일에 조고는 반란을 일으키고자 했으나 군신들이 듣지 않을까 염려되자, 먼저 시험해보기 위해서 이세에게 사슴을 바치며 말하기를 '말[馬]입니다.' 라고 하였다. 이세는 빙그레 웃으며 '승상이 틀렸을 게요. 사슴을 말이라고 하는구려.' 라고 말하고는 주변의 군신들에게 물으니, 어떤 사람은 묵묵히 있으면서 대꾸를 하지 않았고, 어떤 사람은 말이라고 대답하여 조고에게 아부했으며, 또 어떤 사람은 사슴이라고 말하였다. 조고는 은밀하게 사슴이라고 말한 사람을 법을 빙자하여 모함하였다. 이와 같은 일이 있은 다음, 군신들은 모두 조고를 두려워하였다.

48　[보정] 손행자孫行者에게 쫓기어서 천상天上으로 올라간 후後 문수보살文殊普薩 엄시하嚴侍下에 근근僅僅히 지내다가;손오공에게 쫓기어서 하늘로 올라 간 후에 문수보살의 엄한 가르침을 받으며 근근이 지내다가. 이 문맥은 '서유기'의 사건과 순서가 다르다. '서유기'로 보면 사건은 본래 '문수보살의 엄한 가르침을 받으며 지냄', 그러다가 '문수보살의 분부로 삼장과 오공을 시험하는 중에 '손오공에게 쫓김', '문수보살을 태우고 하늘로 올라감'의 순서다. 하릴없이 지냈음을 강조하기 위하여 사건의 전개 순서를 바꾸어 놓은 듯하다.

49　유량嚠喨;음악 소리가 맑으며 또렷함을 이른다.

50　가왕假王;가짜 임금을 뜻한다.

　　　　　　　소해진주小海珍珠⁵¹ 다 먹다가

　　　　　　　인간음식人間飲食 취미趣味 부쳐

　　　　　　　다시 한번 맛보려고 왔느냐.」

獅子.　　　　　(머리를 좌우左右로 설렁설렁)⁵²

墨僧甲.　　　　(화가 나서)

　　　　　「그러면 네 어미 아비를 잡아 먹으려왔느냐.」⁵³

　　　　　　(하며 막대기로 사자獅子에 머리를 때린다.

　　　　　　사자獅子는 대노大怒 하여 장내場內로 뛰여다니며 묵승墨僧 갑甲

　　　　　　을 잡아먹으려고 한다.

　　　　　　묵승갑墨僧甲은 쫓겨 다니다가 마츰내 사자獅子에게 잡아먹히고 만다.)⁵⁴

　　　　　　(사자獅子의 복중腹中으로 들어갔던 묵승갑墨僧甲은 한참 있다가

　　　　　　사자獅子의 꼬리 밑으로 살작 나와서 사자獅子의 복중腹中에서 본

　　　　　　것을 재담才談⁵⁵하는 일도 있고 이를 약략略하는 때도 있는데 이번엔

　　　　　　후자後者의 예例에 의依한 것이다.⁵⁶)⁵⁷

51　소해진주小海珍珠 ; '산해진미(山海珍味)'의 잘못이다. 산과 바다에서 나는 온갖 진귀한 물건으로 차린 맛이 좋은 음식을 말한다. 오청본에서는 '山珍海味'라고 채록되었다.

52　[보정] 임석재본에서는 긍정한다.

53　[보정] 墨僧甲. (화가 나서) 「그러면 네 어미 아비를 잡아 먹으려왔느냐.」 ; 정체를 알 수 없어 끝내는 욕설을 퍼붓는 대목이다.

54　[보정] (하며 막대기로 사자獅子에 머리를 때린다. 사자獅子는 대노大怒 하여 장내場內로 뛰여다니며 묵승墨僧 갑甲을 잡아먹으려고 한다. 묵승갑墨僧甲은 쫓겨 다니다가 마츰내 사자獅子에게 잡아먹히고 만다.) ; 김유경본에서는 묵승을 먼저 잡아먹고 이 대목이 시작된다.

55　재담才談 ; 익살과 재치를 부리며 재미있게 이야기 하거나, 또는 그런 말을 이른다.

56　[보정] 이번엔 후자後者의 예例에 의依한 것이다 ; 여기서는 생략하였다는 기사다. 어떠한 연유인지는 미상하다.

57　[보정] 사자獅子의 복중腹中으로 들어갔던 묵승갑墨僧甲은 한참 있다가 사자獅子의 꼬리 밑으로 살작 나와서 사자獅子의 복중腹中에서 본 것을 재담才談하는 일도 있고 이를 약략略하는 때도 있는데 ; 이 기사는 연출법을 제시한 것이다. 임석재본에는 다음과 같이 채록되었다.

　　　먹중 : 화를 내어) 그러면 네 에미에비 먹으려 왔느냐. (하고 막대기로 獅子의 머리통을 때린다)

　　　獅子 : (크게 怒하여 場內를 이리 뛰고 저리 뛰며 먹중을 잡아 먹으려 한다)

　　　먹중 一同 : (獅子에게 쫓기어 이리 逃亡치고 저리 逃亡치고 한다)

　　　먹중 하나 : (獅子에게 잡혀 먹힌다) (한참만에 獅子의 꼬리쪽으로 살짝 빠져 나온다. 그리하여 사자의 뱃속에서 본 것을 여러가지로 재미있게 才談을 한다. 또는 略하는 수도 있다. 여기에는 略한다.)

　　이 기사는 '복중(腹中) 모티프' 혹은 '동굴 모티프'와 관련하여 연구할 필요가 있다고 본다. '동굴'과 '복중'은 재생의 상징이다. [참고] 「호랑이 뱃속으로 들어갔다 나온 사람」 ; 옛날에 호랑이 담배 필적에 보따리장수 하나가 보따리를 짊어지고 큰 태산준령을 넘어가고 있었다. 그런데 갑자기 여산대호가 나타나 보따리장수를 꿀꺽 삼켜 버렸다. 여산대호에게 삼켜져 뱃속으로 들어가게 된 보따리장수는 일단 보따리를 풀어놓고 앉았다. 보따

墨僧乙.	(사자獅子를 가르치며 크게 공포恐怖하여 다른 먹중들을 보고)「저 놈이 우리 중을 잡아먹을 적에는 우리가 아마도 스님을 꾀였다고 우리들을 다 잡아 먹으랴는 모양이다.」
墨僧들.	「아마도 그럴 모양이야.」
	(여러 먹중들이 모다 공포恐怖하여 대소동大騷動을 한다.)
墨僧丙.	「그러니 다시 한번 무러 보아서 그렇다고 하면 우리들이 마음과 행실을 고쳐야 할 것이 아니냐.」
墨僧들.	「그래, 그래, 네 말이 옳다.」
墨僧丙.	「그러면 내가 한번 자세仔細히 무러 보고 올라.」
	(사자獅子의 앞으로 가서)
	「여봐라[58] 사자獅子야, 내말 들어봐라
	우리 스님 수도修道하여 온 세상世上이 생불生佛이라 일으드니
	우리가 음탕淫蕩한 길로 꾀여내여
	파계破戒가 되셨다고
	석가여래釋迦如來 부처님이 우리들을 징계懲戒키로
	이 세상世上에 너를 보내시드냐.」
獅子.	(머리를 끄덕끄덕한다.)
墨僧丙.	「그러면 너는 우리들을 한 사람도 남기지 않고 다 잡아 먹으랴느냐.」
獅子.	(머리를 끄덕끄덕한다.)
	(여러 먹중들이 한데 모여서 벌벌 떨며 떠든다.)

리장수는 캄캄하여 아무 것도 보이지 않는 것이 답답하였다. 잠시 후 또 한 사람이 뱃속으로 쑥 들어왔다. 그 사람은 사기장수였다. 사기장수는 사기를 짊어지고 가다가 여산대호에게 먹혀 뱃속으로 들어온 것이었다. 사기장수도 사기 짐을 벗어 놓고 앉았다. 두 사람은 캄캄한 호랑이 뱃속에 앉아서 손으로 주위를 더듬다가 호랑이의 기름막을 발견하였다. 그래서 호랑이의 기름막을 떼어다가 연료로 삼고 종이로 심지를 만든 다음 사기장수의 사기그릇에 놓고 불을 붙였다. 두 사람이 불을 밝혀 놓고 보니 호랑이 뱃속에 모여 있는 장사꾼이 넷이었다. 네 사람은 심심하니 투전이나 하자고 하였다. 그래서 네 사람은 모여 앉아 투전을 하기 시작하였다. 호랑이는 뱃속에 있는 장사꾼들이 불을 밝히고 투전까지 하자 뱃속이 뜨겁고 아파 설사를 하기 시작하였다. 호랑이가 똥을 누려고 하니 똥구멍을 통해서 밖의 환한 빛이 들어왔다. 네 사람은 똥구멍을 통해 밖을 내다보다가 호랑이의 꼬리를 발견하고 얼른 잡아채어 힘껏 잡아당겼다. 그 바람에 호랑이는 가죽이 벗겨져 죽고 말았다. 호랑이 뱃속에서 나온 네 사람은 호랑이의 가죽과 고기를 팔아 나눠 가지고 잘 살았다. –『양주군지』

58   여봐라 ; ‘여봐라’다. ‘여기 보아라’의 뜻으로 손아랫사람을 부르거나 주의를 불러일으키는 소리다.

墨僧丁.　　　「우리들이야 무슨 죄罪가 있느냐. 실상實狀은 취발醉發이가 우리 스님
　　　　　　　을 시기하야 그렇게 만든 것이 아니냐. 그러면 우리들은 이왕已往 잘못
　　　　　　　한 것을 씻어 바리고 곧 회개悔改하잤구나.」

墨僧들.　　　「그렇다. 네 말이 옳다. 어서 회개悔改하자.」

　　　　　　　(여러 묵승들이 서로 회개悔改하기로 맹서盟誓한다.)

墨僧丙.　　　(사자獅子의 앞으로 다시 가서)「사자獅子야, 너의 온 뜻을 잘 알았
　　　　　　　다. 우리는 회개悔改하여 이제부터는 부처님을 잘 섬길 터이니 우리
　　　　　　　들의 이왕已往 잘못한 것을 용서容恕하여다오. 그리고 마즈막으로
　　　　　　　너도 우리와 함께 춤이나 한번 추고 헤여지잤구나.」[59]

59　[보정] 墨僧丙. (사자獅子의 앞으로 다시 가서)「사자獅子야, 너의 온 뜻을 잘 알았다. 우리는 회개悔改하여
이제부터는 부처님을 잘 섬길 터이니 우리들의 이왕已往 잘못한 것을 용서容恕하여다오. 그리고 마즈막으로
너도 우리와 함께 춤이나 한번 추고 헤여지잤구나.」; 이 자료에는 사자의 춤이 실현되지 않고 있다. 이두현본
을 보면 다음과 같이 채록되었다.
　　　마부 : 그러면 헤어지는 이 마당에서 저런 좋은 음률에 맞춰 춤이나 한자리 추고가는 것이 어떻냐?
　　　사자 : (긍정)
　　　마부 : 좋아 그러면 무슨 춤으로 출랴는지 네 형편을 알아보겠다 긴영산으로 출랴느냐? 아니야 그럼 도도
　　　　　　리를 출랴느냐? 그것도 아니야 옳다 이제야 알갓다 타령으로 출랴느냐? ―낙양동천이화정― (사자
　　　　　　와 같이 한참 타령곡으로 추다가) 쉬이 (장단 그치고 사자 그자리에 앉는다) 아깐 타령으로 쳤지만
　　　　　　이번엔 굿거리로 한번 추는것이 어떠냐?
　　　사자 : (좋다고 한다)
　　　마부 : 아 좋아 ―덩덩 덩덕꿍― (굿거리 곡으로 한참 추다가 사자를 데리고 퇴장한다)
　　이두현본에 따르면 사자는 도도리와 굿거리 장단에 맞추어 두 차례 춤을 춘다. 아래 김유경 연희본에서도 유
사하다.
　　　마부 : 옳지!
　　　　　　그러면 우리 헤어지는 이 마당에 이런 좋은 풍악에 맞추어 한거리 놀고 가는 것이 어떠하냐?
　　　사자 : <긍정>
　　　마부 : 옳지! 옳지!
　　　　　　긴 영상으로 출려느냐?
　　　사자 : <부정>
　　　마부 : 아니야?
　　　　　　옳지 알겠다. 네가 타령으로 출려고 하는구나.
　　　사자 : <긍정>
　　　마부 : 옳지! 옳지!
　　　　　　낙양 동천 이화정 (洛陽 洞天 梨花亭)
　　　　　　<사자는 타령곡에 맞추어 춤추고 마부도 채칙을 흔들며 돈다.
　　　　　　한참 뒤에 마부가 사자를 세우고>
　　　　　　쉬이!
　　　　　　춤 자알 추었다.
　　　　　　타령으로 추었으니 이제는 굿거리로 한번 놀아 봄이 어떠하냐?

獅子.   (머리를 *끄덕끄덕*한다.)

(이로부터 사자獅子는 여러 먹중들과 함께 타령곡打鈴曲의 장단長短에 맞후어 쾌활快活한 춤을 한참 춘 다음 각각各各 동시同時에 퇴장退場한다.)[60]

사자 : 〈궁정〉
마부 : 덩덩 덩더꿍
〈굿거리에 맞추어 한참 놀다 퇴장한다〉
이렇게 두 자료를 참고해 보면 도도리 타령과 굿거리 장단에 맞춘 두 차례에 걸친 사자춤이 실현되었을 것으로 본다.

60 [보정] (이로부터 사자獅子는 여러 먹중들과 함께 타령곡打鈴曲의 장단長短에 맞추어 쾌활快活한 춤을 한참 춘 다음 각각各各 동시同時에 퇴장退場한다.) ; 타령곡 장단에 쾌활한 춤으로 전개된다. 이 대목이 임석재본에서는 다음과 같이 채록되었다.
        먹중 Ⅱ : 꿍 떡 (이 말이 나자 音樂이 演奏된다. 먹중 八人과 獅子, 한데 어울려 各各 長技의 춤을 추다가 全員 退場)
    즉 '먹중 Ⅱ'의 악을 시작하라는 '꿍 떡'이 더 있다. 그리고 각 목은 '장기의 춤'을 춘다는 점이 다르다.

7. '제육과장 양반무'의 복원

제육과장第六科場 양반무兩班舞[1]

이 장면場面은 양반兩班의 비부婢夫[2] 말둑이[3]가 주역主役이 되야 시골 양반兩班의 생활상生活相을 자미스럽게[4] 풍자표현諷刺表現하는 것[5][6]으로서 마츰내 그 위威로써 방탕무뢰放蕩[7]無賴[8]한 취발醉發을 체포逮捕하는 것이다. 그러나 전5과장前五科場과는 별개別個의 것인 듯하다.[9]

---

1 제육과장第六科場 양반무兩班舞 ; 오청본에서는 '第六場 兩班舞'라고 채록되었다. 그리고 '이 장면은 양반의 비부 말둑이가 주역이 되어 시골 양반의 생활상을 재미스럽게 풍자 표현하는 것으로써 마침내 그 위로써 방탕무뢰한 취발을 체포하는 것이다. 그러나 전 오장과는 별개의 것인 듯하다' 라고 부기 되어 있다. 이러한 기사가 지금까지 이 장면의 주제로 치부되어왔다. 그러나 이는 연출법이 될지언정 주제가 될 수는 없다.

2 비부婢夫 ; 여자 종의 남편을 말한다.

3 말둑이 ; 보통 '말뚝이'라고 한다. 여기서는 원문 그대로를 활용토록 한다.

4 자미스럽게 ; 재미있게. '자미'는 재미의 잘못이다. 관용적으로 쓰이기도 한다.

5 [보정] 풍자표현諷刺表現하는 것 ; 여기서는 '해학적 표현'이라는 의미로 쓰인 듯하다. 즉 이 장면은 풍자가 가지고 있는 '폭로성'이나, '고발성'까지 내포되었다고 보기는 어렵다.

6 [보정] 이 장면場面은 양반兩班의 비부婢夫 말둑이가 주역主役이 되야 시골 양반兩班의 생활상生活相을 자미스럽게 풍자표현諷刺表現하는 것 ; 연출법을 지시한 것이다. 이 장면의 주제와는 거리가 있다.

7 방탕放蕩 ; 주색잡기에 빠져 행실이 좋지 못함을 뜻한다. 혹은 마음이 들떠 갈피를 잡을 수 없음을 뜻하기도 한다.

8 무뢰無賴 ; 성품이 막되어 예의와 염치를 모르며 함부로 행동하는 사람을 말한다.

9 [보정] 전5과장前五科場과는 별개別個의 것인 듯하다 ; 전 오장은 '사자무(獅子舞)'를 말하는데, '별개의 것'이라고 기사한 연유가 어디에 있는지 살필 일이다. 이 장면에 취발이가 등장하는 문제는 심도 있는 연구가 필요하다. 앞의 장면과 별개의 것이라고 하였다는 점과 관련하여야 한다. 한편 김일출본에는 취발이의 등장은 없고 다음과 같이 채록되었다.

　　○ 이 때 소무는 타령곡 반주에 춤을 추면서 탈판 중앙으로 나타난다. 맏량반은 이것을 보고 타령곡에 맞추어 춤을 추고 얼려 가면서 싸고 돈다. 그 때에 포도비장이 등장하여 소무를 자세히 바라보며 웬놈이 춤을 추는가 하고 보니, 그것은 곧 량반이였다. 그 때 포도비장이 량반을 탁 친다. 량반이 서서 포도비장을 바라본 즉 상놈인지라, 창피는 하지만 소무에 대한 욕심으로 한 번 더 소무를 싸고 돌다가 또 포도비장에게 얻어 맞고, 이제는 대 창피를 당하고 량반은 퇴장한다. 포도비장과 소무가 남아서 춤을 춘다.

'양주산대놀이'의 1957년본 '9. 科場의 捕盜部長 놀이'는 정현석의 교방제보에 기사된 '승무'의 양상과 매우 흡사하다.

(말둑이는 붉은 빗갈에 짧은 웃옷을 입고 울룩불룩한 검붉은 탈[10]을 쓰고 머리에는 흑색黑色 말둑벙거지[11]를 쓰고 바른편便 손에는 챗죽을 쥐고 굿거리 장단에 맞후어 우수운 춤[12]을 추며 양반삼형제兩班三兄弟를 인도引渡하여 등장登場한다.)

(양반삼형제兩班三兄弟는 모다 점잖은 체로 발자최를 드문드문 띠며 갈지(지之)자字 거름[13]으로 말둑이 뒤를 따라 등장登場한다.[14]

---

10   울룩불룩한 검붉은 탈 ; 임석재본에서는 '울긋불긋한 검붉은 탈'로 채록되었다. '울긋불긋'은 짙고 열은 여러 가지 빛깔들이 야단스럽게 한데 뒤섞여 있는 모양을 말한다. '울룩불룩'은 물체의 거죽이나 면이 고르지 않게 매우 높고 낮은 모양을 말한다.

11   흑색黑色 말둑벙거지 ; '벙거지'는 전립(戰笠)을 말한다. '모자'를 속되게 이르는 말이다. '전립(戰笠)'은 조선 시대에, 무관이 쓰던 모자의 하나. 붉은 털로 둘레에 끈을 꼬아 두르고 상모(象毛), 옥로(玉鷺) 따위를 달아 장식하였으며, 안쪽은 남색의 운문대단으로 꾸몄다. '말뚝벙거지'는 벼슬아치나 양반들이 데리고 다니던 하인과 마부들이 머리에 쓰던 모자를 말한다. 말뚝전립이라고도 한다. 임석재본에서는 '검은 벙거지'로 채록되었다.

12   [보정] 우수운 춤 ; 정병호는, 이 장면의 춤장단은 굿거리를 주로 쓰며, '두어춤', '거드름춤', '발림춤' 등이 쓰인다고 한다.

[참고] 두어-춤은 가면극에서, 양반의 종 말뚝이가 양반을 희롱하는 몸짓을 표현하는 춤이다. 말둑이의 두어춤은 양반들을 돼지우리 속에 몰아넣는다고 해서 붙여진 이름이라고 한다. 거드름춤은 경기도 지방에 전해 오는 산대계(山臺系)의 대표적인 춤사위다. 이 춤은 깨끼춤과 쌍벽을 이루는 춤으로, 단조롭게 완만한 형태로 움직이는 느린 동작의 춤이다. '거드럭거린다', '거드름 피운다'라는 말의 의미와 함께 몸의 마디마디의 흥과 멋을 풀어 감듯이 꿈틀거리며 추는 이 춤은, 주로 6박의 긴 염불장단에 의해 노승 · 옴중 · 연잎 · 눈끔적이 · 상좌(上佐)와 같은 승려 성분의 역들에 의해 전형적인 의식무로 연출된다. 이 춤의 대표적인 동작의 종류와 형태 및 그 숨은 뜻은 다음과 같다.

① 팔뚝잡이 : 상좌와 옴중이 추며, 마치 술잔을 향불 위에 세 번 돌리고 제신(諸神)에게 바치듯이 한 팔뚝을 받들어 머리를 숙인 채 나머지 한 팔로 내밀면서 사방에 축원하는 동작이다.

② 고개끄덕이 : 옴중이 추며 장삼자락을 어깨너머로 넘기고 삼진삼퇴(三進三退)하면서 고개를 좌우로 살피듯 돌리면서 끄덕거리는 동작이다.

③ 사방치기 : 팔뚝잡이의 형식으로 상좌 · 옴중 · 노장이 추며, 사방의 축원과 잡신사기악신(雜神邪氣惡神)들을 차례로 쫓아내는 일종의 구나의식무(驅儺儀式舞)로, 긴 장삼자락을 머리 위로 펴면서 한 방향으로 돌아가며 사방에 재배하는 동작이다.

④ 용트림 : 옴중이 추며, 용이 세상 밖에 처음 나와서 이편저편의 세상 실정을 조심스럽게 돌아보듯 양팔을 펴들고 꿈틀거리는 동작이다.

⑤ 활개꺾기 : 학이 날개를 펴고 날아가듯 펼쳐진 일직선의 양팔을 한쪽씩 접어 올렸다 내렸다 하는 동작이다.

⑥ 활개펴기 : 팔뚝잡이동작 앞이나 뒤에 나오는 동작으로, 삼진삼퇴가 끝나고 방위를 바꿀 때 양팔을 활개 펴듯 펴서 거드름을 피우는 동작으로 완만하고 단조롭게 춘다.

이상과 같은 춤사위들로 구성된 이 춤의 특성은 삼진삼퇴의 전형적인 의식무에 축원의 형식을 띠고 있으며, 반드시 종반에는 거드름춤 그 자체로 끝나지 않고 장단이 바뀌면서 깨끼춤을 동반하고 있어 흥을 돋우어 주는 구실을 한다.

발림춤은 입창에서 흔히 활용된다. 노래 부르는 사람이 서서 연주하기 때문에 붙여진 입창이라는 말은 앉아서 부르는 좌창의 대칭어로 쓰인다. 원래 사당패(社黨牌)의 소리인 입창은 한 사람이 장고를 메고 소리를 메기면 소고수 4, 5명이 일렬로 늘어서서 전진 또는 후진하며 발림춤을 추면서 제창으로 받는 소리를 하는 교창(交唱)형식으로 연행된다. 이들은 연주 도중에 흥에 겨워 앞뒤로 왔다 갔다 하면서 발림춤을 추기도 한다.

양형兩兄[15]과 중제仲弟[16]는 소매 너른 흰 창옷氅衣[17]를 입고 전자관亭子冠[18]을 쓰고 긴 담뱃대[19]를 입에 물었는데 형兄은 흰 수염이 가슴 아래까지 느려진 흰 빛갈의 노인老人 탈을 쓰고 중제仲弟는 두서너 치 되는 검은 수염이 달리고 붉은 빛이 약간若干 도는 장년壯年의 탈을 썼으며 말제末弟[20]는 남색쾌자藍色快子[21]를 입고 복숭아빛 같이 붉으레한 빛갈의 소년少年탈을 쓰고 그 우에 복건福巾[22]을 썼다.[23])

---

13 갈지(之)자字 거름 ; 발을 좌우로 내디디며 의젓한 척 걷는 걸음을 말한다. 혹은 몸이 좌우로 쓰러질 듯 비틀대며 걷는 걸음을 말한다.

14 [보정] 양반삼형제兩班三兄弟는 모다 점잖은 체로 발자최를 드문드문 띠며 갈지(之)자字 거름으로 말둑이 뒤를 따라 등장登場한다 ; 연출법을 제시하고 있다. '모두 점잖은 체', '지자거름' 등의 기사로 보아 양반 흉내를 내는 형상이다. 임석재본에서는 이 대목이 다음과 같이 채록되었다.
      兩班三兄弟 : (말둑이 뒤에 따라 매우 점잖을 피우며 들어온다. 허나 어색스러운 점잔뻠이다.)
            (兩班 三兄弟는 長은 샌님<生員님>, 둘째는 書房님, 끝은 道令님이다. 生員과 書房님은 흰 창옷을 입고 머리에 冠을 쓰고, 도령님은 卜巾을 썼다. 生員님은 흰수염이 늘어진 白色面인데 언챙이다. 長竹을 물었다. 書房님은 검은 수염이 돋친 若干 붉은 面을 썼고, 道令님은 小年面을 쓰고 藍色快子를 입었다. 이는 終始 말하지 않고 兄들이 하는 動作을 같이 따라서 한다.)

15 [보정] 양형兩兄 ; '兩班兄' 즉 '兩班伯'의 잘못이다.

16 [보정] 중제仲弟 ; 자기의 둘째 아우라는 뜻이다. 여기서는 그냥 둘째라는 뜻으로 쓰였다.

17 창의氅衣 ; '소창옷'의 준말이다. '소창옷(小氅—)'은 예전에, 중치막 – 소매가 넓고 길이가 길며 앞은 두 자락, 뒤는 한 자락으로 된, 무 – 윗옷의 양쪽 겨드랑이 아래에 대는 딴 폭 – 이 없이 옆이 터진 네 폭으로 된 웃옷이다. 두루마기처럼 통소매에 무 없이 양 옆을 튼, 벼슬아치가 평소에 입는 웃옷이다.

18 정자관亭子冠 ; 정자관(程子冠)의 잘못이다. 선비들이 집에서 평상시에 창의나 도포를 입었을 때에 함께 쓰던 관이다. 중국 송나라 때 정자(程子)가 만든 제도라서 붙여진 이라고 한다. 홑겹으로부터 2층 3층으로 썼는데 지위가 높을수록 층이 많은 것을 썼다.

19 [보정] 긴 담배대 ; 담배대 즉 장죽을 말한다. 대통[雁首]·설대[煙道]·물부리의 세 부분으로 이루어진다. 앞부분은 구부러진 끝에 담배를 담는 작은 통이 붙어 있고, 바닥에 작은 구멍을 만들어 설대와 이었으며, 물부리는 입에 물기 편리하도록 끝으로 갈수록 가늘다. 여기서는 '긴담뱃대'라고 한 것으로 관습적 표현이다. 간혹 담뱃대의 길이를 가지고 신분의 차이를 설명하는 경우도 있다.

20 말제末弟 ; 막내아우를 말한다.

21 쾌자快子 ; 괘자(掛子), 전복(戰服), 답호(褡護)라고도 한다. 동달이 – 군복의 두루마기에 해당하는 옷 – 위에 껴입는 소매 없는 웃옷이다. 일반으로 검은 빛을 썼으나 맡은 임무에 따라 색깔을 달리하여 구분하기도 하였다. 고종 때에 두루마기 위에 검은 전복을 받쳐 있도록 통일한 적도 있었으나, 근자에는 옥색 두루마기에 남빛 전복은 신랑의 차림새로 지켜져 왔다. 복건(幞巾, 福巾)과 함께 명절이나 돌날에 어린이에게 입히기도 한다.

22 복건福巾 ; 복건(幞巾), 폭건(幅巾)을 말한다. 검은 색 천으로 둥글고 삐죽하게 만들어 머리를 감싸서 넓고 긴 자락을 저고리 길이까지 드리우고 끈으로 머리 뒤에서 동이게 한 쓰개다. 관례(冠禮)하기 전의 소년이 주로 썼다.

23 [보정] 양형兩兄과 중제仲弟는 ~ 그 우에 복건福巾을 썼다. ; 탈의 형상과 의상이 제시되어 있다. 역시 임석재본과 비교해 보면 의상에서 관(冠)과 복건(幅巾)을 착용했다는 점이 추가되어야 한다.

말둑이.   (챗죽을 좌우左右로 휘둘르며)

　　　　　　　「쉬이.」

　　　　　　　(악樂의 반伴奏와 춤은 끄친다.)[24]

　　　　　　「양반兩班 나오신다, 양반兩班 나오신다.

　　　　　　양반兩班이라니

　　　　　　장원급제壯元及第[25]하여

　　　　　　옥당玉堂[26] 승지承旨[27] 삼제학三提學[28] 다 지내고

　　　　　　이조吏曹[29], 호조戶曹[30], 병조兵曹[31], 예조禮曹[32],

　　　　　　형조刑曹[33], 공조工曹[34], 육판서六判書[35] 다 지내고

24　[보정] 말둑이. (챗죽을 좌우左右로 휘둘르며) 「쉬이.」 (악樂의 반伴奏와 춤은 끄친다.) ; 행위를 지정하고 있다. 임석재본에서는 '말둑이＝(중앙中央 쯤 나와서) 쉬-(음악音樂과 춤 그친다)' 라고 채록되었다. 두 자료를 통하여 정리하여 보면 말둑이는 무대 중앙에 나와서 채찍을 휘두르며 '쉬--'하는 것이다. 이러한 말둑이의 행위는 이 장면에서 반복된다. '쉬――'는 가면극에서 흔히 춤과 음악을 멈추라는 뜻으로 활용된다. 극적 긴장으로부터 이완으로 이끄는 효과를 보여준다. 채찍은 말둑이를 상징하는 대표적 소품이다. 채찍을 마부의 용품으로만 보아서는 안 된다. 오브제로서의 연극적 의미를 추출하여야 할 대상이다.

25　장원급제壯元及第 ; 과거에서, 갑과의 첫째로 뽑히던 일을 말한다.

26　옥당玉堂 ; 홍문관의 부제학, 교리(校理), 부교리, 수찬(修撰), 부수찬 따위를 통틀어 이르는 말이다.

27　승지承旨 ; 고려 시대에, 광정원(光政院)에 속한 종육품 벼슬이다. 조선 시대에, 승정원에 속하여 왕명의 출납을 맡아보던 정삼품의 당상관이다. 정원이 6명으로, 도승지·좌승지·우승지·좌부승지·우부승지·동부승지가 있었다.

28　삼제학三提學 ; 조선 때, 예문관·홍문관의 종이품 또는 규장각의 종일품 내지 종이품 벼슬을 말한다.

29　이조吏曹 ; 고려 시대에, 육조(六曹) 가운데 문관의 선임(選任)과 훈봉(勳封)에 관한 일을 맡아보던 관청이다. 조선 시대에는, 육조 가운데 문관의 선임과 훈봉, 관원의 성적 고사(考查), 포폄(褒貶)에 관한 일을 맡아보던 관청이다.

30　호조戶曹 ; 고려 시대에, 육조 가운데 호구(戶口), 공부(貢賦), 전곡(錢穀)에 관한 일을 맡아보던 관아다. 공양왕대에 판도사를 고친 것이다. 조선 시대에, 육조 가운데 호구, 공부, 전량(田糧), 식화(食貨)에 관한 일을 맡아보던 관아다.

31　병조兵曹 ; 고려 시대에, 육조(六曹) 가운데 무선(武選), 군무(軍務), 의위(儀衛) 따위에 관한 일을 맡아보던 관아. 이전의 군부사를 고친 것으로, 그 뒤 여러 차례 이름을 고쳤다. 조선 시대에는, 육조(六曹) 가운데 군사와 우역(郵驛)에 관한 일을 맡아보던 관아.

32　예조禮曹 ; 고려 시대에, 육조(六曹) 가운데 의례(儀禮), 제향(祭享), 조회(朝會), 교빙(交聘), 학교(學校), 과거(科擧) 따위에 대한 일을 맡아보던 관아. 공양왕 원년에 예의사를 고친 것이다. 조선 시대에는, 육조 가운데 예악, 제사, 연향, 조빙, 학교, 과거 따위에 대한 일을 맡아보던 관아다. 태조대에 두었고 고종대에 폐하였다.

33　형조刑曹 ; 고려, 조선 시대에, 육조(六曹) 가운데 법률·소송·형옥(刑獄)·노예 따위에 관한 일을 맡아보던 관아다. 고종대에 법무아문으로 고쳤다.

34　공조工曹 ; 고려 시대에, 육조(六曹) 가운데 산택(山澤)·공장(工匠)·영조(營造)를 맡아보던 관아다. 충렬왕대에 설치하였는데 공민왕대에는 공부(工部)라 불렸으며, 한때 전공사(典工司)라고 하다가 공양왕대에 다시 이 이름으로 바꾸었다. 조선 시대에는, 육조(六曹) 가운데 산택·공장·영선(營繕)·도야(陶冶)를 맡아보던 정이품 아문이다. 태조대에 설치하여 고종대에 공무아문으로 이름을 바꾸었다.

35　육판서六判書 ; '육조 판서'의 준말이다. '육조'는 고려와 조선 때의 주요한 국무를 처리하던 여섯 관부(官府)

　　　　　　좌우영상左右領相[36], 삼정승三政丞[37] 다 지내고

　　　　　　퇴로재상退老宰相[38]으로 계신

　　　　　　노론老論[39], 소론양반少論[40]兩班인 줄은 아지 마오.

　　　　　　개잘량[41]이란 양자字에

　　　　　　개다리 소반小盤[42]이란 반자字쓰는

　　　　　　양반 나온다.」[43]

兩班伯·仲.　「야 이놈 뭐야.」

　　　　　　(양반兩班 백중伯仲[44] 2인二人은 노기등등怒氣騰騰[45]하였으나 말제
　　　　　　末弟[46]는 아무 말도 하지 않고 형兄들의 떠드는 동작動作만 보고 가
　　　　　　많이[47] 셨다.)[48]

말둑이.　　「아아 이 양반兩班 어찌 듣는지 몰으겠소.

　　　　　　옥당玉堂, 승지承旨, 삼제학三提學,

　　다. 곧, 이조·호조·예조·병조·형조·공조 등을 말한다.

36　좌우영상左右領相 ; 좌의정, 우의정, 영의정을 말한다.

37　삼정승三政丞 ; 영의정·좌의정·우의정을 말한다.

38　퇴로재상退老宰相 ; 늙어서 벼슬에서 물러난 재상을 말한다.

39　[보정] 노론老論 ; 조선 시대에, 사색당파 가운데 남인(南人)에 대한 처벌 문제로 서인(西人)에서 갈려 나온
　　파를 가리킨다. 여기서는 벼슬 이름으로 쓰였다.

40　[보정] 소론少論 ; 조선 시대에, 서인(西人)의 한 분파를 가리킨다. 여기서는 벼슬 이름으로 쓰였다.

41　개잘량 ; 방석처럼 깔고 앉기 위해 털어 붙어 있는 채로 만든 개가죽을 말한다. 털이 붙어 있는 채로 무두질하
　　여 다룬 개의 가죽. 흔히 방석처럼 깔고 앉는 데에 쓴다.

42　개다리 소반小盤 ; 개의 뒷다리처럼 구부러진 다리를 가진 상을 말한다. 개의 뒷다리처럼 구부러진 다리를
　　가진 상을 말한다. 혹은 네모반듯하고 다리가 민틋한 막치 소반을 말한다.

43　[보정] 양반兩班 나오신다, 양반兩班 나오신다. ~ 개다리 소반小盤이란 반자字쓰는 양반 나온다. ; 유사의미
　　반복과 파자놀이를 활용한 언어유희. 옥당, 승지, 삼제학, 이조, 호조, 병조, 예조, 형조, 공조, 육판서, 좌우
　　영상, 삼정승, 퇴로재상, 노론, 소론 등과 같이 직분 명칭과 관청 명칭과 당파 명칭 등을 나열, 반복하는 유사의
　　미반복을 활용한 언어유희와, '양'을 '개잘량'의 '양'으로, '반'을 '개다리소반'의 '반'으로 풀이하는 동음이의어를
　　활용하는 파자놀이를 원용하고 있다.

44　백중伯仲 ; 맏이와 둘째를 아울러 이르는 말이다.

45　노기등등怒氣騰騰 ; 성난 얼굴빛이나, 그런 기색이나 기세를 뽐내는 꼴이 아주 높다는 뜻이다.

46　말제末弟 ; 막내아우를 말한다.

47　가많이→가만히

48　(양반兩班 백중伯仲 2인二人은 노기등등怒氣騰騰하였으나 말제末弟는 아무 말도 하지 않고 형兄들의 떠드
　　는 동작動作만 보고 가많이 셨다.) ; 임석재본에서는 '춤 추는 동안에 도령道令은 때때로 형兄들의 면면을 탁
　　탁 치며 돌아다닌다' 라고 채록되었다. 도령의 행위에 관한 기사로 차이를 보이고 있다. 여기서 면상을 탁탁
　　치는 행위가 어떤 의미인지는 알 수 없다. 면상을 톡톡 치는 행위는 양주별산대놀이에서도 나타난다. '면상을
　　치는 행위'에 대하여는 별도의 연극적 기능을 탐구할 필요가 있다.

　　　　　육판서六判書, 삼정승三政丞을 다 지내시고

　　　　　퇴로재상退老宰相으로 계신

　　　　　노론소론양반老論少論兩班,

　　　　　이생원李生員[49]님네 삼형제三兄弟분이 나오신다고 그리했오.」[50]

兩班伯 · 仲.　「노론소론양반老論少論兩班

　　　　　이생원李生員이라네.」[51]

　　　　　(라고 하며 굿거리 장단에 맞추어 춤을 춘다. 이때 말제末弟인 도령
　　　　　道令은 돌아다니며 형兄들의 면상面上을 톡톡 친다.[52])

말둑이.　　「쉬이.

　　　　　(악樂과 무舞는 그친다)

　　　　　여보오 구경求景하는 양반兩班들

　　　　　말슴 들으시요.

　　　　　짧다란[53] 골부랑[54] 담뱃대로 잡숫지 말고

49　생원生員 ; 조선 시대에, 소과(小科)인 생원과에 합격한 사람을 말한다. 예전에, 나이 많은 선비를 대접하여 이르던 말이기도 하다.

50　[보정] 말둑이. 「아아 이 양반兩班 어찌 듣는지 몰으겠소. ~ 이생원李生員 님네 삼형제三兄弟분이 나오신다고 그리했오.」 ; '아— 이 양반 어찌 듣는지 모르겠소'는 오청(誤聽)을 유도한 것이다. 즉 잘못 들은 것이 아닌데도 잘못 들은 것으로 유도함으로써 희극적 분위기를 연출하고 있다. 이같은 수법은 이 장면에서 반복된다. '이생원 님네 삼형제분'이라고 구체적으로 성씨를 거명하고 있다. 별도의 고찰이 필요하다.

51　[보정] 兩班伯, 仲. 「노론소론양반老論少論兩班 이생원李生員이라네.」 ; '오청'을 자인한 것이다. 이같은 수법은 이 장면에서 반복된다. 그 형태가 공연 환경에 따라서 다양하게 변용될 수 있다. 아울러 이어서 춤을 춘다는 점에서 보면 대화반응이 '불림'으로 전환되어 실현된 것이다. 경우에 따라서는 말제(末弟)도 함께 불림할 수 있다. 임석재본에서는 '이생원이라네'라고 채록되었다. 한편 여기서는 '노론, 소론'이 벼슬 이름으로 쓰였다.

52　[보정] 이때 말제末弟인 도령道令은 돌아다니며 형兄들의 면상面上을 톡톡 친다 ; 도령의 행위에 관한 기사다. 여기서 면상을 탁탁 치는 행위가 어떤 의미인지는 알 수 없다. 면상을 톡톡 치는 행위는 양주별산대에서도 나타난다. 임석재본에서는 '(춤추는 동안에 道令은 때때로 兄들의 面을 탁탁 치며 돌아다닌다)'라고 채록되었다. '면상을 치는 행위'에 대하여는 별도의 연극적 기능을 탐구할 필요가 있다. 또한 임석재본에는 '생원生員님은 흰수염이 늘어진 백색면白色面인데 언챙이다. 장죽長竹을 물었다.' 라고 채록되었다. 여기의 '언챙이'는 피부에 나는 질병인 '창병(瘡病)'의 상징이다. 이러한 상징성에 입각하여 보면 이 장면에서 말둑이가 양반탈을 채찍으로 치는 행위는 벽사(辟邪)의 의미를 갖는다. 이러한 행위를 사회학적 시각에서는 양반을 모욕하는 행위로 조망하기도 하였다. 송석하본에는 '언챙이'에 관한 기사가 없다.

53　[보정] 짧다란 ; '짤따란'이 옳다. '짤따랗다'는 매우 짧거나 생각보다 짧을 때 쓰는 방언이다. 오청본에서는 '잘다란'이라고 채록되었다. '잔다랗다'는 꽤 잘다 혹은 아주 자질구레하다 혹은 볼 만한 가치가 없을 정도로 하찮다 라는 뜻이다. 여기서는 '꽤 잘다'라는 뜻으로 쓰였다. '잘다란'은 '잔다란'과 '잘다'가 결합한 민간화술적 표현인 듯하다.

54　골부랑 ; 임석재본에서 '골연' 즉 얇은 종이로 가늘고 길게 말아 놓은 담배인 궐련으로 채록되었다. '골연', '궐

저 연죽전煙竹廛[55]으로 가서

돈이 없으면 내게 기별寄別해서라도

양칠 간죽簡竹[56] 자문죽紫紋竹[57]을

한발 나웃[58]식式 되는 것[59]을 사다가

육六모막지[60] 희자죽喜字竹[61]

오동수복梧桐壽福[62] 영변죽寧邊竹[63]을 사다

이리저리 마춰 가지고

저어 재령載寧 나우리[64]가에 낚시걸 듯[65]

주욱 느러놓고 잡수시오.[66][67]」

련' 등이 와전되어 '골부랑'이 된 듯하다.

55　연죽전煙竹廛 ; 옛날 담배를 팔던 가게를 말한다.

56　양칠 간죽簡竹 ; 양칠간죽(洋漆竿竹)을 말한다. 간죽은 담뱃대 설대이다. 빨강, 파랑, 노랑의 빛깔로 알록지게 칠한 담배설대를 말한다. 여기서는 담배의 일종으로 쓰였다.

57　[보정] 자문죽紫紋竹 ; 자문죽(自紋竹), 자점죽(自點竹)을 말한다. 아롱진 무늬가 있는 중국산 대나무로 주로 담뱃대를 만드는 데에 쓰인다.

58　나웃 ; '가웃'이 옳다. 수량을 나타내는 표현에 사용된 단위의 절반 정도 분량의 뜻을 더하는 말이다.

59　한발 나웃식式 되는 것 ; 한 발이 넘는, 즉 기다란 담뱃대를 말한다.

60　육六모막지 ; '육무깍지'를 말한다. 육각형 모양의 담뱃대다. 오청본에서는 '六모깍지'라고 채록되었다.

61　희자죽喜字竹 ; 겉에 '희(喜)'자가 씌어 있는 담뱃대를 말한다. 옛 문양에 喜, 福, 壽자 등이 있다.

62　오동수복梧桐壽福 ; '오동수복(烏銅壽福)'이 옳다. 오동(烏銅) - 검은 광택을 띠는 구리 - 으로 '壽', '福'의 글자 문양이 새겨진 담뱃대를 말한다.

63　영변죽寧邊竹 ; 담뱃대의 일종이다. 영변에서 생산되는 담뱃대로 추측된다. 평안북도 영변(寧邊)은 담배 재배지로 유명하다. 임석재본에서는 '연변竹'으로 채록되었다.

64　재령載寧 나우리 ; '재령나무리'가 옳다. 재령평야를 말하며, 나무리[南勿里]벌 또는 극성(棘城)평야라고도 한다. '나무리'라는 말의 어원에 대하여는 그 의미가 무엇인지, 왜 나무리라고 부르게 되었는지는 확실하게 고증하기가 어렵다. '나무리'는 '먹고 입고 쓰고도 남는다.'고 하여 생겨난 지명이라고 한다. 나무리는 예부터 나무리, 법물, 법계(法溪), 법평(法坪), 평지(坪地) 등으로 일컬어져 오고 있다. 법물리는 문헌상으로 보면 현재의 나무리(법물) 본동과 거동(巨洞), 청산(靑山), 작산(鵲山), 지내(旨內), 서기(西基), 내당(內塘), 관이(冠耳)의 자연 마을을 말한다.

　　　　[참고] 김소월의 '나무리벌 노래' - 신재령에도 나무리벌 / 물도 많고 / 땅 좋은 곳 / 만주나 봉천은 못 살 곳 // 왜 왔느냐 / 왜 왔더냐 / 자국자국이 피땀이라 / 고향산천이 어디메냐 // 황해도 / 신재령 / 나무리벌 / 두 몸이 김 매며 살았지요 // 올 벼논에 닿은 물은 / 처렁처렁 / 벼 자란다 / 신재령에도 나무리벌

65　저어 재령載寧 나우리가에 낚시걸 듯 ; 관용적 표현인 듯하다.

66　낚시걸 듯 주욱 느러놓고 잡수시오 ; 관용적 표현인 듯하다. 임석재본에 '저어 자령<載寧> 나무리(註. 平野名) 거이 낚씨 걸 듯'이라고 채록되었다. 이로 보면 여기에서는 '거이'가 누락된 듯하다. '거이 낚시'는 지렁이를 미끼로 한 낚시를 말한다. 혹은 게를 낚는 낚시를 뜻하기도 한다. 여기서 '게'는 참게, 방게와 같은 민물게다.

67　[보정] 여보오 구경求景하는 양반兩班들 ~ 낚시걸 듯 주욱 느러놓고 잡수시오 ; 담뱃대와 설대 등을 열거하는 유사의미반복의 언어유희를 원용하고 있다.

兩班伯·仲.   (노怒염[68]이 나서 큰 목소리로)

「이놈, 뭐야.」

말둑이.   「아아 이 양반兩班 어찌 듣소.

양반兩班이 나오시는데

담배 피우지 말고

떠들지 말라고 그리 하였오.」[69]

兩班伯.   「담배 피우지 말고 떠들지 말라고 하였다네.」[70]

(라고 하며 굿거리 장단에 맞후어 중제仲弟와 가치 춤을 춘다.)[71]

말둑이.   「쉬이.」

(악樂과 무舞는 끄친다.)

「여보오, 악공樂工들![72]

삼현육각三絃六角[73] 다 버리고

저어 버드나무 홀뚜기[74] 뽑아다[75] 불고

---

68   노怒염 ; '노염'이 옳다. '노여움'의 준말이다.

69   [보정] 말둑이. 「아아 이 양반兩班 어찌 듣소. 양반兩班이 나오시는데 담배 피우지 말고 떠들지 말라고 그리
하였오.」; 역시 오청(誤聽)을 유도한 것이다. 임석재본에서는 '兩班이 나오시는데 담배와 喧嘩을 禁하라고 그
리하였오.'라고 채록되었다. '喧譁[훤화]'는 시끄럽게 지껄여서 떠듦을 뜻한다. '훤화금(喧譁禁)'은, 조선 시대
선전관청(宣傳官廳)과 각 영문(營門)에 속해 있으면서 임금의 궐 밖 행차나 능행(陵幸) 때, 혹은 군대의 행진
이나 개선 때 연주하던 대취타(大吹打)를 아뢸 때, 연주를 그치라고 집사가 외치던 구령이다. 춘향가의 암행어
사 출도 대목에서도 '훤화금(喧譁禁)'이 보인다.

70   [보정] 兩班伯. 「담배 피우지 말고 떠들지 말라고 하였다네.」; 대화반응이 불림으로 활용되었다.

71   [보정] (라고 하며 굿거리 장단에 맞후어 중제仲弟와 가치 춤을 춘다.) ; 여기 오청본에서는 채록과정에서 생략
되었으나, 이때 말제는 역시 형들의 면상을 톡톡 치는 행위를 하는 것으로 본다.

72   [보정] 여보오, 악공樂工들! ; 등장인물이 음악 담당자를 부르는 대사다. 이렇게 함으로써 악공은 극중인물로
전환되며, 관객이나 악공은 방관적인 제삼자가 아닌 당사자로서 극의 현실에 참여함으로써 극적 환상이 차단
되고 현실적 비판이 선명해질 뿐만 아니라 좀더 신명나고 친근한 현장으로 만든다고 한다.

73   삼현육각三絃六角 ; 향피리 둘, 대금 하나, 해금 하나, 장구 하나, 북 하나로 편성되는 풍류를 말한다. 대풍류
[竹風流]의 딴 이름이다. 무용과 관련지어 생각할 때에는 삼현육각이고, 풍류 즉 감상의 성격을 띨 때에는 대
풍류가 된다. 임석재본에서는 '五統六律(오통육율)'로 채록되었다.

74   버드나무 홀뚜기 ; 홀뚜기는 '호드기'의 사투리로 물오른 버들가지 – 미루나무나 산오리나무 가지를 쓰기도
한다. – 를 비틀어 뽑은 통껍질이나 밀집 토막으로 등으로 만든 피리의 한 가지이다. 봄철 잎이 나기 직전에
물이 잘 오른 버드나무 가지를 15㎝ 가량 잘 끊어서 조심스럽게 비틀어 속에 든 나무막대기 부분을 빼버리고,
그 껍질로 호드기를 만든다. 호드기의 서(舌, reed)는 몸통의 한 끝 부분을 칼로 껍질을 베껴버리고 속줄기를
잘 다듬어서 만든다. 호드기는 크기에 따라서 여러 종류가 있다. 대체로 지공이 없으나, 몸통에 지공을 가진
호드기도 있다. 농촌 어른들의 소일꺼리로 제조되는 호드기는 아이들의 장난감으로 쓰인다. 우리나라의 향피
리는 옛날 호드기류 관악기에서 발달된 고유의 우리 악기로 추정되기도 한다. 이러한 단순 관악기는 우리나라

바지장단[76] 좀 처주소.」[77]

兩班伯·仲. 「야 이놈 뭐야.」

말둑이. 「아아 이 양반兩班 어찌 듣소.

용두[78] 해금奚琴[79] 북[80] 장고杖鼓[81], 피리[82]젓대[83]

한 가락도 빼지 말고

건건드러지게[84] 치라고

그리하였오.」[85]

뿐 아니라 몽골·터키·유럽 여러 나라에서도 발견된다. 터키에서는 호드기를 십시(sipsi)라고 부른다. 호밀대나 보릿대로 만들어서 피리처럼 불기도 한다. 호돌기라고도 하는데, 재료에 따라서 버들피리·나뭇잎피리·보리피리 등이 있다. 풀피리라고도 한다.

75 뽑다 ; 버들가지를 비틀어 통껍질을 뽑기 때문에 '뽑아다'라고 한 것이다.

76 바지장단 ; 바가지 장단(長短)을 말한다. 바가지를 물 위나 맨바닥에 엎어 놓고 치는 장단이다. 물박놀이라고도 한다. 물동이에 물을 반쯤 담아두고 큰 바가지를 엎어놓고 대나무채로 바가지를 두드리며 장단을 맞추며 노래를 부른다. 이 놀이는 설, 대보름, 단오 등 명절이나 동네에 경사가 있을 때 바가지 장단에 맞춰 노래 부르고 춤도 춘다.

77 [보정] 여보오, 악공樂工들! ~ 바지장단 좀 처주소 ; 여기서 '삼현육각'은 대풍류·줄풍류와 같이 관악합주나 소편성의 관현합주를 한다는 말이다. 그리고 '홀뚜기'를 불고 '바지장단'을 친다는 것은 서민적 가락을 연주한다는 것이다. 삼현육각의 연주와 대비적인 상황을 보여주고 있다.

78 용두 ; '龍頭(용두)'가 아닌가 한다. 가야금에서 현이 고정되어 있는 쪽을 용두(龍頭), 다른 쪽을 양이두(羊耳頭) 또는 봉미(鳳尾)라고 하며, 줄을 얹어 매어 놓은 부들이라고 한다. 결국 여기서는 가야금의 일부를 지칭하여 가야금을 가리키는 것 - 대유적 표현 - 인데, 가면극 음악에 가야금은 이용되지 않는다. 따라서 '용두'는 언어유희적 표현을 위하여 끌어들인 것이다.

79 해금奚琴 ; 사부(絲部) 찰현악기(擦絃樂器)의 하나로 일명 깡깡이다.

80 북 ; 타악기의 하나다. 나무나 쇠붙이 따위로 만든 둥근 통의 양쪽 마구리에 가죽을 팽팽하게 씌우고, 채로 가죽 부분을 쳐서 소리를 낸다. 고(鼓), 태고(太鼓)라고도 한다.

81 장고杖鼓 ; '장구'의 원말이다. 국악에서 쓰는 타악기의 하나다. 기다란 오동나무로 만든 것으로, 통의 허리는 가늘고 잘록하며, 한쪽에는 말가죽을 매어 오른쪽 마구리에 대고, 한쪽에는 쇠가죽을 매어 왼쪽 마구리에 대어 붉은 줄로 얽어 팽팽하게 켕겨 놓았다. 왼쪽은 손이나 궁굴채로, 오른쪽은 열채로 치는데, 그 음색이 각기 다르다. 고려 시대에 중국에서 전하여 온 것이라고 하며, 우리나라의 대표적 악기로서 반주에 널리 쓰인다. 새장구, 요고(腰鼓)라고도 한다.

82 피리 : 구멍이 여덟 개 있고 피리서를 꽂아서 부는 목관 악기다. 향피리, 당피리, 세피리가 있다. 속이 빈 대에 구멍을 뚫고 불어서 소리를 내는 악기를 통틀어 이르는 말이기도 하다. 필률((觱篥, 篳篥), 가관(笳管)이라고도 한다.

83 젓대 ; '저'를 일상적으로 이르는 말이다. 대금(大笒)이라고도 한다.

84 건건드러지게 ; '건드러지다'의 '건'을 반복함으로써 강화하고자 하는 관습적 표현이다. 혹은 '건드러지다'와 '건건하다'를 결합한 언어유희인 듯하다. '건드러지다'는 '목소리나 맵시 따위가 멋들어지게 가늘고 아름답고 부드럽다.'는 뜻이다. '건건하다'는 '꽤 마르다.'는 뜻이다.

85 [보정] 말둑이. 「아아 이 양반兩班 어찌 듣소. 용두 해금奚琴 북 장고杖鼓, 피리젓대 한 가락도 빼지 말고 건건드러지게 치라고 그리하였오.」 ; 역시 오청(誤聽)을 유도한 것이다. 삼현육각은 향피리 둘, 대금 하나, 해금 하나, 장구 하나, 북 하나 등으로 편성되는데, 여기서는 '용두 해금 북 장고 피리 젓대'라고 하여 '용두'가 추가되었다. '용두'는 편종 틀 위 양편에 조각한 용의 머리를 뜻하는 것으로 생각되는데, 그렇다면 '용두'는 '편종'을

兩班伯·仲. 　「저놈이 건건드러지게 치라고 하였다네.」[86]

　　　　　　(양반兩班 삼형제三兄弟 가 가치 굿거리 장단에 맞후어 춤을 춘다.)

兩班伯. 　「말둑아아[87].」[88]

　　　　　　(악樂과 무舞는 끄친다)

말둑이. 　「예에이.」

兩班伯. 　「이놈 너는 양반兩班을 모시지 않고 어디로 그리 다니느냐.」

말둑이. 　「예에 양반兩班을 찾으려고

　　　　　찬밥국[89] 말아 일즉이 먹고

　　　　　마馬죽간[90]에 들어가서 노새님[91]을 끄러내다[92]

　　　　　등에 솔질 솰솰[93] 하여 말둑이님 내가 타고

　　　　　팔도강산八道江山[94] 다 돌아

　　　　　무른 메주 밟듯 하얐는데[95]

지칭하는 대유적 표현이 된다. 그런데 '편종'은 삼현육각에 포함되지 않는다. 그렇다면 '오청'을 유도하였다가 '용두 해금 북 장고 피리 젓대'라고 하여 바로잡았지만 역시 잘못되기는 마찬가지이다. 이렇게 하여 극적 분위기를 해학적으로 조성하게 된다.

86　저놈이 건건드러지게 치라고 하였다네 ; '건드러지다'의 '건'을 반복함으로써 강화하고자 하는 관습적 표현이다. 혹은 '건드러지다'와 '건건하다'를 결합한 언어유회인 듯하다. '건드러지다'는 '목소리나 맵시 따위가 멋들어지게 가늘고 아름답고 부드럽다.'는 뜻이다. '건건하다'는 '꽤 마르다.'는 뜻이다. 대화반응이 불림으로 활용되었다.
87　말둑아아 ; 오청본에서는 '말둑아―'라고 장음 표시를 하였다.
88　[보정] 兩班伯. 「말둑아아.」; 여기서는 말둑이의 '쉬--'와 같은 기능으로 활용되고 있다.
89　찬밥국 ; '찬밥'과 '국밥'이 결합된 말이다. 찬밥을 국에 말은 음식이다. 결국 보잘것없는 음식을 뜻한다. '국밥'은 끓인 국에 밥을 만 음식 또는 국에 미리 밥을 말아 끓인 음식이다. '찬밥'은, 지은 지 오래되어 식은 밥이나 지어서 먹고 남은 밥이다. 중요하지 아니한 하찮은 인물이나 사물을 비유적으로 이르는 말이기도 하다. 속담 '찬밥에 국 적은 줄만 안다'는 가난한 살림에는 없는 것이 당연한 것인 줄 모르고 무엇이 부족하다고 하여 마음을 씀을 이르는 말이다.
90　마馬죽간 ; '마굿간'이 옳다. '마죽'은 말죽이다. '말죽(-粥)'은 콩, 겨, 여물 따위를 섞어 묽게 쑤어 만든 말의 먹이를 말한다. '마굿간'과 '마죽'이 결합된 민간화술적 표현이다.
91　노새님 ; 임석재본에서는 '노새원님'이라고 채록되었다. 노새에게 존칭의 뜻인 '님'을 붙였다. 그런데 임석재본에서 '원'을 함께 붙였다는 점에 유의할 필요가 있다. 의미상으로는 양반탈들이 탈 '노새'에게 존칭을 붙였으니 양반 대우를 한다는 것인데 '원'을 덧붙임으로써 그 뜻은 '노 생원님' 곧 '늙은 생원님'이 된다. 유사음 이의어를 활용한 언어유회를 실현하고 있다.
92　노새님을 끄러내다 ; 의미상으로는 '노새를 끌어내다'이지만 가면극 현장에서는 '늙은 생원을 끌어내다'가 된다.
93　솰솰 ; 여기서는 자꾸 머리털을 빗질하거나 짐승의 털을 손질하는 소리나 그 모양을 이른다. 물 따위가 거침없이 자꾸 번져 흐르는 소리나 또는 그 모양을 말하기도 한다. 고운 가루나 모래 따위가 좁은 틈이나 구멍으로 거침없이 자꾸 흘러내리는 소리나 그 모양을 뜻하기도 한다.
94　팔도강산八道江山 ; 팔도의 강산이라는 뜻으로, 우리나라 전체의 강산을 이르는 말이다. 팔도는 경기도, 강원도, 충청도, 경상도, 전라도, 황해도, 평안도, 함경도를 이른다.

동東은 여울[96]이오 서西는 구월九月[97]이라

동東여울 서구월西九月 넘들어[98] 북한산하北漢山下[99][100]

방방곡곡坊坊谷谷[101]이 바위 틈틈이[102]

모래 짬짬이[103] 참나무 결결이[104][105]

다 찾어다녀도

샌님[106] 빗둑한[107] 놈도 없기로[108]

낙향사부落鄕士夫[109]라

서울 본댁本宅을 찾어가니

---

95 팔도강산八道江山 다 돌아 무른 메주 밟듯 하얏는데 ; 관용적 표현이다. 여러 곳을 빠짐없이 골고루 돌아다
    님을 비유적으로 이르는 말이다. '팔도를 무른 메주 밟듯 한다.'는 속담을 원용한 것이다. 메주를 틀에 재울 때
    에 쉴새없이 부지런히 밟듯 한다는 뜻으로, 나라의 방방곡곡을 안 가는 곳 없이 부지런히 돌아다님을 비겨 이
    르는 말이다. 우리 가면극에는 민간화술의 한 수법인 속담을 원용하는 장면이 많다.
96 여울 ; 강이나 바다의 바닥이 얕거나 폭이 좁아 물살이 세게 흐르는 곳이다.
97 구월九月 ; 구월산(九月山)을 말한다.
98 넘들어 ; '넘다'와 '들다'를 결합한 말이다.
99 북한산하北漢山下 ; 북한산 아래라는 뜻이다.
100 東은 여울이오 서西는 구월九月이라 동東여울 서구월西九月 넘들어 북한산하北漢山下 ; 동쪽은 물살이 센
    형세이고, 서쪽은 구월산이 있는 산세라는 뜻이다. 여기서는 험준한 강산을 넘나들었다는 말이다. 예로부터 동
    금강(東金剛)·남지리(南智異)·서구월(西九月)·북묘향(北妙香)이라 하여 우리나라 4대 명산의 하나로 꼽혔
    다. '東金剛西九月北香山。南智異漢挐。莫非踐義之地。'라는 말이 있다. 임석재본에서는 '동東은 여울이요
    서西는 구월九月이라 동東 여울 서西 구월九月 남南 드리 북北 향산香山'이라고 채록되었다.
101 방방곡곡坊坊谷谷 ; '坊坊曲曲'이 옳다. 한 군데도 빠짐이 없는 모든 곳을 말한다.
102 틈틈이 ; 틈마다의 뜻이다.
103 짬짬이 ; 짬이 나는 대로 그때그때의 뜻이다.
104 결결이 ; 어떤 일이 일어나는 그때마다, 또는 때때로의 뜻이다. '결'은 나무, 돌, 살갗 따위에서 조직의 굳고
    무른 부분이 모여 일정하게 켜를 지으면서 짜인 바탕의 상태나 무늬를 말하는데, '결결이'는 '결마다'라는 뜻으
    로 쓰였다.
105 동東은 여울이오 서西는 구월九月이라 동東여울 서구월西九月 넘들어 북한산하北漢山下 방방곡곡坊坊谷
    谷이 바위 틈틈이 모래 짬짬이 참나무 결결이 ; 대구와 이음동의어(異音同義語)의 반복에 의한 언어유희이다.
106 샌님 ; '생원님'의 준말이다. 얌전하고 고루한 사람을 놀림조로 이르는 말로도 쓰인다.
107 빗둑한 ; '비슷한'이 옳다. '비슷하다'는 '비슷하다'의 방언이다.
108 [보정] 마죽간에 들어가서 노새님을 끄러내다 ~ 샌님 빗둑한 놈도 없기로 ; 대구의 대사다. 노새를 '노새님'
    이라고 존칭을 붙이고, 이에 대구하여 '말둑이님'이라고 실현하고 있다. 이로써 '말둑이'는 격상되고, 양반은 '샌
    님 비슷한 놈'으로 전락하고 만다. 임석재본에는 '마죽간에 들어가 노새원님을 끌어내다 등에 솔질 촬촬하여
    말둑이님이 내가 타고'와 같이 채록되었다. 임석재본으로 보면 '노새원님'은, 노새에 '노생원', '원님' 등을 함께
    조합한 희학적 표현을 보여주고 있다.
109 낙향사부落鄕士夫 ; 관직을 떠나서 고향으로 돌아온 사대부를 말한다. '落鄕(낙향)'과 '士大夫(사대부)'가 결
    합된 말이다. '落鄕(낙향)'은 시골로 거처를 옮기거나 이사함을 말한다. '사대부(士大夫)'는 사(士)와 대부(大
    夫)를 아울러 이르는 말이다. 문무 양반(文武兩班)을 일반 평민층에 상대하여 이르는 말이기도 하다. 벼슬이나
    문벌이 높은 집안의 사람을 뜻하기도 한다. 사부(士夫)는 士大夫(사대부)의 준말이다.

샌님도 안 계시고

둘재 샌님도 안 계시고

종가宗家[110]집 도령道슈님[111]도 안 계시고

마나님[112] 혼자 계시기로

이 벙거지[113] 쓴 채로

이 채죽 찬 채로

이 감발[114] 한 채로[115]

두 무릎악[116]을 꿀코

하고하고 재독再讀[117]으로 뇄읍니다[118].」[119]

兩班伯.   「이놈 뭐야.」

말둑이.   「하아[120] 이 양반兩班 어찌 듣고

문안問安을 드리고 드리고 하니까

마나님이 술상床을 차리는데

벽장壁藏[121] 열고

목이 길다 황새병瓶[122],

---

110 종가宗家 ; 족보로 보아 한 문중에서 맏이로만 이어 온 큰집을 말한다.

111 도령道슈님 ; 통상 '도련님'이라 하며, 결혼하지 않은 시동생을 높여 이르거나 부르는 말이다. 도령은 총각을 대접하여 이르는 말이다. 한자를 빌려 '道令'으로 적기도 한다.

112 마나님 ; 나이가 많은 부인(婦人)을 높여 이르는 말이다.

113 벙거지 ; 여기서는 '모자'를 속되게 이르는 말로 쓰였다. 전립(戰笠), 전립(氈笠), 깔대기, 벙거지, 벙테기, 주전립(朱氈笠), 홍전립(紅氈笠) 등으로 불린다. '전립(戰笠)'은 조선 시대에, 무관이 쓰던 모자의 하나. 붉은 털로 둘레에 끈을 꼬아 두르고 상모(象毛), 옥로(玉鷺) 따위를 달아 장식하였으며, 안쪽은 남색의 운문대단으로 꾸몄다. '전립(氈笠)'은 조선 시대 병자호란 이후에, 무관이나 사대부가 쓰던, 돼지 털을 깔아 덮은 모자를 말한다.

114 감발 ; 발감개를 말한다. 버선이나 양말 대신 발에 감는 좁고 긴 무명천으로 주로 먼 길을 걷거나 막일을 할 때 쓴다. 혹은 발감개를 한 차림새를 뜻하기도 한다.

115 이 벙거지 쓴 채로 이 채죽 찬 채로 이 감발 한 채로 ; 대구와 유사의미반복에 의한 언어유희다.

116 무릎악 ; '무르팍'이 옳다. '무릎'을 속되게 이르는 말이다.

117 재독再讀 ; 이미 읽었던 것을 다시 읽는다는 뜻이다.

118 뇄읍니다 ; 뇌다. 지나간 일이나 한 번 한 말을 여러 번 거듭 말하다.

119 [보정] 말둑이. 「예에 양반兩班을 찾으려고 ~ 하고하고 재독再讀으로 뇄읍니다.」 ; 마나님과 사통(私通)하였음을 암시적으로 드러내고 있다. '바위 틈틈이 모래 짬짬이'와 같은 대구와, '이 벙거지 쓴 채로 이 채찍 찬 채로 이 감발 한 채로'와 같이 유사의미반복에 의한 언어유희를 원용함으로써 회극적 분위기를 보여주고 있다.

120 하아 ; 기쁘거나 슬플 때, 화가 나거나 걱정스럽거나 한탄스러울 때 가볍게 내는 소리다.

121 벽장壁藏 ; '壁欌'이 옳다. 벽을 뚫어 작은 문을 내고 그 안에 물건을 넣어 두게 만든 장(欌)을 말한다. 벽다락이라고도 한다.

목이 잘다[123] 자라병瓶[124]에

강국주江麴酒[125] 이강주酒[126]를 내여놓자

앵무잔鸚鵡盞[127]을 마님[128]이 친親히 들어

잔 가득 술을 부어

한잔 두잔 일이삼배一二三盃[129] 마신 후後에

안주를 내여놓는데

대大양푼[130]에 갈비찜[131] 소小양푼[132]에 저육豬肉[133],

초고추[134] 저린[135] 김치 문어 점복[136]

다 버리고

작년昨年 8월八月에 샌님댁宅에서

등산登山갔다 남아온[137]

×대갱이[138] 하나 줍다.[139]」[140]

---

122 황새병瓶 ; 황새의 목처럼 목이 긴 병을 말한다. 여기서는 황새병에 담긴 술이다.

123 잘다 ; '짧다'가 옳다.

124 자라병瓶 ; 자라의 목처럼 목이 짧은 병을 말한다. 여기서는 자라병에 담긴 술이다.

125 강국주江麴酒 ; 홍국주(紅麴酒) 혹은 홍곡주(紅穀酒)인 듯하다. 홍국주(紅麴酒)는, 멥쌀로 밥을 지어 누룩가루를 섞고 뜬 다음에 더운 기운을 빼고 볕에 말린 누룩 – 홍국(紅麴) - 으로 만든 술이다. 어혈을 없애는 작용이 있어, 해산 후 오로(惡露)가 다 나오지 않고 배가 아픈 데와, 음식이 잘 소화되지 아니하고 뭉치어 생기는 병이나, 비위(脾胃)의 기능 장애로 인하여 가슴이 답답하고 트림을 하는 따위의 증상이나, 이질·타박상 따위에 쓴다. 홍곡주(紅穀酒)는 중국에서 나는, 붉은빛으로 물들인 쌀[홍곡(紅穀)]로 빚은 술이다. 홍소주가 있다. 이두현본에서는 '홍곡주'라고 채록되었다.

126 이강주酒 ; 이강주(梨薑酒)를 말한다. 이강고(梨薑膏) 소주에 배즙·생강즙·꿀 등을 넣고 중탕한 술이다.

127 앵무잔鸚鵡盞 ; 앵무배(鸚鵡杯)를 말한다. 자개를 가지고 앵무새의 부리 모양으로 만든 술잔이다.

128 마님 ; 지체가 높은 집안의 부인을 높여서 이르는 말이다. 상전(上典)을 높여 이르는 말로도 쓰인다.

129 일이삼배一二三盃 ; 한잔, 두 잔, 석 잔을 말한다.

130 대大양푼 ; 큰 양푼을 말한다. 음식을 담거나 데우는 데에 쓰는 놋그릇이다. 그릇의 둘레가 낮고 둥글며, 아가리가 넓고 바닥이 평평하다. 작은 것은 보통 반병두리라고 한다. 양푼은 대가집에서 주로 쓰던 용기로 크기는 대·중·소로 되어 있다. 대양판(大洋板)이라고도 한다. '소의 밥통 고기'로 본 곳은 잘못이다.

131 갈비찜 ; 소나 돼지 따위의 갈비를 양념과 간을 하여 푹 찐 음식이다.

132 소小양푼 ; 자그마한 양푼을 말한다.

133 저육豬肉 ; '제육'의 원말이다. 식용으로 하는 돼지의 고기를 말한다.

134 초고추 ; '볶은[炒] 고추'인 듯하다.

135 저린 ; '절인'이다.

136 점복 ; '전복(全鰒)'이 옳다. 전복과의 조개를 통틀어 이르는 말이다.

137 남아온 ; '남겨온'이 옳다.

138 ×대갱이 ; 오청본에서는 '좃대갱이'라고 채록되었다. '좃대가리'의 방언이다. 남성의 성기를 비속하게 이르는 말이다.

139 [보정] ×대갱이 하나 줍다 ; '조기 대가리'를 의도적으로 유사음 이의어인 '좃대갱이'라고 실현하고 있다. 이

兩班伯.　　「이놈 뭐야.」

말둑이.　　「아아 이 양반兩班 어찌 듣소

등산登山갔다 남어온 어두일미魚頭一尾[141]이라고 하면서

조긔대갱이[142] 하나 주시더라고

그리하였는데.」

兩班伯·仲.　　「어두魚頭가 일미一味라네.」[143]

　　　　　　（하며 굿거리장단에 맞후어 춤을 춘다.）

兩班伯.　　「이놈 말둑아아.」

말둑이.　　「예에

아 이 제미를 부틀 양반兩班인지 ×반[144]인지 허리 꺽어 절반折半인지

개대가리 소반[145]인지 꾸레미전塵[146]에 백반白礬[147] [148]인지

말둑아 꼴둑아[149] 밭 가운데 쵯둑아[150]

러한 언어유회로 인하여 회학적인 분위기가 연출된다.

140　[보정] 말둑이. 「하아 이 양반兩班 어찌 듣고 ～ ×대갱이 하나 줍디다.」; 오청(誤聽)을 유도하고 있다. 소위
　　술사설 또는 안주 사설을 원용한 대목이다. 열거와 반복이 지배적이다. 엮음수심가(愁心歌)의 한 대목을 보면
　　다음과 같다. '술이익자 달이뜨고 달이뜨자 임이온다 목이길다고 황새병이며 목이말라 자라병이며 [중략] 풋고
　　추 저리김치 문어전복 곁질러너라 [중략] 앵무배에 뚜르르 한 잔 술을 가득부어 잡수시오 잡수시오'. '춘향전
　　완판 – 열녀춘향수절가'의 술안주와 술병 치례를 보면 더욱 다양한 모습을 보여준다. 이는 장르간 교섭현상의
　　대표적 양상이다.

141　어두일미魚頭一味 ; 물고기는 대가리 쪽이 그 중 맛이 있다는 말이다.

142　조긔대갱이 ; '조기대가리'의 방언이다. 생선인 조기의 머리 부분을 비속하게 이르는 말이다.

143　[보정] 兩班伯, 仲.「어두魚頭가 일미一味라네.」; 대화반응이 불림으로 활용되었다. 여기서는 말둑이가 '좃대
　　갱이 하나 줍디다.' 라고 하였으니 극의 흐름으로 보아 양반들이 '조기대갱이라네.'라고 하여야 옳다.

144　×반 ; 오청본에서는 '좃반'이라고 채록되었다. '조반(朝飯)'을 강세를 더하여 실현한 것이다. '좃반'은 '좃밥'을
　　연상케 한다. 즉 '조반(朝飯)'을 비속하게 표현한 민간화술적인 언어유회다.

145　개대가리소반 ; 개다리소반(小盤)을 비속하게 말한 것이다.

146　꾸레미전塵 ; '꾸레미'는 '꾸러미'의 방언이다. '전塵'은 물건을 벌여 놓고 파는 가게다. '꾸레미전'은 조기나 꽁
　　치 등을 짚으로 엮어 파는 가게를 말한다.

147　백반(白礬) ; '백반(白飯)'이 옳다. 흰쌀밥을 말한다. 혹은 음식점에서 흰밥에 국과 몇 가지 반찬을 끼워 파는
　　한 상의 음식을 말하기도 한다. 오청본에서 '白礬'이라고 채록되었다. 백반(白礬)은 칼륨, 암모늄, 나트륨 따위
　　의 1가(價) 금속의 황산염과 알루미늄, 크롬, 철 따위의 3가 금속의 황산염으로 이루어진 복염(複鹽)을 통틀어
　　이르는 말이다. 보통은 황산알루미늄과 황산칼륨의 복염인 칼륨명반을 이른다. 떫은맛이 나는 무색투명한 정
　　팔면체의 결정으로, 물에 녹으며 수용액은 산성을 나타낸다. 매염제, 수렴제 따위로 쓴다.

148　[보정] 꾸레미전塵에 백반白礬 ; '꾸러미전에 쌀밥' 즉 맛있는 반찬에 흰쌀밥이라는 뜻이다.

149　꼴둑아 ; '꼴뚜기야'의 방언이다. '꼴뚜기'는 꼴뚜깃과의 귀꼴뚜기, 좀귀꼴뚜기, 잘룩귀꼴뚜기, 투구귀꼴뚜기를
　　통틀어 이르는 말이다. 망조어, 장어(鱆魚)라고도 한다. '꼴뚜기'는 속담 '어물전 망신은 꼴뚜기가 시킨다'나 '장
　　마다 꼴뚜기'와 같이 상대방을 격하하는 뜻으로 말할 때에 등장한다.

오뉴월五六月 말둑아[151] 잔대둑[152]에 메둑아[153]

불어진 다리 절둑아[154]

호도胡桃 엿장사 온 데 한애비[155] 찾듯

외 이리 찻소.[156]」[157]

兩班伯.　「너 이놈 양반兩班을 모시고 다니면

새처[158]를 정定하는 것이 아니고 어디로 그리 다니느냐.」

말둑이.　　　(채죽으로 도야지[159] 울을 가르키며)[160]

「이마 만큼 터를 잡아

참나무 울장[161]을 드문드문 꽂고

깃[162]을 푹운푹운[163]이 두고

150　최둑아 ; '최뚝아'의 방언이다. '최뚝길'은 밭두둑에 난 길의 이북 방언이다.

151　말둑아 ; 여기서는 '밀둑아'로 '밀따기야'의 방언이다. 벌통에서 밀을 떼어 내는 일이다. 오청본에서는 '밀둑아' 라고 채록되었다.

152　잔대둑 ; 잔대가 난 둑을 말한다. '잔대'는 초롱꽃과의 여러해살이풀이다. 산에 나는데, 뿌리는 희고 굵으며 줄기 높이 1m 정도이며, 어린잎과 뿌리는 식용이다.

153　메둑아 ; '메뚜기야'의 방언이다.

154　절둑아 ; '절뚝아'의 방언이다. '절뚝'은 몸의 균형이 잡히지 아니하여 다리를 심하게 한 번 저는 모양이다.

155　한애비 ; '할애비'로 할아비의 방언이다.

156　[보정] 호도胡桃 엿장사 온 데 한애비 찾듯 외 이리 찻소 ; 필요할 때면 찾아댄다는 뜻의 관용적 표현이다. '엿 장사 놋쇠 사러 다니듯' 이리저리 쏘다니는 모양을 비유적으로 이르는 말이다.

157　[보정] 말둑이. 「예에 아 이 제미를 부틀 ~ 한애비 찾듯 외 이리 찻소.」 ; 유사음과 동의어반복을 원용한 민간 화술적 언어유희이다. 양반이라는 글자를 이용해 해학적 분위기를 돋우고 있다. 처음에는 '班'자를 매개로 삼아 좃반이라 하고 이를 다시 허리 꺾을 양반이라 하여 꺾일 '折'자를 써서 '折'반이라 하고 있다. 그리고 '-인지'를 써서 대수롭지 않음과 표현상으로 대구로 인한 리듬감이 나타난다. 자기를 자꾸 부르는 것에 대하여 답하는 뒷부분은 비슷한 이름을 나열로 재치와 해학을 느끼게 된다. 우선 꾸레기전에 백반이라 하여 시장바닥에 흔히 있는 것들, 쉽게 자주 부를 수 있는 것이라는 의미를 담고 있다. 이런 흔하디흔한 것이 '-둑'을 매개로 이것저것 부르다가 밭 가운데 있는 최둑이, 잔대에 있는 메뚜기, 부러질 '折'자로 절뚝이 라고 한다. 이는 자기를 자주 찾는 것에 대한 답이며, 말장난인 동시에 부드러운 리듬감으로 즐거이 웃을 수 있는 분위기를 자아낸다.

158　새처 ; 사처 즉 점잖은 손님이 길을 가다가 묵음을 뜻한다. 또는 그 유숙하는 집을 말한다.

159　도야지 ; 돼지를 말한다.

160　[보정] (채죽으로 도야지 울을 가르키며) ; 가면극 현장에서 가축 축사를 연상하게 하는 공간을 설정하는 행위 이다. 이 지문은 연희자의 언급을 그대로 채록한 것이다. 실제로 현장에 '돼지우리'가 있는 것이 아니라 연기를 그렇게 하라는 뜻이다. 가면극에서 연극적 공간을 실현해 내는 기법적 특징을 말해주는 기사다. 임석재본에서 는 '(채찍으로 동그랗게 공중에 금을 그면서)'라고 채록되었다.

161　울장 ; '우리'와 '담장'이 결합된 말이다. '우리'는 짐승을 가두어 기르는 곳이다. '담장'은 집이나 일정한 공간을 둘러막기 위하여 흙, 돌, 벽돌 따위로 쌓아 올린 것이다.

162　깃 ; 외양간, 마구간 등에 깔아주는 짚이나 풀을 말한다.

163　푹운푹운 ; '푹신푹신'인 듯하다. 미상하다.

문門은 하늘로 내인 집[164]으로 벌서 잡아놓았습니다.」

兩班伯.　「이놈 뭐야.」

말둑이.　「아 이 양반兩班 어찌 듣소.

자좌오향子坐午向[165]에 터를 잡고

난간팔자欄干八字[166] 오련각五聯閣[167]에

입구口 자字로 집을 짓되

호박琥珀주초[168]에 산호珊瑚기동[169]에

비취연목翡翠椽木[170]에

금파金波도리[171]를 걸어

입구口 자字[172]로 푸러 짓고

치어다보니 천天반자[173]요[174]

내려다보니 장판방張板房[175]이라[176]

---

164 [보정] 문門은 하늘로 내인 집 ; 지붕이 없는 집이라는 말로, 돼지우리를 지칭하는 것이다.

165 자좌오향子坐午向 ; 북쪽[子方(자방)]을 등지고 남쪽[午方(오방)]을 향한다는 뜻이다. 즉 정남방을 향해 지은 집을 말한다.

166 [보정] 난간팔자欄干八字 ; '欄干八作'이 옳다. 난간을 두르고, 팔작(八作)지붕을 얹었다는 말이다. 난간과 처마 끝의 무게를 받치기 위하여 기둥머리에 짜 맞추어 댄 팔자 모양의 나무쪽으로 즉 화려하게 지은 집을 말한다. '난간(欄干/欄杆)'은 층계, 다리, 마루 따위의 가장자리에 일정한 높이로 막아 세우는 구조물이다. '난간포(欄干包)'는 난간에 꾸민 처마 끝의 무게를 받치기 위하여 기둥머리에 짜 맞추어 댄 나무쪽인 공포(栱包)를 말한다. '팔자(八字)'는 한자(漢字)의 '팔(八)'이라는 글자의 모양이다. 효사정(孝思亭)은 조선 세종대에 공숙공(恭肅公) 노한(盧閈)이 지금의 노량진 한강변에 지은 정자였다. 현재의 효사정은 넓이 46.98㎡의 정면 3칸·측면 2칸 규모로, 온돌방 1칸을 들인 건물이다. 민도리집 구조의 5량집이며 난간을 두르고, 팔작지붕을 얹었다.

167 [보정] 오련각五聯閣 ; '五樑閣(오량각)'이 옳다. 대들보를 다섯 줄로 놓아 넓이가 두 간통 되게 지은 집을 말한다. 오량집이라고도 한다. 여기서는 '오양간'을 염두에 둔 듯하다.

168 호박琥珀주초 ; 전각의 두리기둥 밑에 받치는 둥글게 다듬어 만든 주춧돌을 말한다. '주초'는 '주추'가 원말이다.

169 산호珊瑚기동 ; 산호로 세운 기둥을 말한다. '산호기둥에 호박 주추다.'라 하는데, 호사스럽게 산다는 말이다. '기동'은 '기둥'의 옛말이다.

170 비취연목翡翠椽木 ; 비취로 된 서까래를 말한다.

171 금파金波도리 ; 금빛이 돋는 도리를 말한다. 도리는 기둥과 기둥 위에 건너 얹어 그 위에 서까래를 놓는 나무를 말한다.

172 입구자口字 ; '입구자집(-口字-)', 즉 ㅁ자 집을 말한다.

173 천天반자 ; '반자'를 말한다. 방이나 마루의 천장을 평평하게 하는 시설물이다.

174 치어다보니 천天반자요 ; 김유경본에서는 '올려다보니 소라반자요' 라고 채록되었다. '소라반자'는 '소란반자'로, 반자를 여러 개의 井자 모양이 모인 것처럼 소란(小欄)을 맞추어 짜고, 그 구멍마다 네모진 널조각의 개판(蓋板)을 얹어 만든 반자로, 천장을 꾸미는 방법 중에서 보다 격조가 높은 방법이다.

175 [보정] 장판방張板房 ; '장판방(壯版房)'이 옳다. 장판지로 바닥을 바른 방을 말한다. 장판지(壯版紙)는 방바닥을 바르는 데 쓰는 기름을 먹여 만든 마감용 종이다. 김유경본에서는 '갑장 장판'이라고 하였다. 호화롭게 장식

화문석花紋席[177] 칫다 펴고[178]

부벽서付壁書[179]를 바라보니

동편東便에 붙은 것이

청백명정淸白明正[180] 네 글자가 완연宛然[181]하고

서편西便을 바라보니

백인당중유태화百印堂中有泰和[182]가 완연宛然히 붙어있고

남편南便을 바라보니

인의예지仁義禮智[183]가 분명分明하고

한 장판방을 말한다. 동방삭이 무제(武帝)에게 '갑장(甲帳)'을 만들어 주어서 기쁘게 했다고 한다. '갑장(甲帳)'
이란 본래 '갑을장(甲乙帳)'을 줄여서 한 말이다. 이것은 동방삭이 천하의 온갖 진귀한 진주로 장식하여 무제
(武帝)에게 만들어 준 최고급 침실용 장막 커튼이다. 동방삭은 두 개의 장막을 만들어, 그 중 좋은 '갑장(甲帳)'
은 신을 모시는 신전(神殿)에 치고, 나머지 '을장(乙帳)'은 무제(武帝)의 침실에 드리웠다 한다.

176 치어다보니 천天반자요 내려다보니 장판방張板房이라 ; 본래는 '소란반자'와 '갑장장판'으로 치장한 화려하게
지은 집을 묘사하였던 대사였던 듯하다.

177 화문석花紋席 ; 기직자리[草席]의 하나로, 온돌바닥을 장판을 하지 않고 흙바닥인 채로 쓸 경우 그 위에 까는
자리이다. 왕골로 겉을 하고 짚을 곁들여서 틀에 올려 한 눈 한 눈 엮어간다. 무늬를 놓아서 엮은 것이 '화문석'
이요 강화 지방의 명산물이다. 이때 자리 눈은 깨끗해야 하므로 '청올치' - 칡 껍질로 만든 끈 - 로 매야 했다.

178 칫다 펴고 ; '치어 펴고'로 '짜서 펴고'의 뜻이다. 여기서 '치다'는 돗자리, 멍석, 가마니 따위를 틀로 짜거나 손
으로 엮거나 틀어서 만드는 행위를 이른다.

179 부벽서付壁書 ; 종이 따위에 써서 벽에 붙이는 글이나 글씨를 말한다.

180 청백명정淸白明正 ; 재물에 대한 욕심이 없이 곧고 깨끗하며 올바르게 밝힘을 뜻한다. 임석재본에서는 '담박
정녕澹泊靜寧'이라고 채록되었다. 마음에 욕심이 없어 담백하고 마음이 안정됨을 뜻한다. 제갈량이 '계자서(誡
子書)'에서 '군자의 행실이란 고요한 마음으로 몸을 닦고, 검소함으로써 덕을 기르는 것이다. 마음에 욕심이 없
어 담박하지 않으면 뜻을 밝힐 수 없고, 마음이 안정되어 있지 않으면 원대한 이상을 이룰 수 없다. 夫君子之
行 靜以修身 儉以養德 非澹泊無以明志 非寧靜無以致遠'라고 하였다. 이러한 뜻을 압축하여 사자성어(四字
成語)를 만든 것이다. 전통적으로 이 사자성어를 현판으로 만들어 붙였다. 제2장에서 澹泊寧靜 '諸葛武侯書
非詹伯無以明志 非寧靜無以致遠'라고 주를 달았다.

181 완연宛然 ; 눈에 보이는 것처럼 아주 뚜렷함. 또는 모양이 서로 비슷함을 뜻한다.

182 [보정] 백인당중유태화百印堂中有泰和 ; '百忍堂中有泰和'이 옳다. 당나라 고종 때에 장공예(張公藝)가 인
(忍)자 백 개를 써서 올렸다는 고사를 원용한 것이다. 백인(百忍)은 온갖 고난이 참고 이겨낸다는 뜻이다. 즉
많이 참는 집에 태평과 평화로움이 있다는 말이다. '구세동거 장공예(九歲同居 張公藝) 일화'로 다음과 같은
이야기가 있다. 옛날 성은 장가요 이름은 공예이다. 구대(九代)가 한 집에서 살았는데 혹자가 와서 말하기를
"3대도 한 집에서 살기가 어려운데 어떻게 9대를 한 집에서 살수가 있느냐?" 하고 묻자 공예는 필묵을 꺼내놓
고 "참을 인(忍)자와 일백 백(百)자를 쓴다. 참아라. 넘어오는 간도 삭여서 넘겨라." 하는 말이다. 그래서 후에
사람들이 "백인당중 유태화(百忍堂中 有泰和)라. 백번 참는 집안에는 큰 화평이 있다." 고 한 것이다. 백인(百
忍)이란 말이 여기서 비롯된 것이라 한다. 또 '서인자일백(書忍字一百)'은, 역시 장공예라는 사람이, 참을 인
(忍)자를 백 번이나 썼다는 고사에서 온 말로, 가정의 화목은 서로가 인내하는 데 있다는 말이다.

183 인의예지仁義禮智 ; 유학에서, 사람이 마땅히 갖추어야 할 네 가지 성품, 곧 어질고, 의롭고, 예의 바르고, 지
혜로움을 이른다.

북편北便을 바라보니

효제충의孝悌忠義[184]가 뚜렸이 붙었으니

가위可謂 양반兩班의 새처방房이 될 만하고

문방제구文房諸具[185] 볼작시면

용장봉장[186] 궤櫃[187]두지[188] 자개함롱函籠[189] 반다지[190]

샛별같은 놋뇨강[191]을 놋대야[192] 받처 느러놓고[193]

양칠간죽簡竹[194] 자문죽紋竹[195]을 이리저리 마춰 놓고

×벌[196] 같은 칼담배[197] [198]를

저어 평양平壤 동東푸루[199] 선창船倉에

---

184 효제충의孝悌忠義 ; 부모께 효도하고, 형제간에 우애하며, 나아가 나라에 충성과 절의를 품는다는 뜻이다.
185 문방제구文房諸具 ; 학용품과 사무용품 따위를 통틀어 이르는 말이다. 전통적으로는 보통 문방사우(文房四友)인 종이·붓·먹·벼루의 네 문방구이며, 문방사보(文房四寶)라고도 한다. 이후의 대사를 보면 여기서는 의미가 가재도구라는 뜻으로 전용되었다.
186 용장봉장(龍欌鳳欌) ; 용(龍)이나 봉(鳳)을 그린 장을 말한다. 장(欌)은 자그마하게 만든 옷 넣는 가구다.
187 궤櫃 ; 궤짝으로 나무로 만든 네모진 상자를 말한다.
188 두지 ; '뒤주'의 방언이다. 뒤주는 곡식을 담아 두는 세간살이다.
189 자개함롱函籠 ; 겉에 자개를 박아서 꾸며 놓은 자개함을 말한다. 함(函)은 옷이나 물건 따위를 넣을 수 있도록 네모지게 만든 통이다. 또는 혼인 때 신랑 쪽에서 채단(采緞)과 혼서지(婚書紙)를 넣어서 신부 쪽에 보내는 나무 상자를 말한다. 농(籠)은 버들채나 싸리채 따위로 함같이 만들어 종이로 바른 상자. 옷이나 물건을 넣어 두는 데 쓰인다. 또는 같은 크기의 궤를 이 층 또는 삼 층으로 포개어 놓도록 된 가구를 말한다. 장(欌)처럼 생겼으나, 네 기둥과 개판(蓋板)이 없다. '자개'는 금조개 껍데기를 썰어 낸 조각으로 빛깔이 아름다워 여러 가지 모양으로 잘게 썰어 가구를 장식하는 데 쓴다.
190 반다지 ; 앞의 위쪽 절반이 문짝으로 되어 아래로 젖혀 여닫게 된, 궤 모양의 가구를 말한다. 반닫이라고도 한다.
191 [보정] 놋뇨강 ; '놋요강'이 옳다. 놋쇠로 만든 요강이다. 요강은 방에 두고 오줌을 누는 그릇이다. 놋쇠나 양은, 사기 따위로 작은 단지처럼 만든다. 한자를 빌려 '溺강, 溺釭, 溺江'으로 적기도 한다. '샛별같은 놋요강'은 반짝반짝 빛나게 닦아 놓은 놋요강을 두고 이른다. 누렇게 변한 놋그릇은 짚수세미나 짚 가마니로 닦으면 반짝반짝 빛난다. 근자에는 연탄재를 수세미에 묻혀 닦기도 하였다.
192 놋대야 ; 놋쇠로 만든 대야를 말한다. 대야는 물을 담아서 무엇을 씻을 때 쓰는 둥글넓적한 그릇이다.
193 받처 느러놓고 ; 오청본에서는 '밧처요긔조긔느러놋코'라고 채록되었다.
194 양칠간죽簡竹 ; '양칠간죽(洋漆竿竹)'이 옳다. 빨강·파랑·노랑의 빛깔로 알록지게 칠한 담배설대를 말한다.
195 자문죽紋竹; '자문죽(自紋竹)이다. 자문죽(自紋竹)으로 만든 담뱃대를 말한다. 자문죽(自紋竹)은 아롱진 무늬가 있는 대나무로 흔히 담뱃대로 쓴다. 자점죽이라고도 한다.
196 ×벌 ; 오청본에는 '씹벌'이라고 채록되었다. '씹털'인 듯하다. '씹털'은 여성 성기에 난 털을 말한다. 임석재본에서는 '씹털'이라고 채록되었다.
197 칼담배 ; '살담배'가 옳다. 칼 따위로 썬 담배를 말한다. '기사미'라고도 한다.
198 ×벌같은 칼담배 ; '씹털 같은 살담배'다. 여성 성기에 난 털같이 가늘게 썬 담배로 품질이 좋은 담배다. 채록 자료에 따라 '씹털', '소털' 등이 나타난다. 비속한 표현이다. 임석재본에서는 '씹털같은 기사미'라고 채록되었다. 이는 칼로 가늘게 썬 담배를 비유적으로 표현한 것이다. '기사미'는 살담배 즉 칼로 썬 담배를 말한다. 각(刻)연초 혹은 절초(切草)라고도 한다. 이에 대하여 썰지 아니하고 그냥 부숴서 종이에 말아 피는 잎담배가 있다.

돼지똥물에다 축축이 축여났습니다.[200]」

兩班伯.　「이놈 뭐야.」

말둑이.　「아아 이 양반兩班 어찌 듣소. 소털 같은 칼담배를 꿀물에 다 축여 났다
　　　　고 그리하였습니다.」[201]

兩班伯.　「꿀물에다 축였다네.」[202]

　　　　（라고 하며 아우들과 가치 굿거리 장단에 맞후어 한참 춤을 춘다.）

　　　　（악樂과 무舞가 끝치자 양반兩班 삼형제三兄弟가 새처를 정定한다.）[203]

[204]

199　[보정] 평양平壤 동東푸루 ; '평양 동포루(東鋪樓)'가 옳다. 포루(鋪樓)는 화포를 장착하기 위한 건물이 아니고, 적이 볼 수 없게 치성 위에 군사들이 몸을 숨길 수 있도록 지은 집이다. 치성은 성벽을 돌출시켜 성벽에 접근하는 적을 공격할 수 있게 만든 시설이며, 치성 가운데 중요한 위치에는 포루를 세웠다. 화성에는 서포루(西鋪樓), 북포루(北鋪樓), 동북포루(東北鋪樓, 각건대), 동1포루(東1鋪樓), 동2포루(東2鋪樓) 등 5개의 포루가 있다. 『양파유고(陽坡遺稿)』에 '총수산에 이르러 유숙하면서[到燹秀山留宿]'에 '7월 15일 일찍 출발하여 늦은 아침에 대동강변에 도착하였다. 큰비로 불어난 강물 때문에 건너기가 대단히 어려웠다. 중국 사신은 배가 준비되어 있지 않고 장막이 설치되어 있지 않았기 때문에 분노하여 차사원(差使員)인 광량첨사(廣梁僉使) 김희민(金希敏)을 붙잡아 들이게 하고 곤장 15대를 쳤다. 각 방면의 배를 부벽루 근방에 끌어올려 비로소 배를 띄워 동포루 아래에 정박시켰다. 평양성에 들어가서 묵었다.' 라고 하였다.

200　[보정] 저어 평양平壤 동東푸루 선창船倉에 돼지똥물에다 축축이 축여났습니다 ; '저기 평양 동포루(東砲樓) 아래에 있는 선창의 돼지 똥물에다가 축축하게 축여놓았습니다.'라는 말로 양반들이 피우는 담배를 격하시키고 있다. 평양 동포루 아래에 있는 선창은 주로 평양에 가축 특히 돼지를 반입하는 일이 많았다고 한다. 이에 연유한 듯하다.

201　[보정] 말둑이. 「아아 이 양반兩班 어찌 듣소. 소털 같은 칼담배를 꿀물에 다 축여 났다고 그리하였습니다.」 ; 앞의 대사인 '×벌 같은 칼담배를 저어 평양平壤 동東푸루 선창船倉에 돼지똥물에다 축축이 축여났습니다.'에 대하여 댓구 형태로 받은 대사다. 오청(誤聽)을 유도하고 있다. '똥물'을 '꿀물'이라고 바로 잡았지마는 담배를 꿀물에다 축이지는 않기 때문에 역시 양반이 격하된다.

202　[보정] 兩班伯. 「꿀물에다 축였다네.」 ; 대화 반응이 불림으로 활용되었다.

203　[보정] （악樂과 무舞가 끝치자 양반兩班 삼형제三兄弟가 새처를 정定한다.） ; 일정한 무대 장치가 없음을 보여주는 단적인 사례다. 양반 삼형제는 새처방에 든 양하거나 - 임석재본 - 일정한 자리에 앉기도 한다.

204　이두현본에는 '※ (이본) 이 대목에서 말뚝이와 兩班의 "福잡이"가 있음' 라고 채록되었다.
　　　（※ 새처 안에 들어간 뒤 아래와 같은 <복(福)잡이 놀이>로 끝맺기도 한다.）
　　　말뚝이 : 쉬이. (음악과 춤이 멈춘다.) 샌님 새처방이 어떻습니까?
　　　생원 : 참 좋다.
　　　말뚝이 : 만복이 들어오라고 사방문을 활짝 열었읍니다.
　　　생원 : 야 이놈, 문을 열어야 복이 들어오느냐 ?
　　　말뚝이 : 예, 그렇습니다. 「개문이 만복래」라 문을 열어야 복이 들어읍니다. 복이 들어오면 소인이 잡을랴고 하니 샌님도 잡으시오.
　　　양반들 : (일어서려고 한다.)
　　　말뚝이 : 가만히 계시오. 소인이 복 들어왔다고 할 때 일어나 잡으시오.
　　　말뚝이 : 복들어 왔소 !
　　　양반들 : (일어나서 복을 잡으려고 두 손을 벌려들고 사방으로 돌아다닌다.)

兩班伯.　　　「여보게 동생同生! 우리가 본시本是 양반兩班이라,[205]

　　　　　　　가깝도한데[206] 글이나 한 수首식 지여보세.」

兩班仲.　　　「형兄님, 그것도 좋은 말슴이요. 형兄님이 먼저 지으시요.」

兩班伯.　　　「그러면 동생同生이 운자韻字[207]를 하나 부르게.」

兩班仲.　　　「그리 하오리다. 산자字 영자字외다.[208]」

兩班伯.　　　「아아 그것 어렵다. 여보게 동생同生. 되고 안 되고 내가 부를 것이니 들

　　　　　　　어보게.」

　　　　　　　　　(영詠[209]) 「울루줄룩[210] 작대산作大山하니

　　　　　　　황천풍산黃川豊山[211]에 동선령洞仙嶺[212]이라.」[213]

兩班仲.　　　「거 형兄님 잘 지였오.」

　　　　　　　　　(형제兄弟가 가치 웃는다.)[214]

兩班伯.　　　「이번엔 동생同生[215]이 한구句 지여보게.」

　　　말뚝이 : (이때 「복이야 복이야」소리치며 채찍으로 양반들을 때린다.)
　　　양반들 : (쫓기며 퇴장한다.)

205　[보정] 우리가 본시本是 양반兩班이라 ; 양반 역할role을 하겠다는 지문성 대사다.

206　가깝도한데 ; '갑갑하다'의 뜻이다.

207　운자韻字 ; 한시의 운으로 다는 글자를 말한다.

208　산자字 영자字외다 ; '산자'와 '영자'를 운자로 하여 시를 지으라는 뜻이다.

209　영詠 ; 영가(詠歌)인 듯하다. '영가(詠歌)'는 보통 창가(唱歌)를 말하며, 국악에서, 종교적인 노래의 하나. '음·아·어·이·우'의 오음(五音)을 처음에는 길게, 나중에는 빠르게 가락을 붙여 반복하여 부르는 것으로, 조선 후기부터 불리기 시작했다. 임석재본에서는 '(咏詩調로)'라고 채록하였다.

210　[보정] 울루줄룩 ; 오청본에서는 '울눅줄눅'이라고 채록되었다. '울룩불룩'인 듯하다. 물체의 거죽이나 면이 고르지 않게 매우 높고 낮은 모양이다.

211　황천풍산黃川豊山 ; 함경남도에 있는 지명이다. 1914년 군폐합(郡廢合) 때 갑산군(甲山郡) 웅이면(熊耳面)·이인면(里仁面)·천남면(天南面)과 북청군(北靑郡) 안산면(安山面)으로 풍산군을 신설했다.

212　동선령洞仙嶺 ;『신증동국여지승람』'황해도 봉산군 조'에, "'동선(洞仙)'은 북쪽으로 15리에 있다'라고 하였고, '동선관행성(洞仙關行城)'쪽으로 15리 황주(黃州) 경계에 있으며 속칭 사인암성(舍仁嚴城)이라 하며 돌이 공중에 우뚝 솟아 있어 적암(積嚴)이라 이름하고, 사인암(舍人巖)이라고 부른다. 고갯길이 좁고 매우 비탈져 말과 같이 걸어갈 수가 없다. 영종(英宗) 22년에 성을 쌓아서 동쪽과 서쪽에 문(門)을 설치하였다. 성의 길이는 모두 1천 9백 70보다"라고 하였다.

213　[보정]「울루줄룩 작대산作大山하니 황천풍산黃川豊山에 동선령洞仙嶺이라.」; 운자놀이의 하나다. 시짓기를 하나의 놀이 형태로 변형시킨 것이다. 대체로 한시를 언어유희화한 것이 보통이다. 황천풍산에 있는 동선령의 성이 1천 9백 70보에 걸쳐 있는 형세를 두고 이른 것이다.

214　[보정] 이 대목에서는 '운자놀이'가 전개된다. '운자놀이'는 운자를 불러 한시를 짓는 방식을 빌어 놀이화한 것이다.

215　동생同生 ; '同生'은 우리말 '동생'의 한자 표기다. 같은 부모에게서 태어난 사이거나 일가친척 가운데 손아랫사람을 이르는 말이다. 혼인한 손아랫사람에게 이름 대신 부르는 말이다. '동생(同生)'은 함께 산다는 뜻이다.

兩班仲.　　　「형兄님이 운자韻字를 부르시요.」

兩班伯.　　　「총자字 못자字세.」

兩班仲.　　　「아 그 운자韻字 벽자僻字[216]로군.

　　　　　　　　（조곰 생각다가）

　　　　　　형兄님 들어보시요.」

　　　　　　　　（영詠）

　　　　　　「집세기[217] 앞총[218]은 헌겁총[219]이요

　　　　　　나막신[220] 뒤축[221]에 거말못[222]이라.[223]」[224]

말둑이.　　　「샌님[225]. 저도 한 수首 지을 테니 운자韻字로 하나 불러주시요.」

兩班伯.　　　「재구齋狗 3년三年에 능풍월能風月이라[226]더니 네가 양반兩班의 댁宅에

　　　　　　서 몇 해를 있더니 기특奇特한 말이다.

　　　　　　　　（고개를 끄덕끄덕 하며）

　　　　　　그래라 우리는 두 자字 식式 불렀지만 너는 단자單字[227]로 불러주께 한

　　　　　　자字 식式이나 달고 지여보아라.

　　　　　　운자韻字는 강자字다.」

말둑이.　　　「아 그 운자韻字 어렵습니다.」

216　벽자僻字 ; 흔히 쓰지 아니하는 야릇하고 까다로운 글자를 말한다.

217　집세기 ; 짚신을 말한다.

218　압총 ; '앞총'으로 짚신이나 미투리 따위의 앞쪽의 양편쪽으로 운두를 이루는 낱낱의 신울을 말한다.

219　헌겁총 ; '헝겊총'으로 헝겊신 즉 헝겊으로 신울을 돌려 만든 신을 말한다. 포화(布靴)라고도 한다.

220　나막신 ; 신의 하나. 나무를 파서 만든 것으로 앞뒤에 높은 굽이 있어 비가 오는 날이나 땅이 진 곳에서 신었
　　　다. 목극, 목리(木履), 목혜라고도 한다.

221　뒤축 ; 발뒤축으로 발 뒤쪽의 둥그런 부분 가운데 맨 뒤쪽의 두둑하게 나온 부분이다.

222　[보정] 거말못 ; '거멀못'이 옳다. 나무 그릇 따위의 터지거나 벌어진 곳 또는 벌어질 염려가 있는 곳에 거멀장
　　　처럼 겹쳐서 박는 못이다. '거멀장'은 가구나 나무 그릇의 사개를 맞춘 모서리에 걸쳐 대는 쇳조각을 말하며,
　　　줄여서 거멀이라고도 하며, 양각정(兩脚釘)이라고도 한다.

223　집세기 앞총은 헌겁총이요 나막신 뒤축에 거말못이라 ; 운자놀이에 의하여 탄생한 구절이다. 여기서 '총'자와
　　　'못'자는 한자어가 아니라 운자로 쓰일 수 없다. 놀이적 성향을 보여준다.

224　[보정] 이 대목도 '운자놀이'가 전개된다.

225　샌님 ; 생원님의 준말이다. 얌전하고 고루한 사람을 놀림조로 이르는 말기도 한다.

226　재구齋狗 3년三年에 능풍월能風月이라 ; 민간화술의 대표격으로 속담이다. 보통 '서당개 삼년에 풍월 읊는
　　　다'를 원용한 대사로 무식한 사람이라도 유식한 사람과 오래 섞이면 다소 견문이 트인다는 뜻이다. 보통은 '당
　　　구삼년폐풍월(堂狗三年吠風月)'이라 한다. 민간화술이다.

227　단자單字 ; 여기서는 한 글자의 운(韻)이다.

(조곰 생각하다가 응등이춤을 추면서)

(창唱)[228]

「썩정바자[229]구녕에 개대강이요

헌바지구녕에 ×대강이라.」[230][231]

兩班伯. 「아아 그놈 문장文章[232]이로구나[233] 잘 지었다. 잘 지었어.」

　　　　　(담뱃대를 입에 물고 고개를 끄덕끄덕하며 仲弟를 바라본다.)[234]

兩班仲. 「아 과연果然 그놈이 큰 문장文章이올시다.」[235]

兩班伯. 　　　(중제仲弟를 보고)

「그러면 이번에는 파자破字[236]나 하나 하여보쟀구나.」

兩班仲. 「그도 좋은 말씀이올시다.」

兩班伯. 「주동이는 하옇고 몸뎅이는 알락달락한 자字가 무슨 자字일까.[237]」

---

228 (창唱) ; 이 대사는 노래조로 실현한다는 말이다. 앞에서 ‘양반 중’의 대사는 ‘영詠’이라 하였다. 여기 운자놀이
　　에서 양반들의 대사와 말둑이의 대사는 실현 방식이 다른 것으로 생각된다.
229 썩정 바자 ; ‘삭정이 바자’를 말한다. ‘삭정이’는 산 나무에 붙은 채 말라 죽은 가지를 말한다. ‘바자’는 싸리나
　　무 가지·대·갈대·수수깡 등으로 발처럼 엮거나 결은 물건이다.
230 썩정바자구녕에 개대강이요 헌바지구녕에 ×대강이라 ; 임석재본에서는 ‘썩정 바자 구녕에 개대강이요. 헌 바지
　　구녕에 좃대강이라’라고 채록되었다. 삭정이로 두른 담장 틈으로 개가 머리를 내밀고, 헌 바지 구멍으로 성기가
　　드러난 형상을 ‘강’ 운자를 넣어 지은 것이다. 양반탈이 운자를 내고 양반탈이 모욕을 당하는 형세가 되었다.
231 [보정] 말둑이. 「아 그 운자韻字 어렵습니다.」 (조곰 생각하다가 응등이춤을 추면서) (창唱) 「썩정바자구녕에
　　개대강이요 헌바지구녕에 ×대강이라.」 ; 임석재본에서는 ‘말둑이＝ (곧, 영시조咏詩調로) 썩정 바자 구녕에 개
　　대강이요. 헌 바지 구녕에 좃대강이라.’ 라고 채록되었다. 임석재본에 따르면 ‘書房’이 ‘(한참을 끙끙 하다가)’
　　지은 데 비하여 ‘말둑이’는 ‘곧’바로 지었다는 뜻이다. 오청본에 따르면 ‘아 그 운자 어렵습니다.’ 하면서 짐짓
　　조금 생각하는 척까지 하면서 양반 흉내를 내는 방식으로 실현된 것이다.
232 문장文章 ; 여기서는 문장가(文章家)라는 뜻이다.
233 아아 그놈 문장文章이로구나 ; 말둑이를 보고 훌륭한 문장가라고 한 것이다. 상황적인 역설이다. 한시가 아닌
　　단순한 말장난을 두고는 잘 지었다고 함으로써 결국은 양반탈들이 어리석은 인물로 비쳐지게 된다.
234 (담뱃대를 입에 물고 고개를 끄덕끄덕하며 仲弟를 바라본다.) ; 말둑이가 잘 지었음에 동의를 구한다는 뜻이다.
235 [보정] 兩班伯. 「아아 그놈 문장文章이로구나 잘 지었다. 잘 지었어.」 (담뱃대를 입에 물고 고개를 끄덕끄덕하
　　며 仲弟를 바라본다.) / 兩班仲. 「아 과연果然 그놈이 큰 문장文章이올시다.」 ; 임석재본에서는 ‘生員＝ 아 그
　　놈 문장文章이로구나. 운자韻字를 내자마자 지어내는구나. 자알 지었다’ 라고 채록되었다.
236 파자破字 ; 한자의 자획을 나누거나 합하여 짜 맞추는 수수께끼, 혹은 술가의 점치는 법의 한가지로 한자를
　　풀어 보아서 좋고 언짢음을 알아내는 행위이며, 소위 성명철학에서 다반사로 쓰인다. 파자는 탁자(坼字)·해자
　　(解字)라고도 한다. 또한 파자는 글자로써 표현할 수 있는 모든 표현 방법을 동원하여 즐기는 글자 놀이, 즉
　　일종의 수수께끼이며, 이미 춘추 전국 시대 이전부터 인기 있는 민속놀이였다.
237 주동이는 하옇고 몸뎅이는 알락달락한 자字가 무슨 자字일까 ; ‘주동이는 하옇고 몸뚱이는 알락달락한’은 피
　　마자의 모양새를 말하면서, 파자로 보면 훈(訓)에 해당한다. ‘字’는 글자를 뜻하면서 ‘子’의 뜻 즉 씨앗이나 사
　　물의 이름에 붙는 접사로 쓰였다. 여기서는 파자가 아니라 수수께끼이다.

兩班仲.　「녜 그것 참 벽자僻字²³⁸인데요. 거 운고옥편韻考玉篇²³⁹에도 없는 자字인데요.²⁴⁰

　　　　　(조곰 생각하다가)

　　　　그것 피마자蓖麻子²⁴¹란 자字가 아닙니까.」²⁴²

兩班伯.　「아아 거 동생同生이 용세²⁴³.」

兩班仲.　「형兄님, 제가 한 자字 부르라우.」²⁴⁴

兩班伯.　「그것 그리하게.」

兩班仲.　「논두덕²⁴⁵에 살피²⁴⁶ 집고 섯는 자字가 무슨 자字요.」²⁴⁷

238　벽자僻字 ; 흔히 쓰지 아니하는 까다로운 글자를 말한다.

239　운고옥편韻考玉篇 ; 본래는 '운회옥편(韻會玉篇)'이 옳다. 운회옥편은 한문 글자의 운자(韻字)를 분류하여 놓은 사전을 말한다. 중국 송(宋) 황공소(黃公紹)가 지은 『고금운회(古今韻會)』를 수정, 편찬한 책이다. 조선 중종 때의 학자 최세진(崔世珍)이 편찬하여 1536년(중종 31) 왕명에 의하여 국비로 인간(印刊) 반포하였다. 『고금운회(古今韻會)』가 그 내용은 자세하나 해석이 너무 번잡하여 읽기에 번거로우므로 그 글자를 자형별(字形別)로 분류하여 음과 뜻은 붙이지 않고 운모(韻母)만을 붙인 체제로 수정·편찬하였다. 『사성통해(四聲通解)』의 보편(補篇)이다.

240　[보정] 兩班仲. 「녜 그것 참 벽자僻字인데요. 거 운고옥편韻考玉篇에도 없는 자字인데요. ; 이 대사를 보면 유식한 체하는 모습이지만, '운회옥편'을 운고 옥편이라 하여 무식이 드러난다. 다만 '韻考玉編'의 '考'자는 채록 과정에서 '會'와 혼동한 데에 기인한 것인 수도 있다. 의도적 오류인지는 분명하지 않다.

241　피마자蓖麻子 ; 대극과의 한해살이풀로 높이 2m정도이고, 잎은 손바닥 모양으로 크고, 초가을에 엷은 홍자색 꽃이 피며 열매는 삭과다. 어린잎은 식용으로 쓴다. 아주까리라고도 한다. 피마자는 열매의 알맹이로, 겉 무늬가 알록달록하다.

242　「녜 그것 참 벽자僻字인데요. 거 운고옥편韻考玉篇에도 없는 자字인데요. (조곰 생각하다가) 그것 피마자蓖麻子란 자字가 아닙니까. ; 생원이 부른 글자가 옥편에도 없을 정도로 자주 쓰는 글자가 아니라서 아주 어렵다고 하면서 피마자란 답을 찾아낸다. '피마자'라고 답한 것은 열매의 모양과 색깔에서 유추한 것이다. 파자놀이와 수수께끼식 문답이 결합되었다.

243　용세 ; 용하다. 재주가 뛰어나고 특이하다는 뜻이다.

244　兩班仲. 「형兄님, 제가 한 자字 부르라우.」 ; 파자를 내겠다는 말이다. 여기서는 수수께끼 문제를 내겠다는 말이다.

245　[보정] 논두덕 ; '논두렁'이 옳다. 물이 괴도록 논가에 흙으로 둘러서 막은 두둑을 말한다. 임석재본, 오청본에서는 '논두럭'이라고 채록되었다.

246　[보정] 살피 ; 살포의 방언이다. 살포는 논의 물꼬를 조절하는 데 쓰는 연장이다. 지역에 따라 살포갱이(경상남도 영산)·살피(경상북도)·논물광이(강원도 도계)·살보(전라남도)·삽가래(전라남도 보성)·손가래(경상북도)·살보가래(전라남도 강진)로 불린다. 손바닥만한 날에 비하여 자루는 길어서 2m에 이르는 것도 있다. 남부 지방에서는 대나무를 자루로 박아 쓰는 일이 많다. 날의 형태는 네모난 날 끝을 위로 두 번 구부리고 괴통을 단 것, 깻잎 모양으로 앞이 뾰족하고 끝이 위로 두번 구부러져서 괴통이 달린 것 - 이를 오리살포라고도 한다 -, 말굽쇠형 따비처럼 직사각형의 몸체에 말굽쇠형의 날을 끼운 것, 괭이의 날처럼 위로 한번 구부리고 괴통을 단 것 - 날의 너비는 4.8㎝, 길이는 12㎝ - 등 매우 다양하다. 이것은 논의 물꼬를 트거나 막을 때 쓰며, 논에 나갈 때 지팡이 대신 짚고 다니기도 한다. 무게는 700g 내외이다. 폭 12㎝ 길이 14㎝ 정도의 두툼한 쇳조각을 2m 정도의 자루에 붙인다. 노인들이 지팡이 대신에 논에 나갈 때 짚고 간다.

兩班伯.　　　(한참 생각하다가)

　　　　　　　「아 그것은 논임자란 자字가 아닌가.」

兩班仲.　　　「아 형兄님 참 용하올시다.」

　　　　　　　(이때 취발醉發이가 살작이 입장入場하여 장내場內 한편便 구석에

　　　　　　　선다.)

兩班伯.　　　「이놈 말둑아.」

말둑이.　　　「예에.」

兩班伯.　　　「나라돈²⁴⁸ 노랑돈²⁴⁹ 칠푼七分²⁵⁰ 잘라먹은 놈의

　　　　　　　상통²⁵¹이 무르익은 대초빛²⁵² 같고

　　　　　　　울룩줄룩 매미잔등²⁵³이 같은 놈²⁵⁴이니

　　　　　　　그놈²⁵⁵을 잡아들려라.」²⁵⁶

말둑이.　　　「그놈이 심이 무량無量²⁵⁷이요

　　　　　　　날램이 비호飛虎같은데²⁵⁸

　　　　　　　샌님의 전령傳令²⁵⁹이나 있으면 잡아올른지

　　　　　　　그저는 잡아올 수가 없읍니다.」

　　'두 땅의 경계선을 간단히 나타낸 표'로 보거나, '살피고'로 본 견해가 있는데, 잘못이다.

247　논두덕에 살피 집고 섯는 자字가 무슨 자字요 ; 위의 피마자와 마찬가지로 파자놀이와 수수께끼식 문답이 결합되었다. '논두럭에 살피를 집고 서 있는 사람은 어떤 사람이요'라는 질문이다. 여기서 '살피'는 농기구의 하나다. 그리고 '자'는 '字'로 문제를 내고는 답은 '者'를 요구하는, 동음이의어를 활용한 수수께끼다.

248　나라돈 ; '나랏돈'이다. 국고금(國庫金)을 말한다.

249　노랑돈 ; 노란 빛깔의 엽전, 혹은 몹시 아끼는 돈을 말한다.

250　칠푼七分 ; 매우 작고 보잘것없는 것을 비유적으로 이르는 말이다.

251　상통 ; '얼굴'을 속되게 이르는 말이다.

252　무르익은 대초빛 ; 잘 익은 대추와 같이 붉은 빛이 돋는 모양을 말한다.

253　잔등 ; '등'의 방언이다.

254　상통이 무르익은 대초빛 같고 울룩줄룩 매미잔등이 같은 놈 ; 붉은 빛이 돋으면서 매미의 등과 같이 울퉁불퉁하게 생긴 취발이탈의 형상을 두고 이른 말이다.

255　상통이 무르익은 대초빛 같고 울룩줄룩 매미잔등이 같은 놈이니 그놈 ; 이 대사는 취발이탈의 형상을 두고 이른 것이다. 가면극 대사에는 이와 같이 가면의 형상을 묘사하거나 직설하는 사례가 종종 보인다.

256　兩班伯.「나라돈 노랑돈 칠푼七分 잘라먹은 놈의 상통이 무르익은 대초빛 같고 울룩줄룩 매미잔등이 같은 놈이니 그놈을 잡아들려라.」; 이 대목은 앞의 전개와는 매우 이질적이다. 왜 갑자기 취발이를 잡아들이라는 것인지 미상하다. 다만 이 대목은 소위 '포도부장 놀이'의 변형이 아닌가 한다.

257　무량無量 ; 정도를 헤아릴 수 없을 만큼 많음을 이른다.

258　비호飛虎같은데 ; '비호'는 나는 듯이 빠르게 달리는 범을 말한다. 여기서는 매우 용맹스럽고 날쌔다는 뜻이다.

259　전령傳令 ; 명령이나 훈령, 고시 따위를 전하여 보냄을 말한다. 또는 그 명령이나 훈령, 고시를 말한다.

兩班伯.　　　「오오 그리하여라.」

　　　　　　　（편지紙片²⁶⁰에 체포장逮捕狀을 써서 말둑이에게 준다.）²⁶¹

말둑이.　　　（양반兩班이 주는 체포장逮捕狀을 받아가지고 취발醉發이에게로

　　　　　　　가서）

　　　「당신當身 잡히었오.」²⁶²

醉發.　　　「어디 전령傳令 있나 보자.」

말둑이.　　　「전령傳令 없이 올 리理가 있오. 자 이것 보아.」²⁶³

　　　　　　　（하며 체포장逮捕狀을 내여 취발醉發에게 준다.²⁶⁴ 취발醉發은 체포

　　　　　　　장逮捕狀을 받아본 다음 말둑이에게 잡혀온다.

　　　　　　　말둑이는 취발醉發이를 체포逮捕하여 가지고 와서 취발醉發의 웅

　　　　　　　등이를 양반兩班에 면전面前에다 내민다.）

兩班伯.　　　「아 이놈 이것이 무슨 냄새냐.」

　　　　　　　（하며 고개를 설렁설렁 흔들며 얼굴을 찌프린다.）²⁶⁵

말둑이.　　　「이놈이 피신避身을 하여 다니기 때문에 양취²⁶⁶를 못하여서 그렇게 냄

　　　　　　　새가 나는 모양이외다.」

兩班伯.　　　「그러면 이놈의 목아지²⁶⁷를 뽑아 밑구녕²⁶⁸에 갖다 박아라.」

260　지편紙片 ; 종이의 작은 조각을 말한다.

261　(편지紙片에 체포장逮捕狀을 써서 말둑이에게 준다.) ; 임석재본에서는 '(지편紙片에다 무엇을 써서 준다)'
　　라고 채록되었다.

262　[보정] 당신當身 잡히었오 ; 직설적 언술이다. 소위 지문적 성향을 띤 대사다. 이와 같이 지문을 대사로 전향시
　　키는 '돌발'이 가면극 공연공간을 더욱 신명나게 한다. 이 '돌발의 미학'은 '불합리의 합리'를 조장하는 서민적
　　정서에 기인한다.

263　[보정] 말둑이. 「전령傳令 없이 올 리理가 있오. 자 이것 보아.」 ; '傳令'은 체포장으로서 소도구이다. 이 소도구
　　는 실제로 등장하지 아니한다. '보이지는 않되 있는 것'이다. 현재는 실제 소도구를 활용하는 경우도 있다.

264　[보정] 醉發. 「어디 전령傳令 있나 보자.」 말둑이. 「전령傳令 없이 올 리理가 있오. 자 이것 보아.」 (하며 체포
　　장逮捕狀을 내여 취발醉發에게 준다. ; 임석재본에서는 '醉發 = 어데 전령傳令 보자. 말둑이 = (지편紙片을
　　취발이에게 보인다.) 醉發 = (지편紙片을 보더니 말둑이에게 끌려 양반兩班 앞에 온다)' 라고 채록되었다. '傳
　　令'은 체포장으로서 소도구이다. 이 소도구는 실제로 등장하지 아니한다. '보이지는 않되 있는 것'이다. 현재는
　　실제 소도구를 활용하는 경우도 있다.

265　[보정] (하며 고개를 설렁설렁 흔들며 얼굴을 찌프린다.) ; 얼굴을 찌푸리는 행위는 가면을 썼기 때문에 관중에
　　게 노출되지 않는다. 어떠한 장면을 둔 기사인지 알 수 없다. 연출법을 제시한 것으로만 추정된다.

266　양취 ; '양치'가 옳다. 소금이나 치약으로 이를 닦고, 물로 입 안을 가셔 내는 일이다. 한자를 빌려 '養齒'로
　　적기도 한다.

267　목아지 ; '모가지'를 속되게 이르는 말이다.

말둑이.   「아 이놈의 목쟁이[269]를 뽑아다 밑구녕에다 꽂는 수가 있다면

            내 ×으로 샌님에 입술을 때려드리겠습니다.[270]」

兩班伯.   (怒하여 담뱃대를 내저으며 큰 목소리로)

            「이놈 뭐야?」

               (이때 취발醉發은 고개를 푹 숙이고 가만히 업디어 있다.)

말둑이.   「샌님! 그렇게 노怒여워 마시고 말슴 들으시요. 금전金錢이면 그만인

            데[271] 하필何必 이놈을 잡아다 죽이면 무엇하오. 돈이나 몇 백량百兩 내

            라고 하여 우리끼리 노나 쓰도록 합시다. 그러면 샌님도 좋고 나도 돈 백

            량百兩[272]이나 얻어 쓰지 않겠오. 그렇니 샌님은 못 본 체하고 가만히 계

            시면 내가 다 처리處理하고 갈 것이니 그리 알고 계시오.」[273]

               (양반兩班 삼형제三兄弟와 말둑이와 취발醉發이가 일제一齊히 퇴

            장退場한다.)[274]

275

---

268   밋구녕 ; '밑구녕'이다. '밑구멍'의 방언이다.
269   목쟁이 ; 목덜미를 이루고 있는 뼈를 말한다.
270   아 이놈의 목쟁이를 뽑아다 밑구녕에다 꽂는 수가 있다면 내 ×으로 샌님에 입술을 때려드리겠습니다. ; 임석
      재본에서는 '이놈의 목쟁이를 뽑아다 밑구녕에다 꽂는 수가 있으면 내 좃으로 샌님의 입술을 떼여 드리겠읍니
      다.' 라고 채록되었다. 불가능하다는 뜻이다. 실행 불가능함을 비속어를 원용하여 표현하고 있다.
271   금전金錢이면 그만인데 ; 임석재본에서는 '시대時代가 금전金錢이면 그만' 이라고 채록되었다. 어느 때고 사
      람 사는 세상에서 금전이 제일이라는 말이다.
272   [보정] 돈 백량百兩 ; 문맥상 '돈양'이 옳다. 임석재본과 오청본에서는 '돈兩'이라고 채록되었다. 쉽사리 헤아릴
      만큼 그다지 많지 아니한 돈을 말한다.
273   [보정] 말둑이.「샌님! 그렇게 노怒여워 마시고 말슴 들으시요. 금전金錢이면 그만인데 하필何必 이놈을 잡아
      다 죽이면 무엇하오. 돈이나 몇 백량百兩 내라고 하여 우리끼리 노나 쓰도록 합시다. 그러면 샌님도 좋고 나도
      돈 백량百兩이나 얻어 쓰지 않겠오. 그렇니 샌님은 못 본 체하고 가만히 계시면 내가 다 처리處理하고 갈 것이
      니 그리 알고 계시오.」; 양반 백과 취발과 말둑이의 돈거래는 무엇인가. 앞 장면에서 소무와 취발이 사이에
      등장하는 돈과 같은 맥락에서 이해할 필요가 있다. 이에 대하여는 일반적으로 상업주의적 발상으로 보는 견해
      가 있는데, 보다 면밀한 검토가 필요하다. '지전(紙錢)' 풍속이 패로디화된 것이다.
274   (양반兩班 삼형제三兄弟와 말둑이와 취발醉發이가 일제一齊히 퇴장退場한다.) ; 임석재본에서는 '(음악音樂
      에 맞추어 다 같이 어울러져서 춤추다가 전원全員 퇴장退場)'라고 채록되었다. 임석재본에서는 다 같이 어우
      러져 춤을 추는 행위가 더 채록되었다.
275   이두현본에는 다음과 같은 '부기'가 있다.
         〈부기〉 구술자 김진옥 옹이 어린 시절(십대 소년 시절)에 본 바로는 양반춤과장 끝장면에서 포도부장이
      갓 쓰고 두루마기 입고 부채 들고 굿거리 장단에 맞춰 춤을 추다 퇴장하였다고 하니, 본시 봉산탈춤에도 포
      도부장 놀이가 있었음이 확실하다.

8. '제칠과장 미얄무'의 복원

제칠과장第七科場 미얄무舞[1]

미얄은 무녀巫女[2], 그의 남편男便은 절구쟁이[3][4]로 오래간만에 부부夫婦가 반갑게 만

---

1 [보정] 정병호는, 이 장면에서, 미얄은 잦은굿거리장단에 맞추어 '엉덩이춤'을 추며, '발림춤'을 추기도 한다. 영
   감은 굿거리, 세마치, 중중몰이에 맞추어 '허튼춤', '발림춤'을 춘다. 삼개덜머리집과 남강노인은 '손춤'을 춘다고
   한다. 그리고 잦은굿거리, 굿거리, 세마치, 중중몰이 등의 장단에 맞추어 엉덩이춤, 발림춤, 허튼춤 등을 춘다고
   한다. 장단 가운데에 '세마치'는 활기찬 느낌, 꿋꿋한 느낌, 매우 흥겹고 씩씩한 느낌을 준다고 한다. 그리고 '허
   튼춤'은 일정한 틀과 순서가 없이 마음먹은 대로 자유롭게 표현하는 춤으로, 흥을 일으켜 춤에 몰입함으로써
   황홀경에 도달하게 하고 신명을 얻게 하여 생명체에 새로운 활력을 주는 춤이라 할 수 있다고 한다. 이러한
   점을 보면 이 장면은 흥겹고, 씩씩하며, 꿋꿋한 장단으로 활기찬 느낌을 조장하는 가운데에 황홀경에 도달하고
   신명을 얻게 하여 활력을 주는 장면이라고 할 수 있다.
2 [보정] 미얄은 무녀巫女 ; 미얄을 무녀라고 한 까닭은 다음 사설에 기인한다.
      令監. 「그럼바로대지. 欄干이마에우먹눈 개발코에주개턱 머리칼은모즈러진비갓고 상통은먹푸는바가지갓
           고 한켠손엔붓채 들고 한켠손엔방울들고 키는석자세치되는할맘이올세.」
      樂工. 「올치 그할맘이로군 마루넘어등넘어로 굿하러갑데.」
      令監. 「에— 고놈의할맘 항상굿굿하로만단겨.」
   그런데 '미얄'의 언어학적 의미가 규명되지 못한 상태이므로 무녀로 단정 지을 수는 없다. 설사 무당이라 하더
   라도 강신무가 아니라 세습무로 작은굿보다는 큰굿에 종사하는 무당이었을 것으로 추정한다. 여기서 큰굿이란
   마을 단위로 행하여지는 굿이다.
3 절구쟁이 ; 절구를 만드는 사람이다.
4 [보정] 그의 남편男便은 절구쟁이 ; '절구'는 곡식을 빻거나 찧는 데에 쓰는 용구로 농경사회에서는 필수적이
   다. 이러한 용구에 농경사회의 민속이 결부됨은 지극히 당연하다. 경상남도 지방에서는 정월의 첫 소날(上丑日
   상축일)에 절구질을 하면 집안의 소가 골이 아파서 죽거나 병이 생긴다고 하여 이를 삼간다고 한다. 또, 우리나
   라의 중부 이남에서는 보름날 새벽에 절굿공이를 가지고 집마당이나 밭에 가서 "디지기방아 찧자, 디지기방아
   찧자." 하면서 찧고 다닌다. 이렇게 하면 굼벵이나 두더지·독벌레들이 없어진다고 생각한다. 전라남도 지방에
   서는 보름날 아침 절굿공이로 마당의 네 귀퉁이를 찧고 나서 땅이 얼마나 들어갔는가를 살핀다. 이때에 동쪽은
   봄, 남쪽은 여름, 서쪽은 가을, 북쪽은 겨울로 여기고 땅이 많이 팬 쪽의 땅은 그 해에 물이 흔하고 그렇지 않은
   곳에는 가뭄이 든다고 점을 친다. 전라남도 지방에서는 절구에 여신이 깃들어 있다고 믿었다. 보름날 아침에
   절구 주위에 열두 달을 상징하는 열두 가지 음식에 콩·보리·조·팥·쌀 등의 곡식을 섞어 놓고 그 해의 흉풍
   을 점친다. 같은 날 오후에 이들을 살펴본다. 모양이 변하지 않은 그릇에 해당하는 날에는 가뭄이 들고, 틈이
   벌어진 그릇의 달에는 물이 흔하리라고 한다. 그러나 벌어진 틈이 작으면 비가 내려도 흡족하지 않을 것으로
   여긴다. 곡식의 대부분을 절구에 찧어 먹으므로 절구통의 여신은 영험하리라고 믿는 것이다. 이곳에서는 이를

나 그동안 서로 그리워하던 정회情懷를 주고 받다가 질투嫉妬 싸움[5]으로 인因하여 마침내 영영永永 이별離別을 하고 마는 것인데 이 장면場面은 전기前記 각각各各 장면場面과는 아무 연락連絡이 없는 별개別個의 것으로서 일종一種의 여흥餘興[6]이다.

혹或은 미얄의 부부夫婦[7]는 주막주인酒幕主人으로서 취발醉發, 노승老僧, 묵승墨僧 등等에게 주식酒食을 제공提供하여 써 그들을 방탕放蕩의 길로 빠지게 하였기 때문에 마침내 신벌神罰을 받게 된 것이라는 설說[8]도 있으나 이는 이상以上 각각各各 장면場面과 연락連絡시키려는 억설臆說인 듯하다.

> (미얄은 검은 빛갈의 얽은[9] 탈을 쓰고 우수右手에는 부채를 들고 좌수左手에는 방울 한 쌍雙을 들고[10] 굿거리 장단長短에 맞후어 춤을 추면서 등장登場한다)[11]

"도구통 각시 영금 준다."고 말한다.

이러한 민속으로 볼 때에 미얄 장면의 '영감'은 농업사회와 긴밀한 연관이 있을 것으로 추측된다.

5 [보정] 질투嫉妬 싸움 ; 여기서 '질투 싸움'이라고 하였는데, 이러한 기사는 오청본에도 있지만 임석재본에는 이 기사가 없다. 이는 아마도 채록자의 자의적 해석이 첨부된 것으로 생각된다. 연희자의 진술이라고 볼 만한 증거도 없다. 설사 연행자의 진술이라 하더라도 연출법을 제시한 것이라 봄이 옳다. 이 장면은 '미얄과 영감과 용산삼개덜머리집에 의한 삼각관계'를 연극적 장치로 하는 장면이라고 보아야 한다. 기존 연구에 이 장면을 '처첩간의 갈등', 혹은 '난리 통에 겪는 서민의 애환'을 담은 장면으로 파악한 바는 표면적인 문맥만을 중시한 입장으로 재론의 여지가 있다. '승무'가 궁극의 듯이 권선징악에 있다고 한 점을 감안할 필요가 있다. 정현석의『教坊諸譜』의 '僧舞(승무)'에 보면 '한 마당의 잡회이다. 그러나 궁구하는 그 본 뜻은 역시 권선징악의 뜻을 빗댄 것이다. 一場雜戲也 然究其本意亦寓勸懲之義'라고 하였다.

6 [보정] 일종一種의 여흥餘興 ; '일종의 여흥'이라고 언급한 바는 채록과정에서 채록자의 의견이 개입된 것이다. '여흥'으로 마무리 한다는 것은 공연예술로서 가능한 일이 아니다. 우리 가면극에 '미얄춤'이 두루 보인다는 점만 보더라도 여흥일 수 없다. 일부 기사나 논의에서 '사자춤'을 삽입된 장면으로 보는 견해가 있다. 삽입되었다고 하더라도 단순 나열이나 열거 차원에서 삽입되었다기보다는 일정한 연계성을 확보하면서 추가되었다고 봄이 타당하다. 따라서 가면극문맥 전반적 차원에서 소위 '미얄춤'의 위상을 밝힐 필요가 있다.

7 [보정] 미얄의 부부夫婦 ; 미얄과 영감이 부부 관계인데, '무당'과 '절구장이'의 관계는 어떻게 되는가 하는 의문이 남는다. 이에 대한 심도 있는 연구가 필요하다.

8 [보정] 혹或은 미얄의 부부夫婦는 주막주인酒幕主人으로서 취발醉發, 노승老僧, 묵승墨僧 등等에게 주식酒食을 제공提供하여 써 그들을 방탕放蕩의 길로 빠지게 하였기 때문에 마침내 신벌神罰을 받게 된 것이라는 설說 ; 위 기사에는 이를 두고 억설이라 하였다. 이같은 진술의 이면을 들여다보면 '취발, 노승, 묵승'과의 어떤 연관성을 짐작하게 하며, '신벌을 받게 된 것'이라는 진술에서도 어떤 '종교적 심성'이 작용하고 있는 장면이라는 추측을 낳게 한다.

9 얽은 ; 얽다. 얼굴에 우묵우묵한 마맛자국이 생기다. 혹은 물건의 거죽에 우묵우묵한 흠이 많이 나다.

10 [보정] 미얄은 검은 빛갈의 얽은 탈을 쓰고 우수右手에는 부채를 들고 좌수左手에는 방울 한 쌍雙을 들고 ; 바탕은 검은 색이고, 오목오목 들어간 점이 있는 탈이다. 여기서 '얽은'이라고 한 점으로 보아 천연두의 흔적을 가진 탈이라는 말이다. 재론의 여지가 있는 문제로는 부채와 방울을 들었다는 점 때문에 미얄을 무당으로 보려는 결정적 단서로 삼고 있다는 것이다.

미얄.　　　　(악공樂工 앞에 와서)

　　　　　　「에에 에에 에에 에에 에에.¹²」

　　　　　　　　(하고 운다. 악공樂工 중中 한 사람이 미얄에게 말을 부친다.)

樂工.　　　　「웬 할맘¹³입나.¹⁴」

미얄.　　　　「나도 웬 할맘이더니¹⁵

　　　　　　덩덕궁¹⁶하기에 굿만 여기고

　　　　　　한거리¹⁷ 놀고 갈라고 들어온 할맘이올세.」¹⁸

樂工.　　　　「그럼 한 거리 놀고 갑세¹⁹.」

11　[보정] 이 대목의 임석재본은 다음과 같다.

　　　　　미얄, 令監, 龍山 삼개 덜머리집, 三人. (구꺼리 長短에 맞추어 춤추며 登場) (미얄은 검은面에 하얀 點點
　　　이 박힌 面相을 하고, 한 손에 부채를 들고 한 손에는 방울 하나를 들었다) (영감은 좀 險相스런 老人 面相
　　　에 異常한 冠을 썼다. 灰色빛 나는 웃옷을 입고 지팡이를 짚었다) (龍山 삼개 덜머리집은 小巫面과 비슷한
　　　面相이다) (令監과 龍山 삼개 덜머리집은 한 편에 가서 있다.)

　　오청본과 임석재본과의 가장 큰 차이는, 임석재본에서는 '미얄, 令監, 龍山 삼개 덜머리집, 三人'이 함께 등장
　한다는 것이고, 오청본에서는 미얄이 먼저 등장하고, 나중에야 영감과 덜머리집이 등장한다는 것이다. 임석재
　본에서는 이 장면이 열리면 세 인물이 함께 굿거리장단에 맞추어 춤을 추면서 등장하는 것이다. 이는 우리 가
　면극 공연 방식과 그에 의하여 실현되는 공연미학을 규명하는 데에 있어서 중요한 과제다. 세 인물이 등장해
　있게 되면 앞으로의 사건 전개가 이미 노출된다. 이렇게 노출되는 한에서는 사건 전개와 그 사건의 해결이 어
　떻게 되는가가 관건이 아니라는 것이다.

12　에에 에에 에에 에에 에에. ; 오청본 에--에--에--에--에--에--에--.

13　할맘 ; 할머니의 방언이다.

14　[보정] 할맘입나 ; '할맘임나'가 임석재본에는 '할맘입나'로 채록되었다. 이로 보면 '할맘입나'가 옳다. 여기서 '-
　ㅂ나'는 예스러운 표현으로 쓰인다. 높임이 섞인 반말 정도로 수수하게 물어보는 뜻이 담긴 말이다.

15　이더니 ; 해라할 자리에 쓰여, 과거에 경험하여 새로이 알게 된 사실에 대해 묻는 말로, 예스러운 느낌을 준다.

16　덩덕궁 ; 북이나 장구를 두드릴 때 나는 흥겨운 소리다. '덩덕궁이장단'은 국악에서 널리 쓰이는 장단으로서
　경기도·충청도에서는 '덩덕궁이', 전라남도에서는 '떵떵이덜궁', 경상도에서는 '정적궁이'·'정자꿍이' 또는 '무
　정작궁이', 함경도에서는 '정적기'라고 부른다. 덩덕궁이라는 말은 장구의 구음에서 나온 것이다. 3소박 넷이 모
　인 장단으로 서양식 표기에 의하면 8분의 12박자가 된다. 보통 조금 빠른 자진몰이장단을 가리키나 경기도 남
　부와 충청도의 무가에서 덩덕궁이는 느진자진몰이장단이며 선율은 육자배기토리이다. 또한, 경기도 남부 무무
　(巫舞)에서 덩덕궁이는 느진자진몰이장단이며 삼현육각으로는 「자진굿거리」를 연주한다. 충청도와 무무에서
　의 덩덕궁이도 느진자진몰이장단이며 삼현육각으로는 '자진살풀이'를 연주한다. 이 장단에 의한 음악은 경쾌하
　고 흥겨운 느낌을 준다.

17　한거리 ; 여기서는 '한바탕'이라는 뜻이다. '거리'는 가면극, 꼭두각시놀이, 굿 따위에서, 장(場)을 세는 단위.
　음악, 연극 따위에서 단락, 과장, 마당을 이르는 말이다.

18　[보정] 이 장면은 미얄이 '덩덕궁' 소리를 듣고 한거리 놀고 가려고 나타나서는 난리통에 헤어진 영감을 찾는다
　는 장면이다. 악공과 미얄이 서로 주고받으면서 전개되는데 이같은 방식이 우리 가면극의 현장성을 말해주는
　대목이기도 하다. 따라서 악공은 악사의 역할과 더불어 배우의 역할도 함께 하게 된다. '덩덕궁' 소리가 난다는
　것이 이 장면의 연극적 공간을 말해준다. '덩덕궁이장단'이 어울리는 경쾌하고 흥겨운 축제의 공간을 말해준다.

19　갑세 ; '가세'의 방언이다. '-세'는 하게할 자리에 쓰여, 어떤 행동을 함께 하자는 뜻을 나타내는 말이다.

미얄.　　　　「노든지 마든지 허름한[20] 영감令監[21]을 잃고 영감令監을 찾어다니는 할
　　　　　　　맘이니 영감令監을 찾고야 아니 놀겠읍나.」

樂工.　　　　「할맘 난 본향本鄕[22]은 어데메와[23].」

미얄.　　　　「난 본향本鄕은 전라도全羅道 제주濟州[24] 망막골[25]이올세[26].[27]」

樂工.　　　　「그러면 영감令監은 어째 잃었습나.」

미얄.　　　　「우리 고향故鄕에 난리가 나서 목숨을 구救하랴고 서로[28] 도망逃亡하였
　　　　　　　더니 그 후後로 아즉까지 종적蹤跡을 알 길이 없습네.」

樂工.　　　　「그러면 영감令監의 모색貌色[29]을 한번 댑소.」

미얄.　　　　「우리 영감令監의 모색貌色은 마馬모색[30]일세.」

樂工.　　　　「그러면 말색기[31]란 말인가.」

미얄.　　　　「아니 소모색[32]일세.」

樂工.　　　　「그러면 소색기[33]란 말인가.」[34]

20　허름한 ; '좀 모자라거나 낡은 데가 있거나 값이 좀 싼 듯한'이라는 뜻이다. '귀중하지 아니하다' 혹은 '표준
　　정도에 좀 미치지 못한 듯한'라는 뜻이다.

21　令監(영감) ; 영감은 나이든 부부 사이에서 아내가 그 남편을 이르거나 부르는 말이다. 또는 나이가 많아 중
　　년이 지난 남자를 대접하여 이르는 말이기도 하다. 또는 정삼품과 종이품의 벼슬아치를 이르던 말이다. 요즈음
　　에는 급수가 높은 공무원이나 지체가 높은 사람을 높여 이르는 말이다.

22　본향本鄕 ; 본디의 고향을 말한다.

23　어데메와 ; 어디요. '-메'는 '-이며'의 방언이다. '-와'는 '-어요'의 방언이다.

24　전라도全羅道 제주濟州 : 현재의 제주도는 조선시대에는 전라도 제주목(濟州牧)이었다.

25　[보정] 망막골 ; 망막골의 구체적인 소재지는 알 수 없다. '막막궁산(寞寞窮山)'을 차용하여 고요하고 쓸쓸한
　　깊은 산속이라는 뜻을 담으려는 민간화술적 표현으로 추정된다.

26　이올세 ; '-ㄹ세'는 '이다'의 어간과, 받침 없는 용언의 어간과, 'ㄹ' 받침인 용언의 어간 또는 어미 '-으시-' 뒤
　　에 붙어, 하게할 자리에 쓰여, 자기의 생각을 설명하는 데 쓰이는 말이다. 뒤에는 '그려'가 붙을 수 있다. 또는
　　하게할 자리에 쓰여, 무엇을 새롭게 깨달았다는 감탄의 뜻을 나타내는 말이다. '오'는 겸양의 뜻이다.

27　[보정] 난 본향本鄕은 전라도全羅道 제주濟州 망막골이올세 : 현재의 제주도는 조선시대에는 전라도 제주목
　　(濟州牧)이었다. -『신증동국여지승람』

28　서로 ; 여기서는 '서로 각각'이라는 뜻이다.

29　모색貌色 ; 얼굴의 생김새나 차린 모습을 말한다. '본색'을 뜻하기도 한다.

30　마馬모색 ; 말의 모습이라는 뜻이다. 얼굴의 생김새나 차린 모습이 말을 닮았다는 말이다. 임석재본에는 '馬
　　毛色'이라 채록되었다.

31　말색기 ; 말새끼로 망아지를 비속하게 표현한 말이다.

32　[보정] 소모색 ; 소의 모습이라는 뜻이다. 얼굴의 생김새나 차린 모습이 소를 닮았다는 말이다. 임석재본에서는
　　소털의 색이라는 뜻으로 '소毛色(모색)'이라 채록되었다.

33　소색기 ; 쇠새끼로 말을 잘 안 듣는 소를 속되게 이르는 말이다. 또 소와 같이 미련한 사람을 속되게 이르는
　　말이다.

34　[보정] 이 대목에서는, 마모색과 말새끼, 소모색과 소새끼를 연결한 유사음을 이용한 언어유희를 보여주고 있
　　다. 앞에서 '馬貌色'이라 했으니, '소貌色' 또한 '牛貌色'으로 해야 할 것인데, 여기에서 '牛貌色'을 '소貌色'이라

미얄. 「아아니, 마馬모색도 아니고 소모색도 아니올세. 우리 영감슈監의 모색

은 아라서 무엇해. 아모리 바로 꼭 대인들 여기서 무슨 소용所用있습나.」

樂工. 「모색을 자세仔細히 대이면 혹或 찾을 수 있을지도 몰으지.」

미얄. (응둥이 춤을 추면서[35])

「우리 영감슈監의 모색을 대, 모색을 대,

모색을 꼭 바로 대면 조곰 흉|凶한데.

난간欄干이마[36]에 주개턱[37] [38],

웅케눈[39]에 개발코[40] [41],

상통[42]은 갓발은 과녁[43] 같고[44]

수염은 다 모즈러진[45] 귀알[46] 같고[47]

상투[48]는 다 가라먹은[49] 말×[50]같고[51]

키는 석 자 세 치되는[52]

___

한 것은, '소리'를 통해서 해학을 유발한 것이라고 생각된다. 그리고 망아지를 말새끼라 하고, 송아지를 소새끼
라 하여 비속한 표현을 보이고 있다. 여기서 '모색'은 쌍관어(雙關語)로 '모습'이라는 뜻과 '털의 색'이라는 두
가지 뜻을 담고 있다.

35 [보정] '응둥이 춤을 추면서' ; 임석재본에서는 '노래調로'라고 채록하였다.
36 난간欄干이마 ; 정수리가 넓고 툭 불거져 나온 이마를 말한다.
37 주개턱 ; 주격턱으로 주격 모양으로 길고 끝이 밖으로 굽은 턱을 말한다. 또는 그런 턱을 가진 사람을 놀림조
로 이르는 말이다.
38 난간欄干이마에 주개턱 ; 난간처럼 불거져 나온 이마에 주격 모양 길고 끝이 밖으로 굽은 턱을 말한다.
39 웅케눈 ; '움펑눈'으로 움푹 들어간 눈을 말한다.
40 개발코 ; 너부죽하고 뭉툭하게 생긴 코를 비유적으로 이르는 말이다.
41 웅케눈에 개발코 ; 움푹 들어간 눈에 너부죽하고 뭉툭하게 생긴 코를 말한다.
42 상통 ; 얼굴을 속되게 이르는 말이다.
43 과녁 ; 활이나 총 따위를 쏠 때 표적으로 만들어 놓은 물건을 말한다.
44 상통은 갓발은 과녁 같고 ; '얼굴은 가파른 과녁 같고' 라는 말이다.
45 모즈러진 ; '모지라진'으로 물건의 끝이 닳아서 없어진 형상을 말한다.
46 귀알 ; '귀얄'로 풀이나 옻을 칠할 때에 쓰는 솔의 하나다. 주로 돼지털이나 말총을 넓적하게 묶어 만든다. 호
추(糊箒)라고 한다. 풀비 대신 쓰기도 한다. 표구사는 대개 두드리기·문지르기·풀칠·세(細)풀칠·물 뿌리기
등의 용도에 맞는, 각기 다른 다섯 종류의 풀비를 필요로 하며, 그 종류마다 각기 두 자루씩 가진다고 한다.
47 수염은 다 모즈러진 귀알 같고 ; '수염은 다 닳아 없어진 솔 같고' 라는 말이다.
48 상투 ; 예전에, 장가든 남자가 머리털을 끌어 올려 정수리 위에 틀어 감아 맨 것이다.
49 가라먹은 ; '갈아 먹은'은로 '닳아 없어진'의 뜻이다.
50 [보정] 말× ; '망좆'으로 맷돌의 위아래를 연결하는 볼록한 부분을 말한다. 보통 '중쇠'라고 한다.
51 [보정] 상투는 다 가라먹은 말×같고 ; 오청본에서는 '상투는다가라먹은망좇갓고' 라고 채록되었다. 상투는 다
갈려 없어진 맷돌 중쇠 같다는 말이다.
52 [보정] 키는 석 자 세 치 되는 ; 매우 작은 키다.

영감슈監이올세.」⁵³ ⁵⁴ ⁵⁵

樂工. 「옳지, 고 영감슈監 마루 넘어 등 넘어로 망⁵⁶ 쪼으러⁵⁷ 갑데.」

미얄. 「에에 그놈의 영감슈監.

고리장匠이⁵⁸가 죽어도 버들가지를 물고 죽는다⁵⁹더니

상게 망을 쪼으러 다녀!」

(하고 한숨을 쉰다.)⁶⁰

樂工. 「영감슈監을 한번 불러 봅소.」

미얄. 「여기 없는 영감슈監을 불러본들 무엇합나.」

樂工. 「그래도 한번 불러봐.」

미얄. 「영감슈監.⁶¹」

樂工. 「너무 짧아 못 쓰겠읍네.」

---

53 [보정] 이 대목이 '응둥이춤을추면서'라고 한 점으로 보아 춤을 추면서 '노랫조로' 실현하였을 것으로 본다. 그래서 현대어 표기에서는 행간 배치를 달리 한다.

54 [보정] 이 대목은 미얄이 절구장이인 '허름한 영감'의 모습을 대는 대사이다. 언어유희와 비속한 표현으로 공연현장의 축제적 분위기를 조장하고 있다.

55 키는 석 자 세 치되는 영감슈監이올세 ; 키가 매우 작아 석자 네 치밖에 안 된다는 말로 관용적 표현이다. 영감의 키를 왜 이렇게 작게 묘사하였는지는 미상하다. 다만 공연관련 문헌자료에 '유(儒)'는 대개 '난쟁이'로 해석하며, 그리고 연극학적인 입장에서 볼 때에 '난쟁이'는 특별한 인물(character)로 취급한다는 점에 관심을 가질 필요가 있다.

56 망 ; '맷돌'의 방언이다. 곡식을 가는 데 쓰는 기구로 둥글넓적한 돌 두 짝을 포개고 윗돌 아가리에 갈 곡식을 넣으면서 손잡이를 돌려서 간다.

57 쪼으러 ; '뽀족한 끝으로 쳐서 찍으러'의 뜻이다.

58 고리장匠이 ; 키버들로 고리짝이나 키 따위를 만들어 파는 일을 직업으로 하는 사람을 말한다.

59 고리장匠이가 죽어도 버들가지를 물고 죽는다 ; 속담 '백정이 버들잎을 물고 죽는다.'와 같은 관용어다. 고리버들의 가지를 가지고 버들고리를 겹는 것을 업으로 하는 고리백정이 껍질 벗길 때 하던 버릇대로 입에 문 버들잎을 놓지 못하고 죽는다는 뜻으로, 죽는 경우를 당하여도 자기의 근본을 잊지 않는 경우에 비겨 이르는 말이다. 아울러 속담 '행담 짜는 이 죽을 때도 버들잎을 자갈 물고 죽는다.' 버들고리로 행담고리짝 짜는 사람은 죽을 때까지 버들껍질을 입으로 물어 벗기다가 죽는다는 데서 '사람은 어떤 조건에서도 자기의 본색을 감추지 못함.'을 비겨 이르는 말이다.

60 [보정] 이 대목이 '응둥이춤을추면서'라고 한 점으로 보아 춤을 추면서 노래조로 실현하였을 것으로 본다면, 춤과 불림이 결합된 경우이다. 불림은 '역설적 하례'의 의미가 담겨 있는 것으로, 여기에서는 영감의 형상을 비속하게 표현하고 있다. 그리고 '우리 ~ 흉凶한데.'는 노래조로 실현하고, '난간欄干이마 ~ 세치 되는'은 노래로 실현하고, '영감슈監이올세.'는 노래조로 실현한다. 임석재본에서는 이 대목이 '노래調로'라고 채록되었다. 이렇게, 노래와 노래조의 결합, 춤과 불림의 결합과 같은 양상은 미얄춤에서 지배적으로 나타난다. 여기에 언어유희와 비속한 표현이 질탕한 분위기를 조성하게 되는 것이다. 이는 미얄춤의 특징이기도 하며 우리 가면극 전개상의 주요한 원리이다.

61 영감슈監. ; 오청본에서는 '슈監--'라고 채록되었다.

미얄.　　　「영슈—감監— 영감슈監, 영감슈監.[62]」

樂工.　　　「너무 길어서 못 쓰겠읍네.」

미얄.　　　「그러면 어떻게 불르란 말입나.」

樂工.　　　「전라도全羅道 제주濟州 망막골 산다니 신아위청[63]으로 한번 불러봅소.」

미얄.　　　　（웅등이 춤을 추며 바른편便 손에 쥐었든 부채를 피였다 접었다 하
　　　　　　　면서[64] 신아위청으로）

　　　　　　　（창唱）

　　　　　　「절절절절 절시구 저저리 절절시구

　　　　　　지화자持花者[65]자 절시구.[66]

　　　　　　어디를 갔나 어디를 갔나

　　　　　　우리 영감슈監 어디를 갔나.

　　　　　　기산영수箕山潁水 별건곤別乾坤[67]에 소부허유巢父許由[68] 따라갔나.

62　영슈—감監— 영감슈監, 영감슈監. ; 오청본에서는 '슈——監—— 슈——監—— 슈——監——' 이라고 채록
　　되었다.

63　신아위청 ; 시나위청으로, 시나위 대금의 중심 음인, 대금 여섯 구멍을 다 막고 내는 음이다. '청(淸, 聽, 晴)'은
　　거문고 제1현인 문현을 이르는 말이다. 또는 괘상청, 괘하청, 무현을 통틀어 이르는 말이다. 또는 양금의 오른
　　쪽 괘 왼쪽 첫째 줄 황종(黃鍾)의 입소리다. 또는 양금의 오른쪽 괘 왼쪽 둘째 줄 태주(太蔟)의 입소리다. 또는
　　양금의 오른쪽 괘 왼쪽 셋째 줄 협종(夾鍾)의 입소리다.

64　[보정] 웅등이 춤을 추며 바른편便 손에 쥐었든 부채를 피였다 접었다 하면서 ; 임석재본에서는 이 기사가 없다.

65　지화자持花者 ; 나라가 태평하고 국민이 평안한 시대에 부르는 노래다. 또는 그 노랫소리를 말한다. 흥을 돋
　　우기 위하여 노래나 춤의 곡조에 맞추어 내는 소리다. 윷놀이에서 모를 치거나 활쏘기에서 과녁을 맞혔을 때,
　　잘한다는 뜻으로 외치는 소리다. 특이한 곡조로 '지화자'를 네 번 부른다.

66　[보정] 절절절절 절시구 저저리 절절시구 지화자持花者자 절시구 ; '절씨구'를 시나위청에 맞추어 부르는 소리
　　다. '얼씨구 절씨구'는 흥겨울 때에 장단을 맞추며 변화 있게 내는 소리다. '얼씨구'는 흥에 겨워서 떠들 때 가볍
　　게 장단을 맞추며 내는 소리다. '얼씨구나 절씨구나'는 '얼씨구절씨구'를 강조하여 내는 소리다. '지화자'는 나라
　　가 태평하고 국민이 평안한 시대에 부르는 노래이며, 또는 그 노랫소리다. 또는 흥을 돋우기 위하여 노래나 춤
　　의 곡조에 맞추어 내는 소리이기도 하며, 윷놀이에서 모를 치거나 활쏘기에서 과녁을 맞혔을 때, 잘한다는 뜻
　　으로 외치는 소리로, '얼씨구절씨구 지화자 좋네. 얼씨구절씨구 지화자 좋다.'라는 식으로 실현된다. 뒤 대목에
　　서 영감의 소리는 '절절절 절시구 저저리 절절시구 얼시구 절시구 지화자持花者 절시구.'다. 이와 같은 조흥구
　　가 실현되는 양상은 공연현장의 상황과 공연자에 따라 다양하게 나타난다.

67　기산영수箕山潁水 별건곤別乾坤 : 기산은 중국 하남성(河南省) 등봉현(登封縣) 동남쪽에 있는 산으로 요
　　(堯)임금 때 소부(巢父)와 허유(許由)가 숨어 살던 곳이다. 일명 악령(崿嶺)이라고도 한다. 영수는 역시 하남
　　성 등봉현에 있는 강이다. '別乾坤(별건곤)'은 별다른 세계, 별천지(別天地)를 뜻한다.

68　소부허유巢父許由 : 고대 중국의 전설상의 은자(隱者)인 소부와 허유를 말한다. 속세를 떠나서 산의 나무 위
　　에서 살았기 때문에 생긴 이름이며, 요(堯)가 천하를 그에게 나라를 맡기고자 하였으나 이를 사양하고 받지
　　않았다. 허유(許由)가 영천에서 귀를 씻고 있는 것을 소를 몰고 온 소부(巢父)가 보고서 그러한 더러운 물은
　　소에게도 마시게 할 수 없다며 돌아갔다는 고사(故事)가 있다.

채석강명월야采石江明月夜[69]에 이적선李謫仙[70] 따라갔나.

적벽강추야월赤壁江秋夜月[71]에 소동파蘇東坡[72] 따라갔나.

우리 영감令監을 찾으려고

일원산一元山[73]서 하로 자고

이강경二江景[74]서 이틀 자고

삼부조三扶助[75]서 사흘 자고

사법성四法聖[76]서 나흘 자고,[77]

삼국三國적[78] 유현덕劉玄德[79]이 제갈공명諸葛孔明[80] 찾으려고

---

69 채석강명월야采石江明月夜 ; 채석강의 달 밝은 밤. 중국 안휘성(安徽省)에 위치한 강으로, 당(唐)나라의 시인 이태백(李太白)이 놀다가 빠져 죽은 곳으로 유명하다. 동정호(洞庭湖)의 한 지류다. 이백(李白)이 채석강(采石江)에서 놀 때 술에 취하여 물에 비친 달을 잡으려고 강에 뛰어들어 빠져 죽었다고 한다.

70 이적선李謫仙 ; 중국 당 나라 때 시인 이백(李白)을 말한다. 자 태백(太白)이며, 호 청련거사(靑蓮居士), 주선옹(酒仙翁)이다. 시선(詩仙)으로 일컬어지는데 장안(長安)에 들어가 하지장(賀知章)을 만나자 하지장은 그의 글을 보고 탄(歎)하여 적선(謫仙)이라 하였다.

71 적벽강추야월赤壁江秋夜月 ; 적벽강의 가을 밤. 적벽강은 중국 호북성 황강현에 있는 강으로 삼국시대 오나라의 장군인 주유가 제갈량의 도움을 받아 조조의 군대를 대파한 곳이다. 또한 송나라의 문인인 소식(蘇軾)이 뱃놀이를 하면서 「적벽부(赤壁賦)」를 지었던 곳이다.

72 소동파蘇東坡 ; 중국 북송(北宋) 때의 문인이자 정치가인 소식(蘇軾)을 말한다. 자(字)는 자첨(子瞻)이며, 호(號)는 동파(東坡)다. 소선(蘇仙)이라고도 한다. 아버지 순(洵)과 아우 철(轍)과 더불어 '삼소(三蘇)'라고 불리며, 당송팔대가(唐宋八大家)의 한 사람이자 송나라를 대표하는 제일의 문인으로 문명을 날렸다. 대표적인 작품으로는 특히 「적벽부(赤壁賦)」가 유명하며, 서화(書畵)에도 능했다.

73 원산元山 ; 현재 동해의 영흥만 안에 있는 항구 도시이다.

74 강경江景 ; 부여는 현재 충청남도 논산시의 읍이다.

75 부조扶助 ; '夫餘'의 잘못으로 추정된다. 부여는 현재 충청남도 부여군에 있는 읍이다.

76 법성法聖 ; 현재 전라남도 영광군에 소재하는 포구다.

77 [보정] 일원산一元山서 하로 자고 이강경二江景서 이틀 자고 삼부조三扶助서 사흘 자고 사법성四法聖서 나흘 자고 ; 문맥상으로 보면 몇 날 며칠을 이곳저곳 찾아 헤맸다는 뜻으로, '숫자 놀이'를 원용한 대사다. '일'과 '하루', '이'와 '이틀', '삼'과 '사흘', '사'와 '나흘'을 결합시켰다. 이두현본에서는 '부조'가 '부여'로 되어 있다. 『조선의 민간오락』에는 다음과 같이 채록되었다.

> 우리집 령감을 찾으려고 一에 명월산에 一박하고 이에 강경(江景)에 二박하고 三에 부소(扶蘇)에 三박하고 四에 법성에 四박하고 三國시대 류현덕이 제갈공명(諸葛孔明)을 찾으려고 三고초려(三顧草廬)한 정성

78 삼국三國적 ; 삼국 시대(三國時代)는 후한이 몰락하기 시작했던 2세기 말부터 위, 촉, 오가 세워져 서로 다투다가 서진이 중국을 통일하는 3세기 후반까지를 가리키는 말이다. 오청본에서는 '戰國(전국)적'이라고 채록되었다. 전국시대는 중국 역사에서, 춘추 시대 다음의 기원전 403년부터 진나라가 중국을 통일한 기원전 221년까지 약 200년간의 과도기를 말한다. 여러 제후국이 패권을 다투었던 동란기로 '전국 칠웅'이라는 일곱 개의 제후국이 세력을 다투었으며, 제자백가와 같이 학문의 중흥기를 이루었고, 토지의 사유제와 함께 농사 기술의 발달 따위로 화폐가 유통되기도 하였다.

79 유현덕劉玄德 ; 중국 삼국시대 촉한의 초대 황제다. 자는 현덕(玄德), 시호는 소열제(昭烈帝)이다. 삼국지(三國志)에서는 조위(曹魏)가 한(漢)을 계승한 정통 황조라고 보았으므로 유비를 황제로서 칭하지 않고 촉한(蜀漢) 선주(先主)라고 부른다. 진서(晉書) 열전에서 유비의 묘호를 열조(烈祖)라고 칭한 바가 있으나, 이것은 그

삼고초려三顧草廬[81]하든 정성精誠,

만고성군萬古聖君[82] 주문왕周文王[83]이 태공망太公望[84]을 찾으랴고

위수양渭水陽[85] 가든 정성精誠,

초한楚漢[86]적 항적項籍[87]이가 범아부范亞父[88]를 찾으랴고

의 정식 묘호가 아닌, 후세사가들이 추봉한 묘호이다.

80　제갈공명諸葛孔明 ; 중국 삼국시대 촉한의 모신(謨臣)이다. 자는 공명(孔明)이며, 별호는 와룡(臥龍)·복룡(伏龍). 전란의 시대, 형주의 초야에서 지내던 중 제갈량의 나이 27세 때 유비(劉備)의 삼고초려로 세상에 나온 제갈량은 재략과 웅재로써 유비를 도와 촉한(蜀漢)을 건국하는 제업을 이루었다. 적벽에서 손권(孫權)과의 연합을 이끌어내 당대 최강의 제후인 조조(曹操)의 남하를 저지하였고 형양을 차지한 후 익천를 도모해 유비를 제위에 오르게 하였고 제갈량은 승상의 직에 올랐다. 그의 출사표는 후세 사람들이 이 글을 보고 울지 않으면 충신이 아니라고 평하는 명문으로 꼽히고 있다.

81　삼고초려三顧草廬 ; 오두막을 세 번 찾아간다. 중국 촉한의 임금 유비가 제갈량의 초옥을 세 번 찾아가 간청하여 드디어 제갈량을 군사(軍師)로 맞아들인 일에서 유래한다. 제갈량의 '출사표'에 나오는 말이다. 삼국시절 유현덕(劉玄德)이 와룡강(臥龍江)에 숨어 사는 제갈공명을 불러내기 위해 세 번이나 그를 찾아가 있는 정성을 다해 보임으로써 마침내 공명의 마음을 감동시켜 그를 세상 밖으로 끌어낼 수 있었던 이야기에서 비롯된 말이다.

82　만고성군萬古聖君 ; 길이 역사에 남을 어질고 덕이 뛰어난 임금을 말한다.

83　주문왕周文王 ; 주(周)나라를 창건한 왕이다. 이름 창(昌)이고, 계왕(季王)의 아들, 무왕의 아버지다. 어머니는 은(殷)나라에서 온 태임(太任)이고, 서백(西伯)이라고도 한다. 은나라에서 크게 덕을 베풀고 강국으로서 이름을 떨친 계(季)의 업을 계승하여, 점차 인근 적국들을 격파하였다. 만년에는 현상(賢相) 여상(呂尚, 太公望)의 도움을 받아 덕치(德治)에 힘썼다. 뒤에 은나라로부터 서방 제후의 패자(覇者)로서 서백의 칭호를 사용하도록 허락받았다. 죽은 뒤 무왕이 은나라를 쓰러뜨리고 주나라를 창건하였으며, 그에게 문왕이라는 시호를 추존하였다. 뒤에 유가(儒家)로부터 이상적인 성천자(聖天子)로서 숭앙을 받았으며, 문왕과 무왕의 덕을 기리는 다수의 시가 『시경(詩經)』에 수록되어 있다.

84　태공망太公望 ; 주나라 초기의 현신(賢臣) 여상(呂尚)이다. 여상은 주나라 동해(東海) 사람이다. 본성(本姓)은 강씨(姜氏)다. 그의 선조가 여(呂)에 봉해졌으므로 여상(呂尚)으로 칭해졌다. 자는 자아(子牙)다. 나이 칠순에 위수(渭水)에 낚시를 드리우며 때를 기다린 지 10여 년 만에 주나라 문왕(文王)을 만나 초빙된 다음, 문왕(文王)의 스승이 되었으며, 문왕은 그가 조부인 태공(太公)이 항시 바라던 사람이라는 뜻에서 '태공망(太公望)'이라고 했다. 병법의 이론에도 밝아서 문왕(文王)이 죽은 뒤에 무왕(武王)을 도와 목야(牧野)의 전투에서 은(殷)나라 주(紂)왕의 군대를 물리치고 주(周)나라를 세우는데 큰 공을 세웠고, 후에는 제(齊) 땅을 영지로 받아 제(齊)나라의 시조(始祖)가 되었다.

85　위수양渭水陽 ; 강 이름이다. 중국 감숙성(甘肅省) 위원현(渭源縣)의 서북 조서산(鳥鼠山)에서 발원하여 섬서성(陝西省)을 거쳐 낙수(洛水)와 합쳐 황하(黃河)로 흐른다. 이곳의 반계석(磻溪石)에서 강태공이 낚시하였다고 한다.

86　초한楚漢 ; 초나라와 한나라를 말한다.

87　항적項籍 ; 진말(秦末)의 범인(梵人)이다. 초(楚)의 장수 항우(項羽)를 말한다. 숙부 양(梁)과 함께 기병(起兵)하여 진군(秦軍)을 쳐서 함양(咸陽)을 불사르고 진왕(秦王) 자영(子嬰)을 죽이고 자립하여 서초(西楚)의 패왕(覇王)이 되었다. 패공(沛公) 유방과 천하를 다투었으나 해하(垓下)의 싸움에서 패하고 오강(烏江)에 투신자살하였다.

88　범아부范亞夫 ; 항우의 책사였던 범증(范增)을 말한다. 항우를 도와 패왕(覇王)이 되게 하였다. 기이한 계책을 좋아하여 나이 70에 항우의 모사가 되어 항우가 아부(亞父)라 불렀다. 항우의 모사인 범아부(范亞父)는 유방(劉邦)이 제왕이 되리라고 점치고 홍문(鴻門)의 잔치에서 옥결(玉玦)을 자주 들어 항우(項羽)에게 유방(劉邦)을 죽이도록 신호했으나 뜻을 이루지 못했고, 이일의 실패로 인한 화를 참지 못하고 등에 종기가 나서 죽었다.

기고산祈高山[89] 가든 정성精誠,

이 정성精誠, 저 정성精誠 다 부려서

강산천리江山千里를 다 다녀도

우리 영감슈監은 못 찾겠네.

우리 영감슈監 만나면은

귀도 대고 코를 대고

눈도 대고 입도 대고

춘향春香이 이도령李道令을 만나 노듯이

업어도 주고 안어도 보며

건건드러지게 놀겠구만

어디를 가고 나 찾는 줄 왜 모르나.」

（「엉—엉—[90]」울다가 장내場內의 중앙中央으로 가서 굿거리 장단長短에 맞추어 춤을 춘다.)[91][92]

（이때 미얄의 부夫가 용산마포龍山麻浦 덜머리 집[93]을 다리고 등장登場하야 악공樂工들의 앞으로 어슬렁어슬렁 걸어온다. 덜머리집은 미얄의 부夫를 따라 입장入場하야 한편 구석에 가많이 선다. 미얄의

---

89 기고산祈高山 ; '旗鼓山' 혹은 '旗皷山'이다. 범증의 고향에 있는 산이다. 이곳에서 산신이 되려하다가 항우에게 발탁된다. 하남성(河南省) 회양(淮陽)에 있다. 중국 하남성(河南省) 동부 영하(潁河) 북안에 위치한다. 주나라 때는 진국(陳國)의 땅이었다.

90 엉—엉— ; 오청본에서는 '엉—엉— 엉—엉—'이라고 채록되었다.

91 [보정] 엉—엉—」울다가 장내場內의 중앙中央으로 가서 굿거리 장단長短에 맞후어 춤을 춘다. ; 미얄이 춤추는 위치가 나타나 있다. 이 대목이 임석재본에서는 '어엉 어엉. <구꺼리 長短에 춤 춘다>'라고만 채록되었다.

92 [보정] 미얄이 시나위청으로 영감을 부르는 대목이다. 춤과 불림으로 실현된다. 이 대목은 '창'이라고 되어 있지만 '우리 영감은 못 찾겠네' 이후부터는 '노래조'와 '말'이 섞여서 실현된다. 판소리에서도 활용되는 소위 '사벽도四壁圖 사설', '쑥대머리' 등을 원용하면서 영감을 그리워하여 찾아다녔다는 대사인데, 이 대사 이후에 '굿거리장단'에 맞추어 춤을 춘다는 점으로 볼 때에 역시 '불림'적 성격이 강하다.

93 용산마포龍山麻浦 덜머리 집 ; '덜머리'는 마포구 양화도 동쪽 한강가에 돌출된 봉우리이다. '가을두'·'잠두령'·'용두봉'·'절두산'·「들머리'·'용산'이라고도 한다. 허강이 지은 '서호별곡'에 '덜머리'라는 지명이 나온다. '서호별곡'은 '서호', 즉 지금의 이태원 부근에서 배를 띄워 마포 어구까지 내려오는 동안의 한강의 풍경을 노래한 가사이다. 그 한 대목을 보면 다음과 같다.

　　　　濟川 舟揖은 傅巖 殷說이오 宛轉 龍潭는 龍門 八折리오 十里 平蕪는 洛陽 天津이오 龍山 落帽臺는 孟嘉 陳跡이오 撲地 閭閻은 滕王 古郡이오 麻浦 牙檣은 淇苑 綠竹이오 瓮店 烟火는 虞氏 河濱이오 西江을 브라하니 林處士 西湖 ㅣ오 덜머리 구버하니 蘇仙의 赤壁이론듯 -『한국역대가사문학집성』

부夫는 엷은 먹 빛갈의 웃옷[94]을 입고 험상險相스러운 늙은이의 탈[95]을 쓰고 이상異常스러운 관冠[96]을 썼으며 그의 첩妾인 덜머리 집은 얼굴 빛갈이 조곰 힌 젊은 여자女子의 탈을 썼다.)

미얄夫. (악공樂工의 앞으로 와서)

「에에에 에에.[97]」

(운다. 이하以下 미얄부夫를 영감令監으로 약칭略稱함)[98]

樂工. (악공樂工 중中 한 사람이 미얄부夫를 보고)[99]

「웬 영감令監이와[100]?」

(악樂과 무舞는 그친다.)

令監. 「나도 웬 영감令監이더니 덩덩덩하기에 굿만 여기고 한거리 놀라고 드러온 영감令監이올세.」

樂工. 「놀라면 놀고 갑세.」

令監. 「노든지 마든지 허름한 할맘을 잃었으니 할맘을 찾고야 아니 놀겠읍나.」

樂工. 「난 본향本鄕은 어디메와[101].」

令監. 「전라도全羅道 제주濟州 망막골이올세.」

樂工. 「그러면 할맘은 어째 잃었읍나.」

令監. 「우리 고향故鄕에 난리가 나서 각분各分[102] 동서東西로 도망逃亡하였다가 잃고 말았읍네.」

樂工. 「그러면 할맘의 모색貌色을 한번[103] 댑세.」

令監. 「우리 할맘의 모색은 하도 흉해서 댈 수 없읍네.」

---

94 엷은 먹 빛갈의 웃옷 ; 영감이 입은 의상은 '칠포 장삼'이다.
95 [보정] 험상險相스러운 늙은이의 탈 ; 탈의 형상을 묘사한 기사다. 구체적인 형상은 미상하다.
96 이상異常스러운 관冠 ; 이두현본에서는 '개가죽관(狗皮冠)'으로 채록되었다.
97 에에에 에에. ; 우는 소리다.
98 (운다. 이하以下 미얄부夫를 영감令監으로 약칭略稱함) ; 임석재본에는 이 기사가 없다.
99 [보정] (악공樂工 중中 한 사람이 미얄부夫를 보고) ; 임석재본에는 이 기사가 없다. 앞의 장면이 반복되기에 생략한 것으로 생각된다.
100 이와 ; '이요'의 방언이다.
101 어디메와 → 어디에요 ; '-메'는 '-이며'의 방언이다. '-와'는 '-어요'의 방언이다.
102 각분各分 ; 물건 따위를 따로따로 나눔을 뜻한다. 여기서는 '각각'의 뜻이다.
103 한번 ; 원자료에는 '할번'이다.

樂工.	「그래도 한번 대봅세.」
令監.	「여기서 모색을 댄들 무엇하겠읍나.」
樂工.	「세상世上 일이란 그런 것이 아니야, 모색을 대면 찾을른지도 알 수 없지.」
令監.	「그럼 바로 대지.
	난간欄干이마에 우먹눈.
	개발코에 주개턱.
	머리칼은 모즈러진 비 같고,
	상통은 먹 푸는 바가지 같고
	한 켠[104] 손엔 부채 들고
	한 켠 손엔 방울 들고
	키는 석 자 세 치 되는
	할맘이올세.」[105]
樂工.	「옳지. 그 할맘이로군. 마루 넘어 등 넘어로 굿하러 갑데.」
令監.	「에에 고놈의 할맘, 항상 굿[106] 굿 하로만 단겨.」
樂工.	「할맘을 한번 불러 봅소.」
令監.	「없는 할맘을 불러보면 무엇합나.」
樂工.	「허 그런 것이 아니야 어쨋던 한번 불러 봅세.」
令監.	「무슨 영문인지 알 수 없으나 하라는 대로 해보지. 할맘.」
樂工.	「너무 짧아 못 쓰겠읍네.」
令監.	「할―맘―.」
樂工.	「그것은 너무 길어서 못 쓰겠읍네.」
令監.	「그러면 어떻게 불으란 말입나.」
樂工.	「전라도全羅道 제주濟州 망막골 산다니 신아위청으로 불러 봅소.」
令監.	(신아위청으로)

104　한 켠 ; '한편'의 잘못이다. '켠'은 '편'의 방언이기도 하다.
105　[보정] 이 대목은 노랫조로 보고 행간을 정리하였다. 이 대목은 채록상에는 기사화되지 않았으나, 노랫조로 실
　　　현하는 것이 일반적이다. 앞 대목과 동일한 방법으로 실현되었기에 채록과정에서 '(창)'이 생략되었을 것이다.
106　굿 ; 구태여, 군이, 억지로 등의 뜻을 가지 옛말이다. 여기서는 '군이'의 뜻이다.

（창唱）

「절절절 절시구 저저리 절절시구

얼시구 절시구 지화자持花者 절시구.[107]

어디를 갔나, 우리 할맘 어디를 갔나,[108]

채석강명월야采石江明月夜에 이적선李謫仙 따라 갔나

적벽강赤壁江 추야월秋夜月에 소동파蘇東坡 따라갔나,

우리 할맘 찾으랴고

일원산一元山 이강경二江景 삼부조三扶助, 사법성四法聖

강산천리江山千里를 다 단겨도

[109]우리 할맘은 못 찾네.」[110]

---

107 절절절 절시구 저저리 절절시구 얼시구 절시구 지화자持花者 절시구 ; 앞에서 미얄의 소리는 '절절절절절시구 저저리 저절절시구. 持花者자절시구'로 차이가 있다.

108 이 자리에 오청본에는 '箕山穎水別乾坤에 巢父許由딸아갓나'가 더 있다.

109 [보정] 이 대목에서 다음 대사가 미얄 대사에는 있는데, 영감 대사에는 없다.

　　　삼국三國적 유현덕劉玄德이 제갈공명諸葛孔明 찾으려고
　　　삼고초려三顧草廬하든 정성精誠,
　　　만고성군萬古聖君 주문왕周文王이 태공망太公望을 찾으랴고
　　　위수양渭水陽 가든 정성精誠,
　　　초한楚漢적 항적項籍이가 범아부范亞父를 찾으랴고
　　　기고산祈高山 가든 정성精誠,
　　　이 정성精誠, 저 정성精誠 다 부려서 상산천리江山千里를 다 다녀도

　채록상 누락인지는 확인할 수 없다. 다만 다음의 임석재본의 채록을 통하여 유추할 수 있다.

　　令監 ; (신아위청으로) ═══ 절절절 절시구 절절절 절시구 얼시구 절시구 지화자자 절시구 어디를 갔나. 어디를 갔나. 우리 할맘 어디를 갔나. 箕山穎水 別乾坤에 巢父許由 따러 갔나. 采石江 明月夜에 李謫仙 따러 갔나. 赤壁江 秋夜月에 蘇東坡 따러갔나. 우리 함멈 찾으랴고, 一元山 二江景 三부조 四法聖 江山千里를 다 다녀도 우리 할맘은 못찾겠네. (구꺼리長短에 맞추어 춤춘다.)

　　미얄 : (춤을 추며 令監 쪽으로 슬금슬금 온다.) (노래調로) ═══ 절절 절시고, 지화자자 절시고. 보고지고 보고지고, 우리 令監 보고지고. 大旱七年 王가물에 빗발같이 보고지고. 九年治水 大탕수에 햇발같이 보고지고. 우리 令監 보잘시면 눈도 대고 코도 대고 입도 대고 귀도 대고, 硯滴같은 젖을 쥐고 신짝 같은 혀를 물고 거드러게 놀겠구만. 어널 가고 날 찾일 줄 왜 모르나.

　　令監 : (춤을 추며 할맘 쪽으로 슬금슬금 간다.) (미얄이 하는 노래와 같은 노래를 한다. 但 「令監」을 「할멈」으로 함.)

　이 기사에 '(미얄이 하는 노래와 같은 노래를 한다. 但 「令監」을 「할멈」으로 함.)'라고 한 점으로 보아 동일한 대사를 미얄과 영감이 주고받는 방식으로 실현하고 있음을 알 수 있다.

　판소리에서도 활용되는 소위 '보고지고 타령'이 원용되었다.

110 [보정] 이 대목은 영감이 시나위청으로 미얄을 부르는 대사다. 춤과 불림으로 실현된다. 이 대목은 '창'이라고 되어 있지만 '우리 할맘은 못 찾겠네' 이후부터는 '노래'와 '말'이 섞여서 실현된다. 판소리에서도 활용되는 소위 '사벽도四壁圖 사설', '쑥대머리' 등을 원용하면서 미얄을 그리워하여 찾아다녔다는 대사인데, 이 대사 이후에

(굿거리 장단長短에 맞후어 춤을 추며 미얄 서 있는 곳으로 간다.)[111]

미얄.   (춤을 추며 슬금슬금 악공樂工 앞으로 걸어오면서 신아위청으로)

(창唱)

「절절절 절시구

지화자持花者자 절시구

보고지고 보고지고

우리 영감令監 보고지고

칠년대한七年大旱 왕王가뭄[112]에

빗발같이 보고지고

구년홍수九年洪水 대홍수大洪水[113]에

햇발같이 보고지고.[114]

우리 영감令監 만나면은

눈도 대고 코도 대고

'굿거리장단'에 맞추어 춤을 춘다는 점으로 볼 때에 역시 '불림'적 성격이 강하다. 등장인물은 다르나, 장면의 반복이며, 대칭적 구조를 갖는다.

111 (굿거리 장단長短에 맞후어 춤을 추며 미얄 서 있는 곳으로 간다.) ; 미얄이 서 있는 곳으로 간다는 점으로 보아 미얄은 퇴장하지 아니하고, 관객에 노출되어 있다는 점을 확인할 수 있다. 임석재본에서는 '(구꺼리長短에 맞추어 춤춘다.)'라고만 채록되었다.

112 칠년대한七年大旱 왕王가뭄 ; '大旱七年'은 7년간의 큰 가뭄이라는 뜻이고, '王가뭄'은 큰 가뭄을 뜻한다. 즉 '大旱七年'과 '王가뭄'은 같은 의미다. 관용구화 되었다.
   '대한칠년(大旱七年)'은, 『회남자(淮南子)』에 의하면 탕(湯) 임금 시대에 7년 동안 가뭄이 들자 탕이 몸소 상림(桑林)에서 기도를 드리자 그 기도에 반응하여 사해의 구름이 모여들어 천리에 걸쳐 비가 내렸다고 하는 고사에 연유한다. 여기서 '상림지도(桑林之禱)'라는 말이 생겼다. 은(殷) 나라 탕왕(湯王)이 7년의 큰 가뭄에 상림(桑林)에서 비 내리길 빌었다 해서 성인(聖人)이 백성을 근심함을 이르는 말이다. 자료에 따라서는 탕왕이 자신의 '머리털과 손톱'을 바쳤다고 한다.
   [참고] 시조(時調) - 어화 보완지고 그리던 님 보완지고 / 七年 大旱에 열 구름 빗발 본 듯 / 이 後에 다시 만나면 九年之水에 볏 뉘 본 ㅎ듯여라. 『東國歌辭』

113 [보정] 구년홍수九年洪水 대홍수大洪水 ; 9년 동안의 큰 홍수를 말한다. 우(禹)의 아버지 곤(鯀)은 제요(帝堯) 때에 황하(黃河)의 대홍수를 9년간이나 다스렸으나 치수의 업적을 올리지 못하고 마침내 죽음을 당하고 말았다. 이에 그의 아들 우가 치수에 전력하여 제순(帝舜) 때에 완전히 성공을 보았으므로 마침내 천자가 될 수 있었다는 고사에서 연원을 두고 있다. 여기에서 '구년치수(九年治水)'라는 성어가 생겼다. 관용구다. 임석재본에서는 '九年治水 大탕수'라고 채록되었다. '탕수'는 '큰 홍수'의 방언이다.

114 [보정] 보고지고 보고지고 우리 영감令監 보고지고 칠년대한七年大旱 왕王가뭄에 빗발같이 보고지고 구년홍수九年洪水 대홍수大洪水에 햇발같이 보고지고 ; 그리움을 담고 있다. 소위 '보고지고 타령'이라 하여 관용구화 되었다.

입도 대고 **뺨**도 대고

연적硯滴[115]같은 귀[116]를 쥐고

신작[117] 같은 ×를 물고[118]

건드러지게[119] 놀겠구만[120]

우리 영감令監 어디 가고

나 찾는 줄 모르는가.」[121]

　　　　　(굿거리 장단長短에 마추어 춤을 춘다.)

令監.　　　(미얄 있는 곳으로 슬금슬금 뒷거름질 하여 오면서 신아위청으로)

　　　　　(창唱)

「절절 저저리 절절시구

얼시구 절시구 지화자持花者 절시구

보고지고 보고지고,

우리 할맘 보고지고

칠년대한七年大旱 왕王가믈에

빗발같이 보고지고,

구년홍수九年洪水 대홍수大洪水에

햇발같이 보고지고,

115　연적硯滴 ; 벼루에 먹을 갈 때 쓰는, 물을 담아 두는 그릇이다. 보통은 도자기로 만들지만 쇠붙이나 옥, 돌 따위로도 만든다.

116　[보정] 연적硯滴같은 귀 ; '연적 같은 젖'이 옳다. 여기에는 원자료 그대로 활용한다. 관용적 표현이다. 연적과 같이 생긴 젖을 말한다. 연적이나 사발처럼 납작하게 올라붙은 젖을 연적젖(硯滴-) 혹은 사발젖이라고 한다. 다만 '영감'을 상대하기 때문에 '귀'로 바꾸었을 가능성도 있다. 공연 현장에서 어떻게 실현되었는지는 미상하다.

117　[보정] 신작 ; '신짝'이다. '신짝'은 신발의 한 짝, 혹은 '신'을 속되게 이르는 말이다.

118　[보정] 신작 같은 ×를 물고 ; 오청본에서는 '신작같은헤를물고' 라고 채록되었다. '신짝 같은 혀를 물고'는 입맞춤을 속되게 표현한 것이다. 관용구다.

119　건드러지게 ; 목소리나 맵시 따위가 아름다우며 멋들어지게 부드럽고 가늘다는 뜻이다.

120　눈도 대고 코도 대고 입도 대고 **뺨**도 대고 연적硯滴같은 귀를 쥐고 신작 같은 ×를 물고 건드러지게 놀겠구만 ; 상봉에 대한 기대감을 실감나게 표현한 관용구다.

121　[보정] 이 대목은 미얄의 소위 '보고지고타령'이다. 임석재본에는 다음이 더 채록되었다.

　　〈註. 上記 노래 代身 다음과 같은 것을 하기도 함.〉
　　(절절 절시고 지화자자 절시고. 거 누구가 날 찾나. 거 누구가 날 찾나. 날 찾일 이 없건마는 거 누구라 날 찾나. 臨塘水 風浪中에 沈娘子가 날 찾나. 瀟湘斑竹 물들이던 娥媓女英이 날찾나. 蟠桃會瑤池宴에 西王母가 날 찾나. 섬돌 위에 玉비녀가 꽂히였던 淑英娘子가 날 찾나. 李道令 一去後에 守節하든 春香이가 날 찾나. 거 누구라 날 찾나.)

우리 할맘 만나면은

코도 대고 눈도 대고

귀도 대고 입도 대고

대접 같은 ×을 쥐고[122]

신짝 같은 ×를 **빨며**[123]

건드러지게 놀겠구만

우리 할맘 어디가고

나 찾는 줄 모르는가.」

　　　　(굿거리 장단長短에 마추어 춤을 춘다.)[124]

미얄.　　　　(신아위청으로)

　　　　(창唱)

「절절절 저저리 절절시구

얼시구 절시구 지화자持花者 절시구[125]

그 누구가 날 찾나,

그 누구가 날 찾나,

날 찾을 사람 없것만은

그 누가 날 찾나.

술 잘 먹는 이태백李太白이

술 먹자고 날 찾나.

고산사호高山四皓[126] 옛 노인老人이

---

122 [보정] 대접 같은 ×을 쥐고 ; 오청본에서는 '대접같은것'이라고 채록되었다. 앞 대목에서 미얄 대사에는 '硯滴 같은귀'라고 하였다.

123 신짝 같은 ×를 빨며 ; 앞 대목에서 미얄은 '신작같은 혜를 물고'라고 하였다.

124 [보정] 앞 대목에서의 미얄의 '보고지고타령'의 반복이다. 임석재본에서는 '슈監= (춤을 추며 할맘 쪽으로 슬금 슬금 간다.) (미얄이 하는 노래와 같은 노래를 한다. 但「슈監」을「할맘」으로 함.)'라고 채록되었다. 이를 통하 여 보면 '보고지고 타령'을 함께 부르는 방식으로 실현되었다고 볼 수 있다.

125 절절절 저저리 절절시구 얼시구 절시구 지화자持花者 절시구 ; 오청본에서는 '절절저저리저절시구 얼시구절 시구 持花者절시구'라고 채록되었다.

126 [보정] 고산사호高山四皓 ; '商山四皓(상산사호)'의 잘못이다. 상산사호는 중국 진시황 대에 나라가 어지러움 을 피해 섬서성(陝西省) 상산(商山) 산에 숨어 들어간 네 은사(隱士)를 말한다. 동원공(東園公), 기리계(綺里 季), 하황공(夏黃公), 녹리선생(甪里先生)을 말하는 데 이들은 모두 눈썹과 수염이 희었기에 '皓'가 붙었다. 이

바둑 두자고 날 찾나.

춤 잘 추는 학鶴두름이[127]

춤을 추자고 날 찾나.

수양산首陽山[128] 백이숙제伯夷叔齊[129]

채미採薇[130] 하자고 날 찾나.」[131][132]

　　　　(굿거리 장단長短에 마추어 춤을 추면서 영감슈監 앞으로 슬금슬금

　　　　나온다.)[133]

슈監.　　　　(신아위청으로)

　　　　(창唱)

「절절절 저저리 저절시구[134]

얼시구 절시구 지화자持花者 절시구

들은 자주 그림의 주제로 떠올렸다. 또한 우리 연행문화에 흔히 원용되었다.

127　학鶴두름이 ; 학두루미로 '학'과 '두루미'가 결합된 말이다. 동의어 한자어와 우리말이 결합된 민간화술이다.

128　수양산首陽山 ; 중국 산서성(山西省) 영제현(永濟縣) 남쪽에 있는 산 이름이다. 이곳에서 백이(伯夷)와 숙제 (叔齊)가 아사(餓死)했다고 한다. 또한 황해도 해주 시내에서 바로 동쪽 지점에 있는 산으로, 옛날 백이숙제(伯夷叔齊)가 고사리를 캐먹다 굶어 죽었다는 산과 이름이 같아서, 조선 시대에 이 산을 소재로 하여 지어진 한시 중에 백이숙제(伯夷叔齊)와 관련된 작품이 많다.

129　백이숙제伯夷叔齊 ; 중국 은(殷)나라 때의 처사(處士)인 형 백이(伯夷)와 아우 숙제(叔齊)는 모두 은나라 고 죽군(孤竹君)의 아들이다. 주(周) 무왕(武王)이 은을 치려고 하는 것을 말리다가 이를 듣지 않으므로 형제는 주나라의 녹 먹기를 부끄럽게 여기고 수양산(首陽山)에 들어가 고사리를 캐어 먹으며 숨어 살다가 채미가(采薇歌)를 남기고 굶어 죽었다고 한다. 『맹자(孟子)』에 '백이(伯夷)와 숙제(叔齊)는 성인 중에서 청백한 분(夷齊聖之淸者)'이라는 말이 있다.

130　채미採薇 ; '고사리를 캔다'는 뜻으로 고사리로 연명하였다는 말이다. '首陽薇(수양미)'는 수양산 고사리로, 은(殷)나라의 충신 백이(伯夷)와 숙제(叔齊)가 수양산에서 고사리를 겪어 먹었다는 데서 나온 말이다.

131　[보정] 이 대목에서 미얄과 영감이 상봉한다. 이 장면은 소위 '거누가날찾나'가 원용되었다. 수궁가에서도 활용된다.

132　임석재본에서는 '<주註. 상기上記 노래 대신代身 다음과 같은 것을 하기도 함.> (절절 절시고 지화자자 절시고. 거 누구가 날 찾나. 거 누구가 날 찾나. 날 찾일 이 없건마는 거 누구라 날 찾나. 임당수臨塘水 풍랑중風浪中에 심낭자沈娘子가 날 찾나. 소상반죽瀟湘斑竹 물들이던 아황여영娥媓女英이 날찾나. 반도회요지연蟠桃會瑤池宴에 서왕모西王母가 날 찾나. 섬돌 위에 옥玉비녀가 꽂히였든 숙영낭자淑英娘子가 날 찾나. 이도령李道令 일거후一去後에 수절守節하든 춘향春香이가 날 찾나. 거 누구라 날 찾나.)' 라고 추가 채록되었다.

133　이 대목에서 임석재본에서는 '슈監 = (미얄이 부르는 노래를 되풀이한다. 그리고 다음 것을 덧붙인다.) 낙양 동천유하정洛陽東天柳下亭 (구꺼리장단長短에 맞추어 춤추며 미얄 쪽으로 간다.)' 라고 채록되었다. 영감이 미얄과 같은 대사 - 노래 - 를 실현한다는 설정이 임석재본에 제시되어 있다. 그리고 '낙양동천유하정洛陽東天柳下亭'이라고 불림이 실현된다고 채록되었다. 미얄과 영감이 춤을 추면서 만나는 대목에서 '낙양동천유하정洛陽東天柳下亭'이라는 불림을 실현하느냐 아니냐의 차이이다.

134　저절시구 ; 오청본에서는 '절절시구' 라고 채록되었다.

할맘 찾을 이 누가 있나.

할맘 할맘[135] 내야[136] 내야.」

　　　(라고 창창하며 굿거리 장단長短에 맞추어 춤을 추면서 미얄의 앞으
　　　로 나온다)

미얄.　　　(영감令監을 바라보더니 깜작 놀라며)

「이게 누구야, 영감令監이 아닌가.

아무리 보아도 영감令監일시 분명分明쿠나.

지성至誠이면 감천感天이라더니[137]

이제야 우리 영감令監을 찾었구나.」

　　　(창창唱)

「반갑도다, 반갑도다

우리 영감令監이 반갑도다,

조흘시고[138] 조흘시고,

지화자持花者 조흘시고.」[139]

　　　(춤을 추면서 영감令監에게로 매여 달린다.)

令監.　　「여보게 할맘! 우리가 오래간만에 천우신조天佑神助[140]로 이렇게 반갑게
　　　만났으니 얼싸안고 춤이나 한번 추어 봅세.」

　　　(창창唱)

135　할맘 할맘 ; 오청본에서는 '할맘 할맘—' 라고 채록되었다.

136　내야 ; '나야'가 옳다.

137　지성至誠이면 감천感天이라더니 ; 지극(至極)한 정성(精誠)을 다하면 하늘도 감동(感動)한다 라는 뜻으로, 무엇이든 정성껏 하면 하늘도 움직여 좋은 결과를 맺는다는 뜻이다.

138　조흘시고 ; '좋을시고'다. '-을시고'는 'ㄹ'을 제외한 받침 있는 '-었-' 뒤에 붙어, 예스러운 표현으로, 감탄의 뜻을 나타내는 말이다.

139　[보정] 반갑도다, 반갑도다 우리 영감令監이 반갑도다, 조흘시고 조흘시고, 지화자持花者 조흘시고. ; 노래조로 부르다가 춤을 춘다는 점을 보면 이 대목은 불림이다. 임석재본은 다음과 같이 영감과 미얄이 함께 부르는 것으로 채록되었다.

　　　令監.미얄 : (서로 맞대 보고서 놀래고 반가운 목소리로 合聲) 거 누구가, 거 누구가. 아무리 보아도 우리 令監(할맘)일시 分明쿠나. 至誠이면 感天이라드니 이제야 우리 令監(할맘)을 찾었구나. (合唱) -- 반갑도다 반갑도다 우리 令監(할맘) 반갑도다. 좋을시고 좋을시고 지화자자 좋을시고. 얼러 보세 얼러보세.

140　천우신조天佑神助 ; 하늘이 돕고 신이 돕는다는 뜻이다.

「반갑고나, 반갑고나,

얼러보세[141], 얼러보세.」[142]

(미얄 부부夫婦가 서로 끄러안고 굿거리 장단長短에 맞후어 춤을

춘다.

이렇게 한참 춤을 추다가 정신精神에 이상異狀이 생기어 영감令監이

[143]넘어지면 미얄은 영감令監의 머리 우으로부터[144] 넘어간다.)[145]

미얄.   (이러서며)

「아이고 허리야, 아이고 허리야, 연만70年滿七十에 생남자生男子하였으

니[146] 이런 경사慶事가 어대 있나.」

(창唱)

「조흘시고 조흘시고

아들 보니 조흘시고.」

(라고 창唱하면서 춤을 춘다.)[147]

令監.   (누은 채로)

「야아 좋기는 정 좋구나.[148]

---

141 [보정] 얼러보세 ; '어울러보세'다. 여기서는 '성교하다'를 비유적으로 이르는 말로 활용되었다. '어우르다'는 여
    럿을 모아 한 덩어리나 한판이 크게 되게 하다는 뜻이다. 또는 윷놀이에서 말 두 바리 이상을 한데 합친다는
    뜻이다.

142 반갑고나, 반갑고나, 얼러보세, 얼러보세. ; 대화 반응이 불림으로 활용되었다. 임석재본에서는 이 대사가 '합
    창'으로 실현되는 것으로 채록되었다.

143 오청본에서는 '땅에'가 더 있다.

144 오청본에서는 '기여'가 더 있다.

145 [보정] (미얄 부부夫婦가 서로 끄러안고 굿거리 장단長短에 맞후어 춤을 춘다. 이렇게 한참 춤을 추다가 정신
    精神에 이상異狀이 생기어 영감令監이 넘어지면 미얄은 영감令監의 머리 우으로부터 넘어간다.) ; 임석재본
    에서는 '(兩人은 서로 얼른다. 미얄은 令監의 前下部에 매여달려 매우 露骨的인 淫行動을 한다. 令監이 땅에
    누우면 미얄은 令監의 머리 위로 기여 나간다.)'라고 채록되었다. 여기서는 '精神에異常이생기여'라고 하였고,
    임석재본은 '露骨的인 淫行動'이라고 하였다. 뒤에서 영감의 여성성기 묘사 사설로 보아 '露骨的인 淫行動'으로
    보아야 한다. 이 같은 성행위는 풍요제의의 모의 주술적 의미를 갖는다고 한다.

146 [보정] 아이고 허리야, 아이고 허리야, 연만70年滿七十에 생남자生男子하였으니 ; 뒤 대목에서 '어허 이년! 나
    를첫아들로망신주엇지 이런天下에고약한년이잇나' 라고 한 점으로 보아 '생남자'는 '득남(得男)' 즉 아들을 낳
    았음을 말한다. 그런데 임석재본에서는 '年晩 八十에 生男子 보았드니年晩 무리 공알이 시원하다'라고 채록되
    었다. '공알'이 '음핵(陰核)'을 일상적으로 이르는 말인 점으로 보아 '생남자'는 '아들을 낳았다'가 아니라 '남자
    를 상대하였다'로 봄이 옳다.

147 [보정] 이 대목에서 미얄과 영감이 상봉한다. 이 대목은 노래조와 춤으로 전개된다. 아울러 성적 행위도 동반되
    는 장면이다. 이 미얄과 영감의 행위는, 모의성행위로서 풍요와 다산을 기원하는 뜻을 담은 것으로 보고 있다.

그놈의 곳이 험險하기도 험險하다.

송림松林이 좌우左右로 욱어지고

산고곡심山高谷深[149]한데

물 맑은 호수湖水 중中에

구비구비 섬뚝[150]이요

갈피갈피[151] 유자[152]로다.[153]

자아 여기서 우리 고향故鄕[154]을 갈라면

육로陸路로는 삼천리三千里요

수로水路로는 이천리二千里니

에라 배를 타고 수로水路로 갈거나.

배를 타고 오다가 풍랑風浪을 만나

이곳에 와서 딱 붙었으시[155]

어떻게 떼여야 이러날 것인가.

이것 떼는 문서文書가 있어야지.

옳다 이제야 알았다.

내가 한창 소년少年 적에

점占치는 법法을 배웠으니

어디 일어날 수 있을런지

점占이나 한 괘卦 풀어 볼가.」

　　　　(주머니에서 점통占筒[156]을 끄내여 절렁 흔들며 눈을 깜고 큰 목소리로)

148　정조쿠나 ; '정히 좋구나'로 매우 좋다는 뜻이다.

149　산고곡심山高谷深 ; 산이 높고 골짜기가 깊다는 뜻이다.

150　섬뚝 ; 항만의 수역 앞에 쌓은 섬 모양의 방파제를 말한다. 임석재본에서는 '구비구비 동굴섬 피섬이요. 갈피 갈피 유자로다.'라고 채록되었다.

151　갈피갈피 ; 겹치거나 포갠 물건의 하나하나의 사이를 말한다.

152　유자(柚子) ; 유자나무의 열매로, 노란색의 공 모양이다. 껍질이 울퉁불퉁하고 신 맛이 특징이다.

153　[보정] 「야아 좋기는 정 좋구나. 그놈의 곳이 험險하기도 험險하다. 송림松林이 좌우左右로 욱어지고 산고곡 심山高谷深한데 물 맑은 호수湖水 중中에 구비구비 섬뚝이요 갈피갈피 유자로다. ; 여성 성기를 비유적으로 묘사한 것이다.

154　고향故鄕 ; 임석재본에서는 '鳳山'이라고 채록되었다.

155　[보정] 붙었으니 ; 원자료에는 '붙었으시'로 되어 있다.

「축왈祝曰[157]

천하언재天何言哉시며 지하언재地何言哉리오만은

고지즉응告之則應하시나니 감이순통感以順通하소서.[158]

미련한 백성百姓이 배를 타고 오다가

이곳에 딱 부터 놓았으니

복걸伏乞[159]

이순풍곽곽선생李淳風[160]藿郭先生[161],

제갈공명선생諸葛孔明先生[162],

---

156 점통占筒 ; 점구(占具)의 하나로 점쟁이가 점을 칠 때에 사용하는 제구다.

157 축왈祝曰 ; '축(文) - 제사 때에 읽어 신명(神明)께 고하는 글 - 을 하여 말하기를'이라는 뜻이다. 가면극 현장에서는 '축'을 '추'로 하되 '추— 왈' 곧 '추'음을 길게 실현하는 것이 보통이다.

158 [보정] 축왈祝曰 천하언재天何言哉시며 지하언재地何言哉리오만은 고지즉응告之則應하시나니 감이순통感以順通하소서. ; '신께 고하노니 하늘이 어찌 말씀을 하시며 땅이 어찌 말씀을 하시리오마는 고하면 응하시나니 감응하시어 순통하게 하소서'의 뜻이다. 그런데 '天下言哉 地下言哉'로 채록된 경우가 있다. 여기서 '何', '下' 등으로 달리 채록되었다는 것을 통하여 의중을 새롭게 정리할 필요가 있다는 점을 지적한다. '何'는 '어찌'와 '무슨'이 가능하다.

『논어』 양화편을 원용한 것이다. 그 내용을 보면 다음과 같다.

子曰 予欲無言 子貢曰 子如不言 則小子何述焉 子曰 天何言哉 四時行焉 百物生焉 天何言哉 공자께서 말씀하셨다. "나는 말을 하지 않으려고 한다." 자공이 말하였다. "선생님께서 만일 말씀하지 않으시면 저희들이 어떻게 도를 전하겠습니까?" 공자께서 말씀하셨다. "하늘이 무슨 말씀을 하시는가? 사시가 운행되고 온갖 만물이 생장하는데, 하늘이 무슨 말씀을 하시는가?"

[참고] 성주본풀이 - 대모산통 흔들면서 고축사하되 천하 언재하며 지하 언제하나니 / 춘추매일 통사언 여천지로 획기덕하고 여일월로 획기명하고 뇌사시로 획기길흉하나니 / 대성인 복희신농 황제 구천천왕 문왕 귀곡선생 손빈선생 곽각선생 / 리순풍 소강절 팔팔 륙십사괘 소불난등하야 길즉길신이 응성하고 / 흉즉흉신이 복창하야 일결에 명판하소서. -『가사선집』

159 복걸伏乞 ; 엎드려 빔을 뜻한다.

160 이순풍李淳風 ; 중국 당나라의 방술가(方術家)다. '방술'은 신선의 술법을 닦는 사람, 즉 방사(方士)가 행하는 신선의 술법을 말한다.

161 곽곽선생藿郭先生 ; 곽박(郭璞)선생을 말한다. 곽곽은 점복의 신령이자 눈병을 치료해주는 의료신을 말한다. 곽박 선생은 자가 경순(景純)이며 하동 문회(聞喜 = 현 산서 문회현)사람이다. 그는 박학 다식하고, 『이아(爾雅)』, 『산해경(山海經)』, 『초사(楚辭)』 등을 주석하였고, 점성술에도 뛰어났다. 경학(經學)과 역수(易數)에 능했다고 하는 중국 동진(東晋)의 학자 곽박(郭璞)이 점복을 하는 사람들에 의해 신처럼 모셔지다가 곽곽으로 와음이 된 듯하다. 곽곽 선생은 맹인(盲人)풀이의 대상신으로 안질(眼疾)환자들이 특히 신봉한다고 한다.

162 제갈공명선생諸葛孔明先生 ; 제갈량(諸葛亮)을 말한다. 제갈량의 자(字)는 공명(孔明). 시호 충무(忠武)이며 낭야군 양도현(琅句郡 陽都縣:山東省 沂水縣) 출생으로 호족(豪族) 출신이었으나 어릴 때 아버지와 사별하여 형주(荊州:湖北省)에서 숙부 제갈 현(諸葛玄)의 손에서 자랐다. 후한 말의 전란을 피하여 사관(仕官)하지 않았으나 명성이 높아 와룡선생(臥龍先生)이라 일컬어졌다. 위(魏)의 조조(曹操)에게 쫓겨 형주에 와 있던 유비(劉備:玄德)로부터 '삼고초려(三顧草廬)'의 예로써 초빙되어 '천하삼분지계(天下三分之計)'를 진언(進言)하고 '군신수어지교(君臣水魚之交)'를 맺었다. '전출사표(前出師表)'와 '후출사표(後出師表)'는 천고(千古)의 명문으로 이것을 읽고 울지 않는 자는 사람이 아니라고까지 일컬어졌다.

정명도정이천선생程明道[163]程伊川先生[164],

소강절선생生昭康節先生[165],[166]

여러 신명神明[167]은

일시一時 회답回答하시와

상괘上卦[168]로 물비소서[169].」

   (라고 낭랑朗朗하게 읽은 다음 점괘占卦[170]를 빼여본다)

「하아 이 괘상卦相[171] 고약하다.

독성지괘犢聲之掛라

송아지가 소리치고 이러나는 괘卦로구나.」[172]

「음-매-.」

   (하고 이러난다. 미얄을 물끄럼이 바라보더니)[173]

「어허 이년 나를 첫아들로 망신 주었지.[174]

---

163 정명도程明道 ; 북송 유학자인 정호(鄭顥)를 말한다. 명도선생이라 불리었으며, 아우인 이(頤)와 함께 주렴계 (周濂溪)의 문인이다.

164 정이천선생程伊川先生 ; 북송 유학자인 정이(程頤)를 말한다. 이천백(伊川伯)을 봉한 까닭에 이천선생이라 부른다. 처음으로 이기(理氣) 철학을 제창하였고, 유교 도덕에 철학적 기초를 세웠다.

165 소강절선생邵康節先生 ; 송 유학자로 도교에도 능통하였으며, 왕안석(王安石)이 신법을 실시하기 전에 천진 (天津)의 다리 위에서 두견새 우는 소리를 듣고, 천하가 분주할 것을 예견하였다 한다.

166 이순풍곽선생李淳風藿郭先生, 제갈공명선생諸葛孔明先生, 정명도정이천선생程明道程伊川先生, 소강절 선생生昭康節先生, ; 동일의미어구의 반복이다.

167 신명神明 ; 하늘과 땅의 신령을 말한다.

168 상괘上卦 ; 두 괘로 된 육효(六爻)에서 위의 괘다. 가장 좋은 점괘(占卦)다.

169 [보정] 물비소서 ; '물비소시(勿秘昭示)'가 옳다. '물비소시(勿秘昭示)'는 '숨김없이 밝히어 보라'는 뜻으로, 점쟁이 가 외는 주문의 맨 끝에 부르는 말이다. '물비소서'는 '물비소시'와 '-하소서'가 결합된 민간화술적 표현이다. 이두현본에서는 '여러 신명은 일시 회답하시와 상괘(上卦)로 물비소시(勿秘昭示)'라고 채록되었다.

170 점괘占卦 ; 점을 쳐서 나오는 괘를 말한다.

171 괘상卦象 ; 역괘(易卦)에서, 길흉을 나타내는 상(象)이다.

172 「하아 이 괘상卦相 고약하다. 독성지괘犢聲之掛라 송아지가 소리치고 이러나는 괘卦로구나.」 ; 여기서 문맥 상으로 보면 '독성지괘(犢聲之卦)'는 '송아지가 소리를 치며 일어나는 괘'라는 것이다. 설날에 짐승의 동작을 보아 점치는 방법도 있는데, 소가 일찍부터 기동(起動)하면 풍년이 들고, 송아지가 울어도 연사(年事)가 풍조 (豊兆)이며, 까치가 울면 길조(吉兆)이고, 도깨비불이 일어도 길조(吉兆)이며, 까마귀가 울면 풍재(風災)와 병 마(病魔)가 있고, 개가 짖으면 도둑이 많으며, 개보다 사람이 먼저 일어나면 한 해를 무료(無聊)하게 보내게 된다고 전한다고 한다. 그리고『주역』대축(大畜)조에, '송아지가 외양간에 있다. 크게 길할 것이다. 상(象)에 말하기를, 크게 길하다는 것은 기쁨이 있다는 말이다.' 라고 하였다.

173 [보정] 이 대목은 미얄과 상봉하여 음행동 끝에 점괘를 보는 것이다.

174 어허 이년 나를 첫아들로 망신 주었지 ; 이 영감의 대사는 '아이고 허리야, 아이고 허리야, 연만70年滿七十에 생남자生男子하였으니 이런 경사慶事가 어대 있나.'를 영감은 늦은 나이 80에 남자 아이를 낳았다로 받은 것이다.

이런 천하天下에 고약한 년이 있나.

이년의 ×××175을 꺾어 놓겠다.

×중방176은 우툴두툴177하니

본다머리178에 풍잠風簪179 파주고

××중방180은 미끌미끌하니

골패장판181 만들 밖에 없구나.」

　　　(라고 하며 미얄을 때린다.)182

미얄.　　「여보 영감슈監. 설혹 내가 조곰 잘못하였기로 오래간만에 만나서 이렇

　　　게도 사람을 함부로 친단 말이요.」

슈監.　　「야 이년 듣기 실여, 무슨 잔말야.」

　　　(미얄을 때린다.)

미얄.　　「자아 자아 때려죽여라, 때려죽여라.」

　　　(울면서 영감에게 매달려 악을 쓰며 쥐여뜯는다.)

슈監.　　「야 이것 봐라 이년이 도리혀 나를 물어 뜯는구나.」

175　××× ; 오청본에서는 '씹중방'이라고 채록되었다. '중방(中枋)'은 '중인방(中引枋)'의 준말로, 기둥과 기둥 사이, 또는 문이나 창의 아래나 위로 가로지르는 나무다. 문짝의 아래위 틀과 나란하게 놓는다. 또는 톱틀의 톱양과 탕개줄의 사이에 양쪽 마구리를 버티어 지른 막대기를 말한다. 여기 '씹중방'은 여성성기를 말한다.

176　×중방 ; 오청본에서는 '웃중방'이라고 채록되었다. '웃중방'은 윗중방(—中枋)으로, 상인방(上引枋)이다. 창이나 문틀 윗부분 벽의 하중을 받쳐 주는 부재. 창문 위 또는 벽의 상부에 가로질러 댄다. 상대어는 아랫중방이다. 여기서는 여성 성기의 윗부분을 이른다.

177　우툴두툴 ; 물건의 거죽이나 바닥이 여기저기 굵게 부풀어 올라 고르지 못한 모양이다.

178　본다머리 ; '번대머리'다. '대머리'를 낮잡아 이르는 말이다.

179　풍잠風簪 ; 망건의 당 앞쪽에 대는 갓을 고정시키기 위하여 망건(網巾) 앞쪽에 다는 장식품이다. 반달·원산(遠山) 모양으로 만들어 망건당 가운데 달아 갓모자가 풍잠에 걸려 바람이 불어도 갓이 뒤로 넘어가지 않게 하였다. 처음에는 실용적인 측면에서 이용하였으나 장식을 겸하게 되면서부터는 양반은 대모나 호박, 마노, 금패(錦貝)를 쓰고 일반 백성들은 주로 나무나 뼈, 쇠뿔로 만들어 사용하였다.

180　[보정] ××중방 ; 오청본에서는 '아레중방'이라고 채록되었다. '아랫 중방'이다. 하인방(下引枋)으로 벽의 아래쪽 기둥 사이에 가로지른 인방이다. 여기서는 여성 성기의 아래부분을 이른다.

181　골패장판 ; '골패짝'은 납작하고 네모진 작은 나뭇조각 32개에 각각 흰 뼈를 붙이고, 여러 가지 수효의 구멍을 판 노름기구를 말한다.

182　[보정] 이년의 ×××을 꺾어 놓겠다. ×중방은 우툴두툴하니 본다머리에 풍잠風簪 파주고 ××중방은 미끌미끌하니 골패장판 만들 밖에 없구나.; '이 년의 씹 가운데를 꺾어 놓겠다. 웃중방은 우툴두툴하니 번대머리에 풍잠을 해주고 아랫중방은 미끌미끌하니 골패장 판을 만들 수밖에 없구나.'의 뜻이다. 성적 행위의 비속한 표현이다. 이러한 점을 염두에 두면 이어서 미얄을 때린다는 행위 즉 '때린다'는 원래는 성적 행위였던 것이 그 의미가 변전된 것이 아닌가 추측된다.

미얄.　　　　　　(부드러운 목소리로)

「이봅소 영감令監, 우리가 이렇게 만날 싸움만 한다고 이 동내洞內사람

들이 우리를 내여 쫓겠답데.」

슝監.　　「홍 우리를 내여 쫓겠데? 우리를 내어 쫓겠데?

그 역시亦是 좋은 말이로구나. 나가라면 나가지.

욕거선欲去船에 순풍順風[183] 일다

하늘이 들장지[184] 같고

길이 낙지발[185] 같고[186]

막비왕토莫非王土이며 막비왕신莫非王臣이라[187] [188]

어대를 간들 못 살겠나.

내여쫓기 전에 우리가 먼저 가잤구나.

그러나 저러나 너하고 나하고 이 동내洞內를 떠나면

---

183 [보정] 욕거선欲去船에 순풍順風 ; 배를 띄워 가고자 하니 바람이 순조롭다는 뜻이다. 임석재본에서는 '欲去船而順風'라고 채록되었다. 여기서는 아무 걱정하지 않는다는 뜻이다.

184 들장지 ; 들어 올려서 매달아 놓게 된 방과 방 사이, 또는 방과 마루 사이에 칸을 막아 끼우는 문이다. 미닫이와 비슷하나 폭이 넓거나 높이가 높고 문지방이 낮다. 문짝의 윗울거미와 문틀의 윗문틀에 돌쩌귀를 달아 문짝을 달고, 이 문짝의 돌쩌귀 반대편을 들어서 서까래나 기타 건축 부재에 매단 들쇠[鐵, 擧金]에 얹어 열어놓는 방법이다. 이렇게 열고 닫는 장지를 들장지 또는 들창이라고도 한다.

185 낙지발 ; 문어과의 하나다. 여덟 개의 발이 있고 거기에 수많은 빨판이 있다. 여기서는 길이 여러 갈래라는 뜻이다.

186 하늘이 들장지 같고 길이 낙지발 같고 ; 하늘은 들장지처럼 막혀 있고 갈 길은 낙지발 같이 여러 길이라는 말이다. 처지가 막막하고 살 길도 막막하다는 뜻이다. 시조에서 '窓(창) 내고쟈 창을 내고쟈 이 내 가슴에 창 내고쟈 고모장지 세살장지 들장지 열장지 암돌쩌귀 수돌쩌귀 배목걸새 크나큰 쟝도리로 둑닥 바가 이 내 가슴에 창 내고쟈 잇다감 하 답답할제면 여다져 볼가 하노라 『청구영언』'라고 노래하였다.

187 막비왕토莫非王土이며 막비왕신莫非王臣이라 ; 이 대목에서는 『시경』의 '북산(北山)'의 한 대목을 원용하고 있다. 그를 살펴보면 다음과 같다.
　　　　저 北山에 올라 그 구기자를 딴다. 해해(偕偕)한 사자(士子) 조석으로 일에 좇으니, 왕사(王事) 느슨히 할 수가 없어 내 부모를 근심케 한다. 부천(溥天)의 아래 왕토(王土) 아님은 없고, 솔토(率土)의 빈(濱) 왕신(王臣) 아님은 없다. 대부 고르지 않아 나 일에 좇아 홀로 수고한다. 陟彼北山 言采其杞 偕偕士子 朝夕從事 王事靡盬 王事 憂我父母 溥天之下 莫非王土 率土之濱 莫非王臣 大夫不均 我從事獨賢
　　대부가 유왕(幽王)을 비난하는 시라고 한다. 행역에서 사람을 부리는 것이 공평하지가 못하다. 나 혼자 고생하고, 그 때문에 부모를 봉양할 수도 없다는 내용이다. 보통은 '하늘 아래에 왕의 땅 아닌 곳이 없고, 세상 끝의 사람에 이르기까지 왕의 백성이 아닌 사람이 없다.'는 뜻으로 쓰인다. 여기서는 '왕의 신하라면 어디든 살 수 있다.'는 뜻을 담고 있다. 즉 저간의 사정은 내 잘못이 아니라는 뜻과, 이 땅의 주인이라는 뜻도 함께 담고 있는 쌍관어의 하나라고 볼 수 있다.

188 하늘이 들장지 같고 길이 낙지발 같고 막비왕토莫非王土이며 막비왕신莫非王臣이라 ; 여기서는 처지가 어려워도 어디든 살 곳이 있다는 말이다.

이 동내洞內엔 인물人物 동티[189]난다.

너는 저 웃묵[190]에 서고 내가 아랫묵[191] 서면

이 동내洞內의 잡귀雜鬼[192]가 범犯[193]치 못하는 줄 몰으더냐.[194]」

미얄.   「그건 그렇지만 영감令監 나하구 이별離別한 후後에 어디어디를 담기
며[195] 어떻게 지냈습나.」

令監.   「그 험險한 난亂에 할맘하고 이별離別한 후後로 나는 여기저기 담기면
서 온갓 고생苦生 다하였네.」

미얄.   「그러고 저러고 영감令監 머리에 쓴 것은 무엇입나.」

令監.   「내 머리에 쓴 것의 근본根本을 알고 싶습나.[196]」

미얄.   「그럼 알고 싶고 말고.」

令監.   「내 머리에 쓴 것의 내력來歷을 좀 들어보아라.

아랫녁을 당도當到하여 이곳저곳 담겨도 어디 해 먹을 것이 있어야지.

땜장匠이[197] 통을 사서 걸머지고[198] 단기다가

하로는 산대도감山臺都監[199]을 만났더니 산대도감山臺都監의 말이

---

189 동티 ; 땅, 돌, 나무 따위를 잘못 건드려 지신(地神)을 화나게 하여 재앙을 받는 일, 또는 그 재앙을 말한다.
건드려서는 안 될 것을 공연히 건드려서 스스로 걱정이나 해를 입는 것, 또는 그 걱정이나 피해를 비유적으로
이르는 말이다.
190 웃묵 ; '윗목'이다. 온돌방에서, 아궁이로부터 먼 쪽이다. 불길이 잘 닿지 않아 아랫목보다 상대적으로 차가운
쪽이다. 또 위쪽의 길목이나 물목을 말한다.
191 아랫묵 ; '아랫목'이다. 온돌방에서 아궁이 가까운 쪽의 방바닥을 말한다. 또 아래쪽의 길목이나 물목을 말한다.
192 잡귀雜鬼 ; 잡스러운 모든 귀신을 말한다. 객신(客神), 잡귀신이라고도 한다.
193 범犯 ; 들어가서는 안 되는 경계나 지역 따위를 넘어 들어감을 말한다.
194 [보정] 너하고 나하고 이 동내洞內를 떠나면 이 동내洞內엔 인물人物 동티난다. 너는 저 웃묵에 서고 내가
아랫묵 서면 이 동내洞內의 잡귀雜鬼가 범犯치 못하는 줄 몰으더냐. ; 이 대목은 우리 가면극을 제의적인 성격
을 갖는 것으로 규정하는 데에 가장 많이 언급된다. 소위 상당(上堂)신과 하당(下堂)신을 모신 동신(洞神)에서
그 사례가 흔히 발견된다. 여기서는 미얄이 상당신이고 영감이 하당신이 된다.
195 담기며 ; '단기며'다. '단기다'는 '다니다'의 잘못이다. '단기다'는 '다니다'의 옛말이기도 하다.
196 내 머리에 쓴 것의 근본根本을 알고 싶습나 ; '내 머리에 쓴 것이 어떻게 해서 내 머리에 쓰게 되었는지 알고
싶다는 말인가.' 라는 말이다.
197 땜장匠이 ; '장이'는 어떤 사물을 만드는 장인(匠人)과 특정한 기예(技藝), 곧 기술과 재주를 지닌 기능공을
말한다.
198 땜장匠이 통을 사서 걸머지고 ; '땜장이'를 업으로 하였다는 말이다.
199 산대도감山臺都監 ; 나례도감(儺禮都監)과 같은 기능을 담당했던 관청의 하나다. 나례도감은 궁궐 안에서
악귀를 쫓아내기 위한 행사인 나례를 시행하기 위하여 임시로 설치하는 관청이다. 인조 때에 폐지되어 그 일을
관상감(觀象監)에서 맡았다. 소위 '산대' 행사를 주관하는 관청 명칭이 여기서는 관청의 주관자로 사용되고 있
다. 조선시대 나례도감의 주관자가 종이품 벼슬로서 '동지'가 붙는 벼슬아치가 맡았다. 여기서는 벼슬의 명칭으

인왕산仁旺山[200] 몰으는 호랑이가 어디 있으며[201]

산대도감山臺都監 몰으는 땜장匠이가 어디 있드냐.[202]

너도 세금稅金 내어라 하길래 세금稅金이 얼마냐고 무른즉

세금稅金이 하로에 한 돈[203] 팔푼八分[204]이라 하기에

로 쓰였다.

'산대도감'이라는 용어는『조선왕조실록』을 비롯하여『滄洲先生遺稿』'雜著',『少陵先生文集』'雜著' 등 몇 군데에서만 보인다. 그리고 산대도감과 나례도감의 개념과 기능에 대하여는 견해상의 편차를 보인다. 다음 기사를 살펴보면 산대도감은 나례도감과 같은 기능을 담당하였던 임시기구의 하나였다.

[참고] 호조가 아뢰기를, 나례청(儺禮廳)의 잡상(雜像)인 주지광대(注之廣大) 등의 물품을, 우변 나례청은 이미 이전에 쓰던 것으로 수리해 만들었는데 좌변 나례청은 본조로 하여금 판출하도록 하였습니다. 본청이 바야흐로 헌가(軒架)와 잡상을 수리하는 일로 공장(工匠)들을 불러 모았는데, 이른바 주지광대 등의 물품은 모두 지난해에 새로 만든 것들로서 지금 수리해 고치더라도 공역(工役)이 많이 들지는 않을 것입니다.『조선왕조실록』광해군 8년 병진

의금부가 아뢰기를, 예조가 등극 조사(登極詔使) 때 채붕(綵棚) 건조 문제에 대하여 비망기에 따라 본부로 공문을 보내왔습니다. 신들이 반복하여 의논한 결과 군기시와 함께 제반 사항을 상의하여 범위를 정한 후 재가를 받아 처리하려고 했는데, 군기시에서는 본부가 하는 대로 한다는 것입니다. 신들이, 호조가 간직하고 있는 채붕 의식을 상고해 보고 임오년 중국 사신이 왔을 때 산대도감(山臺都監) 하인(下人)을 찾아 물어보았더니, 채붕에 소요되는 하고많은 물품들은 그만두고라도 그 당시 도감의 하인으로 아직 남아 있는 사람이라곤 서리(書吏), 서원(書員), 사령(使令) 각 한 명씩뿐이었습니다.『조선왕조실록』광해군 12년 경신

이밖에 찬집청(撰集廳)·수정청(修正廳)·서적 별청(書籍別廳)·주사청(舟師廳)·수어청(守禦廳)·대장청(大將廳)·진휼청(賑恤廳)·나례청(儺禮廳)·장악도감(掌樂都監) 등 임시로 설치한 아홉 아문은 조사가 왔다가 돌아갈 때까지를 기한으로 하여, 모두 정지하고 파하여 비용을 줄이는 일을 승전을 받들어 시행하는 것이 어떻겠습니까?"『조선왕조실록』광해군 12년 경신

침향산(沉香山)을 네거리에서 태워 없앨 것을 명하였으니, 이는 예조의 청을 따른 것이다. 광해 때 종묘에 고유하고 친히 제사하는 일이 있으면 미리 나례도감(儺禮都監)을 설치하고 헌가(獻架)와 잡상(雜像) 및 침향산을 만들어 한량없이 민력을 허비하는가 하면, 온 나라의 희자(戱子)가 미리 모여 있다가 환궁할 때가 되면 묘문 밖에서부터 서서히 전도하며 희자와 기생이 섞여 서서 요란하게 음악을 연주하고 온갖 묘기를 보였다. 이에 곳곳마다 어가를 멈추고 그것을 구경하기에 여념이 없었으므로 식자들이 한심하게 여기었다. 지금 반정하는 초기에 네거리에서 이를 태워 없앨 것을 명하였으므로 원근에서 듣고 보는 사람들이 모두 열복하였다.『조선왕조실록』인조 1년 계해

현재 각종 자료를 살펴보면 산대도감놀이, 산디도감, 산지도감, 산두놀이, 산디놀이, 산지놀이, 산대놀이, 산두나례도감, 나례도감, 딱딱이패, 산대극(山臺劇), 산대잡극(山臺雜劇), 산대도감극(山臺都監劇) 등으로 그 명칭이 혼재되어 있으며, 개념과 기능면에서도 서로 다르게 인지되고 있다. '산디', '산지', '산두' 등의 명칭을 통하여 두 가지 추론이 가능하다. 하나는 우리말을 한자 '山臺'로 표기한 것이다. 그리고 다른 하나는 그 반대의 경우다. 다만 여기서는 전자일 가능성을 제기한다. 아울러 '別山臺'도 우리말을 한자로 표기한 것으로 추정할 뿐이다.

200 인왕산仁旺山 ; 서울 서쪽, 종로구와 서대문구 사이에 있는 산이다.

201 인왕산仁旺山 몰으는 호랑이가 어디 있으며 ; 속담 '인왕산 모르는 호랑이가 있나'를 원용하였다. 자기를 모르는 사람이 있을 수 없음을 이르는 말이다. 또는 그 방면에 속하는 사람들이라면 누구나 잘 알고 있는 사실이라는 말이다.

202 산대도감山臺都監 몰으는 땜장匠이가 어디 있드냐 ; 땜장이와 산대도감이 어떤 관계인지 미상하다.

203 돈 ; 예전에, 엽전을 세던 단위다. 한 돈은 한 냥의 10분의 1이고 한 푼의 열 배이다. 또한 무게의 단위. 귀금속이나 한약재 따위의 무게를 잴 때 쓴다. 한 돈은 한 냥의 10분의 1, 한 푼의 열 배로 3.75그램에 해당한다.

204 팔푼八分 ; '푼'은 예전에, 엽전을 세던 단위다. '푼'은 한자로 '分'으로 표기한다. 한 푼은 돈 한 닢을 이른다.

하아 이 세금稅金 뻐근하고나,

벌기는 하로에 팔푼八分 버는데 세금稅金은 하로에 한 돈 팔푼八分이라면

한 돈을 보태야겠구나.

그런 세금稅金 나는 못 내겠다 하였더니

산대도감山臺都監이 달려들어 싸음을 하여

의관파탈衣冠破脫[205]을 당當하고

어디 머리에 쓸 것이 있더냐

마츰내 땜통 속을 보니 개가죽털[206]이 있드구나.

이놈을 떡 관冠을 지여쓰니

내가 동지同知[207] 벼슬일다[208].[209]」

미얄.   「동지同知 동지同知 곰동지[210], 임자가 무슨 벼슬을 했나. 에에 에 에.[211]」

(울다가…… 창唱)

참고로 '팔푼이(八--)'이는 생각이 어리석고 하는 짓이 야무지지 못한 사람을 낮잡아 이르는 말이다.

205 의관파탈衣冠破脫 ; '의관파탈(衣冠擺脫)'이다. 여기서는 의관을 모두 뺴앗겼다는 뜻이다. '의관(衣冠)'은 남자의 웃옷과 갓이라는 뜻으로, 남자가 정식으로 갖추어 입는 옷차림을 이르는 말이다. '파탈(擺脫)'은 어떤 구속이나 예절로부터 벗어남을 뜻한다. 의관을 제대로 갖추지 못하였음을 이르는 말이다. 관직에서 벗어남을 뜻하기도 한다.

206 개털가죽 ; 개잘량으로, 털이 붙어 있는 채로 무두질 - 생가죽, 실 따위를 매만져서 부드럽게 만드는 일 - 하여 다룬 개의 가죽을 말한다. 흔히 방석처럼 깔고 앉는 데에 쓴다.

207 동지同知 ; 동지중추부사(同知中樞府事)를 말한다. 조선 시대에, 중추부에 속한 종이품 벼슬이다. 동추(同樞)라고도 한다. '종이품(從二品)'은 조선 시대의 18 품계 가운데 넷째 등급이다. 종친(宗親)의 중의대부·정의대부·소의대부, 의빈(儀賓)의 자의대부·순의대부, 문무(文武)의 가정대부·가의대부·가선대부 등이 해당한다. 삼군부·돈녕부·의금부·경연·성균관·춘추관·중추부 등에 각각 약간 명을 두었다. 직함의 표시는 소속된 관청 이름 위에 동지를, 밑에 사를 붙여서 동지중추부사·동지삼군부사 등과 같이 썼다.

208 일다 ; '되다, 이루어지다'의 옛말이다.

209 [보정] 마츰내 땜통 속을 보니 개가죽털이 있드구나. 이놈을 떡 관冠을 지여 쓰니 내가 동지同知 벼슬일다 ; 개털 가죽으로 관을 지어서 쓰고는 동지 벼슬에 올랐다는 말이다. 동래 야유에서는 양반이 옥색 바지저고리에 자주색 도포를 입고 개털 관을 쓰고 부채를 들고 나온다. 이를 개잘량이라고도 하는데, 이는 털이 붙어 있는 채로 무두질하여 다룬 개의 가죽을 말한다. 흔히 방석처럼 깔고 앉는 데에 쓴다고 한다. 한편 세금관계로 산대도감과 옥신각신 끝에 싸움이 나서 의관파탈을 당하여 개잘량으로 관을 지어서 쓰고는 동지 벼슬에 올랐다는 이 대목은 다분히 풍자적이다. '절구장이' 혹은 '땜장이'와 '동지(同知)벼슬'과의 큰 격차로 인하여 대립이 극단으로 치닫지 아니하기 때문에 해학에 더 가깝다.
   이러한 면에서 기존 연구에서 계층간의 대립상을 보여주는 것으로 파악하고 있는데 재론의 여지가 있다.

210 [보정] 동지同知 동지同知 곰동지 ; '곰'은 미련한 사람이라는 뜻으로 쓰인다. 여기서는 곰단지, 미련 곰단지 등과 같이 '미련한 동지(同知)'라는 뜻이다. 영감이 벼슬하였다 하니 비꼬아 이르는 말이다.

211 에에 에 에 ; 오청본에서는 '에―에에' 라고 채록되었다.

「절절 저저리 절절시구

저놈의 영감令監의 꼴을 보게.

일백一百열두 도리 통얏갓²¹²

대모풍잠玳瑁風簪²¹³은 어데 두고

당唐공단 뒤막이²¹⁴

인모망건人毛網巾²¹⁵ 어대 갔다 내버리고

개가죽 관冠²¹⁶이란 웬 말인가.」²¹⁷

「그러나 영감令監 입은 것 무엇입나.²¹⁸」

令監.　　「내 입은 것 근본根本 들어보아라.

산대도감山臺都監을 뚝²¹⁹ 떠나서

평안도平安道 영변寧邊 묘향산妙香山²²⁰을 들어갔다.²²¹

---

212 [보정] 일백一百열두 도리 통얏갓 ; '도리'는 바구니, 중절모 따위와 같은 둥근 물건의 둘레를 말한다. '통얏갓'
은 '통영갓(統營-)'으로 경상남도 통영 지방에서 만든 갓이다. 또는 그런 양식으로 만든 갓이다. 품질이 좋고
테가 넓은 것이 특징이다. '일백열두도리'는 백 열두 돌이로 제작하였다는 뜻인 듯하나 미상하다.

213 대모풍잠玳瑁風簪 ; 바다거북 – 대모 – 의 등과 배를 싸고 있는 껍데기로 만든 망건의 당 앞쪽에 대는 장식
품이다. '풍잠'은 쇠뿔, 대모, 금패 따위로 만들며 여기에 갓모자가 걸려서 바람이 불어도 뒤쪽으로 넘어가지
않는다. 풍잠은 망건(網巾)의 당 중앙에 꾸미는 지름 4㎝ 내외의 타원 또는 반달 모양의 장식물. 원산(遠山)이
라고도 하며 갓을 고정시키는 구실을 한다. 관자(貫子)처럼 관품(官品)에 따른 규정은 없지만, 갓 밑으로 빛나
는 풍잠은 착용자의 격(格)을 보여준다. 상층에서는 주로 대모(玳瑁)·호박(琥珀)·마노(瑪瑙)로 만든 것을 사
용하였고, 일반에서는 골(骨)·각(角)을 사용하였다.

214 당唐공단 뒤막이 ; 당공단 두루마기다. '공단(貢緞)'은 두껍고, 무늬는 없지만 윤기가 도는 비단으로 고급 비
단에 속한다. '당공단'은 비단의 일종이다. '두루마기'는 우리나라 고유의 웃옷이다. 주로 외출할 때 입는다. 옷
자락이 무릎까지 내려오며, 소매·무·섶·깃 따위로 이루어져 있다.

215 인모망건人毛網巾 ; 사람의 머리털로 앞을 뜬 망건이다. '망건(網巾)'은 상투를 튼 사람이 머리카락을 걷어
올려 흘러내리지 아니하도록 머리에 두르는 그물처럼 생긴 물건이다. 보통 말총, 곱소리 또는 머리카락으로 만든다.

216 개가죽 관冠 ; 개의 가죽 – 개잘량 – 으로 만든 관을 말한다.

217 [보정] 이 대목은 영감이 '머리에 쓴 것의 내력'을 미얄에게 알려주는 대사다. 머리에 쓴 것은 '개가죽 관'이다.
이 대목에서 여기서 '산대도감'과 싸움을 하였다는 기사는 연극사회학적 관점에서 심도 있는 논의가 이루어져
야 할 과제다.

218 [보정] 그러나 영감令監 입은 것 무엇입나 ; 임석재본에서는 '(말로) 그러나 저러나 令監 입은 것 무엇입나.'로
채록되었다. '그러나 저러나'는 빠른 장면 전환을 유도하기 위한 것이다.

219 뚝 ; 아주 거침없이 따거나 떼는 모양을 말한다.

220 영변寧邊 묘향산妙香山 ; 평안북도 영변군·희천군과 평안남도 덕천군에 걸쳐 있는 산이다. 묘향산맥의 주봉
을 이루며 예로부터 동금강(東金剛)·남지리(南智異)·서구월(西九月)·북묘향(北妙香)이라 하여 우리나라 4
대 명산의 하나로 꼽혔다. 또한, '수이장(秀而壯)'이라 하여 산이 빼어나게 아름다우면서도 웅장한 모습을 지닌
명산으로 알려졌다. 일명 태백산(太白山 또는 太佰山) 혹은 향산(香山)이라고도 한다. 묘향(妙香)은 불교용어
로 기향(奇香)을 말하는데, 이것은 《증일아함경 增一阿含經》에 나오는 말이다. 묘향에는 다문향(多聞香)·계

중을 만나 노장老丈님께 인사人事하고 하로밤 자든 차次에

어떠한 이쁜 여女중이 있기로 객지客地에서 옹색[222]도 하고 하기에

한번 ××더니[223][224]

중들이 벌이떼[225] 같이 달려들어 무수능욕無數凌辱[226] 때리길래

갑자기 도망逃亡하여 나오면서 가지고 나온 것이

이 중의 칠베 장삼長衫[227]일다.」

미얄.　　「에에 에 에.」

　　　　　（울다가）

　　　　　（창唱）

「절절절절 절시구

해가 떴다 일광단日光緞[228]

달이 떴다 월광단月光緞[229][230]

여름이면 하복의복夏節衣服

겨울이면 동절의복冬節衣服,

향(戒香)·시향(施香) 3종이 있으며, 이것은 역풍·순풍이 불 때 반대 방향에도 냄새를 풍기는 수묘(殊妙)한 향기를 말한다. 이 산에는 향목·동청(冬靑) 등 향기로운 나무가 많아 고려시대 이전부터 묘향산이라 지칭하였다. 태백산에서 '백(佰·白)'자의 유래는 광명(光明)·양명(陽明)을 뜻하는 '붉'자에서 나왔으며, 이 산은 백두산의 장백산맥 줄기가 남으로 낭림산맥으로 내려와 서남쪽으로 달리는 묘향산맥의 주봉이다. 예로부터 우리 조상의 신앙적인 대상으로 숭배되었다.

221　산대도감山臺都監을 뚝 떠나서 평안도平安道 영변寧邊 묘향산妙香山을 들어갔다. ; 여기서 '산대도감'은 관청 이름으로 사용되었다. 영감 자신이 산대도감 벼슬아치임을 기정사실화하고 있다.

222　옹색 ; 여기서는 성적 욕구와 관련이 있다. '옹색하다'는 생활이 어렵다, 매우 비좁다, 활달하지 못하다, 옹졸하고 답답하다 등의 뜻이다.

223　[보정] ××더니 ; 오청본에서는 '덥첫더니' 라고 채록되었다. '덮쳤더니'다.

224　[보정] 객지客地에서 옹색도 하고 하기에 한번 ××더니 ; 오청본에서는 '客地에서옹색도하고하기에 한번덥첫더니' 라고 채록되었다. 여중을 상대로 성적 행위를 하였다는 말이다.

225　벌이떼 ; '벌떼'다. 무리지어 몰려다니면서 못된 행동을 일삼는 사람들을 벌들의 떼에 비유한 말이다. 또는 몸가짐이 단정하지 못하고 행동이 사뭇 난잡하고 사나운 사람을 일컫는 말이다. 관용어다.

226　무수능욕無數凌辱 ; 여러 차례 능욕 당하였다는 말이다. '능욕凌辱'은 남을 업신여겨 욕보임을 말한다. 또는 여자를 강간하여 욕보임을 말한다.

227　칠베 장삼長衫 ; 칠포(漆布) 장삼을 말한다. '칠포'는 옻칠을 한 헝겊이다.

228　일광단日光緞 ; 해나 햇빛 무늬를 놓은 비단이다.

229　월광단月光緞 ; 달무늬를 놓은 비단이다.

230　해가 떴다 일광단日光緞 달이 떴다 월광단月光緞 ; 고운 옷감으로 지은 옷을 두고 이른 말이다. 여기에서는 '日光緞'과 '月光緞'의 '日光'과 '月光'을 각각 '해가 떴다'·'달이 떴다'와 연관시킨 언어유희를 활용하고 있다. 관용구의 하나다.

철철히 입혔더니

어대 갔다 내버리고

중의 장삼長衫이란 웬 말이냐.」[231]

「그건 그렇고 영감令監!」[232] 기왕既往 나와 살 적에는

얼굴이 명주明紬자누메물가루[233]같더니

웨 이러케 얼굴이 뻐적뻐적[234]합나.」[235]

令監.　「웨 내 얼굴이 어떻단 말이냐.

도토리[236]하고 감자를 먹어서 참나무 살[237]이 졌다.

너 오래간만에 만났으니 아해兒孩들 말이나 무러 보자.[238]

처음 난 문열門烈이[239] 그놈 어떻게 자라납나.」

미얄.　「아아 그놈의 말 맙소.」

---

231 해가 떴다 일광단日光緞 달이 떴다 월광단月光緞 여름이면 하복의복夏節衣服 겨을이면 동절의복冬節衣服, 철철히 입혔더니 어대 갔다 내버리고 중의 장삼長衫이란 웬 말이냐. ; 이 대목은 관용구다. 사례는 아래와 같다.
　　　각싴비단 버러스니 화려도 장흘시고 공단듸단 ᄉ단이며 궁쵸싱쵸 셜한쵸며 금계계과 일륜홍ᄒ니 날도닷다 일광단과 일년명월 금쇼다ᄒ니 달이발근 월광단과 츄운담담 영유유ᄒ니 보기죠혼 운문듸단 '한양풍물가(漢陽風物歌)'
　　　니가 살어쓸 제 부친의 〃복 셜니나 ᄒ리라 ᄒ고 츈추의복 상침겹것 ᄒ졀의복 흔삼고의 박어지여 다려노코 동졀의복 소음두어 보의 ᄡ셔 농의 넛코 쳥목으로 갓ᄭᆫ 접어 갓스 달어 벽의 걸고 망건 ᄭᅮ며 당줄 달어 거러두고 -『한국방각본소설전집』, 〈심청전〉
232 [보정] 그건 그렇고 영감令監! ; 상황의 전환을 말해주는 대사다. '그건 그렇고'는 빠른 장면 전환을 유도하기 위한 것이다. 임석재본에서는 '(말로) 令監!'으로 채록되었다.
233 명주明紬자누 메물가루 ; '明紬자루 메밀가루'다. 明紬(명주)자루는 명주실로 무늬 없이 짠 피륙으로 만든 자루다. 메밀가루는 메밀의 열매를 찧어서 낸 가루다.
234 뻐적뻐적 → 버쩍버쩍 ; 물기가 자꾸 몹시 마르거나 졸아붙거나 타 버리는 모양이다. '뻐적뻐적'은 물기가 아주 적은 물건을 잇 따라 씹거나 빻는 소리이나 또는 그 모양이다. '버쩍버쩍'을 힘센 말로 실현하려고 '뻐적뻐적'이라고 하였다. 민간화술의 하나다.
235 얼굴이 명주明紬자누메물가루같더니 웨 이러케 얼굴이 뻐적뻐적합나 ; 얼굴이 명주 자루와 메밀가루처럼 곱더니 왜 이렇게 얼굴이 버쩍버쩍하게 말랐나.
236 돗토리 ; '도토리'다.
237 참나무 살 ; 참나무 껍질처럼 거친 살을 말한다. '참나무'는 '상수리나무'다. '상수리나무'는 참나뭇과의 낙엽교목이다. 상수리의 알맹이를 빻은 가루를 '상수리쌀'이라 한다. 상수리를 껍데기째 삶아서 겨울에 얼렸다가 봄에 녹은 것을 말려서 쓿은 뒤에 물을 쳐 가며 빻는다. 밥이나 떡, 묵 따위를 만든다. 상수리쌀에 붉은 팥을 갈아 넣어 지은 밥을 상수리밥이라 한다. 밥을 풀 때 꿀을 쳐서 그릇에 담는다. '참나무살'은 참나무 껍질처럼 얼굴이 거칠다는 뜻으로 추측된다.
238 아해兒孩들 말이나 무러 보자 ; 아이들이 어떻게 지내는지 소식이나 물어 본다는 말이다.
239 문열門烈이 ; '무녀리'를 말한다. 태로 나온 짐승의 맨 처음 나온 새끼를 말한다. 언행이 좀 모자라서 못난 사람을 비유하는 말이다. 여기서는 특별히 못났다기보다 제 새끼를 부르는 뜻이다.

(한숨을 지운다.)

令監.　「웨 한숨을 쉽나. 어떻게 되였어, 어서 말 합세.」

미얄.　「아아 영감! 하도 빈곤貧困하여 산山으로 나무하러 갔다가 불상하게도 호환虎患[240]에 갔다오.」

令監.　　　(깜작 놀라며)

「에 뭐야? 인제는 자식子息도 죽이고 아모것도 볼 것이 없으니

너하고 나하고는 영영永永 헤여지고 말자.」

미얄.　「여보 영감令監! 오래간만에 만나서 어찌 그런 말을 합나.」

令監.　「듣기 싫다. 자식子息도 없는데 너와 나와 살 자미 조금도 없지 않나.」

미얄.　「헤여질라면 헤여집세.」

令監.　「헤여지는 판에야 더 볼 것 무엇 있나.

네년의 행적行跡[241]을 덮어둘 것 조금도 없다.

　　(좌우左右를 돌아보면서)

여봅소 여러분. 내말 들으시요.

이년의 소행所行 말 좀 들어보시요.

이년이 영감令監 공경恭敬을 어떻게 잘하는지[242]

하로는 앞집 털풍네[243] 며누리가

나드리[244]를 왔다고 떡을 가지고 왔는데

그 떡을 가지고 영감令監 앞에 와서 이것 하나 잡수오 하면

내가 먹고 싶어도 저를 먹일 것인데

이년이 그 떡 그릇을 손에다 쥐고 하는 말이

영감令監! 앞집 털풍네 나드리떡 가져온 것

먹겠읍나, 안 먹겠읍나,

240　호환虎患 ; 사람이나 가축이 호랑이에게 당하는 화(禍)를 말한다.
241　행적行跡 ; 나쁜 행실로 남긴 흔적을 말한다. 행위의 실적(實績)이나 자취, 혹은 평생 동안 한 일이나 업적이라는 뜻도 있다.
242　이년이 영감令監 공경恭敬을 어떻게 잘하는지 ; 반어적 표현이다. 잘 못한다는 뜻이다.
243　털풍네 ; 형상을 본 딴 별명인 듯하다. 미상하다.
244　나드리 ; '나들이'다.

안 먹겠으면 그만두지 하고 저 혼자 먹으니

나 대답對答할 사이 어데 있읍나.

그뿐이면 차라리 괴이찮지.

동지冬至섯달 설한풍雪寒風²⁴⁵에 방房은 찬데 발길로

이불을 툭 차고 이마로 봇장²⁴⁶을 칵 하고 바더서²⁴⁷

코피가 줄줄 흘러가지고 뱃대기를 벗적 벗적 걸긔면서

우리²⁴⁸ 요강은 파리한 놈만 들어가도 소리가 윙윙하는 것인데

버리통²⁴⁹같은 ××²⁵⁰를 벌리고

××²⁵¹을 솰솰 누며 방구를 탕탕 꾸니

앞집에 털풍이가 보洑등²⁵²이 터졌다고

괭이²⁵³하고 가레²⁵⁴를 가지고 왔으니²⁵⁵

이런 망신이 어데 있읍나.」²⁵⁶

미얄.　　　　　(한편便 구석에 가만히 서있는 용산龍山삼개덜머리집²⁵⁷을 가르치며)

---

245 동지冬至섯달 설한풍雪寒風 ; 동짓달과 섣달의 눈바람이다. 매우 추운 때를 두고 이르는 말이다.
246 봇장 ; 들보. 칸과 칸 사이의 두 기둥을 건너질러 도리와는 'ㄴ' 자 모양, 마룻대와는 '十' 자 모양을 이루는 나무를 말한다.
247 이마로 봇장을 칵 하고 바더서 ; 자다가 이마로 들보를 받을 수 없는 일이다. 과장된 표현이다.
248 우리 ; 여기서는 생활 기물에 쓰였다. 말하는 이가 자기보다 높지 아니한 사람을 상대하여 어떤 대상이 자기와 친밀한 관계임을 나타낼 때 쓰는 말이다.
249 버리통 ; '벌통'이다.
250 버리통같은 ×× ; 오청본에서는 '버리통같은보지' 라고 채록되었다. '벌통 같은 보지'다. 여성성기의 형상에 대한 관용적 표현이다.
251 ×× ; 오청본에서는 '오줌'이라고 채록되었다.
252 보洑등 ; '보동'이다. 논에 물을 대기 위한 수리 시설의 하나다. 둑을 쌓아 흐르는 냇물을 막고 그 물을 담아 두는 곳이다.
253 괭이 ; 땅을 파거나 흙을 고르는 데 쓰는 농기구다.
254 가레 ; '가래'다. 흙을 파헤치거나 떠서 던지는 기구다.
255 버리통같은 ××를 벌리고 ××을 솰솰 누며 방구를 탕탕 꾸니 앞집에 털풍이가 보洑등이 터졌다고 괭이하고 가레를 가지고 왔으니 ; 오줌발이 세고 방구 소리가 크다는 말로 과장된 표현이다.
256 [보정] 여봅소 여러분. 내말 들으시요. ~ 이런 망신이 어데 있읍나 ; 이 대목은 소위 '심술 타령'에 가깝다. 미얄의 여러 행동을 비속하고 과장되게 표현하고 있다. 예를 들어 '이마로 봇장을 칵 하고 받아서'와 같은 표현만 보더라도 누워서 대들보를 받을 수는 없는 일이다. 김일출본에서는 '배때기를 벅적벅적 긁으면서 일어나다가 문 중방에 코가 터져 이불에다 피칠을 하면서'라고 채록되었다.
257 용산龍山삼개덜머리집 ; '삼개'는 지명으로 지금의 '마포(麻浦)'를 말한다. '덜머리'는 '떠꺼머리'라고도 하며, 장가나 시집갈 나이가 넘은 총각·처녀가 땋아 늘인 긴 머리를 말한다. 또는 그런 머리를 한 사람을 말한다. '떠꺼머리처녀'는 떠꺼머리를 한 처녀, 혹은 '노처녀'를 비유적으로 이르는 말이다. '-집' 은 자기집안에서 출가한 손아래 여자가 시집 사람임을 이를 때 쓴다. 또는 남의 첩이나 기생첩을 이를 때 쓰는 말이다.

이놈의 영감슈監! 저렇게 고혼 년을 얻어두었으니까 나를 미워라고 흉만

하지.[258]

이별離別하면 가치 이별離別하고 미워하면 가치 미워하지,

어느 년의 ××는 금金테두리했나.[259]」

　　　(삼개덜머리집이 서있는 곳으로 쫓아가서 와락 달려들며)

「이년 이년 너하고 나하고 무슨 원수가 있길레[260]

저놈의 영감슈監을 환장[261]을 시켰나

네년 죽이고 나 죽으면 고만일다.」

　　　(덜머리집을 때린다.)

덜머리집.　「아이고 사람살리우 사람살리우 사람살리우.」

　　　　　(운다)[262]

슈監.　　　　(미얄을 때리며)

「너 이년 용산龍山삼개덜머리집이 무슨 죄罪가 있다고 때리느냐.

야 이 더러운 년 구린내 난다[263].[264]」

미얄.　　「너는 젊은 년에게 빠져서 이같이 나를 괄세[265]하니

이제는 나도 너같은 놈하고 살기 싫다.

너하고 나하고 가치 번 세간이니 세간이나

똑같이 눙아[266] 가지고 헤여지자.[267]

---

258 나를 미워라고 흉만하지 ; '나를 미워하여 흉만 보지'의 뜻이다.

259 어느 년의 ××는 금金테두리했나. ; 오청본에서는 '어느년의보지는金테두리햇나' 라고 채록되었다. '누구는 특별한 사람인가. 사람은 모두가 똑같다'라는 뜻으로, 관용구다.

260 원수가 있길레 ; '원수지다'가 보통이다.

261 환장(換腸) ; 마음이나 행동 따위가 비정상적인 상태로 달라짐을 이른다. 어떤 것에 지나치게 몰두하여 정신을 못 차리는 지경이 됨을 속되게 이르는 말이다.

262 [보정] 덜머리집. 「아이고 사람살리우 사람살리우 사람살리우.」 (운다) ; 이 대사가 임석재본에는 없다. 송석하본, 이두현본에는 있다. 임석재본에서는 '鳳山탈춤 臺詞 後記'에 다음과 같이 '춤을 추지 않는 탈은 없으나, 말은 하는 탈과 안하는 것과 따로 있다. 말을 도무지 않는 탈은, 老丈, 첫목(但. 첫번 登場時만) 上佐, 小巫, 사당, 원숭이, 獅子, 셋째兩班, 덜머리집等이다.'라고 언급한 점을 중시한다면 용산삼개덜머리집은 대사가 없는 것으로 본다.

263 난다 ; 원자료에는 '날다'다.

264 구린내 날다 ; '구린내'는 똥이나 방귀 냄새와 같이 고약한 냄새다. '구린내가 나다'는 수상쩍어 의심스러운 생각이 든다는 뜻이다.

265 괄세 ; '괄시(恝視)'의 잘못이다.

어서 놓어내라. 어서 놓어내라. 어서 놓어내라.

어어— 어어.²⁶⁸」

(운다)

슈監. 「자 그래라 놓을라면 놓으자.

물이 충충²⁶⁹ 수답水畓²⁷⁰이며 사래찬 밭²⁷¹은

나 가지고

앵무鸚鵡같은 여女종²⁷²이며 날매²⁷³ 같은 남종男從²⁷⁴을랑 색기 껴서

나 가지고

황소 암소 자웅雌雄²⁷⁵ 껴서 색기까지

나 가지고

곡식 안 되는 노리마당²⁷⁶ 모래밭대기²⁷⁷

너 가지고

숫쥐 암쥐 색기 껴서 새앙쥐²⁷⁸까지

너 가지고

네년의 색기

너 다 가져라.」

미얄. (창唱)

---

266 놓아 ; '노나'로 '나누다'의 뜻이다.

267 세간이나 똑같이 놓아 가지고 헤여지자 ; '세간 가르기'다. 이혼한다는 뜻이다.

268 어어— 어어 ; 오청본에서는 '어어—어 어어—어' 라고 채록되었다.

269 충충 ; 물이 가득한 모양이다.

270 수답水畓 ; 바닥이 깊고 물을 대기에 편리한 기름진 논이다. 무논이라고도 한다.

271 사래찬 밭 ; 농사짓기 좋은 밭을 두고 이른다. '사래 차다'는 이랑이 곧고 길다는 뜻이다.

272 앵무鸚鵡같은 여女종 ; 앵무새같이 말 잘 듣고 예쁜 여자 아이 종이라는 말로, 관용적 표현이다. '앵무새'는 사람처럼 말하는 새로 보통은 말 잘하는 사람을 비유하거나 흉내를 잘 낼 때에 쓴다.

273 날매 ; '날매'는 공중에서 날고 있는 매를 말한다.

274 날매 같은 남종男從 ; 공중에서 날고 있는 매와 같이 빠르고 부지런한 남자 종이라는 말로, 관용적 표현이다.

275 황소 암소 자웅雌雄 ; 황소와 암소와 암컷과 수컷이다. 동의어 반복이다.

276 [보정] 노리마당 ; 임석재본에서는 '노류마당 곡석 안되는 곳은 너를 주고'라고 하였고, 오청본에서도 '곡식안되는노리마당 모래밧대기너가지고'라고 한 점으로 보아 농사짓기 좋지 않은 땅인 듯하다.

277 [보정] 모래밭대기 ; '모래밭뙈기'다. '모래밭'은 모래가 넓게 덮여 있는 곳, 혹은 흙에 모래가 많이 섞인 밭을 말한다. 여기서는 후자이다. '뙈기'는 경계를 지어 놓은 논밭의 구획, 혹은 일정하게 경계를 지은 논밭의 구획을 세는 단위를 말한다. 여기서는 모래가 많이 섞여 농사가 잘 안 되는 밭을 말한다.

278 [보정] 새앙쥐 ; '생쥐'의 잘못이다. '사향(麝香)뒤쥐'를 말하기도 하는데, 여기서는 작은 쥐로 '생쥐'가 보통이다.

「아이고 서름이야

아이고 서름이야

나무라도 짝이 있고

나는 새와 즘생 모도

다 짝이 있건만

우리 부부夫婦 어이하여

헤여지단 웬 말이냐

헤여질라면 헤여지자.

　　(춤을 추며)

얼시구 절시구

지화자持花者 절시구.

물이 충충 수답水畓이며 사래찬 밭도

너 가지고,

앵무鸚鵡같은 여女종과 날매 같은 남종男從도 색기 껴서

너 가지고

황소 암소 자웅雌雄 껴서 색기까지

너 가지고

곡식 안 되는 노리마당 모래밭대기

나를 주고

숫쥐 암쥐 색기 껴서 새앙쥐까지

나를 주고

네년의 색기 너 가지라니

이 늙은 할맘 혼자도 버러먹기 어려운데

색기까지 나를 주니

어찌하여 산단 말고.」[279]

---

279 [보정] 이 대목에서 영감 대사를 보면, 좋은 것은 영감 가지고, 나쁜 것은 미얄을 준다는 내용이다. 동일의 어구 반복이다.

　　　　　　「어어— 어어어.[280]」

　　　　　　　（운다）[281]

令監.　　　「그럼 조곰 더 갈라 주마.」

미얄.　　　「영감令監! 그럼 내가 처음 시집올 때

　　　　　　우리 부부夫婦 화합和合하야

　　　　　　수명장수壽命長壽하라고

　　　　　　백百집을 둘레 돌아[282]

　　　　　　깨진 그릇 모아다가[283]

　　　　　　불리고 또 불리여

　　　　　　만단정력萬端精力[284] 다 들이어

　　　　　　맨드러준[285] 놋요강은

　　　　　　나를 줍소 나를 줍소.」

令監.　　　「앗다 그년 욕심慾心 많네 그래라.

　　　　　　박천博川뒤지 돈[286] 삼만냥三萬兩 별은銀[287] 세 개

280　어어— 어어어. ; 오청본에서는 '어어—어 어어—어' 라고 채록되었다.

281　[보정] 이 대목은 영감의 대사를 미얄이 그대로 받아서 춤을 추면서 노래로 실현되고 있다. 이러한 방식은 비극적 정조를 경쾌하고 유쾌한 회극적 정조로 이완시키는 기능을 발휘한다.

282　내가 처음 시집올 때 우리 부부夫婦 화합和合하야 수명장수壽命長壽하라고 백百집을 둘레 돌아 ; '백 집을 둘레돌아'는 '여러 집을 돌고 돌아'의 뜻으로 관용적 표현이다. 민속에 '백집밥(百--)'은 음력 정월 대보름날에 행하는 풍속의 하나다. 그 해의 액운을 막고 복을 받기 위하여 여러 집의 오곡밥을 얻어먹는다. 또 봄을 타거나 병으로 야윈 아이들이 절구를 타고 개와 함께 이 밥을 먹으면 병이 낫는다고 한다. 백가반(百家飯)이라고도 한다. 임석재본에서는 '百을 돌고 돌아'라고 채록되었다. 여기서 문맥으로 볼 때에 '백 집을 돌고 도는 행위'는 부부화합이나, 수명장수와 같은 축수의 의미를 갖는 민속일 것으로 추정된다.

283　깨진 그릇 모아다가 ; 민속학적으로 '깨진 그릇을 모으는 행위'가 무엇인지 규명할 과제다.

284　만단정력萬端精力 ; '萬端精誠'의 잘못이다. '만단'은 수없이 많은 갈래나 토막으로 얼크러진 일의 실마리, 혹은 여러 가지나 온갖 등의 뜻이다. 여기서는 후자의 뜻이다. 임석재본에서는 '一萬 精誠'으로 채록되었다.

285　맨드러준 → 만들어준 ; '맨들다'는 '만들다'의 방언이다.

286　박천博川뒤지 돈 ; 박천 뒤주에 넣어 둔 돈으로, 귀하게 여기고 깊이 간직하였던 돈을 뜻한다. 박천 뒤주에 넣어 둔 돈으로, 귀하게 여기고 깊이 간직하였던 돈을 뜻한다. '博川[박천] 뒤지'는 박천반닫이(博川———)를 말한다. 평안북도 박천지방에서 제작된 반닫이다. 문판이 하나로 앞면 상단(上端)에서 위아래로 열게 되어 있으며, 의류뿐만 아니라 귀중품 또는 제기(祭器)같이 무거운 것을 넣도록 매우 튼튼한 목재를 사용하였다. 박천 반닫이의 특징은 검정 무쇠판에 날카로운 징으로 구멍을 뚫어 문양을 정교하게 투각(透刻)하여 경첩(돌쩌귀처럼 쓰는 장식) 내지 귀장식 등의 장식을 하였는데 이를 속칭 '쑹쑹이 반닫이'라고도 부른다. 이러한 투각문양을 살리기 위해 목질을 나타내지 않게 하도록 어두운 흑칠(黑漆)을 하였으며, 결이 적은 피나무·호도나무를 사용하였다. 투각에 나타난 문양들은 자연적인 당초문(唐草文)을 편이화하여 기하학적 표현을 하였는데, 매우 현

나 가지고

용장봉장[288] 귀두지[289] 자개 함롱函籠 반다지[290]

샛별 같은 놋뇨강[291] 대야[292] 받처

나 가지고

죽장망혜竹杖芒鞋 헌집석,[293]

만경 청풍淸風[294] 샀붓채[295] [296]

입살[297] 빠진 고리짝[298]

대감각에 가까운 장식적 우수성을 보여주고 있다. 그리고 큰 달형 들쇠 하나가 전면 하단 중앙에 하나 부착되어 있고, 이것보다 작은 같은 모양의 들쇠가 문짝 상단 좌우에 하나씩 달려 손잡이 기능을 하고 있다.

'박천'은 평안북도에 있는 읍이다. 박천선의 종점이며 박천평야의 중심지이다. 박천군의 군청 소재지이다. '뒤지'는 '뒤주'로 나무로 만든 곡식을 담는 궤(櫃)다. 통나무로 만들거나 널빤지를 짜서 만든다. 통나무로 만드는 것은 밑동과 머리에 따로 널빤지를 대어 막고, 머리 부분의 한쪽을 열도록 문짝을 달아 낟알을 넣거나 퍼낸다. 널빤지를 짜서 만드는 뒤주는 네 기둥을 세우고 벽과 바닥을 널빤지로 마감하여 공간을 형성하고 머리에 천판(天板 : 천장을 이루는 널)을 설치한다. 천판은 두 짝으로 만들어 뒤편의 것은 붙박이로 하고 앞쪽으로 여닫는다. 여닫는 데는 쇠장석을 달아 자물쇠를 채운다. 또 네모반듯한 상자를 여러 개 만들어 차곡차곡 쌓고 그 위에 이엉을 덮어 만든 것도 있다. 이 밖에 네 기둥을 세우는 뒤주의 서너 배 크기로 만들어, 기둥의 앞면에 따로 기둥을 세워 문벽선을 삼고, 그 문벽선에 물홈을 파고 널빤지를 드린 것도 있다. 이런 거대한 뒤주는 동화사(桐華寺)의 요사채 등에서 볼 수 있다. 이러한 유형의 것을 한층 더 크게, 곳간 만하게 만들어 마당 한쪽에 세우고 지붕을 이어 비바람을 가리게 하거나, 집의 한 끝에 따로 한 칸을 설치하고 정면에 빈지 드린 문얼굴을 만들어 완성하기도 한다. 이것도 곡식을 수장하는 시설이라는 점에서 넓은 의미의 뒤주라고 할 수 있다. 넓은 의미의 뒤주로는 버드나무 굵은 것이나 가는 싸리나무, 대나무오리를 써서 큰 독과 같은 형태로 엮은 것도 있다. 여기에 서까래를 걸고 이엉을 이어 초가처럼 꾸민다. 밑동 한쪽에는 네모난 창을 내고 문을 달아두었다가 필요할 때 열어 낟알이 쏟아져 나오게 한다.

287 별은銀 ; 별은(別銀), 즉 황금(黃金)을 말한다.
288 용장봉장 ; 용장(龍欌)과 봉장(鳳欌)이다. 용의 모양을 새긴 옷장과 봉황의 모양을 새겨 꾸민 옷장을 말한다.
289 [보정] 귀두지 ; 궤(櫃)와 뒤주를 이른다.
290 자개함롱函籠 반다지 ; '자개 함롱 반닫이'다. 자개를 박아 꾸민 장롱이다. '자개'는 금조개 껍데기를 썰어 낸 조각이다. 빛깔이 아름다워 여러 가지 모양으로 잘게 썰어 가구를 장식하는 데 쓴다. '반(半)닫이'는 앞의 위쪽 절반이 문짝으로 되어 아래로 젖혀 여닫게 된, 궤 모양의 가구를 말한다.
291 샛별 같은 놋뇨강 ; '샛별 같은 놋요강'이다. 잘 닦아서 반짝반짝 빛나는 놋요강을 말한다. 관용적 표현이다. '놋요강'은 놋쇠로 만든 요강이다. '요강'은 방에 두고 오줌을 누는 그릇으로 놋쇠나 양은, 사기 따위로 작은 단지처럼 만든다.
292 대야 ; 물을 담아서 얼굴이나 손발 따위를 씻을 때 쓰는 둥글넓적한 그릇이다.
293 집석 ; '짚석'이다. '짚자리'의 방언이다. '짚자리'는 짚으로 엮어 만든 자리로, 초석(草席)이라고도 한다. 여기서는 문맥상 '짚신'이라 하여야 한다. 임석재본에서는 '竹杖芒鞋 헌 집세기'라고 채록되었다.
294 만경청풍淸風 ; '만경(萬頃)'은 백만 이랑이라는 뜻으로, 지면이나 수면이 아주 넓음 이르는 말이다. '청풍(淸風)'은 부드럽고 맑은 바람이다. '만경창파(萬頃蒼波)'를 원용한 것이다.
295 샀붓채 ; '삿부채'다. 갈대 따위를 쪼개어 겯어 만든 부채다. 보잘것없는 부채를 말한다.
296 만경 청풍淸風 샀붓채 ; 시원한 바람을 일으키는 보잘것없는 부채라는 말로, 반어적 의미를 담은 관용구다.
297 입살 ; '이빨'이 옳다.
298 입살 빠진 고리짝 ; '이빨 빠진 고리짝'이다. 헐어서 못쓰게 된 고리짝을 말한다. '고리짝'은 고리버들의 가지나

굴둑 덮은 헌 삿갓²⁹⁹ 모도다

너를 주고

독기 날은 내 가지고

독기 자루 너 가저라.³⁰⁰」

미얄.　　　　　(춤을 추면서…… 창唱)

「이놈의 영감令監 욕심慾心 보게

이놈의 영감令監 욕심慾心 보게

박천博川뒤지 돈 삼만냥三萬兩 별은銀 세 개

너 가지고

용장봉장 귀³⁰¹두지 자개 함농 반다지

샛별 같은 놋뇨강 대야 받혀

너 가지고

죽장망혜竹杖芒鞋 헌 집석

만경청풍淸風 삿부채

입살 빠진 고리짝

굴둑 덮은 헌 삿갓³⁰²

독기 자룬 나를 주고

대오리 따위로 엮어서 상자같이 만든 물건으로 주로 옷을 넣어 두는 데 쓴다. 임석재본에서는 '이빨 빠진 고리 짝'이라고 채록되었다.

299 굴둑 덮은 헌 삿갓 ; '굴뚝 덮은 한 삿갓'이다. 일부 전통 가옥에서는 굴뚝 안으로 빗물이 들어가지 못하도록 못 쓰게 된 삿갓을 덮어 놓는다.

300 독기 날은 내 가지고 독기 자루 너 가저라 ; 긴요한 것 - 도끼날 - 은 내가 가지고 긴요치 않은 것 - 도끼 자루 - 은 너 가지라는 말이다.

301 귀 → 궤櫃 ; 물건을 넣어 두는 장방형의 상자다. 크기에 따라 큰 것은 궤, 작은 것은 갑(匣), 아주 작은 것은 독(匵)이라 한다. 형태는 윗면 또는 앞면의 반을 외짝문으로 만들어 여닫도록 하고 빗장과 자물쇠를 달았으며, 재료는 주로 결이 곱고 단단한 나무를 썼는데 황유목(黃楡木 : 느릅나무)을 가장 상품으로 여겼다. 용도는 책·활자·문서·돈·옷감·의복·제기·화자기(畫磁器)·놋그릇·곡물 등을 보관하는 데 사용하였고, 특수한 용도 로서 종묘(宗廟)에서는 신주를 보관하는 데 이용하기도 하였다.

302 삿갓 ; 대오리나 갈대를 엮어서 우산과 비슷한 모양으로 만든 쓰개를 말한다. 햇볕이나 비를 가리기 위하여 사용한다. 한자어로는 노립(蘆笠) 또는 농립(農笠)·우립(雨笠)·야립(野笠) 등으로 불린다. 재료에 따라 늘(부 들)을 원료로 한 늘삿갓, 가늘게 쪼갠 댓개비(대오리)를 가지고 만든 대삿갓 및 세대삿갓 등이 있다. 늘삿갓은 주로 경기도 일원과 황해도 일부에 걸쳐 선비들이나 부녀자의 내외용 쓰개로도 사용되었으며, 대삿갓은 남승 들이, 세대삿갓은 여승들이 사용하였다.

　　　　독기 날은 너 가즈니.

　　　　날 없는 독기 자루

　　　　가진들 무엇하리

　　　　아마도 동지冬至섯달 설한풍雪寒風에

　　　　어러죽는 수밖에 없구나.」

　　　「영감슈監! 이렇게 여러 색기를 다리고 나 혼자 몸둥이로 어찌 살란 말

　　　입나. 좀더 줍소.」[303] [304]

슈監.　　　「너 그것 가지고 나가면 똑 굶어죽기 좋을나.」

미얄.　　　「이봅소 영감슈監! 어찌 그런 야속野俗한 말을 합나 어서 더 갈라줍소.」

영감.　　　「야 이년 욕심慾心 봐라 똑같이 갈라줍소 좀더 줍소 어서 더 갈라줍소.

　　　　예 이년 아귀숭숭스러우니 다— 짓물고 말겠다.

　　　　땅땅 짓몰아라 짓몰아라.」

　　　　　　（굿거리 장단長短에 맞후어 짓모는 춤을 춘다.）

미얄.　　　「이봅소 영감슈監! 영감슈監! 연의건[305] 다 짓몰아도 사당祠堂을랑 짓모

　　　지 맙소

　　　　사당祠堂 동틔나면 어찌하오.」

영감.　　　「흥 사당祠堂 동틔? 동틔나면 나라지.」[306]

　　　　　　（여전如前히 짓모다가 갑작이 자빠진다.

　　　　　　죽은 듯이 가만히 누어있다.

　　　　　　이는 사당祠堂을 부시다가 신벌神罰을 받어 졸도猝倒하는 것이다.）[307]

---

303 [보정] 「영감슈監! 이렇게 여러 색기를 다리고 나 혼자 몸둥이로 어찌 살란 말입나. 좀더 줍소.」 ; 이 대사는 행을 바꾸어 채록되었다. 임석재본에서는 '(말로) 영감슈監! 여러 새끼 많이 데리고 함자 몸뎅이 그것 가지고 어찌 살란 말이요. 좀더 나눠 줍소.' 라고 채록되었다. 그러니까 이 대사는 '(말로)' 실현되기 때문에 행을 바꾸어 채록한 것이다. 이로 볼 때에 앞의 대사가 춤과 노래로 실현되다가 이 대목은 '(말로)' 실현되었다는 것이다.

304 [보정] 이 대목도 앞 대목과 동일하게 영감의 대사를 영감이 그대로 받아서 춤을 추면서 노래로 실현되고 있다. 이러한 방식은 비극적 정조를 경쾌하고 유쾌한 희극적 정조로 이완시키는 기능을 발휘한다. 이렇게 반복적으로 실현되고, 대칭적 구조를 갖게 된다.

305 연의건→여느 것은

306 [보정] 이 대목에서 '사당 동티'운운 하는 대사는 우리 가면극의 제의적 특성을 드러낸다고 보는 입장이 일반적이다.

307 [보정] （여전如前히 짓모다가 갑작이 자빠진다. 죽은 듯이 가만히 누어있다. 이는 사당祠堂을 부시다가 신벌神

미얄.　　　　　 (손벽 치며 춤을 추면서)

　　　　　　　 (창唱)

「잘 되였다 잘 되였다

이놈의 영감令監 잘 되였다.[308]

사당祠堂 짓모지 말라 해도 내 말 안 듣고 짓모더니

사당祠堂 동틔로 너 죽었구나.

동내방내洞內坊內[309]키 크고 코 큰 총각總角![310]

우리 영감令監 내다묻고 나하고 둘이 사라봅세.」

　　　　　　　 (영감令監의 눈을 어루만즈며)

「이놈의 영감令監 벌서 눈깔을 가마귀가 파먹었구나.」[311]

영감.　　　　　 (큰 목소리로)

「아야!」

미얄.　　　　 「죽은 놈의 영감令監도 말하나.」

令監.　　　　 「가짓 죽었으니 말하지.」[312]

　　　　　　　 (벌덕 이러나서 미얄을 때리며)

너 이년 뭣이 어째?

키 크고 코 큰 총각 나하고 삽세?」

罰을 받어 졸도猝倒하는 것이다.) ; 여기서 '이는 사당을 부시다가 신벌을 받아 졸도 하는 것'이라 함은 채록자
의 자의적 해석일 것이다. 임석재본에서는 '(如前히 짓모다가 갑자기 넘어져 죽은 듯이 가만히 있다.)' 라고 채
록되었다. 이두현수정본에는 '영감 : 흥! 사당(祠堂) 동티나면 나라지 (여전히 짓모는 춤을 추다가 갑자기 쓸어
져 죽는다)'라고 채록되었다. 김일출본에서도 '령감 《사당 없으면 나막신짝 놓고 하지 내 성미 알지! 꽝꽝 부셔
라. 망고리 나간다. 개밥궁 나간다. 맨재' 독 진꽈라 사당두 진꽈라》 사당을 부시다가 령감이 죽어 넘어진다.'
로 채록되었다. 뒤에서 영감은 '거짓 죽었다'며 살아나게 된다. 이렇게 죽었다 살아나는 설정이 어떤 의미인지
미상하다. 연구할 대상이다.

308 잘 되였다 잘 되였다 이놈의 영감令監 잘 되였다 ; 반어적 표현의 관용구다.
309 동내방내洞內坊內 ; '동네방네(洞—坊—)'가 옳다.
310 코 큰 총각總角! ; 여기서 '코'는 남성 성기를 비유한다. 관용구다.
311 「이놈의 영감令監 벌서 눈깔을 가마귀가 파먹었구나.」 ; 죽었다는 말이다. 사체를 지상이나 나무 위, 암반 등
　　과 같은 자연상태에 유기하여 비바람을 맞아 부패되게 하여 자연적으로 소멸시키는 풍장(風葬) 풍속에서 연유
　　한다. 나무 위나 암반 위에 사체를 놓아두면 까마귀가 와서 사체를 파먹기에 멀리서 활을 쏘아 까마귀를 쫓았
　　다. '弔[조]'는 '弓'과 'ㅣ'이 결합된 문자로 화살을 쏜다는 뜻이다.
312 [보정] 「가짓 죽었으니 말하지.」 ; '거짓 죽음'의 의미가 무엇인지 미상하다.

미얄.   (울면서)

「이놈의 영감슈監 나 슳다더니[313] 웨 날 때리나.

아이고 사람 죽는다.」

영감.   「야 이년 무슨 잔말이냐.」

(하며 미얄을 때린다. 미얄은 매를 맞다가 기절氣絶하여 죽는다.

죽은 미얄을 한참 드려다보더니)

「야 이년! 정말 죽지 않었나.

성깔[314]도 급急하기도 하다[315].」

(창唱)

「아이고 아이고 불상하고 가련可憐해라

이렇게도 갑작이 죽단 말이 웬말이냐.

신농씨상백초神農氏嘗百草하야 모든 병病을 고치랴고[316][317]

원기부족증元氣不足症에는 육미팔미십전대보탕六味八味十全大補湯[318]

비위허약脾胃虛弱엔 삼출탕蔘朮湯[319]

주체酒滯에는 대금음자對金飮子[320]

---

313 슳다더니 ; '싫다더니'다. '슳다'는 '싫다'의 방언이다.
314 성깔(性-) ; 거친 성질을 부리는 버릇이나 태도, 또는 그 성질을 말한다.
315 성깔도 급急하기도 하다 ; 성질이 급하다는 뜻의 관용구다.
316 [보정] 신농씨상백초神農氏嘗百草하야 모든 병病을 고치랴고 ; 이하는 판소리 수궁가나 변강쇠가에서 활용되고 있는 소위 '약성가'가 원용되었다. 동일의미어구의 반복으로 전개되는 이 '약성가'는 '무병장수'를 기원하는 상징적 의미를 담은 것으로 봄이 일반적이다. 주술적 기능을 갖는 노래는 대체로 동일의미어구의 반복이다.
317 신농씨상백초神農氏嘗百草하야 모든 병病을 고치랴고 ; 신농씨가 여러가지 풀을 맛보아 모든 병을 고치려고. 염제씨(炎帝氏)라고도 하는 신농씨가 일찍이 백 가지 풀을 맛보아 거의 죽게 된 수십 명을 구하였다고 한다. 신농씨는 상고시대(上古時代) 중국제왕(中國帝王)의 이름이다. 농사짓는 법을 처음으로 가르쳤으므로 신옹씨(神農氏)라고 하고, 화덕(火德)으로 다스리었으므로 염제(炎帝)라고도 하며, 제약법(製藥法)과 역(易)의 64효(爻)를 만들었다고 한다. 복회씨 뒤를 이어 다스렸는데, 백성에게 쟁기와 비슷한 따비를 만들어 농사짓는 법을 가르쳤다. 백초(百草)를 맛보아서 의약을 만들고, 설시(設市)하여 상거래(商去來) 매매법을 이루었다고 한다. 인신우수(人身牛首)였다고 한다.
318 원기부족증元氣不足症에는 육미팔미십전대보탕六味八味十全大補湯 ; 기혈부족(氣血不足)으로 몸이 허약하고 기운이 없으며 때로 기침을 하고 땀을 흘리며 식욕이 없고 소화가 안 되는 데 '六味八味十全大補湯(육미팔미십전대보탕)'을 쓴다. 철부족성 빈혈, 앓고 난 후, 만성소모성 질병, 만성소화기 질병 등에 쓸 수 있다.
319 비위허약脾胃虛弱엔 삼출탕蔘朮湯 ; 비위(脾胃)가 허약하여 음식을 먹은 후에 몹시 노곤하고 명치 밑이 답답하며 몸이 무거운 데 '삼출탕(蔘朮湯)'을 쓴다. 임석재본에서는 '脾胃虛弱엔 蔘求湯'으로 채록되었다. '求'는 '朮'의 잘못이다.
320 주체酒滯에는 대금음자對金飮子 ; 酒滯(주체)는 술을 마셔서 생기는 체증을 말한다. 주적(酒積)은 술에 상

염증炎症엔 도씨도담탕陶氏導痰湯321

황달고창黃疸鼓脹엔 온백원溫白元322

대취난성大醉難醒엔 석갈탕石葛湯323

학질瘧疾에는 불이음不二飲324

회충蛔虫에는 건리탕建理湯325

소변불통小便不通엔 우공산禹功散326

대변불통大便不通엔 육신환六神丸327

임질淋疾에는 오림산五淋散328

설사泄瀉에는 위령탕胃苓湯329

두통頭痛에는 이진탕二陳湯330

해서 생긴 적을 말한다. 얼굴이 누르면서 컴컴하며 배가 불러 오르고 때로 토하거나 배가 아프면서 설사를 한다. 적을 삭이는 방법으로 대금음자(對金飲子)에 갈근, 적복령, 사인, 신곡을 더 넣어 쓰거나 주적환(酒積丸; 오매육, 황련, 반하곡, 지실, 사인, 목향, 행인, 파두상)을 쓴다.

321　염증炎症엔 도씨도담탕陶氏導痰湯 ; 도씨도담탕(陶氏導痰湯)은 중풍(中風) 때 담(痰)이 성하여 말을 더듬고 어지럼증이 나는 데, 담음(痰飲)으로 구역이 나면서 가래가 많고 기침을 하며 열이 나고 뒷등이 시리며 식욕이 없는 데, 눈앞이 아찔하며 의식을 잃고 경련을 일으키는 데 쓴다. 담(痰)이 심(心)을 장애하여 정신이 혼미하고 가슴이 답답하며 귀가 잘 안 들리고 눈이 잘 보이지 않는 데, 속이 답답하고 메스꺼우며 소화가 안 되는 데 쓴다. 위의 약을 한 첩으로 하여 물에 달여 잠잘 무렵에 죽력과 생강즙을 약간 타서 먹는다.

322　황달고창黃疸鼓脹엔 온백원溫白元 ; 온백원(溫白元)은 적취(積聚), 징가(癥瘕), 현벽(痃癖), 황달(黃疸), 고창(鼓脹), 복수(腹水), 부종(浮腫), 임증(淋證), 흉통(胸痛), 모든 풍병(風病) 등에 쓴다.

323　대취난성大醉難醒엔 석갈탕石葛湯 ; 매우 취하여 술이 깨기 어려울 때는 석갈탕이라는 말이다. 석갈탕(石葛湯)은 술로 인한 병(病)을 치료하는 처방이다. 오청본에서는 이 대사가 없다.

324　학질瘧疾에는 불이음不二飲 ; 불이음(不二飲)은 모든 학질(瘧疾)을 치료하는 처방이다.

325　[보정] 회충蛔虫에는 건리탕建理湯 ; 회충에는 사군자(使君子)이나 이중탕(理中湯) 등을 쓴다. 건리탕(建理湯)은 비위(脾胃)가 허랭(虛冷)하거나 적취(積聚)가 생겨 가슴으로 치밀고 배가 몹시 아픈 데 쓴다. 만성위염, 위무력증 등 때에 쓸 수 있다. 보통 회충에는 쓰이지 않는다.

326　소변불통小便不通엔 우공산禹功散 ; 우공산(禹功散)은 한산(寒疝)으로 고환(睾丸)이 커지고 굳으며 차면서 땅기고 아픈 데 쓴다. 원기(元氣)가 손상되지 않은 환자에게 쓴다. 위의 약을 가루 내어 한번에 8g씩 생강 달인 물에 타서 먹는다. 소변이 잘 나가지 않는 데도 쓴다.

327　대변불통大便不通엔 육신환六神丸 ; 육신환(六神丸)은 습열(濕熱)로 배가 아프며 음식 먹기를 싫어하고 피와 곱이 섞인 대변을 보는 이질에 쓴다.

328　임질淋疾에는 오림산五淋散 ; 오림산(五淋散)은 오림(五淋)에 쓴다. 특히 소변이 잘 나가지 않거나 방울방울 떨어지며 요도가 아프고 아랫배가 무직하며 때로 몸에 열감이 있는 데 쓴다. 급성방광염, 요도염 등에 쓸 수 있다. 특히 소장 및 방광 열(熱)로 소변이 잘 나가지 않고 배뇨 때 요도에 작열감이 있거나 아프며 누렇거나 벌건 소변이 나가는 데 쓴다.

329　설사泄瀉에는 위령탕胃苓湯 ; 위령탕(胃苓湯)은 비위(脾胃)에 습(濕)이 성하여 소변량이 줄며 배가 끓고 설사가 나면서 아프고 식욕이 없고 음식이 소화되지 않는 데 쓴다. 급성 및 만성 대장염 때에 쓸 수 있다.

330　두통頭痛에는 이진탕二陳湯 ; 이진탕(二陳湯)은 담음(痰飲)으로 가슴과 명치 밑이 그득하고 불어나며 기침

　　　　구토口吐엔 복령반하탕伏令半夏湯[331]

　　　　감기感氣에는 패독산敗毒散[332]

　　　　관격關隔에는 소체환消滯丸[333]

　　　　구감口疳에는 감길탕甘吉湯[334]

　　　　단독丹毒엔 서각소독음犀角消毒飮[335]

　　　　××후後엔 쌍화탕雙和湯[336]

　　　　곽란霍亂에는 향유산香薷散[337]

　　　　이러한 영약靈藥[338]들이 세상世上에 갖득하건만

　　　　약藥 한 첩帖[339] 못 써보고 갑작이도 죽엇스니

　　　　이런 기氣마킬 데가 어디 있단 말가.」

을 하고 가래가 많으며 메스껍고 때로 토하며 어지럽고 가슴이 두근거리는 데 쓴다. 급성 및 만성 위염, 위하수, 급성 및 만성 기관지염, 자율신경실조증, 임신오조 등에 쓸 수 있다.

331　구토口吐엔 복령반하탕伏令半夏湯 ; 복령반하탕(茯苓半夏湯)은 담음(痰飮)으로 명치 밑이 그득하고 메스꺼우며 소화가 잘 안되고 때로 위에서 물소리가 나며 몸이 무거운 등 증상이 있는 데, 만성위염, 위무력증, 오조(惡阻) 등에 쓸 수 있다. 위의 약을 한 첩으로 하여 물에 달여 하루 2번에 나누어 먹는다. 담음으로 명치 밑이 더부룩하고 소화가 잘 안되며 식욕이 없고 구역질을 하거나 토하며 온몸이 무겁고 머리가 아픈 등 증상이 있는 데 쓴다.

332　감기感氣에는 패독산敗毒散 ; 패독산(敗毒散)은 풍한(風寒)으로 열(熱)이 나며 목덜미가 뻣뻣하고 머리와 온몸이 아프며 코가 막히고 기침이 나며 가래가 있는 데 쓴다. 감기, 유행성 감기에 쓰며 급성기관지염, 폐렴 초기, 급성대장염, 일련의 급성화농성 질병 등에 쓸 수 있다. 위의 약을 한 첩으로 하여 물에 달여 먹는다. 패독산(敗毒散)에 인삼을 더 넣은 것을 인삼패독산(人蔘敗毒散)이라고 한다.

333　관격關隔에는 소체환消滯丸 ; 소체환(消滯丸)은 음식에 체하여 명치 밑이 그득하고 아프며 배가 불어나고 끓는 데 쓴다. 부종(浮腫), 창만(脹滿), 적취(積聚) 등에도 쓴다.

334　구감口疳에는 감길탕甘吉湯 ; 감길탕(甘桔湯)은 풍한(風寒)으로 목안이 붓고 아프며 말소리가 낮거나 목쉰 소리가 나는 데 쓴다. 급성인후염, 편도선염 등에 쓸 수 있다. 여성탕(如聖湯)이라고도 한다. 풍열(風熱)로 목안이 붓고 아프며 목쉰 소리가 나는 데 쓴다. '甘吉湯'은 '甘桔湯'이 옳다.

335　단독丹毒엔 서각소독음犀角消毒飮 ; 서각소독음(犀角消毒飮)은 단독(丹毒)과 두드러기에 쓴다. 위의 약을 한 첩으로 하여 물에 달여 서각즙을 타서 먹는다. 두진(痘疹) 때 발진이 잘 나오지 않거나 발진이 다 나왔어도 열이 내리지 않는 데 쓴다.

336　××후後엔 쌍화탕雙和湯 ; 오청본에서는 '房事後엔雙和湯'라고 채록되었다. 쌍화탕(雙和湯)은 사물탕(四物湯)과 황기건중탕(黃芪建中湯)을 합한 것이다. 허로손상(虛勞損傷)으로 기혈(氣血)이 허(虛)해진 데, 힘든 일을 한 후나 중병을 앓은 후에, 온몸이 노곤하고 몹시 피로감을 느끼며 어지럼증이 나고 가슴이 두근거리며 절로 땀이 나는 데, 허약한 사람이 감기에 자주 걸리는 데 쓴다. 피로회복약으로 많이 쓰인다.

337　곽란霍亂에는 향유산香薷散 ; 향유산(香薷散)은 더위를 먹었거나 곽란(霍亂)으로 토하고 설사하면서 배가 아프고 가슴이 답답하며 힘줄이 뒤틀리고 팔다리가 싸늘한 데 쓴다. 위의 약을 한 첩으로 하여 술을 조금 섞은 물에 달여 차게 하여 먹는다. 또는 가루를 내어 연밀에 섞어서 엿처럼 만들어 술로 먹는다.

338　영약靈藥 ; 영묘한 효험이 있는 신령스러운 약을 말한다.

339　첩帖 ; 약봉지에 싼 약의 뭉치를 세는 단위이다.

(한편便 구석에 서있던 용산龍山 삼개덜머리집은 살작 장외場外로 나가라고한다.

영감令監이 달려가서 덜머리집을 끌어안고 희롱戲弄하며 퇴장退場한다.)

(이때에 남강노인南江老人[340]이 등장登場한다.

남강노인南江老人은 미얄의 시부媤父[341]로서 백수白鬚가 호날리는[342] 홍안백발紅顏白髮의 탈[343]을 쓰고 장고長鼓를 메고 천천히 들어와서 미얄의 죽은 것을 보며 장고長鼓를 땅에 놓는다.)

南江老人. 「이것들이 짜아하더니[344] 쌈이 난 게로구나.

(미얄을 한참 바라보고)

아아 이것이 죽지 않었나.[345]

불상하구도 가련可憐하구나

제 영감令監 이별離別 몇해에 외롭게 지내다가

아아 매를 맞어 죽어?

하도 불상하니 넉[346]이나 풀어 줄 밖에 없다.」

(범벅궁조調[347]로 장고長鼓치며 고개를 좌우左右로 내두르면서)

---

340 남강노인南江老人 : 남극노인(南極老人)을 말한다. 남극노인은 남극성(南極星)의 화신(化身)이다. 예로부터 남극노인, 즉 노인성이 인간의 수명을 관장한다고 믿었기 때문에 왕이 노인성을 향해 제사를 올리는 풍습이 있었다. 또한 노인성이 보이는 해에는 나라가 평안해진다고 믿었다. 고시조에 안민영이 지은 '洛城西北 三溪洞天에 水澄淸而山秀麗흔듸 翼然有亭에 伊誰在矣오 國太公之偃息이시리 비누니 南極老人 北斗星君으로 享壽萬年 ㅎ오소셔'가 있다.

김일출본에서는 '제11과장 남극 로인'으로 채록되어 독립된 장면으로 되어있다. 이렇게 본다면 이 '남강노인'의 등장은 미얄 장면과의 연관성 문제는 연구 과제다.
341 시부媤父 ; '시아버지'다. 원자료에서는 '媤文'이라 하였다. 잘못이다.
342 호날니는 ; '흩날리는'의 잘못이다. 보통 '호날리다'를 쓰기도 한다.
343 백수白鬚가 호날리는 홍안백발紅顏白髮의 탈 ; 흰 수염과 붉은 얼굴과 흰 머리털로 된 가면이다. 임석재본에서는 '(登場. 흰 수염 늘어뜨린 白面의 老人이라. 杖鼓를 메고 천천히 들어온다.)'라고 채록되었다.
344 짜아하더니 ; '짜하다'는 퍼진 소문이 왁자하다는 뜻이다. 오청본에서는 '짜—하더니'라고 채록되었다.
345 원자료에는 '죽지 않었다'이다.
346 넉 ; '넋'이 옳다.
347 범벅궁조調 ; '범벅타령의 곡조'라는 뜻이다. '범벅타령'은 잡가의 하나로, 곡조의 변화가 적고 같은 선율이 반복되고 있다. 경기잡가(京畿雜歌) '범벅타령'은 열두 가지 범벅떡을 주워 섬기는 데서 나온 곡명이라고 하는데, 이 잡가는 부정한 행실의 여인이 죄를 뉘우쳐 마음을 바로잡고 일부종사(一夫從事)를 알게 될 때에는 이미 늦은 때라, 죽음으로써나마 뒷사람을 훈계하려 한다는 내용의 긴 노래를 굿거리장단에 맞추어 부르는 곡조이

(창唱)

「명산대천후산신령名山大川³⁴⁸後山神靈³⁴⁹!

불상한 이 인생人生을

극락세계極樂世界³⁵⁰ 가게 하소.

넉은 넉반盤³⁵¹에 담고

혼魂은 혼반魂盤³⁵²에 담아

영화봉榮華峰³⁵³으로 가옵소서.」³⁵⁴

(춤을 춘다.)

(무녀巫女로써 성대盛大한 굿을 하는 일도 있다.)³⁵⁵

다. 무당들이 많이 불렀다고 한다.

348 명산대천名山大川 ; 이름난 산과 큰 내를 말한다.

349 후산신령後山神靈 ; 묏자리나 집터, 도읍터 따위의 뒤쪽에 있는 산에 모셔 섬기는 신이다. '후산'은 묏자리나 집터, 도읍터 따위의 뒤쪽에 있는 산을 말한다. 임석재본에서는 '後土神靈'이라고 채록되었다. '후토'는 토지를 맡아 다스린다는 신이다.

350 극락세계極樂世界 ; 더없이 안락해서 아무 걱정이 없는 경우와 처지나 그런 장소를 말한다. 아미타불이 살고 있는 정토(淨土)로, 괴로움이 없으며 지극히 안락하고 자유로운 세상이다. 인간 세계에서 서쪽으로 10만억 불토(佛土)를 지난 곳에 있다.

351 넉반盤 ; 넋을 담는 데 쓴다고 하는 작은 상을 말한다. 오청본에서는 '넋반'이라고 채록되었다.

352 혼반魂盤 ; 혼을 담는다는 소반을 말한다. 임석재본에서는 '鬼반'이라고 채록되었다.

353 영화봉榮華峰 ; '영화(榮華)'는 귀하게 되어 몸이 세상에 드러나고 이름이 빛난다는 뜻이다. 영화봉은 관념적 명칭이다. 임석재본에는 '榮華<註. 蓮花>峰'라고 채록되었다. '연화봉'은 불교적 관점의 명칭으로 실재하는 산의 명칭인지는 알 수 없다. '연화봉'이라는 이름을 가진 산은 우리나라 전국에 펼쳐 있다.

354 [보정] (창唱) 「명산대천후산신령名山大川後山神靈! 불상한 이 인생人生을 극락세계極樂世界 가게 하소. 넉은 넉반盤에 담고 혼魂은 혼반魂盤에 담아 영화봉榮華峰으로 가옵소서.」 ; 이 대목은 죽은 미얄의 넋풀이를 위하여 남강노인이 부르는 노래다. 그 주요내용은 극낙왕생을 기원한다. 따라서 미얄의 넋풀이도 넋풀이지만 가면극 현장에 '극낙왕생'을 축수하는 의미도 함께 가지고 있는 것으로 보아야 한다.

임석재본에서는 '名山 大川 後土神靈 불상한 이 人生을 極樂世界 가게 하소. 넋에 넋은 넋반에 담고 鬼에 鬼는 鬼반에 담아 榮華<註. 蓮花>峰으로 가옵소서. (춤을 춘다)…… 아이덜아 일어나거라, 南窓 東窓 다 밝았다 ………'라고 채록되었다. 이두현수정본에서는 '기왕 죽었으니 죽은 혼이라도 좋은 곳 극락세계로 가라고 무당 불러 굿이나 하여 줄 수밖에 없다……'라고 채록되었다. 그리고 이 대목이 김일출본에는 다음과 같이 채록되었다.

남극 로인이 등장하여 넋드리 세 마디한다.

《넋의 넋은 넋반에 담고 혼(魂)에 혼은 혼반에 담아 류진장포 열두매끼 아주 꽤 묵은 후에 영자군아 발 맞춰라. 등룡군(燈籠軍)아 불 밝혀라. 너흘너흘 저기 저산 북망산이 분명쿠나》 노래를 마치고 장구를 치면서 《아이들아 일어들 나거라. 남창 동창이 다 밝아 온다. 어서들 일어 나거라》 하고 퇴장한다.

355 [보정] (무녀巫女로써 성대盛大한 굿을 하는 일도 있다.) ; 무당에 의한 굿이 반드시 행하여진 것은 아니라는 기사다. 이는 우리 가면극의 이념적 배경을 연구하는 데에 염두에 두어야 할 기사다. 최근 마당극 형태의 연행 문화에서 종국에 흔히 무당이 등장하는 것을 볼 수 있다. 가면극의 연행층이 무당과 결합되면서 일어난 현상으로 생각된다. 현상이야 어떻든 가면극의 이념과 굿의 이념은 동일한 것이 아니며, 상반된 것이다. 임석재본의

「아해兒孩들아 이러 나거라

동창남창東窓南窓 다 밝엇다.」[356]

　　(라고 큰 목소리로 창唱하고 퇴장退場한다.[357]

　　미얄도 이러나서 살작 퇴장退場한다.[358])

　　(이상以上으로써 극劇은 전부全部 끝을 막는다.[359] 그리고 즉석卽席에
서 탈 의상衣裳 등等 제구諸道를 불에 살아버리는대 그것이 전소全
燒[360]할 때까지 출연자出演者 일동一同이 장작불 앞에 모여서서 충천
衝天[361]하는 화광火光[362]을 향向하여 수數없이 절을 한다.)[363]

　　　　　　　　　　　　　　봉산가면각본鳳山仮面脚本

후기에서도 '12. 이 演技를 始作할 때, 먼저, 이 노리의 中興者인 安草木의 功을 爲하고 또 그가 無後하므로
이를 慰靈하는 意味로 演技者一同은 탈을 쓰고 樂器를 들고 一齊히 巫歌를 부르며 굿을 한다. 그러나 이 굿
을 每年 每演技때마다 하는 것은 아니다.' 라고 하였다.

356　[보정] 「아해兒孩들아 이러 나거라 동창남창東窓南窓 다 밝엇다.」; 남구만의 시조 '동창이 밝았느냐'가 원용
　　되었다.

357　[보정] 큰 목소리로 창唱하고 퇴장退場한다 ; '큰 목소리로 창'을 한다는 점으로 보아 대미를 장식하는 대목이다.

358　[보정] 미얄도 이러나서 살작 퇴장退場한다 ; 이러한 기사는 가면극의 개방성을 말해준다.

359　막는다 ; '맺는다'가 옳다. 한때 '막을 내린다'는 뜻에서 '막는다'라고 관용적으로 쓰였다.

360　전소全燒 ; 남김없이 다 타 버림을 말한다.

361　충천衝天 ; 하늘을 찌를 듯이 공중으로 높이 솟아오름을 말한다.

362　화광火光 ; 불빛을 말한다.

363　[보정] 즉석卽席에서 탈 의상衣裳 등等 제구諸道를 불에 살아버리는대 그것이 전소全燒할 때까지 출연자出
　　演者 일동一同이 장작불 앞에 모여서서 충천衝天하는 화광火光을 향向하여 수數없이 절을 한다 ; 가면극을
　　끝맺는 의식에 해당하는 대목이다. 소위 이를 뒤풀이라고 한다. 한편 탈이 목탈을 사용하였을 때에는 탈과 의
　　상을 비롯하여 제도구를 태워버리지 않았을 것으로 추정된다. 여기 가면극에서 가면을 태우는 의식은 '소지(燒
　　紙)의식'의 영향이다. 탈이 신격(神格)으로 인식되는 한에는 불태워질 수 있는 대상이 아니었다. 그러던 것이
　　탈에 대한 신성성 인식의 퇴조로 불살라버리기에 이른 것으로 보인다. 앞풀이에 해당하는 탈고사도 배우들만
　　의 비공개 의식이었던 것이 공개되어버린 사례 중의 하나다.

II. 봉산가면극 복원

【김유경본】

1. 머리말

예로부터 우리 민속民俗 놀이에는 상부상조相扶相助와 협동단결協同團結을 의미하는 평등의식平等意識과 향토성鄕土性 짙은 민족성民族性이 담겨 있으며 어느 고장 어느 마을의 놀이라도 민중의 오랜 체험과 슬기에 의해 이루어진 철학적哲學的이면서도 해학적諧謔的인 인생人生의 희노애락喜怒哀樂을 골고루 갖춘 전통예술傳統藝術임을 밝혀 두고 싶다.[1]

예술藝術이란 효율적인 재 생산生産을 위한 의식儀式의 통일 속에 사실을 하나의 에술藝術로 승화昇華시킨 탈놀이가 민중民衆 속에 뿌리를 내려 오늘에 이르기까지 많은 역사歷史의 변화 속에서나마 박해迫害와 천대賤待와 억압抑壓 속일지라도 보전되어 온 것은 연회자들의 끊임없는 노고가 있었음을 밝혀두고 싶다.

그러나 우리의 춤이 대중大衆에 의依한 대중大衆을 위爲한 대중大衆의 춤이 아니라 어느 전문가專門家들에 의依해 전문적專門的으로 다루어진 춤인데 반하여 후대에 계승繼承에 있어서 여건상 직업적職業的 체재體裁는 지니지 못함으로써 체제승계와 보존에 차질(왜곡)을 유발할 수 있는 소지를 남기고 있다는 사실이다.

전통예술傳統藝術이란 일개인一個人의 것이 아니라 모든 민중民衆의 것이며 거기에는 절실한 영원과 삶의 한 단면斷面을 날카롭게 반영되어 온 민중民衆의 소리가 아닌가 싶다.

지금, 우리의 사회社會가 서구화西歐化 일변도一邊倒의 물질문화物質文化의 혜택에 밀려 옛것이 점차 소멸消滅되어 가는 아쉬운 마음에서 필자는 오랜 세월 빛 바래져 가는 우리 문화文化를 다음 세대에 계승繼承시키기 위하여 예술인藝術人의 사명使命을 갖고서 전통문화傳統藝術의 중흥中興을 위하여 미숙하나마 올바른 가치 확립을 위해 서書로써

---

1 [보정] 봉산가면극의 연극적 특징을 말해주는 기사다.

후대에 전하고자 한다.

　끝으로 많은 사랑과 협조協調로 저희를 도와주신 모든 분과 황해도黃海道 도민회원道
民會員과 용안기획龍眼企劃에게 감사를 드립니다.

1984一九八四. 2二

김유경金裕慶

2. 봉산 탈춤의 역사적 유래

봉산鳳山 탈춤은 해서지방(海西地方, 黃海道)에 분포된 탈춤의 하나이며 분포지는 주로 황주(黃州) 사리원(沙里院) 봉산(鳳山)을 중심으로 연희되었다.

이북 지방의 큰 명절인 단오절(端午節) 날에 주로 연희되었으며[1] 사상좌춤(四上佐舞)으로 시작해서 무당의 굿으로 끝나는 것[2]이 보통이다.

탈춤의 연희 장소는 사리원의 경암루(景岩樓)[3] 아래의 광장에서 해가 질 무렵에 구

---

1 큰 명절인 단오절(端午節) 날에 주로 연희되었으며 ; 단오날에 정기적으로 공연된 것을 알 수 있다. 이밖에도 원님의 생일이나, 부임일, 그리고 중국사신을 영접할 때에도 공연되었다고 한다. '端午(단오)'는 음력 5월 5일로, 명절의 하나다. 수릿날[戌衣日·水瀨日]·중오절(重午節)·천중절(天中節)·단양(端陽)이라고도 한다. 단오의 '단(端)'자는 처음 곧 첫 번째를 뜻하고, '오(午)'자는 오(五), 곧 다섯의 뜻으로 통하므로 단오는 '초닷새[初五日]'라는 뜻으로 풀이 한다. 일 년 중에서 가장 양기(陽氣)가 왕성한 날이라 해서 큰 명절로 여겨왔다.

2 [보정] 무당의 굿으로 끝나는 것 ; 임석재본에서는 '이 굿을 매년每年 매연기每演技 때마다 하는 것은 아니다.'라고 하였다. 무당에 의한 굿이 반드시 행하여진 것은 아니라는 기사다. 이는 우리 가면극의 이념적 배경을 연구하는 데에 염두에 두어야 할 기사다. 최근 마당극 형태의 연행문화에서 종국에 흔히 무당이 등장하는 것을 볼 수 있다. 가면극의 공연층이 무당과 결합되면서 일어난 현상으로 생각된다. 현상이야 어떻든 가면극의 이념과 굿의 이념은 동일한 것이 아니며, 상반된 것이다.

3 사리원의 경암루(景岩樓) ; 봉산군 사리원의 명승지의 하나다. 경암루 뒤편을 탈막[개복청(改服廳)]으로 쓰기도 하였다는 점으로 보아 경암루 앞에서 가면극이 이루어졌다는 점을 확인할 수 있다. 사리원의 가설무대는 경암루(景岩樓) 앞 광장에 28개의 구획을 가진 반원형의 다락을 매고 그 안마당에 멍석을 깔아 탈판 - 연희장, 가면극 공연 공간 - 을 마련하였다. 이 28개의 다락 중 탈판 오른편 제3의 구획이 탈막으로 쓰였다. 이 반원형 2층 관람석 다락의 사용권이 공연비용을 대는 상인들에게 맡겨졌다. 이 놀이에 사용되는 비용은 따로 입장료를 받지 않고 근래에는 읍민 중 유지와 상인 들이 염출하였었다. 탈판 둘레에 2층 다락을 만들어 이 특별관람석 사용권을 위에서도 말한 것처럼 상인들에게 주어 그들이 단골손님을 초대하거나 음식을 사 먹는 사람에 한해서 자리를 주게도 하였다. 다락석(席)에 초대되지 않은 사람들은 탈판 둘레에 있는 자리에서 무료로 관람하였다. 전에는 하사(下史)들이 주로 놀았기에 군민들에게서 비용을 거두어들이고 의상을 무당에게서 징발하여 단오절에 앞서 약 1개월 동안 읍내에서 떨어진 절에 가서 합숙하여 놀이 준비를 하였다고 한다. 탈판은 낮에는 단오놀이의 씨름과 여자들의 그네뛰기에 사용되었고 야간에 장작불을 피워 놓고 밤새도록 탈놀이를 하였다. 사리원으로 옮겨 오기 전에 봉산가면극을 놀았던 봉산구읍의 경수대(競秀臺)는 앞산 밑 강변의 평평한 터로 석벽 밑에 겨우 무릎에 닿을 높이의 돌축대를 쌓은 것뿐이며 그 나지막한 축대 위에서 사방에 횃불을 밝히고 놀았다.

경꾼을 다락에 앉게 하고 저녁내 놀았다 한다.

연희자는 남자(男子)이고 사회적으로는 중류 이상의 계층에서 연희 되었으며 1920년 이후로는 상좌, 소무, 무당을 여자가 맡게 되면서부터 얼굴 자랑으로 탈을 쓰지 않기도 했다.[4] 봉산 탈춤은 남한으로 이주하여 연희되면서 춤의 인정을 받아 1967년에 무형문화재 17호로 인정받게 되었다.

큰 명절인 단오(端午) 날 하루만큼은 머슴들도 잔치에 참가시키기 위하여 돈을 주어 놀게 하였다.[5]

단오날에는 탈을 모아놓고 제사를 지내는데 이것은 "탈대감[6] 대사[7]"라 하여 탈춤 공연의 무사와 흥행을 비는 제사의 목적이였다.[8]

탈춤의 연희자들은 단오날이 되기 몇 달 전에 산속의 큰절에 모여서 탈과 의상을 만들고 춤도 익혀서 나올 만큼[9] 서민들은 평소에 구경을 할 수 없었으며[10] 또한 연희가

한편 동선면 조양리에는 봉산객사(鳳山客舍)와 아사(衙舍)가 있다. 봉산객사는 동선관(洞仙館)이라 불렸다. 아사는 지군사 최극태가 창건했는데, 처음에는 근민당(近民堂)이라 지었으나 얼마 뒤에 조양각(朝陽閣)으로 고쳤다. 문루는 문소루(聞韶樓), 아사의 동헌은 대봉헌(待鳳軒)이라 하였다. 아사 주변에는 향청(鄕廳)·작청(作廳)·전적청(田籍廳)·군무청(軍務廳)·집사청(執事廳) 등 많은 건물이 있었다. 이 건물들은 1917년 일반에게 공매되었는데, 이 때 이덕기(李德基) 등 지방 유지들이 아사의 문루를 사서 사리원 경암산 기슭에 경암루(景巖樓)를 지었다.

4 [보정] 상좌, 소무, 무당을 여자가 맡게 되면서부터 얼굴 자랑으로 탈을 쓰지 않기도 했다. ; 연극사회학적인 연구가 필요한 부면이다.

5 [보정] 머슴들도 잔치에 참가시키기 위하여 돈을 주어 놀게 하였다. ; '머슴날'의 유풍을 말해주는 기사다. 보통은 2월 1일을 말한다. 『경도잡지(京都雜志)』와 『동국세시기(東國歲時記)』 같은 문헌에, '정월 대보름날 세워 두었던 볏가릿대[禾竿]를 내려서 그 속에 넣었던 곡식으로 송편 같은 떡을 만들어 머슴들로 하여금 나이 수대로 먹게 하였다. 그러면 머슴들이 일년 내내 건강하고 좋은 일만 생긴다.'라고 하였다. 이를 나이떡, 머슴떡, 노비떡이라고 하며, 이를 머슴들뿐만 아니라 집안의 어린아이들에게도 주었다. 『세시풍요(歲時風謠)』에서도 '풍년을 비는 초하루 봄볕이 따뜻하니, 볏가릿대 끝에 매단 주머니 풀어 내리네. 늙은 여종 부지런히 물 뿌리고 청소하니, 떡을 가장 많이 주어 배불리 먹게 하네.' 라고 노래하였다.

6 [보정] 탈대감 ; 가면극을 지켜주는 신이라는 뜻이다. 오청본에서 '本是木탈이든것을 距今約二百年前에 鳳山吏屬中安草木이란사람이 全南어는섬으로流配갓다가도라와서紙탈로改革하엿다하며 安草木은탈을改革하얏쓸뿐더러 이탈노리操縱者로서有名하엿든사람이므로 그靈을慰勞하는意味에서 이탈노리를할때에 序幕으로써 出演者全員이모여서함께華麗한舞踊을하는일도잇다' 라는 기사가 있다. 이로 보아 '안초목(安草木)'인 듯하다.

7 대사(大祀) ; 여기서는 규모가 큰 제사라는 뜻이다.

8 [보정] 소위 '탈고사'에 관한 기사다. 본래 비공개 의식이었던 것이 후대에 공개되었다.

9 탈춤의 연희자들은 단오날이 되기 몇 달 전에 산속의 큰절에 모여서 탈과 의상을 만들고 춤도 익혀서 나올 만큼 ; '백운암(白雲庵)'에서 공연을 준비하였다. 오청본에는 '그들은每年端午前一個月間卽四月五日붙어五月四日까지舊邑에서約十里되는곳에잇는白雲庵이란절에가서 假面其他諸器具의製作及舞踊의練習을하여가지고' 라는 기사가 있다.

10 [보정] 서민들은 평소에 구경을 할 수 없었으며 ; 이 기사는 경우에 따라서는 일부 계층을 위한 공연도 있었음을

끝나면 탈을 불살랐다.[11]

봉산탈춤은 이조 말엽부터 홍행되기 시작하였는데 구전(口傳)에 의하면 나라의 고관들이 평민들처럼 춤을 추기가 멋적어서 탈(가면)을 쓰고 나와 논 데서부터 시작되었다고도 전한다.[12]

말해준다. 중국사신이나 원님의 생신 때에도 공연하였다는데, 이때에는 서민들에게 공개하지 않았던 듯하다.

11 [보정] 연회가 끝나면 탈을 불살랐다. ; 가면극에서 가면을 태우는 의식은 '소지(燒紙)의식'의 영향이다. 탈이 신격(神格)으로 인식되는 한에는 불태워질 수 있는 대상이 아니었다. 그러던 것이 탈에 대한 신성성 인식의 퇴조로 불살라버리기에 이른 것으로 보인다.

12 [보정] 구전(口傳)에 의하면 나라의 고관들이 평민들처럼 춤을 추기가 멋적어서 탈(가면)을 쓰고 나와 논 데서부터 시작되었다고도 전한다 ; 연극사회학적인 연구가 필요한 부면이다.

3. '제1과장 사 상좌무'의 복원

봉산鳳山 탈춤의 1과장 [2]

[1]

길놀이 [3] :

악공의 주악을 선두로 사자, 말뚝이, 취발이, 소무, 양반, 영감, 노장, 남강 노인의 순으로 주악을 울리며 읍내를 일주한다. [4]

원숭이는 앞뒤로 뛰어 다니며 장난한다.

길놀이가 끝나면 본격적인 탈춤이 연희된다.

(길놀이는 구경꾼을 모으는 것이다. 많은 구경꾼을 모이게 하기 위하여 시내를 일주하며 각자는 자기 취향대로 춤추며 일주한다.)

---

1 이 자리에 사진 자료 2매를 수록하였다.

2 [보정] 場[장] : 여기서 '1 과 장'이라 하였다. 장면을 분할하는 데에 있어서는 채록 자료에 따라 '場', '科場', '科程', '마당', '과장', '과정' 등으로 나타난다. 그리고 景도 나타난다. 이들을 act, scene 등과 변별점을 찾는 일도 하나의 과제다. 봉산탈춤 임석재 자료에서 '全場'이라고 한 점으로 보아 연행 현장에서는 별도의 구분 없이 연행되었던 듯하다. 그러던 것이 채록 과정에서 편의상 분절[분할]된 것이 아닌가 한다. 이 분절의 문제는 탈춤의 마당을 별개의 것으로 볼 것인가 아니면 옴니버스식으로 볼 것인가 아니면 일관된 하나의 공연물로 볼 것인가 하는 등의 문제와 결부되어 있다.

3 [보정] 길놀이 ; 가면극이나 민속놀이 또는 마을 축제에 앞서 마을을 도는 놀이다. 가면극 공연을 위하여 가면과 의상을 갖추고 집합지에서부터 공연 장소까지 행진하는 것을 말한다. '거리굿'이라고도 부른다. 민속놀이에도 거북놀이를 놀기 전에 농악대들이 풍악을 울리면서 마을을 한 바퀴 도는 일이나 줄다리기를 벌이기 전에 각패의 대장이 기세를 올리기 위하여 마을을 도는 일, 지신밟기에서 농악대가 각 집을 찾아다니기에 앞서 가장행렬을 꾸미고 마을을 도는 일, 또는 마을 축제 - 동신제, 대동제, 별신제 - 를 지내기 전에 제관(祭官)을 비롯한 관계자들이 마을을 도는 일도 길놀이라고 부른다. 원래에는 지신밟기를 두고 이른 것이다. 지신밟기는 마을의 안녕을 비는 목적도 있지만 마을 행사에 필요한 비용을 마련한다는 현실적 목적이 강했던 민속행사였다.

4 [보정] 악공의 주악을 선두로 사자, 말뚝이, 취발이, 소무, 양반, 영감, 노장, 남강 노인의 순으로 주악을 울리며 읍내를 일주한다. ; 봉산가면극 자료 가운데 유일하게 길놀이에 대하여 기사되었다.

사 상좌무(四 上佐舞)

탈 :

흰 바탕에 흑색으로 눈썹과 눈의 선을 그렸으며 입술은 붉게 칠하고 눈 코 입은 뚫려 있으며 흑색 탈보[5]를 달았다.

의상 :

노란 저고리에 남색치마를 입고 흰 버선을 신었으며 붉은 가사[6]를 걸치고 머리에는 흰 고깔을 쓴다.

한삼[7]은 하지 않는다.

해설 :

사 상좌무는 사방 신[8]에 대한 배려를 포함한 놀이를 시작하는 의식무이다. 또한, 취발이의 하수인으로 불교를 파계시키기 위하여 등장하는 인물이라 하기도 한다.

춤 :

등장곡[9]에 맞추어 상좌 넷이 한 줄로 등장하여 합장한 뒤 둘씩 나누어서 마주보고 도도리곡[10]에 맞추어 춤을 춘다.

한참 춘 뒤에 빠른 타령으로 바꾸어 춤추다가 퇴장한다.

---

5 원자료에는 '탈모'라고 하였다.
6 붉은 가사(袈裟) ; 장삼 위에 걸치는 외옷자락을 말한다. 붉은 천을 조각보 모양으로 모으는데 두 줄로 이어 호은 속은 모두 통하게 짓는다. 가사(袈裟)는 대체로 붉은 색이다.
7 한삼(汗衫) ; 여자예복인 원삼이나 활옷의 소매끝에 댄 흰색 감으로 웃어른에게 손을 보이지 않는 예를 갖추기 위하여 만든 것이다. 여자 예복인 원삼이나 활옷의 소매끝에 댄 흰색 감이다. 웃어른에게 손을 보이지 않는 예(禮)를 갖추기 위하여 만든 것이다. 나비는 30~50㎝인데 원삼에는 홑겹으로 하였고, 활옷에는 겹으로 하였으며 백비도 하였다. 또 궁중무용을 할 때 무동(舞童)이나 여기(女妓)가 손목에 묶어 착용한 긴 소매도 한삼이라 하였다. 흰색의 백한삼과 청색·황색·홍색·백색·녹색으로 된 색동한삼이 있는데, 처용무(處容舞)에는 백한삼, 가인전목단(佳人剪牧丹)·무고(舞鼓)·춘앵전(春鶯囀)·보상무(寶相舞) 등에는 색동한삼을 사용하였다.
8 사방四方 신 ; 사방신(四方神)은 동아시아에서 각 방위를 상징하는 청룡, 백호, 주작, 현무를 일컫는 말이다. 사수(四獸) 또는 사상(四象)이라고도 한다. 이들은 각각 동·서·남·북의 방위와, 봄·가을·여름·겨울의 계절을 주관한다고 여겨진다. 각 사신은 또한 하나씩의 오행 및 색을 상징하기도 한다.
9 [보정] 보통 타령곡을 사용한다. 타령곡(打令曲)은 원래는 그냥 '타령(打令)'이라 한다. 영산회상(靈山會相)의 여덟째 곡의 이름이다. 또한 서도 지방 민요의 하나를 말하기도 한다. 흥타령, 잦은 아리 또는 감내기라는 딴 이름이 있다.
10 도도리곡 ; '도드리'의 방언이다. 고려시대 송나라에서 들어온 보허자(步虛子)를 향악(鄉樂)화하고, 다시 이를 변주한 곡이다. '미환입(尾還入)'이라고도 한다.

4. '제2과장 팔 먹중무'의 복원

팔 먹중무八墨僧舞[2]

[1]

탈 :

종이 탈이며 바탕은 모두 붉은색이고 볼록진 혹에는 노란색 금종이를 오려 붙이고 눈자위는 흰색에 흑색 테두리를 두른다.

검은 탈보[3]를 달았으며 탈위에는 머리처럼 오색의 색종이로 장식하였다.

의상 :

붉은색(녹색) 저고리에 흰 광목[4] 바지를 입고 다리에는 행전[5]을 매고 짚신을 신는다.

허리에는 보색[6]으로 된 넓은 띠를 매고 팔에는 한삼을 달고 소매 끝부분엔 색동[7]으로 장식하였다.

1　이 자리에 사진 자료 2매를 수록하였다.
2　[보정] '팔 먹중무(八墨僧舞)'의 연원을 팔선(八仙)과 관련시킬 수 있다는 주장을 주목할 필요가 있다.
3　탈보 : 뒷머리를 가리기 위하여 탈의 뒤에 붙인 천이다.
4　광목廣木 ; 날실과 씨실을 무명실로 하여 짠 무명천으로, 표백되지 않은 광폭(廣幅)의 면직물이다. 광목은 조선시대의 『궁중발기(宮中撥記)』에 기록되어 있어 일찍이 조선시대에도 사용된 면포류임이 나타난다. 우리나라에서는 고려시대에 면직물이 일반화되어 목(木)·목면(木綿)·면포(綿布) 등으로 명명되어 의료·생활용품으로 사용되었다. 목화에서 실을 뽑아 베를 짠 후 삶는 작업을 반복한 원단이다. 엷은 누런색을 띄는 것이 특징입니다. 흡수성과 보온성이 풍부하고 천연섬유이기 때문에 몸에 닿는 느낌 역시 좋다.
5　행전行纏 ; 바지·고의를 입을 때 정강이에 꿰어 무릎 아래에 매는 물건이다.
6　보색補色 ; 임의의 2가지 색광을 일정 비율로 혼색하여 백색광이 되는 경우, 또는 색상이 다른 두 색의 물감을 적당한 비율로 혼합하여 무채색이 되는 경우로 색상환에서 서로 대응하는 위치의 색을 이른다. 이 두 색을 서로 상대방에 대한 보색 또는 여색(餘色)이라 한다. 빨강과 청록, 노랑과 남색, 연두와 보라 등의 색은 서로 보색인데, 이들의 어울림을 보색대비(補色對比)라 한다. 색상환(色相環) 속에서 서로 마주 보는 위치에 놓인 색은 모두 보색 관계이다.

춤 :

외사위 겹사위 양사위 만사위 두루마리 등이 있다.

1. 외사위

춤은 두 장단에 바뀌는 형식으로 연희되며 팔은 항상 수평을 유지하되 몸은 곱게 하며 땅에 디딘 발은 공중의 다리와 수직을 이루며 발끝은 지나치게 올리지 않는다.

한삼은 쉴 사이 없이 움직이며 한삼이 머리를 싸고도는 형식으로 팔과 발과 머리의 시선은 삼동(三動)[8]이 맞아 떨어져야 한다.

몸이 공중에 솟아 있을 때는 가장 크게 보여야 하며, 착지 때는 발끝으로 디디며 작아보여야 한다.

한삼은 항상 바람에 휘날리듯 떨어지며 절대로 구겨지는 일이 없어야 한다.

○ 겹(곱) 사위

외사위에서 전보된 사위이며 한삼은 머리를 중심으로 돌고 풀리면서 연희시키며 한삼은 구겨지지 않고 완만한 원형과 포물선을 그으며 외사위로 마무리시킨다.

다리는 외사위와 같으며 발의 상하 요동이 없어야 한다.

부드러우면서도 힘차게 도는 한삼의 멋이다.

○ 양사위

겹사위는 한손만 연희시키는 반면에 양사위는 두 손을 올려 겹사위 형식

---

7 색동色動 ; 색색으로 이어 만든 것. 색동은 '색을 동 달았다'라는 뜻이며, 동이란 한 칸을 의미한다. 일반적으로 오색 빛깔의 헝겊을 층이 지게 차례로 잇대어 만든 저고리나 두루마기의 소맷감을 말한다. 색동은 삼국 시대부터 현재에 이르기까지 한국인의 생활과 밀접한 관계를 가지고 사용되어 왔으며, 특히 명절과 같은 경사스러운 날 색동 복식을 착용함으로써 다채로운 상이 이루어 내는 화려함으로 즐거운 기분을 나타낸다.

8 [보정] 삼동(三動) ; '삼동(三同)'이 옳다. 세 가지의 물건을 합함, 또는 그렇게 합한 것이다. 여기서는 머리, 몸, 팔다리의 세 부분을 합한 것이다.

으로 한다.

○ 두루말이 사위

연희자가 공중으로 뛰어 오르면서 착지와 동시에 쪼그려 앉아 한삼을 교체 시킨 후에 뛰어 오르면서 한 바퀴 회전한다.

이때 안쪽 두루마리와 바깥 두루말이가 있다.

○ 자진 두루말이

오른팔로는 외사위를 하고 왼팔로는 바깥으로 뛰어 도는 형식으로 외사위를 한다.

○ 만사위

양팔을 치켜 올려 손목으로 한삼을 공중에 쳐 올린 뒤 떨어지는 한삼을 한손은 앞쪽에 또 한손은 뒤쪽으로 오게 하여 순간적으로 쳐서 어깨 위로까지 한삼이 오를 정도로 친다.

손 방향은 발과 반대이다.

○ 자진 만사위

양사위와 비슷한 사위이나 양팔은 교차되며 마지막에 만사위처럼 공중에 친 다음 양팔은 수평을 유지한다.

다만 만사위처럼 팔이 어깨 밑에까지 내려오지 않는다.

○ 앉아뛰기

공중에 뛰어 오른 뒤 앉아서 탈을 밑으로 숙이고 오른쪽으로 한발 옮기면서 가슴과 머리 한삼을 챈다. 이때 몸의 자세는 기마 자세처럼 반쯤 일어선다. 반복해서 한 장단 중복한 후 왼쪽으로 옮기면서 한삼을 목에 걸고 다시 오른쪽으로 옮기면서 다른 한 팔을 목에 걸고 일어선 다음 풀어서 다음 사위로 이어 간다.

첫 먹중[9][10] = (먹중 의상의 등에는 녹음[11]을 꽂았다.

두 팔로 얼굴을 가리고 뛰어 들어와 엎드린다.)

느린 타령곡으로 서서히 움직이다 양옆을 살피는 형식으로 춤추다

일어서서 살핀 뒤에 춤춘다.

빠른 타령곡으로 바뀌면 먹중무를 춘 다음 뒤 먹중에 쫓겨 퇴장한다.

(누워서 연희하는 형식은 원래 없었으며 항간에 누워서 하는데 탈춤

의 유래로 보아서는 옳지 않다.

---

9 [보정] 첫 먹중의 춤장단은 느린타령에서 잦은타령으로 바뀐다. 춤은 등장하자마자 드러누워 좌우로 뒤틀며 다
리를 들어 꼬면서 엎어지고 뒤집어지는 등 몸부림치기도 하고 엉덩이를 들썩들썩 좌우로 돌리는 몸부림의 춤
을 춘다고 한다. 춤사위는 '등장', '허리틀기', '다리제끼기', '너울질', '다리들어올리기', '근경', '고개잡이', '외사
위', '겹사위', '양사위' 등이 있다. (정병호, 『한국의 전통춤』, 집문당, 1999) [이하 '정병호'로 한다]
   첫목춤에 대하여 김일출의 『조선민속탈놀이 연구』에서는 다음과 같이 설명하고 있다.
   <팔목춤>은 우리나라 고래의 민속 행사와 민속 무용이 결합되어서 독특하게 발전된 탈춤으로서 그것은 특
히 봉산(재령 • 순천 포함)탈놀이에서 가장 전형적으로 나타나고 있다. 첫목은 상좌춤(산대놀이에서는 상좌가
천지 사방을 향하여 합장 배례를 행하는 종교적 의식의 동작을 보이는 반면에 봉산 탈놀이에서는 볼 수 없
다.)이 끝나기 전에 탈판에 나와서 눕는다. 상좌들이 들어가면 첫목은 재비의 타령에 맞추어 발끝부터 움직
이는 동작을 시작한다. 겨우 전신이 움직이면 좌우로 서너 바퀴씩 굴러 본다. 간신히 일어서다가 쓰러지나
끝내 일어서서는 두 팔로 얼굴을 가린 채로 오른편을 살피고 왼편을 살핀다. 두 팔이 움직인다. 턱 앞에 모은
양 소매를 머리 위에서 <만사위>로 내저으면서 전신을 격렬하게 부르르 떤다. 재비의 주악(타령)은 한층 더
빨라진다. 한편 다리를 쳐드는가 하면 한편 소매를 <외사위>로 휘저으면서 경쾌한 동작의 흥겨운 춤이 시작
된다. 즐겨 날뛰면서 탈판을 휘돈다. 첫목의 이와 같은 기괴한 춤은 사자(死者)의 부활과 부활의 환희를 표현
한 것이라고도 한다(재령 탈놀이 박형식 담). <목춤>은 자연과 인간 사회에 관한 지식이 아직도 불충분하였
던 옛날 사람들이 자기의 생활에 재해(災害)와 불행을 가져온다고 믿어온 <역귀>를 구축하는 유쾌감 또 이
것을 물리치고 난 후의 승리감 • 행복감을 표현하고 있다. 그것은 경쾌하고 활발하고 신명나는 연기를 통하여
다채롭고 또 개성적인 동작으로 표현된다. 그것은 특히 <목춤>의 클라이막스를 이르는 <목뚱춤>에서 또 그
연장인 <법고 춤>에서 특히 활발하고 유쾌하고 신명난 광환(狂歡)의 경지에 이른다. 씩씩하고 힘찬 8목들의
군무에는 또 그해의 액운을 물리치고 일 년간의 연사(年事)가 풍성하기를 비는 백성들의 기원이 담겨 있다.
목춤은 옛날 사람들이 <역귀>와의 쟁투를 표현한 점에서 특히 쾌활하고 낙천적인 동작들로서 승리의 즐거움
을 표현한 점에서 충분한 서민성을 가지고 있다.
10 첫 먹중 ; '먹중'은 검은 베로 만든 장삼을 입었기에 붙여진 이름인 듯하다. '첫목'은, '공연집단의 우두머리
격'이라는 듯이나, '첫 번째로 등장하는 인물'이라는 뜻이다. '목'을 '먹중'이라고 등장인물 기호가 붙음으로써
불교적 해석으로 경도되지 않았는가 한다.
11 [보정] 녹음(綠陰) ; 일반적으로 푸른 버드나무 가지 - 버들가지 - 를 꽂는다고 채록되었다. 버들가지는 생명력의
상징으로 본다. 버드나무는 냇가에서 흔히 자라고 우리나라와 만주와 일본에 분포한다. 썩은 버드나무의 원줄기
는 캄캄할 때 빛이 난다. 이것을 도깨비불이라고 한다. 도깨비가 나온다고 알려진 곳은 습지에서 버드나무가
무성한 숲일 때가 많다. 불교에서 서른 셋 관세음보살이 신봉되었는데 그 첫째인 양류관세음보살(楊柳觀世音菩
薩)을 비롯하여 덕왕(德王), 청경(靑頸), 쇄수(灑水) 관세음보살이 버드나무와 관계가 있다고 한다. 관세음보살
진언에 '몸에 있는 질병을 없애려거든 버드나무 가지를 든 관세음보살에게 진언을 왼다.'라 한 점으로 보아 그
종교적 심성을 알 수 있다. 우리 가면극에서의 푸른 버드나무 가지도 이러한 차원에서 수용할 필요가 있다. 예수
가 못 박힌 십자가도 버드나무로 알려져 있다. 한국의 신화에서도 곳곳에 버드나무가 등장한다.

노장이 속세에 내려와 풍악에 맞추어 춤추기가 궁하자 먹중에게 나가
서 누가 있는지 살펴보라 하여 수풀 속에 숨어서 살펴보는 춤이다.)¹²

둘째 먹중¹³=   (등장곡에 맞추어 왼손으로는 탈을 가리고 오른손으로 앞뒤로 흔들
며 뛰어 등장하여 앞에선 먹중을 한 바퀴 돈 후에 뒤에서 돌아 면상
을 친 후에 퇴장시키고 뒤로 물러서며)

¹⁴

앗 쉬이 앗 쉬이 쉬이
산중에 무력일無曆日하여¹⁵
철가는 줄 몰랐더니
때 마침 어느 때냐
춘 삼월호시절이라.
꽃 피어 춘절이요
잎 돋아 하절이라.
오동 낙엽¹⁶에 추절이요
저어 건너 창성녹죽(昌盛綠竹)¹⁷에
백설이 펄펄 휘날리니
이 아니 동절이 아니냐.
날로 말하면 팔도강산에
쭉~째진¹⁸ 한량¹⁹ ²⁰이라.

---

12 [보정] 이 기사는 연출법을 제시하고 있다.
13 [보정] 정병호는, 둘째 먹중의 춤장단은 잦은타령이고, 춤은 불림으로 시작하여 '독수리 날개치는사위', '쭈그려앉
아서 어르는 사위', '어깨춤', '고개잡이', 도무로서의 '외사위', '겹사위', '양사위' 등이 있다고 한다.
14 [보정] 여기에 '악이 그친다'는 무대지시문이 있어야 한다. 이 자료에는 기사되지 않았다. [이하 생략한다.]
15 산중에 무력일無曆日하여 ; 산속에 책력이 없다는 뜻으로 세월 가는 줄을 모른다는 말이다. 당나라 태상은자
(太上陰者)의 '답인(答人)' '소나무 아래에 와서는, 돌베개를 높이 베고 있네. 산속이라 책력이 없어 추위는 다했
으나 해가 간 줄 모른다네. 偶來松樹下 高枕石頭眠 山中無曆日 寒盡不知年' 을 원용한 것이다.
16 오동낙엽 ; '오동나무는 낙엽지다'라는 뜻이다.
17 창성녹죽(昌盛綠竹) ; 푸른 대나무가 번성한다는 말이다.
18 쭉~째진 ; 허술한 점이나 빈틈이 없이 일정한 격식이나 체계에 꼭 들어맞은 모양을 두고 이른 말이다.
19 한량 ; '한량(閑良)'은 돈 잘 쓰고 잘 노는 사람, 혹은 아직 무과에 급제하지 못한 사람, 혹은 무과 준비를 위해
활을 쏘러 다니던 사람을 뜻하던 말이다. 일정한 직사(職事)가 없이 놀고 먹던 말단 양반 계층을 이르기도 하였다.

산간에 묻혔더니

풍류소리 반겨듣고

나도 한거리 놀고 가려던 … [21]

[22]

[23]白首寒山 心不老(백수 한산에 심불로)[24]

세째 먹중[25]=   (둘째 먹중과 형식은 통일)

앗 쉬이 앗 쉬이 쉬이

---

20 쭉~째진 한량 ; 매우 잘났고 기분도 매우 좋은 한량이라는 말이다.
21 [보정] 나도 한거리 놀고 가려던… ; 대화반응이 불림으로 활용되었다.

불림에 대한 자료들을 정리해 보면 다음과 같다. 오청 채록 봉산가면극에는 불림에 해당하는 사설을 '(…唱)'이라 하였다. 김일출은 이보다 분명하게 '○불림'이라 하고 ≪ ≫ 안에 넣었다. 이두현 채록 봉산가면극에는 '제이과장 제이경 법고놀이'나 '제사과장 제삼경 취발이춤'에서 '불림으로'라 하고 '< >' 안에 넣었다. 김일출은 사설과 불림을 구별하지 않고 ≪ ≫ 안에 넣었으나, 이두현채록 봉산가면극에서는 '불림으로'라고 한 경우도 있고, 한편으로는 불림은 '< >'으로 구별한 것으로 보아, '(불림으로)'으로 라고 단서를 달지 않았더라도 '< >' 안에 넣은 사설은 불림으로 보아도 무방할 것이다. 이두현 채록 양주별산대놀이에서도 '불림으로'라고 채록되었다. 허영호 구술 채록 송파 산대놀이에는 '(불림)', '(불림을 하고 타령조로----)', '(불림을 하고 춤으로 ----)', '…불림을 하고 다같이 춘다…)' 등과 같이 채록되었다. 이두현 채록 가산오광대에서는 '불림조로'라고 하였다. 이에 상응하는 자리에 '창'이라 채록된 것, '노랫조로'라고 채록된 것, '후렴', '후렴 후에 음악과 춤으로 한참 놀다가' 등으로 채록되었다. '歌'라고 채록된 경우도 있다. 따라서 불림이라 채록된 것을 기초로 하여 그에 상응하는 자리에 채록된 것들을 일단은 불림으로 볼 것이다.

'불림'은 '성스럽게 여기는 자리에서 괴롭힘으로써 축하하는 역설적 하례(逆說的 賀禮)'다. 이러한 관념은 과거에 급제하였거나 새로이 관직에 등용되었거나 결혼을 하거나 하는 축하할 만한 자리에서 이루어졌던 것이다. 또한 '불림'의 본래적 기능에는 '구호치어(口號致語)'와 동일한 의미가 있었던 것은 아니라 하더라도 '축(祝)'의 관념이 작용하고 있었던 것은 분명하다. 결국 가면극 대사에서의 '불림'은 '역설적 하례'라는 관념으로 언어유희와 육담(肉談) - 재담(才談)과 덕담(德談) - 의 난무가 가능했다. 다만 전승되어 오는 과정에서 이러한 관념은 사라지고 오직 그 외형적 기능 - 춤 문구(文句)로써의 기능 - 만 남게 된 것이다. '불림'은, 국가적 제전에서의 구호치어와 그 형식과 기능면에서 상응하는 것으로, 오신(娛神) 즉 풀이와 갱신(更新) 즉 신명 등과 관련이 있으며, 언어유희와 재담과 덕담을 매개로 하면서, '역설적 하례'를 지향하는 연극적 행위이다.

22 [보정] 여기에 '악이 시작 된다'는 무대지시문이 있어야 한다. 이 자료에는 기사되지 않았다. [이하 생략한다.]
23 [보정] 여기에 '춤을 추며'라는 무대지시문이 있어야 한다. 이 자료에는 기사되지 않았다. [이하 생략한다.]
24 白首寒山 心不老(백수 한산에 심불로) ; 한시를 원용한 불림이다. '마음은 늙지 않았다 마음은 늙지 않았다 한산과 같이 머리는 희었으나'라는 뜻이다. 당나라 왕발(王勃)의 '등왕각서(滕王閣序)'의 '내가 믿는 바로는 / 군자는 가난을 편안하게 여기고 / 달인은 자신의 운명을 안다. / 늙을수록 더욱 강해져야 하나니 / 어찌 노인의 마음을 알 것이며, / 가난할수록 더욱 굳건해져야 하나니 / 청운의 뜻을 저버리지 않을 것이다. 所賴 君子安貧 達人知命 老當益壯 寧知白首之心 窮且益堅 不墜青雲之志'를 연상케 하는 구절이다. 몸은 늙었을망정 마음은 청운지지(青雲之志)를 버리지 않는다는 뜻이다. 이를 원용한 것이다.
25 [보정] 정병호는, 세째 먹중의 춤은 불림으로 시작하여 '개구리뛰기', '두 팔 벌려 어깨춤으로 어르면서 회전하기', '물결사위', '고개잡이', 도무로서의 '외사위', '겹사위', '양사위' 등이 있다고 한다.

활 지어 송지에 걸고[26]

옷은 벗어 땅에 놓고

정통[27] 베고 누었더니

송풍(松風)은 거문고요

두견성은 노래로다.[28] [29]

날로 말하면 팔도강산에

쪽 째진 한량[30]이라

두견성 노래에 맞추어

나도 한거리 놀고 가려던…[31]

이 두견 저 두견 만첩청산[32]에 문두견.[33]

넷째 먹중[34]＝　　　（앞 먹중과 형식은 동일）

앗 쉬이 앗 쉬이 쉬이

감사도처(監司到處)[35]는 선화당(宣化堂)[36]이요

26　활 지어 송지에 걸고 ; 활을 만들어 소나무 가지에 걸어 두었다는 말이다. '명당가(明堂歌)'의 한 대목에서도
나타난다. 작자 미상의 가사 작품으로 명당(明堂)에 터를 잡아 집을 짓고 거기서 농사도 짓고 고기도 잡으면서
자식들 교육시키는, 유유자적(悠悠自適)한 삶의 모습을 예찬하였다. 세상의 영욕(榮辱)을 모르고 남의 부귀를
부러워하지도 않으며, 삶에 만족하면서 한가롭게 사는 자신의 모습을 산중 처사에 비유하여 표현하였다. 이 대
사는 김유경본에 유일하게 있다.

27　[보정] 정통 ; '전통(箭筒)'으로 화살통을 이른다.

28　송풍(松風)은 거문고요 두견성은 노래로다. ; 소나무 사이로 부는 바람 소리에 들리는 소리는 거문고 소리요
두견새 소리는 말 그대로 노래라는 말이다. '낙지가(樂志歌)'의 한 대목을 원용한 것이다. '낙지가'는 창작연대
미상의 작품으로 부귀공명(富貴功名)을 버리고 자연에 묻혀 은거하는 삶의 여유로움과 즐거움을 노래하고 있다.
이 대사는 김유경본에 유일하게 있다.

29　활 지어 송지에 걸고 옷은 벗어 땅에 놓고 정통 베고 누었더니 송풍(松風)은 거문고요 두견성은 노래로다
; 황해도 '산염불'에서 '활지어 송정에 걸고 전통베고 누웠으니 송풍은 거문고요 두견성은 노래로다' 라고 하였다.

30　쪽 째진 한량 ; 매우 기분 좋은 한량이라는 말이다.

31　[보정] 나도 한거리 놀고 가려던… ; 대화반응이 불림으로 활용되었다.

32　만첩청산(萬疊青山) ; 겹겹이 둘러싸인 푸른 산을 말한다.

33　이 두견 저 두견 만첩청산에 문두견 ; 우리말과 한자어가 결합된 불림이다.

34　[보정] 정병호, 넷째 먹중의 춤은 불림으로 시작하여 '어깨춤으로 어르면서 팔을 목에 거는 사위', '다리 들어
돌리며 사선으로 전진하는 사위', '고개잡이', 도무로서의 '외사위', '겹사위', '양사위' 등이 있다고 한다.

35　감사도처(監司到處) ; '감사(監司)가 이르는 곳마다'라는 말이다. 감사(監司)는 각 도의 관찰사가 사무를 보
던 정당(正堂)을 이른다. 그리고 조선 시대 각 도(道)의 장관을 이른다. 일명 관찰사(觀察使)다.

36　선화당(宣化堂) ; 함경남도 함흥시 반룡구 만세동에 있는 조선 후기의 관아건물이다. 함경도 관찰사의 정청
(政廳)으로 사용되던 건물이다. 조선시대 관청 건물의 짜임새를 보여 주는 대표적인 건물로서, 그 앞에 아득히

병사도처(兵使到處)[37]에 음주헌(飲酒軒)[38]이요

한량(閑良) 도처에 풍류정(風流亭)[39]이라 하였으니

나도 본시 팔도강산에

쭉 째진 한량이라

이 유량[40]한 풍류정[41]에 당도 하였으니

나도 한거리 놀고 가려던…[42]

청산 녹수(靑山 綠水) 깊은 골[43]

다섯째 먹중[44][45]=　(등장 형식은 앞 먹중과 동일한 형식)

앗 쉬이 앗 쉬이 쉬이

삼각산[46] 제일봉에

봉학[鳳鶴][47]이 앉아 춤을 추고[48]

펼쳐진 함주벌을 끼고 있어 예로부터 함흥 10경의 하나로 불려온 곳이다.

37　병사도처(兵使到處) ; '병사(兵使)가 이르는 곳마다'라는 말이다. '병사(兵使)'는 병마절도사(兵馬節度使)로 조선시대 각도의 육군을 지휘하던 종이품(從二品) 서반 무관직이다.

38　음주헌(飲酒軒) ; 술집을 이른다.

39　풍류정(風流亭) ; 멋스럽고 풍치가 있게 노는 곳이다. 관념적 명칭이다.

40　유량(嚠喨) ; 음악 소리가 맑으며 또렷함을 뜻한다.

41　유량한 풍류정 ; 여기서는 맑고 또렷한 풍류소리가 들리는 풍류정이라는 말이다.

42　[보정] 나도 한거리 놀고 가려던… ; 대화반응이 불림으로 활용되었다.

43　청산 녹수(靑山 綠水) 깊은 골 ; 한자어와 우리말이 결합된 불림이다. '청산 녹수(靑山 綠水)'는 푸른 산과 푸른 물이라는 뜻으로, 속세에서 벗어난 깊은 산속을 말한다.

44　[보정] 정병호는, 다섯째 먹중의 춤은 불림으로 시작하여 '한삼을 어깨에 메는 사위', '고개잡이', '제자리걸음', '두 손 앞뒤치기', 도무로서의 '외사위', '겹사위', '양사위' 등이 있다고 한다.

45　다섯째목중의 대사는 '청운거사문동요시호가(靑雲居士聞童謠時呼歌)'를 원용하였다.

46　삼각산三角山 ; '삼각산'은 전국에 분포하고 있는데, 아래에서 '한강수 깊은 물에' 운운 한 것으로 보아 서울의 삼각산이다. '삼각산'은 서울을 도읍지로 자리 잡게 한 진산(鎭山)이 북한산이다. 이 산은 화산(華山)으로도 불린다. 북한산은 광주산맥의 말단에 해당하여 사패봉(賜牌峰)·도봉산·비봉(碑峰)·인왕봉으로 이어진다. 대개의 산지는 크고 작은 하천이 발원하는 분수령이고, 다른 한편으로 행정구역의 경계선이 되므로, 서울과 경기도의 분계선은 북한산계를 바탕으로 삼는다. 『동국여지승람』에 쓰기를 '분수령에 잇닿은 봉우리와 겹겹한 산봉은 높고 낮음이 있다. 빙빙 돌아 양주 땅의 서남쪽에 이르러 도봉산이 되고, 삼각산이 되므로 실은 이것이 서울의 진산'이라 했다. 이색(李穡)은 시에서 '세 봉우리 깎아 내민 것 아득한 태고적이다. 신선의 손바닥이 하늘 가리키는 그 모습 천하에 드물리라. 소년시절에 벌써부터 이 산의 참 모습을 알았거니와, 사람들이 하는 말이 등 뒤엔 옥환(玉環)이 살졌다고 하네'라고 읊었다. 세 봉우리가 모나게 솟아 있는 데서 그 이름이 유래되었다. 백운대·인수봉·국망산 등 세 봉우리가 뛰어나게 아름다운 이른바, 수봉(秀峰)으로 드러내기 때문이다.

47　봉학(鳳鶴) ; 봉황새와 두루미를 말한다.

48　봉학(鳳鶴)이 앉아 춤을 추고 : 태평한 시대를 알리는 봉황이 춤을 추고 있음은 성인이 나타날 것이고, 태평

한강수 깊은 물에

효도 용마[49]가 낳으니[50]

나도 본시 팔도강산에

쭉 째진 한량이라

봉학이 앉아 춤을 추니

나도 한거리 놀고 가려던…[51]

월락 오제 상만천… (月落 烏啼 霜滿天)[52]

여섯째 먹중[53] [54]= (등장은 앞 먹중과 동일한 형식)

앗 쉬이 앗 쉬이 쉬이

시대가 오리라는 것을 말하는 것이다.

49 [보정] 효도 용마 ; '하도용마(河圖龍馬)'가 옳다. 복희씨가 나라를 다스릴 적에 황하(黃河)에서 머리가 용이고 몸은 말의 형상을 한 용마(龍馬)가 나왔는데, 용마의 등에는 1에서 10에 이르는 수를 나타낸 무늬가 있었다. 이 그림이 '하도'로 주역의 팔괘의 근원이 된다.

50 삼각산 제일봉에 봉학[鳳鶴]이 앉아 춤을 추고 한강수 깊은 물에 효도 용마가 낳으니 ; '청운거사문동요시호가(靑雲居士聞童謠時呼歌)'에 '三角山 弟一峰에 鳳鶴이안저 춤을추고 漢江水 집혼물에 河圖龍馬 낫다고' 라고 노래하였다. '청운거사문동요시호가(靑雲居士聞童謠時呼歌)'는, 산중에서 천사성훈(天師聖訓)을 수련하다가 때마침 부르는 시호시호(時呼時呼)라는 동요를 듣고 창화(唱和)하는 것으로 시작하고 있다. 먼저 삼각산 제일봉에 봉학(鳳鶴)이 춤을 추고 한강수에 '하도용마(河圖龍馬)'가 났다고 들었다고 하였다. 즉, 봉황이 나면 군자가 나고 학이 나면 성인이 난다는 것인데 봉과 학이 함께 춤추니 때가 온 것이요, 또 하도용마가 났으니 천리(天理)를 찾고 하늘님의 모습과 그 뜻을 배워 자손된 도리를 다하자고 일깨우고 있다. 그리하여 하늘의 이치대로 도와 덕을 나타내어 온 천하에 고루 펴라는 것이다. 하늘을 거역하면 망하고 순종하면 흥한다는 이치를 깨닫고 널리 알려 실천에 옮기도록 하면 태평세상이 온다고 강조하였다.

51 [보정] 나도 한거리 놀고 가려던… ; 대화반응이 불림으로 활용되었다.

52 월락 오제 상만천… (月落 烏啼 霜滿天) ; 한시 불림이다. 당나라 장계(張繼)의 '풍교야박(楓橋夜泊)' '月落 烏啼霜滿天 달은 지고 까마귀는 울고 서리는 하늘에 가득한데, 江楓漁火對愁眠 강변의 단풍과 어부의 불빛을 바라보다 시름 속에 잠든다. 姑蘇城外寒山寺 고소성 -- 소주성 -- 밖 한산사 夜半鍾聲到客船 한 밤 북소리가 나그네 뱃머리에 들려온다.'를 원용한 것이다.

53 [보정] 정병호는, 여섯째 먹중의 춤은 불림으로 시작하여 '독수리 날개치는 사위', '어깨춤으로 어르면서 팔을 목에 거는 사위', '외불림' 도무로서의 '외사위', '겹사위', '양사위' 등이 있다고 한다.

54 [보정] 이 대목에서 여섯째 먹중의 대사는 판소리 '적벽가'의 소위 '와룡강 경계'와, 판소리 '춘향가'의 소위 '기산영수'가 원용되었다.

　　[참고] '적벽가' 와룡강 경계 ; 이때는 건안 8년 중춘이라. 와룡강을 당도허니 경개가 무궁 기이허구나. 산불고이수려허고 수불심이증청이요 지불광이평탄허고 임불대이무성이라. 원학은 상친허고 송죽은 교취로다. 석벽부용은 구름 속에 잠겨 있고 창송은 천고절 푸른 빛을 띠었어라. 시문에 다다라 문을 뚜다리며, 동자야, 선생님 계옵시냐

　　[참고] '춘향가' '기산영수' ; 기산 영수 별건곤, 소부 허유 놀고, 채석강 명월야에 이 적선도 놀아 있고, 적벽강 추야월의 소동파도 놀고, 시상리 오류촌 도연명도 놀아있고, 상산의 바돌뒤던 사호선생이 놀았으니, 내 또한 호협사라. 동원도리 편시춘 아니 놀고 무엇허리. 잔말 말고 일러라. 김세종제 '춘향가' 참조

산불고이(山不高而) 수려하고[55]

수불심이(水不深而) 청등(淸澄)[56]이라[57]

지불광이(地不廣而) 평탄하고[58]

인부다이(人不多而) 무성(茂盛)이라[59]

월학은 쌍반하고[60]

송죽(松竹)은 교취로다[61]

채석강(采石江)[62] 명월야[63]에

이적선(李適仙)[64]이가 놀고

적벽강(赤壁江)[65] 추야월에

소동파(蘇東坡)[66] 놀았으니

날로 말하면 팔도강산에

쭉 째진 한량이라

유량(嚠喨)한 풍악소리 반겨듣고

나도 한거리 놀고 가려던 … [67]

---

55 산불고이(山不高而) 수려(秀麗)하고 ; 산은 높지 아니하며 빼어나게 아름답다.

56 [보정] 청등(淸澄) ; '청징(淸澄)'이 옳다.

57 수불심이(水不深而) 청징(淸澄)이라 ; 물은 깊지 아니하며 맑고 깨끗하다.

58 지불광이(地不廣而) 평탄(平坦)하고 ; 땅은 넓지 아니하며 평평하다.

59 [보정] 인불다이(人不多而) 무성(茂盛)이라 ; 사람은 많지 않으나 무성하다. 원래는 '林不多而(임불다이) 茂盛 (무성)'으로, '나무는 많지 않으나 무성하다'의 뜻이다. 의도적인 잘못인지 자세치 않다.

60 월학(月鶴) 쌍반(雙伴)하고 ; 달빛에 학은 나란히 날아감을 뜻한다.

61 송죽(松竹) 교취(交翠)로다 ; 소나무와 대나무는 비취빛이로구나. 푸른 대나무를 취죽(翠竹)이라고 한다.

62 채석강(采石江) ; 중국 안휘성(安徽省)에 위치한 강으로, 당(唐)나라의 시인 이태백(李太白)이 놀다가 빠져 죽은 곳으로 유명하다. 동정호(洞庭湖)의 한 지류다. 이백(李白)이 채석강(采石江)에서 놀 때 술에 취하여 물에 비친 달을 잡으려고 강에 뛰어들어 빠져 죽었다고 한다. 그러나 이화(李華)의 태백묘지(太白墓誌)나 이양 (李陽)의 '빙초당집서(氷草堂集序)'로 보아 그의 죽음에 대해서는 의심쩍은 데가 있다.

63 명월야(明月夜) ; 달 밝은 밤을 말한다.

64 이적선(李謫仙) ; 중국 당 나라 때 시인 이백(李白)을 말한다. 자는 태백(太白)이며, 호는 청련거사(靑蓮居 士), 주선옹(酒仙翁)이다. 시선(詩仙)으로 일컬어지는데 장안(長安)에 들어가 하지장(賀智章)을 만났을 때 하 지장은 그의 글을 보고 탄(歎)하여 적선(謫仙)이라 하였다. '두보는 배에 오르지 않고 술 속의 신선이라고 스스 로 자랑한다. 李白一斗詩百篇 長安市上酒家眼 天子呼來不上船 自稱臣是酒中仙 '라고 노래하였다.

65 적벽강(赤壁江) ; 중국 호북성 황강현에 있는 강으로 삼국시대 오나라의 장군인 주유가 제갈량의 도움을 받 아 조조의 군대를 대파한 곳이다.

66 소동파(蘇東坡) ; 중국 북송(北宋) 때의 문인이자 정치가인 소식(蘇軾)을 말한다. 자(字)는 자첨(子瞻)이며, 호(號)는 동파(東坡)다. 소선(蘇仙)이라고도 한다.

67 [보정] 나도 한거리 놀고 가려던… ; 대화반응이 불림으로 활용되었다.

낙양 동천 이화정(洛陽 洞天 梨化亭)⁶⁸

일곱째 먹중⁶⁹ ⁷⁰=   (등장은 앞 먹중과 동일한 형식)

　　　앗 쉬이 앗 쉬이 쉬이

　　　죽장(竹杖) 짚고 망혜(芒鞋)⁷¹ 신어

　　　천리 강산(千里江山)⁷² 들어가니

　　　폭포도 장히 좋다마는

　　　여산(廬山)⁷³경치가 여기로다

　　　소리 쫓아 내려가니

　　　풍류정이 분명하구나

　　　나도 본시 강산(江山)에 한량이라

　　　이 좋은 풍류정에 당도 하였으니

　　　나도 아니 놀 수 없거늘…⁷⁴

　　　옥동⁷⁵ 도화 만수춘(玉洞 桃化 萬樹春)⁷⁶

68　낙양 동천 이화정(洛陽 洞天 梨化亭) ; 한자어 불림이다. **낙양(洛陽)**은 중국 하남성(河南省)의 도시로, 주(周)의 낙읍(洛邑)으로 후한(後漢) 진(晋)·수(隋)·후당(後唐)의 도읍지였다. '동천(洞天)'은 신선이 사는 세계, 혹은 산에 싸이고 내에 둘린 경치 좋은 곳을 뜻한다. '이화정(梨花亭)'은 낙양의 동쪽 산기슭에 있는 정자로, 조선 후기의 고소설인 '숙향전(淑香傳)'에 나오는 지명이기도 하다.

69　[보정] 정병호는, 일곱째 먹중의 춤은 불림으로 시작하여 '좌우로 허리 돌리기', '한삼 꼬리 치기', '고개잡이', 도무로서의 '외사위', '겹사위', '양사위' 등이 있다고 한다.

70　[보정] 이 대목에서 일곱째 먹중의 대사는 시조와, 잡가 '유산가'를 원용하고 있다.

71　죽장망혜(竹杖芒鞋) ; 대지팡이와 짚신의 뜻으로, 먼 길을 떠날 때의 아주 간편한 차림새를 이르는 말한다. '망혜'는 '미투리'라고도 한다.

72　원자료에는 '천리 강산(天里江山)'이라고 하였다.

73　여산(廬山) ; 강서성 구강부(江西省九江府)에 있는 명산이다. 보는 장소에 따라 달리 보이고 향로봉(香爐峰)과 여산 폭포가 유명하며, 광유(匡裕)라는 사람이 여기 살았기에 광려(匡廬)라고도 한다. 평야 지대에 위치해 있어서, 그 기세가 더욱 웅장하고 높아 보인다. 깎아지른 듯한 높은 절벽이 많고 맑은 물과 폭포가 유명하며, 산중에 늘 운무(雲霧)가 끼어 있어서 산봉우리를 보는 일이 쉽지가 않아 '不識廬山眞面目(불식여산진면목)'이라는 말이 있으며, 예로부터 명승지로 이름이 높다.

74　[보정] 나도 아니 놀 수 없거늘… ; 대화반응이 불림으로 활용되었다.

75　옥동(玉洞) ; 옥으로 된 동혈(洞穴)로 신선이 사는 곳이다. 또는 은자(隱者)가 사는 곳을 일컫는 말로 쓰고 있다.

76　옥동 도화 만수춘(玉洞 桃化 萬樹春) ; 한시 불림이다. '옥동(玉洞)의 복숭아꽃이 일만 나무 봄이로구나.'라는 뜻이다. 사설시조에서도 이 구절이 자주 나타난다. 입춘첩(立春帖)에도 활용된다. 남사고 설화에도 등장한다.
　　[참고] 六洲 五洋에 探險隊가 아즉도 發見 못한 武陵桃源 朱陳村이 世上 天下에 어듸매뇨 / 三千年開花

여덟째 먹중[77][78]＝　　(등장은 앞 먹중과 형식 동일)

　　　　앗 쉬이 앗 쉬이 쉬이

　　　　오호(五湖)[79]로 돌아드니

　　　　범려(范蠡)[80] 간곳없고

　　　　백빈주(白蘋洲)[81] 갈매기는

　　　　홍요안(紅蓼岸)[82]으로 날아 들 제

　　　　한산사(寒山寺)[83] 쇠북소리

　　　　객선(客船)이 둥둥 … [84]

　　　　※ (연희자가 춤을 추다가 힘들 때[85] 주악을 멈추게 하고 "쉬이" 하고)

三千年結實하는 崐崙山 瑤池 蟠桃園인가 金鷄啼罷日 輪紅하는 都桃樹下인가 거기도 아니오 劉關張 三人이 烏牛 百馬로 祭天結義하시든 桃園이 그 곳인가 <u>玉洞桃花萬樹春이</u> 거긔인가 前度劉郞 今又來한 玄都觀이 거긔런가 / 至今에 春水 方生하고 片片紅桃 둥둥 넷 흘너 오는 紫霞洞天에 가 무러 보소.『樂府』(高大本)

[참고]『**지봉유설(芝峯類說)**』이달(李達)이 남격암(南格菴)을 위한 만사에 말하기를, '난새를 멍에 하여 표연히 야목진(若木津)을 떠났으니, 군평(君平)의 주렴 아래 다시 어느 사람이 있는가. 상동(床東)의 제자가 유초(遺草)를 거두니, 옥동(玉洞)의 복숭아꽃이 일만 나무 봄이로구나 鸞馭飄然若木津 君平簾下更何人 床東弟子收遺草 <u>玉洞桃花萬樹春</u>'라고 했다. 격암(格菴)은 남사고(南師古)의 호이다. 사고(師古)가 일찌기 이인(異人)에게서 진결(眞訣 ; 참비결)을 배워 드디어 비술(秘術)에 능통하였다고 한다. 이 글에 야진목(若木津)이라고 한 것은 아마 석목진(析木津) -- 석목(析木)은 성좌(星座) 위치의 이름으로 은하수의 나루다. -- 이라는 말을 잘못 인용한 것일 것이다.

77 　[보정] 정병호는, 여덟째 먹중의 춤장단은 첫목과 같다. 춤은 '수인사', '한삼끌어 어깨에 걸기', '한삼 걸어 고개 잡이', '한삼 좌우로 돌려 불림', 도무로서의 '외사위', '겹사위', '양사위' 등이 있다고 한다.

78 　[보정] 이 대목에서 여덟째 먹중의 대사는 판소리 심청가 가운데에서, 심청이가 인당수에 빠져 가라앉지 않고 떠내려갈 때 주위의 경치를 읊은 대목인 소위 '범피중류(泛彼中流)'를 원용한 것이다. 잡가나 사설시조에서도 나타난다.

79 　오호(五湖) ; 월(越)의 미인(美人) 서시(西施)가 오(吳)나라를 망하게 하고 월(越)에 돌아와 범려(范蠡)를 좇 아 놀았다는 호수다. 태호(太湖), 파양(坡陽), 청초(青艸), 원양(圓陽), 동정호(洞庭湖) 등을 이른다.

80 　범려(范蠡) ; 춘추시대(春秋時代) 월왕구천(越王句踐)의 충신으로 서시(西施)로 미인계(美人計)를 써서 오 왕(吳王) 부차(夫差)에 대한 구천(句踐)의 치욕을 씻었다.

81 　백빈주(白蘋洲) ; 흰 마름꽃이 피어 있는 물속의 작은 섬을 말한다.

82 　[보정] 홍요안(紅蓼岸) ; 홍료안(紅蓼岸)으로, 붉은 여뀌꽃이 무성하게 피어 있는 물가 언덕을 말한다.

83 　한산사(寒山寺) ; 중국 강소성(江蘇省) 오현(吳縣) 서쪽 풍교(楓橋)에 있는 절로, 한산(寒山)과 습득(拾得) 이라는 두 도승이 이곳에 있었으므로 붙여진 이름이다. 풍교사(楓橋寺)라고도 한다.

84 　한산사(寒山寺) 쇠북소리 객선(客船)이 둥둥 … ; 한시의 일부를 원용하여 불림으로 활용하였다. 당나라 장계 (張繼)의 '풍교야박(楓橋夜泊)' '月落烏啼霜滿天 달은 지고 까마귀는 울고 서리는 하늘에 가득한데, 江楓漁火 對愁眠 강변의 단풍과 어부의 불빛을 바라보다 시름 속에 잠든다. 姑蘇城外寒山寺 고소성 -- 소주성 -- 밖 한산사 夜半鍾聲到客船 한 밤 북소리가 나그네 뱃머리에 들려온다.'를 원용한 것이다.

85 　[보정] 춤을 추다가 힘들 때 ; 이 기사는 특별한 의미 - 연극적 의미 - 를 알 수 없다.

수인사(修人事) 한마디 들어가오

수인사 연후에 대천명(待天命)이요

봉제사(奉祭祀) 연후에

접빈객(接賓客)이라 하였으니

수인사 한마디 들어가오[86]

　　(인사 후에 다시 춤을 춘다)

〈부기〉

둘째 먹중부터 여덟째 먹중까지는 춤이 정해져 있지 않으며 기본 가락을 배운 뒤, 그 기본가락을 뒤섞어 추는 춤으로 각 먹중들 춤은 정해져 있지 않으며 합동춤[87]은 사자무 과장에 속하게 된다.[88]

---

[86] 수인사 연후에 대천명(待天命)이요 봉제사(奉祭祀) 연후에 접빈객(接賓客)이라 하였으니 수인사 한마디 들어가오 ; 불림으로 활용되었다. 조상 제사를 잘 받들어 모신 후에 귀한 손님을 대접하고, 사람의 도리를 다한 후에 하늘의 명을 기다린다 하였으니 수인사 -- 인사를 예법에 맞게 하는 일. -- 한 마디 들어가오. '수인사대천명(修人事待天命)'은 사람의 할 바를 다하고 천명을 기다린다는 뜻이다. 참고로 '계녀가(誠女歌)'의 가사에도 이러한 내용이 등장하는데, 화자가 내일 신행(新行) 가는 딸에게 사구고(事舅姑)·사군자(事君子)·목친척(睦親戚)·봉제사(奉祭祀)·접빈객(接賓客) 등 한 집안의 며느리로서 지켜야 할 일들에 대해 읊고 있다.

[87] 합동춤 ; '뭇동춤'이라고도 한다. 정병호, 뭇동춤은 탈판에 나온 팔목이 흩어져 서서 각자 추었던 개인춤을 중심으로 군무를 추는 것으로 공동체를 형성하는 화합의 춤을 추는 것을 의미한다고 한다.

[88] [보정] 합동춤은 사자무 과장에 속하게 된다 ; '합동춤'이 왜 사자무에 속하는 지 연구가 필요한 기사다.

5. '제3과장 사당무'의 복원

사당무社堂舞

1

탈 :

탈들은 모두 쓰지 않고 먹중 탈들을 머리에 얹는다.

의상 :

모두들 먹중(墨僧) 옷을 입고 소고를 들고 장고 북 소고를 치면서 일렬로 탈판에 들어온다.

들어서면 원으로 서서 인사한 후에 양편으로 갈라서서 북과 장고를 각각 앞에 세우고 놀량과 산타령 경발림 등을 주거니 받거니[2] 하면서 안무에 따라 춤춘다.

---

1 거사(居士) ; 사당패의 조직은 대체로 남자가 집단의 우두머리격인 모갑이와 거사(居士)로 구성되고, 거사 밑에 사당이 있었다. 그런데 모갑이나 거사는 사당의 기생자들이었다. 전신재의 「居士考」에 의하면 조선 전기 거사는 다음과 같은 동태를 보였다. 중도 아니고 속인도 아닌 비승비속의 집단이고, 승려를 비롯해서 관리, 군인, 노비 등이 이 집단을 형성했으며, 서울 및 지방에 존재했고, 도성 안에 절도 아니고 집도 아닌 사(社)를 짓고 불사를 행했으며, 사람들을 모아놓고 징과 북을 치며 가무를 하였다. 후기에 이르러서는 갑자기 수가 불어났고, 유랑하였다고 한다.

2 [보정] 놀량과 산타령 경발림 등을 주거니 받거니 ; 서도선소리를 주고받는 식으로 실현된다. 서도선소리는 놀량·앞산타령·뒷산타령·경발림 순으로 부른다.

사당무(놀량)[3]

　　에라 디여 어허야 요홀 네로구나[4]

　　녹양[5]에 뻗은 길로 북향산[6] 쑥 들어를 간다.

　　에이 에이에 어허야 요홀 네로구나[7]

　　춘수[8] 나니 낙락[9] 기러기 나니 훨훨 훨훨

　　낙락 장송[10]이 와자[11] 지끈[12]도

3　[보정] 여기에 참고로 '서도놀량'을 수록한다. 가면극에 '놀량'을 원용하였기에 원자료와는 상당한 차이가 있다. 장르간 교섭되면서 흔히 있는 현상이다.

　　에라디여 어허야 요홀 네로구나. 녹양(綠楊)에 벋은 길로
　　북향산(北香山) 쑥 들어도 간다.
　　에헤에헤이에 – 어허야 요홀 네로구나

　　춘수(春水)는 낙락 기러기 나니 훨훨 낙락장송이 와자지끈 딱 부러졌다.
　　마들가지 남아 지화자자 좋을씨구나 지화자자 좋을씨구나.
　　얼씨구나 좋다 말 들어도 보아라.
　　인간을 하직하고 청산을 쑥 들어도 간다.
　　에헤에 헤이에 어허야 요홀 네로구나.

　　황혼 아니 거리검쳐 잡고 성황당 숭벽궁새 한 마리 남구에 앉고,
　　또 한 마리 땅에 앉아
　　네가 어디메로 가자느냐. 네가 어디메로 가자느냐.
　　이 산 넘어가도 거리숭벅궁새야
　　저 산 넘어가도 거리숭벅궁새야. 에 –
　　어린 양자(樣姿)고운 태도, 눈에 암암하고 귀에 쟁쟁.

　　비나이다 비나이다. 비나니로구나. 소원성취로 비나니로구나. 에 –
　　삼월이라 육구함도(六衢咸道) 대삼월이라 얼씨구나 절씨구나.
　　담불 담불이 생긴도 사랑사랑 내사랑아.

　　남창에 북창을 열고나 보니 담불 담불이 쌓인도 사랑
　　기암(奇岩)에 고송(古松)에 기어나 올라 휘휘 칭칭도 감긴 사랑.
　　사랑초 다방초 홍두깨 넌출넌출이 박넌출이 이내 가삼에 맺힌다.
　　사랑에 에 – 나엘 네로구나. 아하 아하.

4　에라 디여 어허야 요홀 네로구나 ; 여음구 – 조흥구 – 다.
5　녹양(綠楊) ; 잎이 푸르게 우거진 버드나무를 이른다.
6　향산 ; 묘향산(妙香山)을 말한다. 묘향산맥의 주봉을 이루며 예로부터 동금강(東金剛)·남지리(南智異)·서구월(西九月)·북묘향(北妙香)이라 하여 우리나라 4대 명산의 하나로 꼽혔다. 또한, '수이장(秀而壯)'이라 하여 산이 빼어나게 아름다우면서도 웅장한 모습을 지닌 명산으로 알려졌다.
7　에이 에이에 어허야 요홀 네로구나 ; 후렴구다.
8　[보정] 춘수(春樹) ; 봄철의 수목을 이른다. 춘수모운(春樹暮雲)이라 하여 봄철의 수목과 저녁 무렵의 구름이라 하여, 벗에 대한 그리움이 일어남의 비유한 말이다. 자료에 따라서는 '春水'라고 하였다.
9　낙락(犖犖) ; 뛰어나거나 탁월한 모양을 이른다.

다 부러졌다 마른 가지[13]나마

지화자자 좋을시구나 자화자가 좋을시구나

얼씨구나 좋다 말들어를 보아라

인간을 하직하고 청산을 쑥 들어를 간다.

에이 에이에 어허야 요홀 네로구나

황혼 아니 거리 검초[14] 잡고 서낭당 섬뻐꾹새[15]

한 마리는 남게[16] 앉고 또 한 마리 땅에 앉아

네가 어더메로[17] 가자느냐

네가 어더메로 가자느냐

이산 넘어가도 거리 섬벅궁 새야

저산 넘어가도 거리 섬벅궁 새야 에

어린 낭자 고운 태도 눈에 암암하고[18] 귀에 쟁쟁[19].

비나네 비나이다 비나니로구나

소원 성취로 비나니로구나 에

삼월이라 육구함도[20] 대삼월[21]이라 얼씨구나 절씨구나

담불[22] 담불이 생김도 사랑 사랑 사랑 내사랑아

사랑초[23] 다방초[24] 홍두깨[25] 넌출[26] 넌출이 박 넌출이

---

10   낙락 장송(落落長松) ; 가지가 길게 축축 늘어진 키가 큰 소나무를 이른다.

11   와자 ; '왁자'로, 정신이 어지러울 만큼 떠드는 모양을 이른다.

12   지끈 ; 크고 단단한 물건이 갑자기 세게 부러지거나 깨지는 소리, 혹은 그 모양을 이른다.

13   [보정] 마른 가지 ; '마들 가지' 라고 한다. '마들가지'는 '마들가리'로, 여러 개 섞여 있는 가운데에서 가장 크고 굵직한 것을 가리키는 경기도 방언이다.

14   [보정] 거리검초 ; 미상하다. 자료에 따라서는 '거리 검쳐'라고 하였다.

15   [보정] 섬뻐꾹새 ; 자료에 따라서는 '숭벅궁새', '섬벅궁새' 라고 하였다.

16   남게 ; '나무에'의 옛말이다.

17   어더메와 ; 어디요. '-메'는 '-이며'의 방언이다. '-와'는 '-어요'의 방언이다.

18   암암(暗暗)하고 ; 기억에 남은 것이 눈앞에 아른거리는 듯한 모습을 이른다.

19   쟁쟁(琤琤) ; 옥이 맞부딪쳐 맑게 울리는 소리, 또는 전에 들었던 말이나 소리가 귀에 울리는 느낌, 또는 목소리가 매우 또렷하고 맑은 소리라는 말이다.

20   [보정] 육구함도(六衢咸道) ; '삼가육구(三街六衢)' 라고 하면 고을의 큰 거리나 도성의 중심가를 이른다.

21   [보정] 대삼월 ; '待三月'인 듯하다. 삼월 곧 봄날을 기다린다는 뜻이다.

22   담불 ; 곡식이나 나무를 높이 쌓아 놓은 무더기, 혹은 벼를 백 섬씩 묶어 세는 단위를 이른다.

23   사랑초 ; 쌍떡잎식물 쥐손이풀목 괭이밥과의 한 속이다. 하트모양을 닮은 잎 때문에 사랑초로 부르는 자주잎 옥살리스(Oxalis triangularis)가 있다.

요내 가삼²⁷에 맺임도 사랑 에헤에.

나의 얼²⁸ 네로구나 아하 아하

사당무(뒷산타령)^{29 30}

※ 나지나³¹ 산이로구나 에에 두견아 에

어허야 지루허구³² 산이로구나 에.

1. 일월산³³ 이강계³⁴ 삼포주³⁵ 사법성³⁶은³⁷

---

24   [보정] 다방초 ; 미상하다.

25   [보정] 홍두깨 ; 다듬잇감을 감아서 다듬이질할 때에 쓰는, 단단한 나무로 만든 도구를 말한다. 여기에서는 풀이나 꽃 이름이 등장하여야 한다. 미상하다.

26   넌출 ; 길게 뻗어 나가 늘어진 식물의 줄기, 등의 줄기, 다래의 줄기, 칡의 줄기 따위이다.

27   가삼 ; '가슴'이다

28   나의 얼 ; 자료에 따라서는 '나엘'라고 하였다.

29   [보정] 여기에 참고로 '서도 뒷산타령'을 수록한다. 가면극에 '서도 뒷산타령'을 원용하였기에 원자료와는 상당한 차이가 있다.

　　　　※ 나지나 산이로구나 에 - 두견아 에 - 어허야 지루에 에도 산이로구나.
　　　　여초목이 동남풍에 거리숭벅궁 우는 소리 장부 요내 열촌의 간장을 다 녹여 낸다.
　　　　※ 나뭇잎만 똑똑똑 떨어져도 한병(漢兵)인가 의심하고
　　　　새만 좌르르르 날아들어도 자룡의 삼지창만 여겨 의심한다.
　　　　갈까보다 갈까보다 임을 따라 갈까보다.
　　　　자룡이 월강하던 청총마(靑驄馬) 비껴 타고
　　　　이내 일신이라도 한양을 따라 갈까나.
　　　　※ 에라 노아라 나 못 놓겠구나 에라 노아라 나 못 놓겠네.
　　　　엄지 장(長)가락이 다 물어 빠지고 새끼손가락이 삼동에 나는데
　　　　에 어머니 아시면 매 맞겠네.
　　　　짜장 깊은 정을 생각하면 죽으면 죽었지 나는 못 놓겠다.
　　　　열려거든 열려무나. 말려거든 말려무나.
　　　　남의 딸이 너 뿐이며, 남의 집 귀공자가 세상에 너 뿐인가.
　　　　※ 아하 요것이 맹랑하구나, 아하 요것이 맹랑하구나.
　　　　여봐라 이애야 너 내말 듣거라.
　　　　너는 어떠한 계집이 관대 장부 장판지를 새장구통만 여겨
　　　　아삭바삭에 다 녹여내고
　　　　너는 어떠한 귀공자관대 사람의 요내 열촌 간장을 다녹여낸다.

30   [보정] 이 자료는 소위 '놀량 중거리'에 가장 가깝다.

31   [보정] 나지나 ; '나나나'가 옳다.

32   [보정] 지루허구 ; 미상하다

33   [보정] 월산 ; 보통은 '원산(元山)'으로, 현재 동해의 영흥만 안에 있는 항구 도시이다.

34   강계 ; 강계(江界)는 평안북도 강계군에 있는 면으로 관서 팔경의 하나인 인풍루를 비롯하여 망미정, 북천루(北川樓) 따위가 있다. 군청 소재지이다. 다른 자료에는 강경(江景)으로 부여는 현재 충청남도 논산시의 읍이다.

여산 폭포수[38]로 에둘렀다[39] 에.

※ 에헤 에에헤 에에헤 에에헤 어허야 지루허구 산이로구나 에.

2. 여 초목[40]이 동남풍에 거리 섬벅궁[41] 우는 소래

장부[42] 요 내 열촌의 간장[43]을 다 녹여 낸다 에.

※ 나뭇잎만 뚝뚝뚝 떨어져도 한병[44]인가 의심하고[45]

---

35 포주 ; 미상하다

36 법성 ; 법성(法聖)으로 현재 전라남도 영광군에 소재하는 포구다.

37 [보정] 일월산 이강계 삼포주 사법성은 ; 『조선의 민간오락』에는 다음과 같이 채록되었다. '우리집 령감을 찾으려고 一에 명월산에 一박하고 이에 강경(江景)에 二박하고 三에 부소(扶蘇)에 三박하고 四에 법성에 四박하고 三국시대 류현덕이 제갈공명(諸葛孔明)을 찾으려고 三고초려(三顧草廬)한 정성'

38 여산(廬山) 폭포수 ; 중국 강서성 구강부(江西省九江府)에 있는 명산이다. 보는 장소에 따라 달리 보이고 향로봉(香爐峰)과 여산 폭포가 유명하며, 광유(匡裕)라는 사람이 여기 살았기에 광려(匡廬)라고도 한다. 평야 지대에 위치해 있어서, 그 기세가 더욱 웅장하고 높아 보인다. 깎아지른 듯한 높은 절벽이 많고 맑은 물과 폭포가 유명하며, 산중에 늘 운무(雲霧)가 끼어 있어서 산봉우리를 보는 일이 쉽지가 않아 '不識廬山眞面目(불식여산진면목)'이라는 말이 있으며, 예로부터 명승지로 이름이 높다.

　　[참고] 소식(蘇軾) '제서림벽(題西林壁)'

　　橫看成嶺側成峰,　　옆에서 보면 산령이오, 곁에서 보면 산봉이로세,

　　遠近高低各不同.　　멀고, 가깝고, 높고, 낮기가 각각 다르구나.

　　不識廬山眞面目,　　여산의 참 모습을 알지 못하는 것은,

　　只緣身在此山中.　　바로 이 몸이 산 속에 있기 때문이로구나.

39 에둘렀다 ; '에워서 둘러막았다' 라는 뜻이다.

40 여초목(與草木) ; 풀과 나무와 더불어 라는 뜻이다.

41 [보정] 섬벅궁 ; 미상하다.

42 장부(丈夫) ; 다 자란 씩씩한 남자를 두고 이른다.

43 열촌(寸)의 간장 ; 마음속을 뜻한다.

44 한병(漢兵) ; 한나라 병사를 이른다.

45 나뭇잎만 뚝뚝뚝 떨어져도 한병인가 의심하고 ; '사면초가(四面楚歌)' 고사로, 사방에서 들려오는 초나라 노래라는 뜻으로, 적에게 포위되거나 몹시 어려운 일을 당하여 극복할 방법이 전혀 없는 곤경을 말한다. 초(楚)나라의 항우(項羽)는 한(漢)나라의 유방(劉邦)과 천하를 다투다가 서서히 세력이 기울어져가고 있었다. 그가 총애하던 장수 범증(范增)마저 항우를 떠나고, 한나라와 강화를 맺고 동쪽으로 돌아가던 도중 해하(垓下)에서 한나라의 한신(韓信)에게 포위당하고 말게 되었다. 포위를 빠져나갈 길은 없고 군사는 줄어들며 식량도 바닥을 보였다. 이러한 상황에서 한나라의 군대는 포위망을 좁혀 왔다. 어느 날 밤, 고향을 그리는 구슬픈 초나라의 노래가 사방에 들려왔다. 한나라가 항복한 초나라 병사들로 하여금 고향노래를 부르게 한 것이다. 항우는 그 노래를 듣고 '한이 이미 초를 모두 얻었단 말인가. 초나라 사람이 어찌 이리 많은가.' 라며 탄식하였다. 초나라가 한나라에 점령당한 것으로 오인한 항우는 진중에서 마지막 연회를 베풀었다. '力拔山 氣蓋世' 라고 시를 지어 자신의 운명을 노래하였다. 그가 총애하던 우미인(虞美人)에게는 유방에게 가서 목숨을 보전하라고 하나, 그녀는 두 지아비를 섬길 수 없다며 그의 시에 화답하고 자결했다. 항우는 얼마 남지 않은 잔병을 이끌고 오강까지 갔으나 차마 건너지 못하고 자결했다. 우미인은 '이미 한나라 병사들이 땅을 뒤덮었고, 사방에는 초나라 노래만 들립니다. 대와의 기세가 다하였으니 천첩(賤妾)이 어찌 더 살 수 있겠나요. 漢兵已略地 四面楚歌聲 大王義氣盡 賤捷何聊生' 라고 화답하였다.

새만 좌르르르 날아들어도 자룡[46]의 삼지창[47]만 여겨 의심한다 에.

3. 갈까 보다 말까 보다 님을 따라 갈까 보다.

자룡이 월강[48]하든 청총마[49] 비껴타고[50]

이내 일신이라도 한양을 따라 갈거나 에.

※ 에라 노아라 못 놓겠구나 에라 놓아라 못놓겠구나.

엄지 손가락은 다 물어 빠지고 새끼 손가락은 삼동[51]에 나는데 에

오마니 알며는 매 맞겠네 짜장[52] 깊은 정을 생각하면

죽으면 죽었지 나는 못 놓겠네 에.

4. 열려거든 열려무나 말려거든 말려무나

남이 딸이 너 뿐이며 남의 집 귀동자[53]가 세상에 너 뿐이냐 에

※ 이하 요것이 맹랑하구나 아하 요것이 맹랑하구나

여봐라 이 얘야 네 내말 듣거라

너는 어떠한 계집애 관데 장부 장단지[54]를

새 장구통[55]만 여겨 아삭 바삭[56]이 다 녹여내고

너는 어떠한 귀동자 관데 사람의 요내 열촌의 간장을 다 녹여낸다 에.

46　자룡 ; 조자룡(趙子龍)을 말한다. 삼국 시대 촉나라 상산(常山) 사람이다. 자룡은 자이고, 이름은 운(雲)이다. 처음에는 공손찬(公孫瓚) 수하에 있었는데, 공손찬이 원소(袁紹)에게 망한 뒤 유비(劉備)에게 귀순했다. 유비의 경호원으로 여러 번 유비를 위기에서 구해냈다. 조조(曹操)가 형주(荊州)를 취했을 때 유비가 패주하자 감부인(甘夫人)과 아두(阿頭, 劉禪)를 구하기 위해 조조의 대군을 혼자 휘젓고 다니며 호위해 구출했다. '조자룡 헌 칼 쓰듯 한다.'는 속담도 여기에 연유한다.

47　삼지창(三枝槍) ; 끝이 세 갈래로 갈라진 창을 말한다.

48　월강(越江) ; 강을 건넘을 말한다.

49　청총마(靑驄馬) ; 갈기와 꼬리가 파르스름한 백마를 이른다.

50　비껴타고 ; '비스듬히 타고'의 뜻이다. 여기서는 의기양양한 모습이다.

51　[보정] 삼동 ; 자료에 따라서는 '三冬', '진동'이라고 하였다.

52　짜장 ; '과연 정말로'라는 뜻이다.

53　귀동자(貴童子) ; 특별히 귀염을 받거나 귀하게 자란 사내아이를 말한다. 자료에 따라서는 '귀공자' 라고 하였다.

54　[보정] 장단지 ; '장딴지'로, 종아리의 살이 불룩한 부분을 이른다.

55　장구통 ; 장구의 몸이 되는 통으로 허리는 잘록하고 양쪽은 불룩한 모양이다.

56　아삭바삭 ; 단단하고 깨지기 쉬운 물건이 가볍게 부서질 때 나는 아삭거리며 바삭거리는 소리, 혹은 마른풀이나 가랑잎 따위를 가볍게 스칠 때 나는 아삭거리며 바삭거리는 소리를 말한다.

5. 다려가면 연분[57]이요 두고 가면 상사[58]로다

　　상사불견[59] 이내 몸이 죽어서 나비되어 임의 집 화초밭으로 오락가락

　　할거나 에.

※ 널로 하여서 얻은 병을 무삼[60] 약을 다 쓰잔 말가

　　형방 패독산[61]도 저 바리고 곽향[62] 정기산[63]도 저 바리고

　　알뜰한 임의 말쌈으로 날 살려라 에.

6. 영청수[64]라 맑은 물에 귀를 씻고 앉았으니[65] 연잎은 숙어지고

　　방초방초[66] 자랐는데 제비만 좌르르르 다 날아든다 에.

※ 쟁글 쟁글하니 새 장구 소리요 우당 퉁탕하니 소고 소린데

　　양팔을 짝 벌리고 방긋 웃고서 돌아서니

　　사람에 요 내 열촌의 간장을 다 녹여낸다 에.

57　연분(緣分) ; 서로 관계를 맺게 되는 인연을 말한다.

58　상사(想思) ; 여기서는 소위 '상사병(相思病)'으로, 남자나 여자가 마음에 둔 사람을 몹시 그리워하는 데서 생기는 마음의 병을 말한다.

59　상사불견(相思不見) ; 서로 그리워하면서도 만나지 못함을 말한다.

60　무삼 ; '무슨'이다.

61　형방패독산(荊防敗毒散) ; 장역(瘴疫) 또는 대두온(大頭瘟) 등의 역병(疫病), 즉 열병(熱病)으로 인하여 화(火)가 상충(上衝)되어 면종(面腫)에 인후통(咽喉痛)을 호소하며 또 상체(上體)에 열꽃이 돋기도 하는 증상에 쓰인다.

62　곽향(藿香) ; 꿀풀과의 여러해살이풀. 줄기는 높이가 20~30cm이며, 온몸에 털이 있다. 잎은 달걀 모양이고 톱니가 있다. 7~9월에 입술 모양의 연한 붉은색 꽃이 총상(總狀) 화서로 핀다. 산에 자라는데 제주, 함북 등지에 분포한다.

63　정기산(正氣散) ; 외감(外感)으로 인한 소화 기관 장애를 다스리는 탕약이다. 곽향 정기산, 불환금정기산 따위를 이른다.

64　[보정] 영청수 ; '영천수(潁川水)'다.

65　[보정] 영청수라 맑은 물에 귀를 씻고 앉았으니 ; 영천세이(潁川洗耳)를 이른다. '소부허유 고사'에서 온 말이다.

66　방초(芳草) ; 향기롭고 꽃다운 풀을 말한다.

경발림[67]〈경사景四거리[68]〉

　　1. 중원지 변방[69]이요 오오 일세(日稅)[70]는 요란한데

　　　삼산반락(三山半落)에 청천외요[71]

　　　이수중분(二水中分)에 백로주(白鷺洲)로다[72][73] 에.

　　※ 어데로 가자고 날만 졸라 어데로 가자고

　　　지그렁[74] 직신[75] 날만 조리조리 졸조리[76]

　　　안산(亭安山)[77]에 청룡[78] 가잔다 에.

　　2. 강원도(江原道) 금강산(金剛山)에 유점사(楡岾寺)[79] 법당 뒤에

　　　느름나무[80] 가지가지마다 서천 서역국(西天 西域國)[81]서 나오신 불상.

67　[보정] 경발림 ; 잡가 중 산타령에 속하는 곡이다. 놀량 – 앞산타령 – 뒷산타령 – 경발림(자진산타령) 순으로
　　이어 부르는 서도산타령은 속도와 리듬이 빠르고 규칙적이다. 경발림은 여러 사람이 제각기 장기를 발휘하여
　　부르기 때문에 가장 흥겨운 느낌을 준다. 가사는 관서지방의 여덟 가지 대표적인 경치인 관서팔경을 노래한
　　것이다.
68　[보정] 경사거리 또는 자진산타령이라고도 한다. 경기선소리 '도라지타령'을 본뜬 곡으로 경기도의 선율형과
　　비슷하다. 형식은 유절형식(有節形式)이며, 일정한 장단이 없이 비교적 빠른 템포로 경쾌하게 불리고, 음의 폭
　　도 넓다. 그 사설은 "중원지변방(中原之邊方)이요 일세(日勢)는 요란한데, 삼산반락(三山半落)에 청천외(靑天
　　外)요, 이수중분(二水中分)에 백로주(白鷺洲)란다. 에…(후렴) 어디로 가자고 날만 졸라. 어디로 가자고 지그
　　렁 직신 날만 조리조리 졸졸이 따라 안성(安城)에 청룡(靑龍) 가잔다…"이다.
69　중원지변방(中原之邊方) ; 자료에 따라서는 '천지변방(天之邊方)'라고 하였다.
70　[보정] 일세(日稅) ; 자료에 따라서는 '일세(日勢)'라고 하였다.
71　삼산반락(三山半落)에 청천외(靑天外)요 ; '산봉우리 절반은 하늘 바깥으로 떨어져나갔다'는 말이다. '삼산
　　(三山)'은 금릉(金陵) 서쪽 장강 가에 마주한 세 봉우리다.
72　[보정] 이수중분(二水中分)에 백로주(白鷺洲)로다 ; '등금릉봉황대(登金陵鳳凰臺)'에는 '일수중분백로주(一水
　　中分白鷺洲)'로, '한 줄기 강물은 나뉘어 백로주를 끼고 흐른다' 라고 하였다. '백로주(白鷺洲)'는 금릉 서남쪽
　　강 가운데에 있는 모래섬으로 백로가 많이 서식하였다고 한다.
73　이백의 시 '등금릉봉황대(登金陵鳳凰臺)'를 원용한 대사다.
74　지그렁 ; '찌그렁이'로 남에게 무턱대고 억지로 떼를 쓰는 짓을 두고 이르는 말이다.
75　직신 ; '직신거리다'는 짓궂은 말이나 행동으로 자꾸 귀찮게 군다는 말이다.
76　졸이졸이 졸졸이 ; '졸졸'을 원용한 대사로, 가는 물줄기 따위가 잇따라 부드럽게 흐르는 소리, 또는 그 모양을
　　두고 이른다.
77　[보정] 안산(亭安山) ; 미상하다.
78　[보정] 청룡 ; '청룡(靑龍)'인 듯하다.
79　유점사(楡岾寺) ; 강원도 고성군 서면 백천교리 금강산(金剛山)에 있었던 절이다. 민족항일기에는 31본산 중
　　의 하나였다. 사지(寺誌)에 따르면 원래 이 절은 서기 4년(유리왕 23)에 창건되었다고 하며, 53불(佛)의 연기
　　(緣起)와 관련된 창건설화가 전해지고 있다.
80　[보정] 느름나무 ; '느릅나무'다. 아래 유점사 창건 설화를 참조할 것.
81　서천(西天) 서역국(西域國) ; 인도를 지칭한 것이다. '서천'은 부처가 태어나신 나라 즉 인도의 별칭이다. '서
　　역'은 옛날 중국인이 중국의 서쪽에 있는 여러 나라를 부른 범칭으로, 곧 중국의 서쪽에 있는 총령(葱嶺)의 동

오십 삼불[82]이 분명 하단다 에.[83]

※ 관동 팔경[84] 구경을 가자.

강릉의 경포대(鏡浦臺)[85] 양양의 낙산사(落山寺)[86]

울진의 망향정(望洋亭)[87] 삼척의 죽서루[88]

고성의 삼일포(三日浦)[89] 통천의 총석정[90]

서편에 있는 여러 나라를 통틀어 일컫는다. 또는 중국에서 부처님의 나라가 중국의 서쪽에 있으므로 서역(西域)이라고도 한다.

82　오십 삼불(五十三佛) ; 아래 유점사 창건 설화를 참조할 것. 자료에 따라서는 '三十三佛'이라고 하였다.

83　[보정] 유점사에는 다음과 같은 창건 설화가 있다. 유점사는 소년소의 북쪽 개울의 웃쪽에 있다. 전설에 의하면 본래 유점사 자리에는 큰 못이 있었고 그 북쪽기슭에 느릅나무 한 그루가 서 있었다고 한다. 못에는 아홉 마리의 용이 살면서 금강산의 주인노릇을 하고 있었다. 어느 날 이곳에 53불이 들어와 용들을 내쫓으려고 하였다. 아홉 용과 53불은 다툼질 끝에 재주를 겨루어 지는 편이 자리를 양보하고 떠나가기로 약속하였다. 먼저 아홉 용이 조화를 부려 뇌성벽력을 일으키고 폭우가 쏟아지게 하여 일대를 물바다로 만들었으나 부처들은 느릅나무가지에 올라앉아 끄떡도 하지 않았다. 다음에 부처가 나서서 '불 화'자를 나뭇잎에 써서 못에 던지자 삽시에 물이 부글부글 끓어올랐다. 용들은 더는 견딜 수가 없어 할 수 없이 부처들에게 자리를 내주고 북쪽으로 옮겨갔으나 부처들이 용들을 반겨하지 않으므로 구룡연으로 가서 살게 되었다고 한다. 용들을 내쫓은 53불은 가지고 온 구리종을 느릅나무가지에 매달고 못가에 줄지어 앉았다. 이곳에 절을 지어 부처들을 안치하게 하였고 느릅나무가지에 종을 걸었던 곳이라 하여 절 이름을 '유점사'라고 지었다고 한다. 다른 이야기에 의하면 53불을 태우고 오던 배사공은 그들이 천하명산 금강산을 가로타고 앉을 속심을 품고 있다는 것을 알아채자 해금강 앞바다에서 배를 뒤집어 모두를 물속에 처넣었다고 한다. 53불은 가지고 오던 구리종을 타고 겨우 위험에서 벗어나 기슭에 닿았다. 한편 53불이 금강산으로 들어온다는 소식을 들은 구룡연의 아홉 용은 단숨에 달려와 53불과 격렬한 싸움을 벌였다. 용들이 주변일대를 물바다로 만들자 53불은 빠져 죽을뻔 하다가 겨우 느릅나무가지에 기어올라 목숨을 건지였다. 그 후 느릅나무가 서있던 늪 자리에 절간이 생겼으므로 이름을 '유점사'로 불렀다고 한다.

84　관동팔경(關東八景) ; 관동지방, 즉 강원을 중심으로 한 동해안에 있는 8개소의 명승지를 이른다. 고성의 청간정(淸澗亭), 강릉의 경포대(鏡浦臺), 고성의 삼일포(三日浦), 삼척의 죽서루(竹西樓), 양양의 낙산사(洛山寺), 울진의 망양정(望洋亭), 통천의 총석정(叢石亭), 평해(平海)의 월송정(越松亭)이 그것이며, 월송정 대신 흡곡(歙谷)의 시중대(侍中臺)를 넣는 경우도 있다. 대관령의 동쪽에 있다고 하여 관동이라는 명칭이 붙여졌다. 조선 선조(宣祖) 때에 정철(鄭澈)의 관동 지방의 자연을 노래한 가사 작품 '관동별곡'이 유명하다. 신라시대에 영랑(永郎)·술랑(述郎)·남석행(南石行)·안상(安祥)이 삼일포와 월송정에서 놀았다는 전설도 널리 알려져 있다.

85　경포대(鏡浦臺) ; 강원도 존무사(存撫使) 박숙정(朴淑貞)에 의하여 신라 사선(四仙)이 놀던 방해정 뒷산 인월사(印月寺) 터에 창건되었으며, 그뒤 1508년(중종 3) 강릉부사 한급(韓汲)이 지금의 자리에 옮겨지었다고 전해진다.

86　낙산사(落山寺) ; 관세음보살이 머무른다는 낙산(오봉산五峰山)에 있는 사찰로, 671년 의상(義湘)이 창건하였다. 858년 범일(梵日)이 중건(重建)하였다. 관동팔경(關東八景)의 하나로 유명하다.

87　망향정(望洋亭) ; '망양정(望洋亭)'이다. 경상북도 울진군에 있는 정자(亭子)로 관동팔경(關東八景)의 하나로 꼽힌다.

88　죽서루(竹西樓) ; 삼척의 서쪽을 흐르는 오십천(五十川)을 내려다보는 절벽 위에 세워져 있으며, 예로부터 관동팔경의 하나로 유명하다. 고려 충렬왕 때 이승휴(李承休)가 창건하였고, 1403년 삼척부사 김효손(金孝孫)이 중창하여 오늘에 이르고 있다.

89　삼일포(三日浦) ; 강원도 고성군 삼일포리에 있는 호수를 말한다. 수면이 맑고 기괴한 암석과 36봉이 호수에 비치어 절경을 이룬다. 예로부터 우리나라 호수 중 제일 경색이 아름다운 호수로 꼽고 있다. 삼일포라는 이름

평해의 월송정[91] 간성의 청간정(淸澗亭)[92]이란다.

놀기 좋기는 남원의 광한루[93]로다 에.

3. 바람이 불라는지 나무 중등[94] 거드러 반춤[95]추고

억수[96] 장마가 지랴는지 만수 백수[97]무산[98]의

은 신라의 사선이 삼일간 이곳에서 놀았다는데서 비롯되었다. 고성에 있으므로 고성삼일포라고 도하며, 금강산
에 있다 하여 금강삼일포라고도 한다.

90 총석정(叢石亭) ; 강원도 통천군 고저읍 총석리 바닷가에 있는 누정을 말한다. 바다 위에 빽빽히 솟아 있는
돌기둥[叢石] 위에 세워 총석정이라는 이름을 붙였다. 총석 중 바다 가운데 있는 사석주(四石柱)를 특히 사선봉
(四仙峰)이라고 하는데, 신라의 술랑(述郎)·영랑(永郎)·안상랑(安詳郎)·남랑(南郎)의 네 선도(仙徒 : 화랑
도)가 이곳에서 놀며 경관을 감상하였다는 전설에서 이름하였다고 전한다. 총석들은 현무암이 오랜 세월 비바람
과 파도에 부딪혀 그 면들이 갈려져 떨어지면서 6각형·8각형 등 여러 가지 모양의 돌기둥들이 장관을 이룬다.
또한 총석들은 그 생김새에 따라 세 가지로 나뉘는데, 바다로 향하여 오른쪽에 좌총(坐叢 : 앉은 자세), 왼쪽에
와총(臥叢 : 누운 자세), 그 사이에 입총(立叢 : 선 자세)이 있고, 주위에 묘하게 생긴 바위들과 돌기둥 위의
소나무가 신비로움을 자아내고 있다. 총석정은 관동팔경(關東八景)의 하나로, 이곳의 절벽과 바위가 신기하고
아름다워 이곳을 '통천금강(通川金剛)'이라고 하였고, 이곳에서의 아침 해돋이구경이 절경이라고 하였다.

91 월송정(越松亭) ; 경북 울진군 평해읍(平海邑) 월송리(月松里)에 있는 정자를 말한다. 신라시대의 화랑들(永·
述·南石·安祥)이 이곳의 울창한 송림에서 달을 즐기며 선유(仙遊)하였다는 정자이다. 관동8경(關東八景)의
하나로, '月松亭'이라고도 쓴다. 명승을 찾는 시인·묵객들이 하나같이 탄복한 곳이라고 한다.

92 청간정(淸澗亭) ; 고성군(高城郡) 토성면(土城面) 청간리에 있는 정자를 말한다. 관동8경(關東八景)의 하나
이다. 설악산에서 흘러내리는 청간천과 바다가 만나는 지점의 작은 구릉 위에 있으며, 이곳에서 바라보는 동해
안의 풍경이 일품이다. 특히 아침의 해돋이광경과 낙조(落照)의 정취는 예로부터 많은 시인·묵객의 심금을
울렸다고 한다.

93 남원의 광한루 ; '광한루(廣寒樓)'는 전라북도 남원시 천거동에 있는 조선 중기의 누각이다. 본래 이 건물은
조선 초 황희가 남원에 유배되었을 때 누각을 짓고 광통루라 했던 것인데, 1434년 중건하고 정인지(鄭麟趾)가
광한청허부(廣寒淸虛府)라 칭한 것에서 광한루라 부르게 되었다.

94 중등 ; '중동'으로 사물의 중간이 되는 부분이나 가운데 부분을 이른다.

95 반춤 ; 춤을 추듯 몸을 건들거리는 동작, 혹은 가는 나뭇가지 따위가 센 바람에 춤추듯이 흔들거리는 모양을
비유적으로 이르는 말이다.

96 억수 장마 ; '억수'는 물을 퍼붓듯이 세차게 내리는 비를 말한다. '억수'와 '장마'를 동일의미어를 반복하여 썼
다. 민간화술적 표현이다.

97 만수 백수(萬壽百壽) ; 장수(長壽) 곧 오래도록 삶을 뜻한다.

98 무산(巫山) ; 무산지우(巫山之雨)라 하여 남녀의 교정(交情)을 비유한 말이다. '문선(文選)'에 수록된 송옥
(宋玉)의 고당부(高唐賦)에서 비롯된 말이다. 전국시대 초(楚)의 양왕(襄王)이 송옥과 함께 운몽(雲夢)이라는
곳에서 놀다가 고당관에 이르게 되었다. 문득 하늘을 보니 이상한 형상의 구름이 피어오르고 있어 송옥에게
무엇인지를 물었다. 그러자 송옥은 그 구름이 조운(朝雲)이며, 다음과 같은 사연이 있다고 이야기하였다. "옛날
어떤 왕이 고당관에서 연회를 열고 즐기다가 잠시 낮잠을 자게 되었는데, 꿈속에 아름다운 여인이 찾아와 말하
기를 '저는 무산에 사는 여인이온데, 왕께서 고당에 오셨다는 말을 듣고 잠자리를 받들고자 왔습니다' 하였다.
왕은 그녀의 아름다움에 빠져 스스럼없이 운우의 정(雲雨之情)을 나누었다. 헤어질 무렵이 되자 그 여인은 이
런 말을 하였다. '저는 무산 남쪽의 험준한 곳에 살고 있는 여인이온데, 아침에는 구름이 되고 저녁에는 비가
되어 양대 아래에서 아침 저녁으로 당신을 그리워하고 있을 것입니다(妾在巫山之陽 高山之岨 且爲朝雲 暮
爲行雨 朝朝暮暮 陽臺之下).' 말이 끝나자 여인은 자취를 감추었고, 왕은 퍼뜩 잠에서 깨어났다. 다음날 아침

대지 구름[99]이 펑퍼졌단다. 에.

※ 서도 팔경[100] 구경을 가자.

　삼등의 황학루[101] 성천의 강선루[102]

　개천의 무진대[103] 영변의 약산대[104]

　강경의 인풍루[105] 의주의 통군정[106]

왕이 무산 쪽을 바라보니 여인의 말대로 산봉우리에 아름다운 구름이 걸려 있었다. 왕은 여인을 그리워하며 그곳에 조운묘(朝雲廟)라는 사당을 세웠다. 그후로 무산의 꿈이 남녀간의 정교를 의미하게 되었다.

99　[보정] 대지구름 ; '매지구름'으로, 비를 머금은 검은 조각구름을 말한다.

100　서도팔경(西道八景) ; 관서(關西) 지방의 여덟 명승지다. 서도팔경은 삼등(三登)의 황학루(黃鶴樓), 성천(成川)의 강선루(降仙樓), 개천(价川)의 무진대(無盡臺), 영변(寧邊)의 약산대(藥山臺), 강계(江界)의 인풍루(仁風樓), 의주(義州)의 통군정(統軍亭), 안주(安州)의 백상루(白祥樓), 그리고 평양(平壤)의 연광정(練光亭)이다.

101　삼등(三登) 황학루(黃鶴樓) ; '삼등(三登)'은 평안남도 강동 지역의 옛 지명이다. 조선시대 삼등은 대동강 연변의 평야지역인 이부평(李富坪)에 자리 잡고 있어 묵슬리진(墨瑟里津)·축호정진(鼈湖亭津)·앵무주진(鸚鵡州津)·옥금리진(玉琴里津)·부연진(釜淵津)·유점진(鍮店津) 등의 많은 나루를 통하여 수안(遂安)·상원(祥原)·평양·강동 등지와 연결되었다. 특히, 앵무주 부근에는 황학루(黃鶴樓)라는 누각이 있었다. 이 지역에는 삼등팔경(三登八景)이 - 매바위의 낚시 드리운 풍경(응암수조, 鷹岩垂釣), 황학루에서의 추석날 달구경(학루추월, 鶴樓秋月), 고산에서의 날아가는 기러기 세어보기(고산점안, 孤山點雁), 광한정의 눈 날리는 풍경(광정비설, 廣亭飛雪), 묵촌의 봄갈이 풍경(묵촌춘경, 墨村春耕), 앵무주에서의 꽃배놀이(앵주범주, 鸚洲泛舟), 봉두산마루의 비바람 치다가 개인 경치(봉잠청람, 鳳岑晴嵐) - 유명하였다.

102　강선루(降仙樓) ; 평안남도 성천군 성천면 상부리에 있는 고려시대의 누정이다. 동명관(東明館)의 부속건물로, 정면 7칸, 측면 5칸의 중층건물이다. 동명관은 조선시대 성천부의 객관으로, 중국사신을 맞기 위하여 1343년(충혜왕 4)에 건립되었으며, 1768년(영조 44)에 개축하였다. 임진왜란 때 세자이던 광해군이 이곳에 묘사(廟祠)를 지어 난을 피하고, 왕위에 오른 뒤에 동명관에 잇대어 이 누각을 지었다고 한다. 관서팔경의 하나인 무산 십이봉의 절경에 위치하며 丁자형 평면을 이룬 31칸의 대규모 건물이다. 아래층은 돌기둥을 세웠고 그 위에 기둥을 올려 사방이 개방된 누각을 세웠으며, 기둥머리에는 1출목(一出目) 3익공(三翼工)을 쌓고 지붕은 팔작지붕으로 하고 지붕마루에 양성(兩城: 지붕마루의 수직면에 회사반죽 또는 회반죽을 바른 것)을 하였다. 사방에 계자난간(鷄子欄干)을 둘렀다. 동명관 안에는 강선루 외에 통선관(通仙觀)·유선관(留仙觀)·봉래각(蓬萊閣)·십이루(十二樓) 등의 건물이 있어 모두 337칸에 이르렀다. 누각건물로는 유례가 없는 장대한 규모였으나 6·25때 소실된 것으로 알려지고 있다.

103　개천(价川)의 무진대(無盡臺) ; 서도팔경(西道八景)의 하나로 알려져 있다.

104　영변(寧邊)의 약산대(藥山臺) ; 서도팔경(西道八景)의 하나로 알려져 있다.

105　인풍루(仁風樓) ; 북한 자강도 강계시 충성동에 있는 조선시대의 누정이다. 정면 5칸, 측면 4칸의 2익공 겹처마 팔작집이다. 관서팔경의 하나로 일컬어져 왔다. 강계 남산의 남쪽 자락이 독로강(禿魯江)과 북천강의 합류지점에서 이루어 낸 높은 벼랑 위에 동향으로 세워져 있다. 정면인 동쪽에서 보면 1층이지만 서쪽은 독로강을 향하여 기울어진 자연 경사면을 그대로 살려 2층으로 꾸몄다. 정면 오른쪽에서 3번째 기둥을 생략하여 안에서 바라볼 때 정면의 시야를 트이게 한 점이 주목되는데, 이는 인풍루가 강계읍성(江界邑城)의 서북쪽에 세워진 장대(將臺), 즉 군사지휘소였으므로 앞마당을 잘 내려다볼 수 있도록 배려한 것이다. 건물 내부에 전혀 기둥을 세우지 않고 통간으로 처리한 이유도 마찬가지이다. 마루 밑에는 24개의 기둥을 세우고 그 위에 장귀틀과 동귀틀을 가지런히 짜맞춘 널마루를 깔았으며, 마루 가장자리에는 키가 낮은 계자각(鷄子脚)난간을 둘렀다. 외적의 침입에 대비하여 1472년(성종 3)에 쌓은 강계읍성은 북쪽 국경의 요충이어서 인풍루 이외에도 장대 건물이 여러 곳에 있었다. 인풍루는 1680년(숙종 6)에 불탄 뒤 그 해에 다시 세워졌으며, 1950년대 초 전란으로 크게

안주의 백상루[107] 평양의 영광정[108] 이란다.

놀기 좋기는 부벽루[109] 대동강이란다. 에.

손상을 입은 것을 수리해 놓았다고 한다.

106 통군정(統軍亭) ; 평북 의주군 의주읍에 있는 조선시대의 누정. 정면 4칸, 측면 4칸의 합각지붕 건물이다. 의주읍성(義州邑城)에서 제일 높은 압록강 기슭 삼각산(三角山) 봉우리에 자리 잡고 있는데, 서북방위의 거점이었던 의주읍성의 북쪽 장대(將臺)로서 군사 지휘처로 쓰였다. 통군정에 올라서면 이끼 푸른 의주성의 옛 성벽이 눈앞에 보이고, 아래로는 압록강의 푸른 물 가운데에 점점이 떠 있는 여러 섬들이 굽어보인다. 서쪽으로는 멀리 신의주·용암포(龍巖浦) 일대가 바라보이며, 남쪽으로는 '의주금강(義州金剛)'으로 불리는 석숭산(石崇山)과 백마산(白馬山) 일대의 크고 작은 산봉우리들이 한눈에 들어와 예로부터 관서팔경(關西八景)의 하나로 꼽혔다. 정확한 건립연대는 알 수 없으나 조선 초기까지 의주성 안에 있던 봉수대의 이름이 '통군정'이었다는 점으로 보아 이곳에 정자를 짓고 그 이름을 그대로 쓴 것으로 보인다. 특히, 이 건물에서는 목재를 적게 쓰면서도 건물의 입체적 강도를 높이기 위하여 대들보를 겹으로 하고, 동자주(童子柱 : 세로로 세운 짧은 기둥) 대신 제공(諸貢)으로 틀어 올렸다. 우리나라 누각건물을 대표하는 유적의 하나로서 6·25 때 피해를 입었으나 전후 복구되었다.

107 백상루(百祥樓) ; 평안남도 안주군 안주읍에 있는 고려시대의 누정. 정면 7칸, 동쪽 측면 6칸, 서쪽 측면 4칸의 합각지붕 건물이다. 청천강 기슭에 높이 솟은 언덕 위에 자리 잡고 있다. 옛 안주성 장대(將臺) 터에 세워 청천강의 자연경치와 잘 어울리는 건물로서 관서팔경(關西八景) 가운데서도 첫째로 꼽혀 '관서제일루(關西第一樓)'라고까지 하였다. 백상루는 언제 지었는지는 정확히 알려지지 않고 있으나, 14세기 고려 충숙왕이 쓴 시에 백상루에 대하여 읊은 구절이 있는 것으로 보아 이 당시보다 훨씬 이전부터 있어온 것으로 알려지고 있다. 건물의 규모가 웅대한 T자형으로 뛰어난 건축수법을 보여주고 있다. 액방(額枋) 위의 화반(花盤 : 주심도리 밑 장여를 받는 초새김한 받침)은 연꽃모양을 조각하였으며 단청은 간단한 모루단청[毛老丹靑 : 머리초에만 칠한 단청]이나 사이사이에 별지화를 그려 넣어 아름답게 장식하였다. 이 백상루는 경상남도 진주의 촉석루(矗石樓)와 함께 우리나라의 대표적 누정건물로서 고유한 특색을 나타내었으나 6·25 때 파괴 소실되었다.

108 [보정] 영광정 ; '연광정(練光亭)'이다. 평양 중구역 대동문동에 있는 조선시대의 정자. 제일누대·만화루 등으로도 불렸다. 고구려 때 평양성을 건설하면서 처음 세웠다. 1111년 현재의 자리에 다시 정자를 세우고 이름을 '산수정'이라고 했으며, 그 뒤 보수·재건하면서 현재의 이름으로 고쳐 부르게 되었다. 현재의 정자는 1670년에 다시 지은 것이다. 건물은 두 개의 다락을 조금 비끼어 맞물려 세워져 있다. 밑부분은 땅을 파서 돌을 깔고 그 위에 주춧돌을 놓은 다음, 지면이 좀 높은 대동강 쪽 바위 위에는 큰 나무기둥을 받치고, 서쪽의 낮은 곳에는 돌기둥을 받쳐 수평을 잡고 다락을 세웠다. 대동강가에 위치한 연광정은 주변의 아름다운 경치와 어우러져 예로부터 관서팔경의 하나로 알려졌으며, 남쪽 누각 기둥에는 고려 때 시인 김황원의 시구를 적은 현판이 걸려 있다.

109 부벽루(浮碧樓) ; 부벽루는 평양시 중구역에 위치한 누정이다. 부벽루는 고구려 때인 393년에 세워진 영명사의 부속 건물로 초창되었으며, 수차례의 재건과 보수를 거듭하였다. 지금의 누정은 임진왜란 때 소실되어 1614년 재건된 것이다. 정면 5칸, 측면 3칸 규모의 5량가 구조로 부연이 있는 겹처마 팔작집이다. 이 팔작지붕은 2익공을 얹은 배흘림이 거의 없는 원기둥이 떠받들고 있다. 부벽루는 진주 촉석루, 밀양 영남루와 함께 조선시대 3대 누정으로 꼽힌다. 부벽루에 올라서면 청류벽 아래 유유히 흐르는 맑은 대동 강물과 강 건너로 펼쳐진 들판, 멀리 크고 작은 산들이 보이는 전경이 매우 아름답다. 외부에서 본 부벽루는 비단 자락을 펼쳐 놓은 듯한 맑고 푸른 물과 푸르른 녹음, 깎아지른 듯한 절벽이 조화를 이루어 신비로운 느낌을 준다. 이러한 풍광을 보고 고려시대의 유명한 시인 김황원(金黃元)은 시심(詩心)을 일으켜, '長城一面溶溶水 大野東頭點點山 긴 성벽 기슭으로는 강물이 도도히 흐르고 넓은 벌 동쪽에는 점점 산이 있네'이라는 시를 지었지만 이 글귀 뒤로 더 이상의 시구가 떠오르지 않자 통곡하며 붓대를 꺾고 말았다는 이야기가 전해진다. 부벽루는 낮 경치도 좋지만 밝은 달이 뜬 밤경치도 아름다워 '부벽완월(浮壁玩月 : 부벽루의 달구경)'은 일찍부터 '평양 8경'의 하나로 알려져 있다. 부벽루는 서도팔경은 아니다.

6. '제4과장 노장무'의 복원

1

노장무老長舞[2]

노장

탈 :

흑색 바탕에 흰색 눈썹과 눈 주위와 턱 주위에는 흰점을 무수히 찍는다.

의상 :

① 송낙[3]을 머리에 쓰고 회색 바지저고리에 장삼(長衫)[4]을 입고 붉은 가

사[5]를 메고[6] 백팔염주[7]를 목에 걸고 긴 죽장[8]을 짚었으며 안에는 주머니를

---

1   이 자리에 사진 자료 2매 수록하였다.

2   [보정] 정병호는, 이 장면의 춤은 염불, 굿거리, 잦은타령을 장단으로 하며, 춤은 '근경사위', '육환장을 떼어내려
    는 사위', '부채로 공을 드리는 사위', 육환장을 어깨에 메고 '뒷걸음으로 접근하는 사위', '부채 펴서 소무를 보
    는 사위', '어깨춤사위', '소무 뒤에서 등을 대는 근경사위', '고개잡이', '염주를 소무 목에 거는 사위', '단장하는
    갖가지 사위', '개구리 뛰기', '소무어르기', '풍구질 사위' '취발이와 대무하러가는 사위', '취발이와 싸우는 사위'
    등이 있다. 소무의 춤도 염불, 굿거리, 잦은타령을 장단으로 한다고 한다.

3   송낙 ; 송라립(松蘿笠)을 말한다. 소나무 겨우살이로 만든 여승(女僧)의 쓰개다. 차양을 넓게 하여 햇빛이나
    비를 막는데 쓰인다. 승려가 평상시에 납의(衲衣)와 함께 착용하는 모자다. 송라립(松蘿笠)이라고도 한다. 소
    나무 겨우살이, 즉 소나무에 기생하는 지의류(地衣類)인 송라로 짚주저리 비슷하게 엮는데, 위는 촘촘히 엮고
    아래는 15㎝쯤 엮지 않고 그대로 둔다. 위는 뾰족한 삼각형이나 정수리 부분은 뚫려 있다.

4   장삼(長衫) ; 두루마기 길이에 큰 소매를 단 스님의 웃옷이다. 장삼은 정중한 옷이라 검은 물을 들여 '먹장삼'
    이라고 부르기도 한다. 장삼은 정중한 옷이라 검은 물 - 검은 회색 - 을 들여 '먹장삼'이라고 부르기도 한다.
    요즈음에 와서 밝은 회색의 장삼을 입었다. 가사는 산스크리트어인 '카사kasaya'의 음차로 '어둡고 칙칙한 색'
    을 뜻한다. 그래서 승려들은 검회색으로 물들인 장삼을 입었고, 밝은 회색에 가까운 장삼을 입는 지금에도 그
    언어의 습관은 남아 승복을 지칭할 때 '먹물옷'이나 '치의(緇衣 : 검은 옷)'라 부르기도 한다.

5   붉은 가사(袈裟) ; 장삼 위에 걸치는 외옷자락을 말한다. 붉은 천을 조각보 모양으로 모으는데 두 줄로 이어
    호은 속은 모두 통하게 짓는다. 가사(袈裟)는 대체로 붉은 색이다.

6   메고 ; 가사는 보통 '걸친다'고 한다.

7   백팔염주(百八念珠) ; 염주가 108개의 구슬을 사용한다 하여 이렇게 부른 것이다. 불보살에게 예배할 때 손
    목에 걸거나 손으로 돌리는 불구(佛具)의 하나이다.

8   [보정] 긴 장죽(杖竹) ; 보통은 '육환장(六環杖)'이다. 소도구이다. 석장(錫杖)이라고도 한다. 머리에 쇠로 불탑

차고[9] 오른손엔 흰 부채[10]를 들었다.

소무

탈 :

각시탈로 흰색 바탕이다.

흰색 눈자위와 검은색 테두리를 두르고 연지 곤지[11]를 찍었다.

의상 :

큰 비녀[12]와 원삼족두리[13]를 쓰고 붉은 치마에 흰 버선과 고무

신을 신고[14] 한삼과 화려한 치장(治粧)이다.

(해설)[15]

4과장은 중요 과장으로 노장과 신장수 취발이가 등장하게 된다.

을 장식하고 여섯 개의 쇠고리가 달린 중이 짚는 지팡이다. 쇠고리는 쇠소리를 내어 야수를 퇴치하기 위한
것이라 하는데, 어떤 종교적 심성과 관련이 있는 듯하다.

9 [보정] 안에는 주머니를 차고 ; 어떤 용도인지 미상하다.

10 [보정] 흰 부채 ; 보통은 '사선선四仙扇'이다. 세 부처를 그린 삼불선(三佛扇)이 있으며, 네 선녀를 그린 사선
(四仙)부채, 여덟 선녀를 그린 팔선녀(八仙女)부채도 있다.

11 연지(臙脂) 곤지 ; '연지(臙脂)'는 화장할 때 볼에 바르는 붉은 빛깔의 안료를 말한다. 이마에 동그랗게 치레
하는 것을 곤지라고 하는데 이것 역시 연지를 사용한다. 연지화장의 최초기록은 서기전 1150년경 중국 은(殷)
나라의 주왕(紂王) 때이니까 약 3,000년의 역사를 지닌다. 우리나라 사람들이 언제부터 연지를 치레에 이용하
였는지 확실하지 않으나 신라의 여인들이 연지화장을 하였다고 한다. 5, 6세기경에 축조되었으리라는 수산리
소재의 고구려 벽화 인물상에도 볼과 입술이 발라져 있다. 따라서 우리나라에서도 1,500~2,000년 전쯤부터 사
용된 것이 확실하다. 연지 화장의 유래에 관해서는 여러 가지 주장이 있다. 주색축귀(朱色逐鬼) 속신(俗信),
주색금기(朱色禁忌) 속신에서 비롯되었다는 주장이 가장 유력하다. '곤지'는 보통 전통 혼례에서 신부가 단장
할 때 이마 가운데 연지로 찍는 붉은 점을 말한다.

12 [보정] 큰 비녀 ; 부인의 쪽머리가 풀어지지 않도록 꽂는 장식품이다. 한자로는 잠(簪)이라고 한다. 쪽을 고정
시키는 것이 주목적이면서 장식의 구실도 겸하였고, 재료와 형태에 따라 명칭·용도 등이 달랐다.

13 원삼족두리 ; '원삼'이란 조선시대 때 부녀자들이 입던 예복(禮服)으로 앞깃이 둥근 데에서 온 명칭으로 옆이
터져 있는 것이 특징이다. 무릎을 덮어 내리는 긴 길이에 앞길은 짧고 뒷길은 길다. 앞여밈은 합임(合袵 : 섶이
없이 서로 맞대어진 형태)이고, 양 옆길이 절개되어 있다. '족두리(簇頭里)'는 부녀자가 예복에 갖추어 쓰던 관
(冠)으로, 족두(簇兜) 또는 족관(簇冠)이라고도 한다. 겉을 검은 비단으로 싼 여섯 모가 난 모자로 위가 넓고
아래로 내려갈수록 좁다. 속에는 솜이 들어 있고 그 가운데를 비게 하여 머리 위에 올려놓는다. 족두리라는 말은
고려 때 원나라에서 왕비에게 준 고고리(古古里)가 와전된 것으로 추정된다.

14 [보정] 고무신을 신고 ; 보통은 '망혜'를 신는다. '고무신'은 현대의 의상의 하나다.

15 [보정] (해설) ; 이 기사는 연기법 혹은 연출법에 가깝다.

불교를 파계시키는 과장으로 노장과 취발이 사이의 갈등(葛藤)을 묘사해 주고 있으며, 취발이는 전국에서 제일 돈이 많은 한량인데 불교를 파계시키기 위하여 한평생을 불교에 몸담은 노장을 꾀하기 위하여 노장이 다니는 길목에 풍류정을 지어 놓고 어여쁜 계집으로 하여금 노승을 꾀하여 불교를 파계시키려는 장면이다.

불교는 파계시켰으나 노승에게 계집을 빼앗기기 싫어서 다시 노승을 때려 쫓고 소무라는 계집과 함께 살게 되어 아이도 낳고 부귀영화(富貴榮華)하는 장면이다.

그러나 노승을 쫓은 결과 불교를 파계시키진 못하였다.

신장수는 우연하게 뛰어 들어온 신장수이기도 하고 노장의 의지를 보여주기 위해 존재(存在)하는 역할이다.

말하자면, 노장(老長)과 취발이 사이의 갈등(葛藤)을 고취시킨다.[16]

노장춤

소무 :

한삼을 끼고 원삼 족두리와 큰비녀를 꽂고 화려한 복장으로 장구 장단이 시작되면 4명의 거사와 청사초롱(青紗燈籠)[17]을 받쳐든 2명의 거사들 호위[18]를 받으며 가마에 타고 등장한다.

장내를 돈 뒤에 중앙(中央)에 안치하면 소무는 내려서고 거사들은 가마를 메고 퇴장한다.[19]

소무는 서서히 도도리 곡에 맞추어 춤춘다.

---

16 [보정] 이 기사는 연출법을 제시한 것이다.
17 [보정] 청사초롱(青紗燈籠) ; '청사등롱(青紗燈籠)'이 옳다.
18 원자료에는 '호의'라고 하였다.
19 [보정] 한삼을 끼고 원삼 족두리와 큰비녀를 꽂고 화려한 복장으로 장구 장단이 시작되면 4명의 거사와 청사초롱(青紗燈籠)을 받쳐 든 2명의 거사들 호위를 받으며 가마에 타고 등장한다. 장내를 돈 뒤에 중앙(中央)에 안치하면 소무는 내려서고 거사들은 가마를 메고 퇴장한다. ; 이 장면은 다른 자료에 따르면 소위 '제3장 사당무'에 해당한다.

이때, 노장이 4명의 먹중에 의하여 긴 죽장을 어깨에 메고 등장한다.

느린 타령곡에 맞추어 먹중들은 길꼬나기[20] 타령을 한다.

『지이화 지이화 지화 좋은 경사』

노래가 끝나면서 노장은 소무를 보고 놀라서 땅에 엎드린다.

먹중들은 그것도 모르고 지나치다가 한 먹중이 사실을 알고 깜짝 놀란다.[21]

(해설)

먹중들을 취발이에게 매수되어 노장을 꾀하여 소무 있는 곳에 끌고 나온다.

불교를 파계시키기 위한 취발이의 장난.[22]

먹중1=　　　야! 이거 큰일 났다.

　　　　　우리가 큰형님을 모시고 나왔던 게 아니냐.

먹중들=　　그래서?

먹중1=　　　성님은 간 곳 없고 웬 산량 주조리[23] 같은 게 있으니 웬일이냐.

　　　　　내가 들어가서 자세히 알아보고 나오리라.[24]

　　　　　(옥동 도화 만수춘) 玉洞 桃花 萬樹春[25]

20　[보정] 길꼬나기 ; '길군악'으로 길을 가면서 연주하는 행악(行樂)이다. 관현악으로 연주하는 취타(吹打)의 뒤를 이어 관악기만으로 연주하는 곡이다. 길군악을 연주하는 악기는 앉아서 연주해야 하는 현악기가 빠진 대금·향피리·해금·소금·장구·좌고 등 휴대가 간편한 악기들로 편성한다.

21　[보정] 이 기사는 연출법을 제시한 것이다.

22　[보정] 이 기사는 연출법을 제시한 것이다.

23　[보정] 산량 주조리 ; '산량(山梁)'은, 산골짜기 사이에 놓인 다리 혹은 '꿩'을 달리 이르는 말이다. 공자께서 '산속 다리목의 까투리들은 때를 잘 타는구나. 때를 잘 타.' 라고 하시자 자로가 꿩을 잡아가지고 구워서 바쳤더니, 세 번 냄새를 맡고는 일어나 가버리셨다. 曰, 山梁雌雉 - 時哉時哉. 子路 共之 三嗅 而作 꿩이 사람의 표정만 변해도 금방 날아 가버리는 것을 본 공자가 꿩의 이러한 품성에 감탄한 것인데 자로가 공자의 뜻을 오해하여 그가 꿩을 먹고 싶어 하는 줄 알고 꿩을 잡아 바쳤다. 암꿩[자치(雌雉)]은 조심스럽고 온순하며 그 모습을 드러내지 않는다. 즉 산속 풀숲에 숨어 살며 조심하는, 천성이 여리고 겁이 많은 새이다. 공자는 자로가 웅치(雄雉)의 기상을 가지긴 하였으나, 정변이 일어난 후 몸을 피하지 않고 충의를 고집하여 스스로 표적이 되어 나서서 죽은 것을 비유하여 산량자치(山梁雌雉)라고 한 것이다. 정변으로 결국 꿩사냥을 당한 격으로 자로가 죽었으니, 공자가 한스러워 하면서 은유적 표현으로 남긴 말이다.

　'주조리'는 '주저기'로 '지저깨비'의 방언이다. '지저깨비'는 나무를 깎거나 다듬을 때에 생기는 잔 조각이나 떨어져 나오는 부스러기나 잔 조각을 말한다.

　여기서는 노장을 산에 있는 다리 밑에 몸을 숨긴 까투리에다가 희학적으로 비유한 것이다.

24　알아보고 나오리라 ; 대화반응이 불림으로 활용된다.

　　　　야! 들어가서 자세히 보니

　　　　성님은 간 곳 없고

　　　　소낙비가 올려는지 서촌쪽이 컴컴해서 알아보지 못하고 나왔다[26].

먹중2=　내가 들어가서 자세히 알아보고 나오리라[27].

　　　　(흑운이 만천 천불견) 黑雲 滿天 天不見[28]

먹중[29]=　야 들어가서 자세히 보니

　　　　소낙비가 올려고 서촌쪽이 컴컴하게 아니고

　　　　옹기장수가 옹기짐을 버텨 놨더라[30].

먹중3=　내가 들어가서 자세히 알아보고 나오리라[31].

　　　　(낙양 동천 이화정) 洛陽 洞天 梨花亭[32]

　　　　야 이거 큰일 났다.

　　　　산량 주조리 같은 게 있다고 하더니만

　　　　성님은 성님이더라.

　　　　그런데, 죽었는지 살았는지 알아보지 못하고 나왔다.

먹중4=　내가 들어가서 자세히 알아보고 나오리라[33].

25　(옥동 도화 만수춘) 玉洞 桃花 萬樹春 ; 한시 불림이다.

26　[보정] 소낙비가 올려는지 서촌쪽이 컴컴해서 알아보지 못하고 나왔다 ; 무엇을 비유한 것이지 분명하지 않다.

27　알아보고 나오리라 ; 대화반응이 불림으로 활용된다.

28　(흑운이 만천 천불견) 黑雲 滿天 天不見 ; 한자어 불림이다. '검은 구름이 하늘에 가득하여 하늘을 볼 수 없다' 라는 뜻이다.

29　[보정] 먹 중 ; '먹중2'의 대사다.

30　[보정] 옹기장수가 옹기짐을 버텨 놨더라 ; 노장을 옹기장이에 빗댄 이유를 밝히는 것은 우리 가면극 대사를 해명하는 데에 있어서 간과할 일이 아니다. 김일출 채록에는 '장마에 떠내려 와 걸린 것을 옹기장사라고 했더라' 라고 하였다. 이와 관련하여 토정 이지함 설화에 보면 옹기장사와 토정이 내기를 하는 이야기가 있다. 마을이 물에 잠길 정도로 비가 내려 온 마을 사람을 산마루로 피하게 하였는데, 옹기 장사가 마을 사람들 보다 아래에 옹기짐을 버티고 태연히 앉아 있었다. 이때 토정이 물에 잠길 것이라 피하기를 권하였는데, 물은 옹기장사 발목까지 밖에 차지 않았다는 이야기다. 거꾸로 옹기장사의 위치에 토정이 앉아 있는 이야기도 있다. 여기서 토정과 옹기장사는 예지력을 가진 인물로 나타난다. 이같은 사실을 생각해보면 옹기장사는 예지력을 가진 인물을 상징적으로 보여주는 것이다. 결국 옹기장사의 상징적 의미는 소위 사은유화(死隱喩化) 되었을 가능성을 점칠 필요가 있다. 속담에 '독장사 구구', '독장사 구구는 독만 깨뜨린다' 등이 있다는 점에서도 이 대사는 심상히 볼 일이 아니다.

31　알아보고 나오리라 ; 대화반응이 불림으로 활용되었다.

32　(낙양 동천 이화정) 洛陽 洞天 梨花亭 ; 한자어 불림이다.

33　알아보고 나오리라 ; 대화반응이 불림으로 활용된다.

(백수 한산에 심불로) 白首 寒山 心不老[34]

야 이거 큰일 났다.

성님은 죽은 것이 분명한데 언제 죽었는지

밸[35](배) 썩은 냄새[36] 같은 것이 나더라.

먹중1= 야 그런 것이 아니다.

우리 성님이 생전에 좋아 하던 게 염불이 아니냐

상좌중을 데려다가 죽어서라도 극락세계로 가라고

염불이나 올려 드리자.

노장 염불이 끝나 가면 노장(老長)은 서서히 움직이기 시작한다.

도도리 곡에 맞추어 양쪽을 살펴보고 서서히 일어선다.

일어서서 사방을 둘러본 후에 지팡이를 움직여 떼려고 하지만 부처님의 노여움을 받아 지팡이는 여전히 떨어지지 않자 부채로 쳐서 뗀다. 떨어진 지팡이를 어깨에 걸머메고 뒤로해서 소무 있는 곳까지 접근한다. 접근하다 소무와 부딪치게 된다.

깜짝 놀라 부채로 근경을 보니 어여쁜 계집이 춤추고 있는 것을 보고 노장은 마음의 동요를 일으키게 되어 염주로 소무를 사려 한다. 하지만, 소무는 걸어 준 염주를 내던져 버린다.

노장은 좋아서 춤추다가 버려진 염주를 복 화도 내어 보지만 자신의 형색이 형편없다는 사실은 안 노장은 자기 옷매무새와 얼굴을 고치고 화장하여 다시 얼르게 된다.

신장수와의 대결에선 부처 때문에 바보가 되었던 노장은 소무라는 하잘것없는 계집 때문에 똑똑하고 당당한 생활인이 되었다.

신장수와의 대결에서 신장수가 약삭빠른 장사치이지만 변화된 노장 앞에서는 피동적이다.

---

34 (백수 한산에 심불로) 白首 寒山 心不老 ; 한시 불림이다.

35 밸 ; '배알'의 준말로, 창자를 속되게 이르는 말이다.

36 밸(배) 썩은 냄새 ; 관용적 표현이고, 비속한 표현이다. 다른 자료에서는 '육칠월六七月에 개 썩는 내가 나더라' 라고, '육칠월에 개가 죽어 썩은 냄새가 심하게 나더라' 라는 뜻이다.

이것은 변화된 노장의 모습을 보여주기 위함일 것이다.

신장수가 쫓기어 가면 취발이가 등장한다.

취발이는 성격부터 대립적이며 힘이 절륜하고 날램이 비호같아 중이라는 입장에서 취발이와 맞서 싸울 힘이 없어 쫓기어 퇴장하게 된다.)[37]

신장수 (해설)

굿판에는 구경꾼이 모이면 장사꾼도 있기 마련이다.

그러니까, 신장수는 자연스러운 등장이다.

또한 신장수는 변화된 노장을 보여주기 위하여 필요한 존재이다.

노장이 신장수에게 신을 산 것도 소무와의 생활(生活)을 나타내고 신장수를 쫓을 수 있는 힘은 대단한 변화이다.

이것은 노장과 취발이의 갈등(葛藤)을 고취시키고 있다.[38]

신장수   (신짐을 지고 서서히 등장하여 장내를 한 바퀴 돈 뒤에 소무 있는 곳을 바라보고 선다)

어허어!

나도 세상에 태어나서 어려서부터 글도 못 배우고 등에다 짐을 지고 다니는 장수가 됐으니 내 신세도 어지간히 가련하구나.

그러나 저러나 장사는 물건을 파는 것이 목적이라 물건을 팔러 가는데 건~건드러지게 가보자.

        (타령곡에 맞추어 서서히 중앙으로 들어온다)

쉬 이이!

        (주악을 멈추게 한다)

        (부채를 펴서 이마에 대고 사방을 둘러본다)

야아! 장 자알 섰다.

---

37 [보정] 이 기사는 연출법을 제시한 것이다. 지시어가 추상적이며 주관적이다. 이를 토대로 하여 우리 가면극의 주제를 탐구한 견해가 있다. 그러나 희곡 텍스트의 성격상 이를 곧바로 주제와 연결시킴은 무리가 있다.

38 [보정] 이 기사는 연출법을 제시한 것이다.

장 자알 선다 하기에

불원 천리(不遠 千里)³⁹하고 찾아 왔더니만

과연 허언은 아니로구나.

어디 다시 한 번 자서히 둘러보자.

　　(부채를 펴서 사방을 둘러본다)

자서히 둘러보니

인물평풍(人物屛風)⁴⁰이 주욱 둘러 쳤으니⁴¹

태평시장(太平市場)⁴²이 분명하구나

태평시장(太平市場)이거나 무엇이거나

장사는 개업(開業)이라 하였으니

나는 물건이나 좀 팔아보자.

물건은 무슨 물건?

우선 ②초련⁴³ 먹는 식료품(食料品)부터 팔아보자

　　〈노래조로〉

군밤사려~ 생율밤⁴⁴이야 좋다

후추 양념에~ 밤~엿

　　〈주위를 둘러본다.〉

39　불원천리(不遠千里) ; 아무리 먼 길이라도 기쁘게 여겨 달려간다는 말이다. 가까운 벗이나 친한 사람을 만나는 데에는 먼 거리도 탓하지 않는다는 뜻을 지니고 있다. 『맹자(孟子)』에 연유한다. '양혜왕상(梁惠王上)'에 맹자가 양혜왕을 만났을 때, 왕이 말하였다. "노인께서 천릿길도 마다하지 않고 오셨으니, 우리 나라에 장차 이로운 일이 생기겠습니까. 不遠千里而來 亦將有以利吾國乎" 맹자가 대답하였다. "하필이면 이로운 일을 말씀하십니까. 역시 인의(仁義)만이 있을 뿐입니다."

40　인물평풍(人物屛風) ; '인물병풍(人物屛風)'이 옳다. '평풍'은 '병풍'의 변한 말이다. 뛰어난 인물들이 병풍처럼 둘러싸여 있다는 말이다.

41　[보정] 인물평풍(人物屛風)이 주욱 둘러 쳤으니 ; 여기서는 가면극 공연현장에 가득히 모인 관객을 두고 이른 것이다.

42　[보정] 태평시장(太平市場) ; '태평(太平/泰平)'은 나라가 안정되어 아무 걱정 없고 평안함, 혹은 마음에 아무 근심 걱정이 없음을 뜻한다. '태(太)'는 삼년 풍년을, '평(平)'은 일년 풍년을 뜻하기도 한다. 여기서 '태평시장'은 풍년을 기원하는 뜻을 담은 관념적 명칭이다.

43　초련 ; 일찍 익은 곡식이나 여물기 전에 훑은 곡식으로 가을걷이 때까지 양식을 대어 먹는 일을 두고 이른다. '올벼'와 같은 것인데, 이는 제철보다 일찍 여무는 벼를 두고 이른다.

44　생율밤 ; '생율(生栗)'과 '날밤'이 결합된 말이다. 민간화술적 표현이다.

아! 이것은 사자는 사람이 없으니

물건을 바꾸어 팔아보자.

　　〈노래조로〉

신발 사~려 육날메투리 세코 짚세기[45]

고운 아씨 꽃신을 사려~

　　〈주위를 둘러본다.〉

아! 이것도 저것도 사자는 사람이 없으니

이장은 사는 장이 아니로구나.

몹쓸 장에 왔군

발을 돌려 풍년 시장으로 돌아가 봐야겠구나.

갑니다 갑니다 ~아

풍년시장으로 ~에 나돌아 갑니다

　　〈노래와 춤으로 노장 곁으로 접근 하다가 노장에게 매를 맞고 물러

　　나온다.〉

아이쿠! 이게 웬일이냐.

우리 조상 적 때부터 알지 못하던 매로구나.

어디 한번 자세히 보자

　　〈노장을 자세히 본다.〉

자세히 보니

머리에는 송낙을 눌러 쓰고

푸른 장삼[46]을 입고 붉은 가사를 메고

45　육날메투리 세코 짚세기 ; 짚신과 미투리를 말하는 것으로 관용적 표현이다. '짚세기'는 '집세기'로, 짚신의 사
투리이고, 메투리는 미투리의 사투리이다. 짚신은 볏짚으로 새끼를 꼬아 날을 하고 짚을 결어서 바닥을 한 신
을 말한다. 보통 코 - 버선이나 신 따위의 앞 끝이 오뚝하게 내민 부분. - 를 셋을 만들기에 세코집세기이다.
초혜(草鞋), 비구(扉屨), 망리(芒履)라고 한다. 미투리는 질긴 삼베로 삼은 신인데, 발이 편하라고 날이 여섯
가닥 또는 여덟 가닥 되게 한다. 마혜(麻鞋), 승혜(繩鞋)라고도 한다.

46　[보정] 푸른 장삼 ; '먹장삼'을 말한다. 고승들이 걸치는 장삼이다. 장삼은 두루마기 길이에 큰 소매를 단 스님
의 웃옷이다. 장삼은 정중한 옷이라 검은 물을 들여 '먹장삼'이라고 부르기도 한다. 먹장삼을 자주 세탁하면 푸
른빛이 돈다.

백팔 염주를 목에 걸었으니

네가 중이로구나.

노장   〈긍정을 표시한다.〉

신장수   네가 중이라면 양반을 보고

인사(人事)를 여쭙는 일이 온당하지

이 매가 왠 매란 말이냐.

노장   〈부채로 신장수를 부른다〉

신장수   나 보고 오라고!

오라면! 가지 가!

〈노장(老長)에게 다가가서 수인사(修人事)하며〉⁴⁷

소승 문안이요.

신발 사 갔소?

아 몇 치?

노장   〈노장(老長) 뼘으로 재어 보인다.〉

신장수   일곱치 닷푼?

야! 그놈의 발 뼈근이 크구나

비 오는 날 매상⁴⁸에다 굽만 달면

나막신⁴⁹도 꿰어 신갔구나!⁵⁰

아! 있지 있어!

(신장수는 뒤로 물러나와 신짐을 내려놓는다.

신장수는 신을 외상으로 판다)

노장   (소무의 발을 가르킨다.)

신장수   여자의 신발 말이냐?

47　[보정] 〈노장(老長)에게 다가가서 수인사(修人事)하며〉 ; 여기에서는 불림을 하고 간다는 지시어다.
48　[보정] 매상 ; '마상이'로 통나무배, 통목선, 독목주(獨木舟)라고도 하는데, 큰 통나무를 2~3m 길이로 잘라 속
　　을 파낸 것이다. 목판을 맞붙여서 만든 돛 없는 거룻배도 이에 속한다.
49　나막신 ; 신의 하나로 나무를 파서 만든 것으로 앞뒤에 높은 굽이 있어 비가 오는 날이나 땅이 진 곳에서 신었다.
50　매상에다 굽만 달면 나막신도 꿰어 신갔구나 ; 통나무배에다가 굽을 달아 신 삼아 신어도 될 정도로 발이 크
　　다는 말이다. 관용적 표현이다.

노장   (긍정)

신장수   아 있지! 있어!

            (신짐에서 신발을 꺼내려 할 때 원숭이가 뛰쳐나온다.)

            아 그놈의 짐승이 무슨 짐승 이었단 말이냐.

            우리 조상 적부터 알지 못하던 짐승이로구나.

            옳지, 알겠다.

            우리 선조(先祖)께서 중국(中國)사신으로 가 계시다가 나오실 적에

            선물을 받아 가지고 나오셨다 하더니만

            이놈의 짐승이 신발춤[51]에 묻어나온 게로구나

            이놈의 어디 숨었는지 찾아보자.

                <신장수는 굿거리 장단에 맞추어 이리 저리 찾다가 원숭이를 찾아서

                코를 잡고 끌고 나온다.>

            이놈을 우리 조상(祖上) 적 때부터 보지 못했던 짐승인데

            어디 한번 물어보자.

            네가 고양이냐?

원숭이   <부정>

신장수   아니냐? 그러면 산(山)에서 내려온 노루냐?

원숭이   <부정>

신장수   노루도 아니냐? 그럼 사슴이냐?

원숭이   <부정>

                <신장수는 원숭이를 밀기도 하고 돌기도 하여 재미있게 묻고 대답한다.>[52]

---

51   신발춤 ; 여기서는 신발을 넣어둔 곳이라는 뜻이다.

52   [보정] 이 대목은 수수께끼식 문답법에 의한 전개다. 이미 알려진 것에 대한 수수께끼식 문답을 주고받음으로
      써 가면극 현장을 축제 분위기를 조성한다. 수수께끼는 역사가 오랜 표현 수법으로, 상식적으로는 사물을 빗대
      어서 알아맞추는 놀이, 혹은 일정한 대답을 바라는 사물의 비유적 묘사나 표현이다. 또 수수께끼는 은유를 써
      서 대상물을 정의하는 언어표현법이며, 구연에 있어서 화자와 청자 쌍방이 참여한다는 점, 묘사가 극히 단순하
      다는 점·은유적 표현이란 점, 고의적 오도(誤導)성을 띠고 있다는 점 등을 수수께끼의 특징으로 든다. 또 수수
      께끼는, 의미의 다발을 전달하고, 긴장과 이완은 혼란을 의도하고, 단어의 탄력을 이용하며, 질서에 대한 집단
      의 원칙을 이야기하는 것이 허용되는 관습적 위상이 일치되는 속에서 전개된다. 또, 수수께끼는 사건의 해결을
      구하는 문제라고도 하고, 바른 대답을 목적으로 한 고풍(古風)의 질문이라고도 한다. 즉 수수께끼식 문답이란,

신장수	어허어!
	이놈을 자세히 보니 사람의 흉내를 잘 내는 걸로 보아
	우리 속담에 사람의 흉내를 잘 내는 것이 원숭이라 하였는데
	네놈이 원숭이가 분명하구나.
원숭이	〈긍정〉
신장수	그래!
	원숭이라면 잘 됐다.
	원숭이는 사람보다 영리해서 심부름도 곧잘 할 터이니
	내가 수금원으로 채용할 터이다.
원숭이	〈긍정〉
신장수	옳지! 옳지!
	그러면 저기 저~어 중놈에게 신을 외상으로 팔았으니
	네가 신값 좀 받아 오너라.
원숭이	〈가지 않는다.〉
신장수	어여가라
	〈춤추며 맴돌다 소무 뒤로 살짝 숨어 버린다.
	신장수는 원숭이가 오기만 기다린다.〉
	이놈이 올 때가 넘었는데 아직 오지를 않으니 웬일이냐?
	신 값을 받아 가지고 어디로 도망한 모양이구나.
	어디 찾아보자.
	〈신장수 굿거리에 맞추어 이리 저리 찾다가 소무 뒤에 있는 놈을 찾
	아 못하고 헛탕 친다.〉
	아 찾을라니 어디로 갔는지 알 수가 있어야 찾지.
	옳지!
	내가 소시 적에 점을 치는 것을 배웠으니

이러한 수수께끼의 특성을 바탕으로 전개되는, 가면극 대사의 한 양상이다. 또한, 이 수수께끼와 유사한 형태에
'스무 고개(twenty-questions)'가 있다.

점을 풀어 가지고 찾을 터이다.

　　〈신장수는 앉아서 점대롱53을 흔들며 중얼거린다.〉

추왈(祝曰)54

천하언재(天何言哉)시하며

지하언재(地何言哉)시리요마는

고지즉응(告之卽應) 하시나니

감이순통(感而順通)하소서55

미련한 백성이 원숭이를 찾으려고 하니

곽곽선생(藿郭先生)56 이순풍(李淳風)57

제갈공명(諸葛孔明)선생58이며

여러 신(神)들이 하강 하시오아59

일시에 회답하여

상괘(上卦)60로 판단하옵소서…

야! 그 점 괴상한데

53　점대롱; '점통(占筒)'을 말한다. 점구(占具)의 하나로 점쟁이가 점을 칠 때에 사용하는 제구다.

54　[보정] 추왈(祝曰) ; '축왈(祝曰)'이다. '축(文) - 제사 때에 읽어 신명(神明)께 고하는 글 - 을 하여 말하기를'
　　이라는 뜻이다. 가면극 현장에서는 '축'을 '추'로 하되 '추- 왈' 곧 '추'음을 길게 실현하는 것이 보통이다.

55　천하언재(天何言哉)시하며 지하언재(地何言哉)시리요마는 고지즉응(告之卽應) 하시나니 감이순통(感而順
　　通)하소서 ; 신명(神明)께 고하노니, 하늘이 무엇을 말씀하시며 땅이 무엇을 말씀하시리요, 고하면 즉시 응답
　　하시나니 감응하시어 모든 일이 순리대로 통하소서.

56　곽곽선생(藿郭先生) ; 곽박(郭璞)선생을 말한다. 곽곽은 점복의 신령이자 눈병을 치료해주는 의료 신을 말한
　　다. 곽박 선생은 자가 경순(景純)이며 하동 문희(聞喜 = 현재 산서성 문희현)사람이다. 그는 박학다식하고, 『이
　　아(爾雅)』, 『산해경(山海經)』, 『초사(楚辭)』 등을 주석하였고, 점성술에도 뛰어났다. 경학(經學)과 역수(易數)
　　에 능했다고 하는 중국 동진(東晋)의 학자 곽박이 점복을 하는 사람들에 의해 신처럼 모셔지다가 곽곽으로 와
　　음이 된 듯하다. 곽곽 선생은 맹인(盲人)풀이의 대상 신으로 안질(眼疾)환자들이 특히 신봉한다고 한다.

57　이순풍(李淳風) ; 중국 당나라의 방술가(方術家)다. '방술'은 신선의 술법을 닦는 사람, 즉 방사(方士)가 행하
　　는 신선의 술법을 말한다.

58　제갈공명(諸葛孔明) 선생 ; 제갈 량(諸葛亮)을 말한다. 제갈량의 자(字)는 공명(孔明)이다. 시호 충무(忠武)
　　이며 산동성 기수현 출생으로 호족(豪族) 출신이었으나 어릴 때 아버지와 사별하여 형주(荊州)에서 숙부 제갈
　　현(諸葛玄)의 손에서 자랐다. 후한 말의 전란을 피하여 사관(仕官)하지 않았으나 명성이 높아 와룡선생(臥龍
　　先生)이라 일컬어졌다. 위(魏)나라의 조조(曹操)에게 쫓겨 형주에 와 있던 유비(劉備 : 玄德)로부터 '삼고초려
　　(三顧草廬)'의 예로써 초빙되어 '천하삼분지계(天下三分之計)'를 진언(進言)하고 '군신수어지교(君臣水魚之
　　交)'를 맺었다.

59　하시오아 ; '하시와'다. '-와'는 '-오'의 방언이다.

60　상괘(上卦) ; 두 괘로 된 육효(六爻)에서 위의 괘다. 가장 좋은 점괘(占卦)다.

합동 쾌라.[61]

그놈이 멀리 못 가고

어디 가서 붙은 모양이구나.

어디 찾아보자.

　　(이리 저리 찾다가 끌고 나온다)

이놈아 신값을 받아 오라니까

왜 거기에 붙어 있었느냐?

그러나 저러나 신값은 받았느냐 못 받았느냐.

계산이나 하여보자

　　〈신장수 돌아앉아서 계산한다.〉

이팔이 십육, 삼오 십오

　　(원숭이는 계산을 못하게 따라 다니며 지운다)

이놈 봐라!

계산을 못하게 하는걸 보니

신값을 받아 다 소비한 모양이구나.

지금 당장 가서 다시 받아 오너라.

　　〈원숭이가 다시 노장한테 가면 노장이 쪽지를 건네준다.〉

너 신값은 안 받아오고 무얼 받아 왔느냐.

어디 읽어 보자.

아니!

신값을 받으려면 뒷골목 장작전[62]으로 오라고?[63]

야! 신값 받으려다 매 맞아 죽겠다.

도망가자

61　[보정] 합동 쾌라 ; 미상하다

62　장작전(廛) ; 장작 파는 집을 말한다.

63　[보정] 신값을 받으려면 뒷골목 장작전으로 오라고? ; 속담에 '의붓아비 떡 치는 데도 가도 친아비 장작 패는 데는 가지 마라.'라고 하였다. 의붓아비에게 가면 떡이라도 얻어 먹지만 친아비가 장작 패는 데에 갔다가는 장작에 맞을 수도 있다는 뜻이다. 여기서는 장작전에 갔다가는 얻어맞기 십상이라는 말이다.

<신장수는 원숭이를 엎고 짐을 황급히 퇴장한다.>

취발이

탈 :

길이가 길고 큰 탈로 붉은색 바탕이다. 미간에는 긴 혹이 일곱 개씩 양쪽으로 늘어 세우고 혹마다 금종이를 붙인다.

이마에는 쇠고리를 늘어트려 총각 행세를 한다.

의상 :

먹중 의상에 왕방울[64]을 무릎에 달고 긴 천으로 허리와 무릎을 연결해서 묶고 한삼은 팔에 둘둘 말아 끼고 양손에 녹음을 들었으며 엽전을 허리에 찼다.

(해설)

건강한 청년이 취발이는 나라에서 제일 돈이 많은 한량이다.

그런데, 취발이는 노승을 파계시키기 위하여 돈으로 소무를 매수하여 노장의 길목에서 요란한 풍악과 어여쁜 계집으로 하여금 노장을 파계시켰지만 취발이로써도 계집을 빼앗기기는 싫었다.

노장을 녹음[65]으로 때려 쫓아내고 돈으로 소무를 얼러서 아기까지 낳아서 잘 살게 된다.[66]

취발이   (녹음을 들고 장단에 맞추어 등장하여 노장을 바라보고 선다)

쉬이~ 엑케어~ 아취 아취.

③ 곳뿔[67] 행불[68]은 해해 연연히

---

64 [보정] 왕방울 ; 소도구다. 이 방울이 가지고 있는 연극적 의미나 상징성은 또다른 연구 과제다. 방울은 일반적으로 종교의식에서 흔히 등장한다. 샤머니즘과의 관련성에만 국한시키는 입장은 경계해야 한다.

65 [보정] 녹음(綠陰) ; 여기서는 '푸른 버드나무 가지'다.

66 [보정] 이 기사는 연출법을 제시한 것이다.

67 곳불 ; 고뿔의 옛말로 감기(感氣)를 일상적으로 이르는 말이다.

68 행불 ; '고뿔'의 방언이다.

다달이 나날이 시시 때때로

「감돌아 들고[69] 풀돌아 든다[70]」

　　　(노랫조로)

쉬이!

산불고이(山不高而) 수려하고[71]

수불심이(水不深而) 청징(淸澄)이라.[72]

지불광이(地不廣而) 평탄하고[73]

인불다이(人不多而) 무성(茂盛)이라.[74]

월학(月鶴)은 쌍반(雙伴)하고[75]

송죽(松竹)은 교취(交翠)로다.[76]

녹양(綠楊)[77]은 춘절이라.

기산영수(箕山穎水) 별건곤(別乾坤)[78]에

소부·허유(巢父許由)[79]가 놀고,

채석강(采石江)[80] 명월야(明月夜)[81]에

69　감도라 들고 ; '감돌다'는 '어떤 둘레를 여러 번 빙빙 돌다.'의 뜻이다.

70　풀도라 든다 ; '풀돌다'는 '어떤 둘레를 돌던 방향과 반대로 빙빙 돌다.'의 뜻이다.

71　산불고이(山不高而) 수려(秀麗)하고 ; 산은 높지 아니하며 빼어나게 아름답다.

72　수불심이(水不深而) 청징(淸澄)이라 ; 물은 깊지 아니하며 맑고 깨끗하다.

73　지불광이(地不廣而) 평탄(平坦)하고 ; 땅은 넓지 아니하며 평평하다.

74　[보정] 인불다이(人不多而) 무성(茂盛)이라 ; 사람은 많지 않으나 무성하다. 원래는 '林不多而(임불다이) 茂盛(무성)'으로, '나무는 많지 않으나 무성하다'의 뜻이다. 의도적인 잘못인지 자세치 않다.

75　월학(月鶴) 쌍반(雙伴)하고 ; 달빛에 학은 나란히 날아감을 뜻한다.

76　송죽(松竹) 교취(交翠)로다 ; 소나무와 대나무는 비취빛이로구나. 푸른 대나무를 취죽(翠竹)이라고 한다.

77　녹양(綠楊) ; 잎이 푸르게 우거진 버드나무를 말한다.

78　기산영수(箕山穎水) 별건곤(別乾坤) ; '기산영수'는 중국 하남성에 있는 산과 시내를 말한다. 요임금 때 소부와 허유가 임금의 자리를 물려받으라는 왕명을 피하여 들어가 은거했다는 산과 물이다. '기산'은 하남성(河南省) 행당현(行唐縣) 서북쪽에 위치한다. '영수'는 하남성(河南省) 등봉현(登封縣) 서쪽 경계에 있는 영곡(穎谷)에서 발원하여 회수(淮水)로 유입하는 물길이다. '별건곤'은 별세계, 별천지를 말한다.

79　소부·허유(巢父許由) ; 고대 중국의 전설상의 은자(隱者)인 소부와 허유를 말한다. 속세를 떠나서 산의 나무 위에서 살았기 때문에 생긴 이름이며, 요(堯)가 천하를 그에게 나라를 맡기고자 하였으나 이를 사양하고 받지 않았다. 허유(許由)가 영천에서 귀를 씻고 있는 것을 소를 몰고 온 소부(巢父)가 보고서 그러한 더러운 물은 소에게도 마시게 할 수 없다며 돌아갔다는 고사(故事)가 있다. 소부와 허유를 소유(巢由), 소허(巢許)라고도 하며, 이를 한 사람으로 보는 설도 있다.

80　채석강(采石江) ; 중국 안휘성(安徽省)에 위치한 강으로, 당(唐)나라의 시인 이태백(李太白)이 놀다가 빠져 죽은 곳으로 유명하다. 동정호(洞庭湖)의 한 지류다. 이백(李白)이 채석강(采石江)에서 놀 때 술에 취하여 물에 비친 달을 잡으려고 강에 뛰어들어 빠져 죽었다고 한다. 이화(李華)의 '태백묘지(太白墓誌)'나 이양(李陽)

이적선(李謫仙)[82]이가 놀고,

적벽강(赤壁江)[83] 추야월(秋夜月)[84]에

소동파(蘇東坡)[85]가 놀았으니

날로 말하면 팔도강산에

쭉 째진 한량이라.

유량한 풍악소리 반겨듣고

나도 한거리 놀고 가려던…[86]

옥동 도화 만수춘 (玉洞 桃花 萬樹春)[87]

　　〈취발이는 타령에 맞추어 소무 주위를 맴돌다 노장에게 면상을 맞고
　　물러선다.〉

에케케게 … 아취 아취

별안간 웬 매가 딱하고 들어오느냐.

우리 조상(祖上) 적 때부터 알지 못한 매가 들어오니

이게 웬 일이냐!

올지 알겠다!

내가 본시 산간에 뜻이 없어

명승지를 찾아가니

천하명승 오악지중(五岳[88]之中)에

───────────────

의 '빙초당집서(氷草堂集序)'로 보아 그의 죽음에 대해서는 의심쩍은 데가 있다고 보기도 한다.

81　명월야(明月夜) ; 달 밝은 밤을 말한다.

82　이적선(李謫仙) ; 중국 당 나라 때 시인 이백(李白)을 말한다. 자는 태백(太白)이며, 호는 청련거사(青蓮居士),
　　주선옹(酒仙翁)이다. 시선(詩仙)으로 일컬어지는데 장안(長安)에 들어가 하지장(賀智章)을 만났을 때 하지장은
　　그의 글을 보고 탄(歎)하여 적선(謫仙)이라 하였다. '두보는 배에 오르지 않고 술 속의 신선이라고 스스로 자랑한
　　다. 李白一斗詩百篇 長安市上酒家眼 天子呼來不上船 自稱臣是酒中仙 '라고 노래하였다.

83　적벽강(赤壁江) ; 중국 호북성 황강현에 있는 강으로 삼국시대 오나라의 장군인 주유가 제갈량의 도움을 받
　　아 조조의 군대를 대파한 곳이다. 또한 송나라의 문인인 소식(蘇軾)이 뱃놀이를 하면서 '적벽부(赤壁賦)'를 지
　　었던 곳이다.

84　추야월(秋夜月) ; 가을밤의 달을 말한다.

85　소동파(蘇東坡) ; 중국 북송(北宋) 때의 문인이자 정치가인 소식(蘇軾)을 말한다. 자(字)는 자첨(子瞻)이며,
　　호(號)는 동파(東坡)다. 소선(蘇仙)이라고도 한다. 아버지 순(洵)과 아우 철(轍)과 더불어 '삼소(三蘇)'라고 불
　　리며, 당송팔대가(唐宋八大家)의 한 사람이자 송나라를 대표하는 제일의 문인으로 문명을 날렸다.

86　[보정] 나도 한거리 놀고 가려던… ; 대화반응이 불림으로 활용되었다.

87　옥동 도화 만수춘 (玉洞 桃花 萬樹春) ; 한시 불림이다.

향산(香山)[89]이 높았으되

석교상 봄바람에 팔선녀(八仙女)[90] 놀던 죄로

적하인간(謫下人間)[91] 하직하고

대사당(大師堂)[92] 돌아 귀가하여 오던 길[93]에

마침내 이 친구 저 친구 만나

한잔 두잔 먹는 것을

일배 일배 부일배[94]로

서너 잔의 술을 마셨더니

얼굴이 붉으죽죽하여

저 중천에 뜬 솔개미[95]란 놈이

이리 휙 저리 휙

    (춤추며 표시)

아마 나를 희롱 하였나 보다.

내가 다시 들어가

자세히 알아보고 나오리라…[96]

---

88   오악(五岳) ; 백두산·금강산·묘향산·지리산·삼각산을 말한다. 산악에 대한 신앙으로 오행사상(五行思想)에 의하여 오악의 개념이 생겼다. 보통은 '五岳', '五嶽' 등으로 표기한다.

89   향산(香山) ; 묘향산을 말한다. 평안북도 영변군·희천군과 평안남도 덕천군에 걸쳐 있는 산이다. 예로부터 동금강(東金剛)·남지리(南智異)·서구월(西九月)·북묘향(北妙香)이라 하여 우리 나라 4대 명산의 하나로 꼽혔다. 또한, '수이장(秀而壯)'이라 하여 산이 빼어나게 아름다우면서도 웅장한 모습을 지닌 명산으로 알려졌다. 일명 태백산(太白山 또는 太佰山) 혹은 향산(香山)이라고도 한다. 서산대사와 사명대사의 원당이 이곳에 있다.

90   팔선녀八仙女 ; 선경에 사는 여덟 여자 신선을 말한다. 난양공주, 영양공주(英陽公主), 진채봉, 계섬월, 백능파, 심뇨연, 적경홍(狄驚鴻), 가춘운(賈春雲) 등을 이른다. 김만중의 '구운몽'에 등장하는 인물들이다.

91   적하인간(謫下人間) ; 인간 세상으로 귀양을 살러 내려가거나 내려옴을 말한다.

92   대사당(大師堂) ; '대사(大師)'는 '불보살'을 높여 이르는 말이다. 혹은 '중'을 높여 이르는 말이다. '태사(太師·大師)'는 고려 삼사(三師)의 하나다.

93   [보정] 석교상 봄바람에 팔선녀(八仙女) 놀던 죄로 적하인간(謫下人間) 하직하고 대사당(大師堂) 돌아 귀가하여 오던 길 ; 김만중의 '구운몽'의 한 대목을 연상하게 하는 대사다.

94   일배 일배 부일배(一杯一杯復一杯) ; 한 잔, 한 잔에 다시 또 한 잔이라는 뜻이다. '둘이 마주 앉아 술 마시니 산꽃이 피고, 한 잔과 한 잔에 거듭되는 또 한 잔이라. 나는 취해 졸리나니 그대는 우선 가게나. 내일 아침에 생각나거든 거문고 안고 오게나. 兩人對酌山花開 一杯一杯復一杯 我醉欲眠君且去 明朝有意抱琴來' 라고 노래한 이백(李白)의 '산중여유인대작山中與幽人對酌'에 연유한다.

95   솔개미 ; '솔개'의 방언이다.

96   [보정] 자세히 알아보고 나오리라… ; 대화반응이 불림으로 활용되었다.

흑운이 만천 천불견 (黑雲 滿天 天不見)[97]

    <취발이 타령으로 춤추며 들어가다 노장에게 맞고 물러난다.>

에케게 … 아취 아취 쉬이

아이쿠 아이쿠 이게 웬일이냐?

이놈이 때리길 잘 때렸다.

아! 이놈이 때리길 뒤발축[98]을 때렸는데

아 피가 솟아서 코피가 나는구나.

이것이 어떻게 하면 좋단 말인가?

저어 코피가 나는 건

틀어막는 것이 제일이라더라.

자 그런데 상판[99]이 조선 반만해서[100]

어디에 코가 있는지

찾을 수가 있어야지

그러나 지재차산중(只在此山中)[101]이지

내 상판 가운데 있겠지

그런즉 이것을 찾을려면

끝에서부터 찾아들어 와야지

    (손으로 머리끝에서부터 더듬더듬 찾아 내려온다.)

아 여기 코가 있는 걸 그렇게 애써 찾았구나.

    (코를 틀어막는다)

아 코를 틀어막아도 피가 자꾸 나는구나.

이걸 어떻게 하나?

---

97 흑운이 만천 천불견(黑雲 滿天 天不見) ; 한자어 불림이다.

98 [보정] 뒤발축 ; '발 뒤축'이다.

99 상판 ; 얼굴을 말한다. 보통은 '쌍판'이라고 한다.

100 [보정] 상판이 조선 반만해서 ; 얼굴 크기가 조선 땅의 반 만하다는 말로 얼굴이 크다는 과장된 표현이다.

101 [보정] 지재차산중(只在此山中) ; 다만 이 산중에 있도다. 가도(賈島)의 시의 한 구절이다. 코는 얼굴에 있다는 말이다. '지재차산중只在此山中이지'는 본래의 뜻과는 상관없이 '내 상판 가운데에 있겠지.'라는 동일 의미로 활용되었다. 이와 같은 불합리한 표현은 가면극 대사에 흔히 등장한다.

옳지! 옛날 의사 말에 코터진 건

문지르는 것이 제일이라드라.[102]

　　(흙 먼지로 코를 문지른다)

아 이렇게 낫는 걸 공연히 애를 **빠락 빠락**[103] 썼구나.

그러나 저러나 어떤 놈인지 자세히 알아보자.[104]

소상 반죽 열두 마디[105]

　　(춤추며 들어가다 맞고 물러선다)

에케게게 … 앗춰 앗춰 쉬이

옳지 알겠다.

들어가서 자세히 보니

머리에는 송낙을 눌러쓰고

푸른 장삼을 입고

백팔염주(百八念珠)를 목에 걸고

붉은 가사를 메었으니

네가 중이지?

노장　　　〈긍정을 표시한다.〉

취발이　　네가 중이라면 산간에서

불공이나 드리는 일이 온당하지

이런 민간에 내려와 저런 고운 미색을 데리고

희롱하고 있으니

너 같은 고얀 놈이 어디 있느냐?

날로 말하면 팔도강산에

---

102 [보정] 옛날 의사 말에 코터진 건 문지르는 것이 제일이라드라. ; 코 터진 데에는 특별한 약이 있는 것이 아니라 문지르기만 하면 된다는 말이다. 별것 아니라는 말이다.

103 **빠락 빠락** ; '바락바락'의 센말이다. 원말은 '버럭버럭'이다.

104 [보정] 자세히 알아보자. ; 대화반응이 불림으로 활용되었다.

105 소상 반죽 열두 마디 ; 한자어와 우리말이 결합된 불림이다. 담뱃대를 이른다. 소상반죽(瀟相斑竹)은 중국 소상지방에서 나는 아롱진 무늬가 있는 대를 말한다. 순임금이 창오산에서 죽은 후, 순임금의 두 비인 아황, 여영이 소상강 가에서 피눈물을 흘린 것이 대나무에 맺혀 소상반죽이 되었다는 전설이 있다.

쪽 째진 한량이가

저런 고운 미색을 보고 그냥 지나칠 수가 없으니

내가 들어가니 중놈을 때려 내쫓고

저 미색을 데리고 한번 놀아 보리라![106]

소나무 장작[107]은 홰[108]장작[109]

    (춤추고 들어가 녹음으로 노장을 쫓아낸다.

    신이 나서 물러나와 뛰어 오르며

    노래조로)

「그러면 그렇치 영락 아니면 송락[110]」[111]

    (소무를 쳐다보고)

자 봐라 어떠냐.

저 중놈에게선 노린내[112]가 나고

이 한량에게선 궁금의 향내[113]가 나는 법이니라.

그러니 나와 함께 놀아 봄이 어떠하냐?

소무   (싫다는 몸짓을 한다)

취발이   야 고년 앵두만 똑똑 따는구나.[114]

오~ 오! 네가 나를 볼 적에

머리 꼬리[115]를 내리고 있으니

④평발 아이[116]로 알고 엎시[117] 보는데

---

106 [보정] 한번 놀아 보리라! ; 대화반응이 불림으로 활용되었다.

107 장작(長斫) ; 통나무를 길쭉하게 잘라서 쪼갠 땔나무를 말한다.

108 홰 ; 화톳불을 놓는 데 쓰는 물건이다. 싸리, 갈대, 또는 노간주나무 따위를 묶어 불을 붙여서 밤길을 밝히거나 제사를 지낼 때에 쓴다.

109 소나무 장작은 홰장작 ; 우리말 불림이다. '참나무 장작은 홰장작'이라고 불림하기도 한다.

110 영낙 아니면 송낙 ; '영낙'과 '송낙'을 결합한 유사음 언어유희이다. '영낙 없다'는 말이다.

111 [보정] 그러면 그렇치 영락 아니면 송락 ; 대화반응이 불림으로 활용되었다.

112 노린내 ; '노린 냄새'로, 역겨운 냄새를 말한다.

113 궁금의 향내 ; 미상하다.

114 앵두만 똑똑 따는구나 ; '앵두 딴다'는 춤이나 노래, 악기 연주가 뛰어났을 때에 하는 관용적인 표현이다. 여기서는 하는 행동이 매우 귀엽다는 뜻이다.

115 머리꼬리 ; 땋은 머리의 꼬리를 말한다.

116 원자료에 '평발아이 - 장가 못간 아이' 라고 하였다.

117 [보정] 엎시 ; '업수이'다.

나도 상투[118]만 틀면 어른이 된다.

    <돌아 앉아 상투를 튼다.>[119]

자 봐라 어떠냐

나도 이제 어른이 됐지 않으냐

「개미 허리 상투 열두도리…」[120]

    <먹중춤으로 소무 주의를 맴돌다 물러 나온다.>

나의 말을 잘 들어 보거라.

날로 말하면 팔도강산에

쭉 째진 한량이라.

인물 좋고 풍채 좋거니와

술 잘 먹고 노래 잘 부르고

춤 잘 추고 돈 잘 쓰는 한량이라.

돈이라면 안 되는 일이 없으니

이 돈으로 네 마음을 한번 사 보리라.

자! 돈 봐라 돈! 자! 돈 받아라!

    <돈을 던져주고 소무가 주우려 하자 얼른 뛰어들어 돈을 낚아온다>

아 하하하 …

고년 쇠끝[121] 하나는 꽤 밝구나.

쇠끝 밝은 걸 보니

문 쇠고리 잡고 팔도강산에 댕기는 엿장수는 다 부르겠구나.[122]

---

118 상투 ; 예전에, 장가든 남자가 머리털을 끌어 올려 정수리 위에 틀어 감아 맨 것을 말한다.
119 <돌아 앉아 상투를 튼다.> ; 어른이 되었다는 행위이다.
120 [보정] 개미 허리 상투 열두도리… ; 우리말 불림이다. '개미 허리 상투'는 상투를 튼 모양새의 하나다.
121 [보정] 쇠끝 ; 자료에 따라서는 '쇠줄피' 라고 하였다. '쇠줄피'는 '쇠줄바'로, 여러 가닥의 강철 철사를 합쳐 꼬아
    만든 줄인 강삭(鋼索)을 말한다. 여기서는 엽전을 엮는 쇠줄을 가리켜, 결국은 '엽전꾸러미'를 이른다.
122 [보정] 쇠끝 밝은 걸 보니 문쇠고리 잡고 팔도강산에 댕기는 엿장수는 다 부르겠구나. ; 돈에 욕심이 많은 것을
    보니 행실이 바르지 못하다는 말이다. 속담 '행실을 배우라 하니까 포도청 문고리를 뺀다'는 바른 행실을 배우
    라고 하니까 한 수 더 떠서 범죄자를 붙잡아가는 관청의 문고리를 뺀다는 뜻으로, 품행을 단정히 하라고 하였
    더니 오히려 더 엄청난 못된 짓을 함을 비겨 이르던 말이다. 같은 뜻을 담은 속담으로 '버릇 배우라니까 과부집
    문고리 빼어들고 엿장사 부른다.'도 있다.

그러나 저러나 남아일언이면 중천금[123]이라 하였으니

네 줄려던 돈을 다시 줄 터이니

이 돈을 받아 가지고

나와 함께 놀아 보자[124]

황해도 명산은 구월산 (黃海道 名山 九月山)[125]

    <돈을 던져주면 소무는 얼른 주워서 옷 속에 넣고 취발이는 타령으로 춤추며 소무와 어울려 춤춘다.

    한참 놀다 소무가 퇴장하고 취발이는 계속 춤을 춘다.

    소무는 옷 속에 아기 취발이를 숨겨 나오며 배 아픈 시늉을 하며 뒹군다.>

소무   아이구 배야, 아이구 배야.

          (취발이는 놀라서 소무 곁으로 달려온다)

취발이   갑자기 무슨 배가 아프다고 그러느냐.

내 손은 약손[126]이니 만지기만 하면 안 아프다.

어디 보자!

    <취발이는 소무의 배를 쓰다듬으며>

무슨 배냐? 자라[127] 배[128]냐?

무슨 자라? 업 자라다!

무슨 업? 자라 업![129]

    <소무의 품에서 아기를 꺼낸다.>

---

123 남아일언(男兒一言)이면 중천금(重千金) ; 남자는 약속한 한 마디의 말을 중히 여겨야 한다는 뜻이다.

124 [보정] 나와 함께 놀아 보자 ; 대화반응이 불림으로 활용되었다.

125 황해도 명산은 구월산 (黃海道 名山 九月山) ; 한자어 불림이다.

126 약손 ; 아픈 곳을 만지면 낫는다고 하여 어루만져 주는 손을 말한다.

127 자라 ; 손바닥이나 몸의 일정한 곳에 생기는 쌀알 같은 것이 생기는 병, 또는 그런 발진을 말한다. 열이 올랐다 내렸다 하면서 배가 몹시 아픈 증상이 나타난다.

128 자라 배 ; '복학(腹瘧)'으로, 어린아이에게 생기는 병의 하나다. 배 안에 자라 모양의 멍울이 생기고, 추웠다 더웠다 하며 몸이 점차 쇠약하여지는 병이다.

129 [보정] 무슨 배냐? 자라 배냐? 무슨 자라? 업 자라다! 무슨 업? 자라 업! ; 이 대목은, 배 아픈 애기를 달랠 때 어머니나 할머니가 배를 쓰다듬어 주면서 아이를 안심시키고, 아픔을 잊게 할 때 부르는 노래로, '꼬리따기', '내 손이 약손이다', '할미 손이 약손이다' 등으로 불리기도 한다.

아이쿠 이게 웬일이냐?

낳구나 낳았어 야!

그놈 잘생겼다.

나를 쏙~ 빼 박았구나

야~ 아 여든 팔십[130]에 생남자를 하였으니 이게 웬일이냐?[131]

아이구 솔 길러 경자지[132] 너를 길러 언제 영화 볼까.

그러나 저러나 이놈의 이름을 지어 주어야 할 텐데

무어라고 지을까?

둘째라고 지을까?

아 첫째가 있어야 둘째가 있지.[133]

옳지 마당에서 낳았으니까

마당둥이라 지어야겠구나.[134]

마당둥이 어마이 마당둥이 젖좀 주소

　　<아이를 소무가 받아들고 젖을 먹인다.

　　취발이는 좋아서 들여다본다.

　　취발이가 받아들고 둥기타령[135]을 한다.>

둥둥둥 ~둥 두둥둥 둥기야

네가 어데서 생겨났냐

하늘에서 떨어졌냐

땅~에서 솟아났냐.[136]

---

130 여든 팔십 ; 나이가 팔십(八十)이라는 말이다. '여든'과 '팔십'이 결합된 이음동의어 반복의 민간화술이다.

131 [보정] 여든 팔십에 생남자를 하였으니 이게 웬일이냐? ; 나이 80살에 남자 아이를 낳았다는 것이다. 자료에 따라 차이가 있다. 취발을 '젊음'의 상징으로 보는 견해가 있었다. 이는 노장탈이 '검은색'이고 취발탈이 '붉은 색'이라는 점에만 관심을 두고 도출해낸 결과다. 재고의 여지가 있다.

132 [보정] 솔 길러 경자지 ; '솔 심어 정자라'라는 말이다. 솔의 씨를 심어서 소나무가 자란 다음에 그것을 풍치 삼아 정자를 짓거나 또는 그것을 베어 정자를 짓는다는 뜻으로, 어떤 일을 시작하여 성공하기까지는 너무도 까마득함을 비유적으로 이르는 말이다.

133 [보정] 아 첫째가 있어야 둘째가 있지 ; 태어난 순서에 따라 이름을 부르는 관습이 나타나있다.

134 [보정] 옳지 마당에서 낳았으니까 마당둥이라 지어야겠구나 ; 태어난 곳을 따서 이름으로 삼는다는 말이다. 본 명은 아니지만, 귀하게 낳은 자식일수록 별명으로 태어나 곳을 이름으로 삼는 풍속이 나타나 있다.

135 [보정] 둥기타령 ; '둥둥타령(打鈴)'이라고도 한다. 어린아이를 안거나 쳐들고 어를 때 내는 소리를 두고 이른다.

둥둥두~둥 두둥둥 둥기야

금을 준들 너를 사며

은을 준들 너를 사리[137]

둥둥두~둥 두둥둥 둥기야[138]

<소무와 어울려 놀다 둥기 타령이 끝나면 아기를 안고 소무가 들어

간다.

소년 취발이를 데리고 등장한다.

소년 취발이는 한삼을 끼고 옷은 같다.

취발이는 귀엽다는 투로 보고 있다>[139]

소년취발이 엑 케에 아취 아~취

날로 말하면 팔도강산에

쭉 째진 한량이라

이곳에 잠깐 당도 하였더니

대가리 피도 안 마른 놈[140]이

짹짹[141] 조르르[142] 하니

나도 한거리 놀고 가려던[143]

<셋이 어울려 춤추다 퇴장한다.>

---

136 [보정] 하늘에서 떨어졌나 땅~에서 솟아났나 ; 속담 '땅에서 솟았나 하늘에서 떨어졌나'를 원용하였다. 전혀
     기대하지 않던 것이 갑자기 나타남을 이르는 말이다. 자기가 생겨난 근원인 부모나 조상을 몰라보는 자를 깨우
     쳐 주는 말이기도 하다.

137 금을 준들 너를 사며 은을 준들 너를 사리 ; 세상에서 가장 귀엽고 아까운 것이 자식이며 아무리 금은보화가
     귀하다 할지라도 자식보다 귀할 수 없다는 뜻이다.

138 [보정] 이 대사는 '둥둥타령'을 원용하고 있다.

139 [보정] <소무와 어울려 놀다 둥기 타령이 끝나면 아기를 안고 소무가 들어간다. 소년 취발이를 데리고 등장한
     다. 소년 취발이는 한삼을 끼고 옷은 같다. 취발이는 귀엽다는 투로 보고 있다> ; 이러한 설정은 여기에서만
     보인다. '소년 취발이'가 소무와 함께 등장한다는 점이 독특하다. 후대적인 윤색인지 분명치 않다.

140 대가리 피도 안 마른 놈 ; 철이 없거나 사리 판단을 잘 못하는 젊은 사람을 속되게 이르는 말이다.

141 짹짹 ; 자꾸 참새 따위가 우는 소리를 말한다.

142 조르르 ; 작은 발걸음을 재게 움직여 걷거나 따라다니는 모양을 말한다.

143 [보정] 나도 한거리 놀고 가려던 ; 대화반응이 불림으로 활용되었다.

※ 참고

① 송낙 – 볏짚이나 갈대의 갈푼[144]을 가지런히 하여 밑쪽을 묶어서 노장
　　의 머리 위에 쓰는 것.

② 초련 – 먼저 먹는 식료품.

③ 고뿔 행불 – 감기

④ 평발아이[145] – 장가 못간 아이

144　갈푼 ; '갈풀'이다. 논에 거름하기 위하여 베는 부드러운 나뭇잎이나 풀을 말한다. 여기서는 갈대의 잎 부위를
　　이른다.

145　평발 아이 ; 어린 아이를 말한다. 생후 편평족으로 나서 유아 때까지 이것이 지속되고, 대개 5~6세가 되어서
　　발의 종아치 – 발바닥 안쪽으로 오목하게 들어간 부분을 – 가 생긴다고 한다.

7. '제5과장 사자무'의 복원

사자무 [2]

마부탈 :

먹중탈과 모양이 같으나 한쪽은 붉은색이고 한쪽은 연두색으로 칠하고 입과 턱 주위에는 흰점과 검은 점을 무수히 찍는다.

머리에는 ①패랭이[3]를 썼다.

의상 :

먹중 의상과 비슷하나 탈과 같이 상의(上衣)가 붉은색과 녹색으로 반반씩 나누어 입는다.

바지는 흰바지이다. 마부 채칙[4]을 들었다.

춤 :

먹중과 같이 뛰는 춤으로 채칙을 돌리면서 춤춘다.

---

1 이 자리에 사진 자료 2매 수록하였다.
2 [보정] 정병호는, 사자무의 춤장단은 잦은타령과 굿거리이며, 사자에 맞추어 허튼춤을 춘다고 한다.
3 패랭이 ; 옛날 신분이 낮은 사람이나 상제가 쓴 갓을 말한다. 평량자(平凉子)·차양자(遮陽子)·폐양자(蔽陽子)·평량갓이라고도 한다. 댓개비를 갓 모양으로 만든 것인데, 초립이나 갓은 패랭이가 발전한 것으로 여겨진다. 패랭이는 원래 방립(方笠 : 삿갓)과 마찬가지로 일반에게 통용된 것이었으나 고급 관모의 출현으로 용도가 점점 국한되어 뒤에는 사인(士人)이 3년상을 치른 후 담제(禫祭)까지 썼으며, 서민에게는 역졸의 제모(制帽), 부보상·천민의 평상모가 되었다.
4 채칙 ; '채찍'이다.

사자탈 :

큰 종이탈로 만들고 혀를 만들었고 털은 흰색으로 하고 머리 부분의 털은 재색(財色)⁵이다.

춤 :

②북청 사자무처럼 날뛰는 무(舞)가 아니고 간드러지게 노는 무(舞)가 특징이며 타령과 굿거리장단(長短)으로 춤춘다.

(해설)

불교를 위하여 부처님께서 먹중들을 벌주려고 내려온 사자이다.

마부   <먹중들이 흥겹게 합동춤을 출 때 사자가 뛰어 나온다.
              먹중들이 놀라서 도망하는데 한 먹중이 미쳐 피하지 못하고 잡아먹힌다.⁶
              사자는 잡아먹고 춤추면서 뒤꽁무니로 사람을 빼어서 퇴장시키고 한참 놀다 쉰다.>

             우리 동지가 한명 없어졌는데 어디 찾아보자.
                 <사자를 보고 깜짝 놀라며>
             아 이게 무엇이냐?
             짐승이 아니냐
             짐승 났소…
                 <마부는 뛰어 다니며 마을 사람들에게 알린다.>
             아 이게 무슨 짐승이냐?
             우리 조상적(祖上的)부터 못 보던 짐승이로구나.
             어디 한번 물어 보자.

---

5 재색(財色) ; '재색(- 色)'이다. 회색(灰色) 곧 재의 빛깔과 같이 흰빛을 띤 검정색을 말한다.
6 [보정] 먹중들이 놀라서 도망하는데 한 먹중이 미쳐 피하지 못하고 잡아먹힌다 ; 이렇게 먼저 먹중이 사자에게 잡아먹힌다는 설정은 이 자료에서만 보인다.

	네가 산에서 내려온 노루냐?[7]
사자	〈부정〉
마부	그러면 사슴이냐?
사자	〈부정〉
마부	사람도 아니야 그러면 범이냐
사자	〈부정〉
마부	그럼 노루 사슴 범도 아니면 네 할애비냐?
사자	〈부정〉
마부	옳지 알았다.
	예로부터 성현(聖賢)[8]이 나면 기린[9]이 나고
	군자(君子)가 나면 봉[10]이 난다더니
	우리 스승님이 나셨으니 네가 기린이냐?[11]
사자	〈부정〉
마부	옳지 알겠다.
	기린도 봉도 아니면 네가 무슨 짐승이냐?
	옳지 알겠다.
	③젯(齊)나라 때 전단(田單)이가
	소꼬리에 횃불을 달아가지고
	수만의 군사(軍士)를 물러쳤다더니

---

7 [보정] 이 대목은 '수수께끼식 문답'으로 전개된다.
8 성현(聖賢) ; 성인(聖人)과 현인(賢人)을 아울러 이르는 말이다.
9 기린(麒麟) ; 털은 오색이고 이마에 뿔이 하나 돋아 있으며, 사슴의 몸에 소의 꼬리, 말과 같은 발굽과 갈기를 가지고 있는 것으로 알려진 상상의 동물이다. 용·거북·봉황과 함께 사령(四靈)이라 하며, 상서로운 동물로 인식되었다.
10 봉(鳳) ; 상서롭고 고귀한 뜻을 지닌 상상의 새다. 고대 중국에서 신성시했던 상상의 새로 기린·거북·용과 함께 사령(四靈)의 하나로 여겼다. 수컷을 봉(鳳), 암컷을 황(凰)이라고 하는데 그 생김새는 문헌에 따라 조금씩 다르게 묘사되어 있다.
11 [보정] 예로부터 성현(聖賢)이 나면 기린이 나고 군자(君子)가 나면 봉이 난다더니 우리 스승님이 나셨으니 네가 기린이냐? ; 옛날부터 성현이 태어나고자 하면 먼저 기린이 나타나고 군자가 태어나고자 하면 봉황이 나타난다고 하더니 우리 스님이 나셨으니 네가 분명히 기린이로구나. 한편 기린이 나면 성현이 태어나고 봉황이 나면 군자가 태어난다고도 한다. 여기서 사자를 기린이라고 오답을 한 이유는 노승을 군자라고 본 것 때문이다.

우리가 떠들고 있으니까

전쟁판으로 알고 뛰어든 소냐?[12]

사자   〈부정〉

마부   소도 아니냐?

옳지 알겠다.

당(唐)나라 때

오계국(烏鷄國)[13]이 가물어

수많은 백성이 떠들 적에

용왕(龍王)이 너에게 신통한 조화(造化)로써

단비를 내려주게 하여

오계국왕(烏鷄國王)[14] 은총을 입어

궁중에 들어가 갖은 행패를 부리다가

탄로되어 구사일생(九死一生) 달아나다가

문수보살[15]의 구호 받아

---

12   [보정] 젯(齊)나라 때 전단(田單)이가 소꼬리에 횃불을 달아가지고 수만의 군사(軍士)를 물리쳤다더니 우리가 떠들고 있으니까 전쟁판으로 알고 뛰어든 소냐? ; 전단(田單)이 연나라를 상대로 싸워 승리했던 역사적 사건을 두고 이른 것이다. 전단은 제(齊)나라의 명장이자 공족의 후예다. 연나라 장수 악의(樂毅)가 이끄는 5국 연합군의 총공격에 의해 제나라의 70여 개 성읍(城邑)이 한꺼번에 함락되는 전무후무한 국란을 겪을 당시 즉묵(卽墨) 태수를 역임하면서 망국 직전의 제나라를 지키기 위해 고군분투했다. 세자 법장(法章)이 거주(莒州) 땅에 피신해 있는 사실을 알고 그를 영입해 양왕(襄王)으로 즉위시켰다. 그 후 참소와 유언비어에 의해 당대의 명장 악의가 연나라로 소환되고 기겁(騎劫)이 제나라에 주둔하게 되자 그 틈을 타 신묘한 작전으로 연나라 군사를 대패시켰다. 이에 호응하여 제나라 70여 개 성이 일제히 독립함으로써 연나라 세력을 제나라에서 완전히 축출하는 데 특등 공신이 됨. 제나라를 수복하고 수도 임치(臨淄)에 입성한 후에도 양왕을 도와 국정을 훌륭하게 운영하였다.

13   오계국(烏鷄國) ; 서유기에 나오는 나라 이름이다.

14   오계국왕(烏鷄國王) ; 서유기의 등장인물이다. 도사로 변장한 요괴에게 당해 어화원(御花園)의 우물에 빠져 죽는다. 용왕의 도움으로 시신 상태로 보존되어 있다가, 마침 길을 가다 보림사(寶林寺)에 묵은 삼장법사를 찾아와 도움을 청한다. 삼장법사는 손오공으로 하여금 요괴를 물리치고 국왕을 되살리게 한다. 손오공은 태상노군로부터 구전환혼단(九轉還魂丹)을 얻어와 국왕을 되살려낸다.

15   문수보살(文殊普薩) ; 문수는 문수사리(文殊師利) 또는 문수시리(文殊尸利)의 준말로, 범어 원어는 만주슈리(Manjushri)이다. '만주'는 달다[甘], 묘하다, 훌륭하다는 뜻이고, '슈리'는 복덕(福德)이 많다, 길상(吉祥)하다는 뜻으로, 합하여 훌륭한 복덕을 지녔다는 뜻이 된다. 문수보살은 부처님이 돌아가신 뒤 인도에서 태어나 반야(般若)의 도리를 선양한 이로서, 항상 반야지혜의 상징으로 표현되어 왔다. 그는 '반야경'을 결집, 편찬한 이로 알려져 있고, 또 모든 부처님의 스승이요 부모라고 표현되어 왔다. 이는 '반야경'이 지혜를 중심으로 취급한 경전이고, 지혜가 부처를 이루는 근본이 되는 데서 유래된 표현이다.

근근히 생명을 보존케 되어

문수보살을 태워 가지고 다니던

사자냐?[16]

사자   〈긍정〉

마부   네가 사자라면

어떻게 적하인간(謫下人間)[17] 하였느냐?

우리 스승님이 수행하여 온 세상이 지칭하길

생불(生佛)[18]이라 이르나니

석가여래[19] 부처[20]님이

우리 스승님 모시라고 명령을 듣고

여기 왔느냐?

사자   〈부정〉

마부   그러면 우리가 질탕히 노는 마당 유랑한 풍악소리 반겨들고

우리와 같이 한바탕 놀아 보려고 왔느냐?

사자   〈부정〉

마부   아니야?

그럼 우리 먹중들을 다 잡아 먹을려고 내려 왔느냐?

사자   〈갑자기 마부에게로 달려든다.〉

마부   〈마부는 당황하다 채칙으로 때려서 안치시킨다.〉

---

16   [보정] 이 대목은 '서유기'에 나오는 한 장면을 원용한 것이다. 이같이 고사를 원용하는 일은 세계 사자춤들의
     공통점이기도 하다.

17   적하인간(謫下人間) ; 인간세계로 귀양 보내 짐을 말한다.

18   생불(生佛) ; 살아 있는 부처라는 뜻으로, 덕행이 높은 승려를 이르는 말이다. 중생과 부처를 아울러 이르거
     나, 여러 끼를 굶은 사람을 비유적으로 이르기도 한다.

19   석가여래(釋迦如來) ; 가비라국(迦毗羅國) 정반왕(淨飯王)의 맏아들로 석가모니(釋迦牟尼)를 이른다. 부처
     가 되시기 전에는 이름이 선혜(善慧), 도솔천(兜率天)에 계실 때에는 이름이 성선(聖善) 또는 호명대사(護明
     大士)였다. 여래는 산스크리트 '타타가타(tathāgata)'를 음역한 것으로 'tathā'는 '이와 같이', 'āgata'는 '왔다'의
     뜻이다. 대승 불교에서 주로 진리를 체득하여 중생 제도를 위해 이 세상에 왔다는 의미로 사용되었다. 아울러
     여래는 부처의 위대함을 나타내는 열 가지 칭호인 불십호(佛十號)의 첫째 명칭이다.

20   부처[佛] ; 깨달은 자(覺者)라는 뜻이다. 불타(佛陀, buddha)·불타(佛馱)·부타(浮陀) 등으로 음역한다. 한자
     로는 불타 또는 줄여서 불(佛)이라고 한다. 의미상으로는 각자(覺者)·지자(知者)·각(覺)의 뜻으로, 붓다인 석
     가모니불 곧 석존(釋尊)이나 모든 부처를 가리킨다.

이놈 사자야!

네가 아무리 미물인 짐승이라 할지라도

만물(萬物)에 영장(靈長) 사람을 몰라보고

함부로 달려들어 해꼬지 할려는

너 같은 고얀 놈이 어디 있느냐?

이놈 사자야!

나의 하는 말을 자세히 들어봐라.

네나 나나 일찍이 선경²¹은 다 헤쳐 버리고²²

네가 내려온 심지를 알아보자.

우리 먹중들이 선경(仙境)에서 도(道)를 닦는 노승(老僧)을 꾀어

파계(破戒)시킨 줄로 알고 석가여래의 명을 받아

우리들을 벌을 주려고 내려 왔느냐?

그러면 우리 먹중들을 다 잡아 먹으랴느냐?

사자	〈긍정〉
마부	사자야 말 들어 봐라.

우리가 무슨 죄가 있느냐?

취발이가 시키어 알지를 못하고 하였으니

진심으로 회개하여 깨끗한 마음으로 도를 닦아

훌륭한 중이 되어 부처님의 제자가 될 터이니

용서하여 주겠느냐?

사자	〈긍정〉
마부	옳지!

그러면 우리 헤어지는 이 마당에

이런 좋은 풍악에 맞추어

한거리 놀고 가는 것이 어떠하냐?

---

21 선경(仙境) ; 신선(神仙)이 산다는 곳을 말한다.
22 헤쳐 버리고 ; '헤쳐 버리고'다. 여기서는 '선경을 떠났다'는 말이다.

사자	＜긍정＞
마부	옳지! 옳지!
	④긴 영상으로 출려느냐?
사자	＜부정＞
마부	아니야?
	옳지 알겠다.
	네가 타령으로 출려고 하는구나.
사자	＜긍정＞
마부	옳지! 옳지!
	낙양 동천 이화정 (洛陽 洞天 梨花亭)[23]
	＜사자는 타령곡에 맞추어 춤추고 마부도 채칙을 흔들며 돈다.
	한참 뒤에 마부가 사자를 세우고＞
	쉬이!
	춤 자알 추었다.
	타령으로 추었으니
	이제는 굿거리로 한번 놀아 봄이 어떠하냐?
사자	＜긍정＞
마부	덩덩 덩더꿍
	＜굿거리에 맞추어 한참 놀다 퇴장한다.＞

※ 참고

(5과장)

① 대나무를 깎아 엮어서 만든 모자.

② 북청사자北靑獅子 놀이

　북청사자北靑獅子 놀음은 함경남도咸鏡南道 북청군하北靑郡下 전 지역에서 행하여 졌으나 그중에도 북청읍北靑邑의 사자계獅子契, 가회

23　낙양 동천 이화정 (洛陽 洞天 梨花亭) ; 한자어 불림이다.

면佳會面의 학계學契, 구양천면舊楊川面의 영낙계英樂契 등의 사자가 유명하여 도청都廳?을 중심으로 해마다 음력 정월 대보름에 놀아 왔다.

그리고 북청사자北靑獅子는 댓벌사자(죽평리竹坪里), 그것도 다시 이촌사자, 중촌사자, 넘은 개사자 등으로 나뉜다.[24]

또한, 북청사자北靑獅子의 춤사위는 힘찬 동작을 특징으로 하고 있다.

③ 젯 나라 사람이름.

④ 노장이 추는 도도리 장단과 동일

---

24 북청사자놀이는 함남 북청군 산하 11개 면과 3개 읍에서 음력 정월 대보름날 밤에 세시풍속의 하나로 행해졌다. 북청의 사자놀이는 댓벌[죽평리竹坪里]사자 - 이촌李村사자·중촌中村사자·넘은개사자 등), 동문(東門)밖사자·후평사자·북리(北里)사자·당포(棠浦)사자 등 - 가 유명하였으며, 그 밖에 마을마다 제각기 사자를 꾸며 놀았다.

8. '제6과장 양반무'의 복원

¹
양반무兩班舞

말뚝이 탈 :

짙은 갈색 바탕에 턱 주위에는 흰점들을 찍고 검은 눈썹에 붉은 색 입술이다.

벙거지²를 썼고 채칙³을 들었다.

의상 :

흰 바지저고리에 검은 더거리를 입고 행전⁴을 매었다.

춤 :

양반들과 같이 등장한다.

느린 타령곡에 맞추어 말춤으로 등장(일명 두엄춤⁵)

양반과 같이 등장하여 대사 사이사이에 춤추는 것은 굿거리 장단으로 춤춘다.⁶

---

1   이 자리에 사진 자료 1매 수록하였다.
2   벙거지 ; '벙거지'는 전립(戰笠)을 말한다. '모자'를 속되게 이르는 말이다. '전립(戰笠)'은 조선 시대에, 무관이 쓰던 모자의 하나. 붉은 털로 둘레에 끈을 꼬아 두르고 상모(象毛), 옥로(玉鷺) 따위를 달아 장식하였으며, 안쪽은 남색의 운문대단으로 꾸몄다.
3   [보정] 채칙 ; '채찍'으로 소도구다.
4   행전(行纏) ; 바지·고의를 입을 때 정강이에 꿰어 무릎 아래에 매는 물건을 말한다.
5   [보정] 두엄춤 ; '두어춤'이다. 두어춤은 가면극에서, 양반의 종 말뚝이가 양반을 희롱하는 몸짓을 표현하는 춤이다. 말뚝이의 두어춤은 양반들을 돼지우리 속에 몰아넣는다고 해서 붙여진 이름이라고 한다.
6   [보정] 정병호는, 이 마당의 춤장단은 굿거리를 주로 쓰며, '두어춤', '거드름춤', '발림춤' 등이 쓰인다고 한다.

양반

샌님

서방님 탈 :

흰 바탕에 붉은색 입술과 코는 째보[7]이다.

샌님은 양쪽이 째졌고 서방님은 한쪽만 째졌다.

둘 다 정자관[8]을 썼다.

의상 :

흰 저고리와 바지를 입고 흰 도포[9]를 입고 오른손엔 부채를 들고 왼손엔

담배대를 든다.

춤 :

느린 타령곡에 맞추어 등장한다.

사이사이의 춤을 굿거리장단으로 춤춘다.

도령탈 :

입이 비뚤어진 탈이다.

의상 :

흰 바지저고리에 남색 쾌자[10]와 검은 복건[11]을 썼으며 부채를 들었다.

---

7 째보 ; 이는 창병(瘡病) - 곪는 병 - 의 상징이라고 한다. 이러한 상징성에 입각하여 보면 이 장면에서 말둑
   이가 양반탈을 채찍으로 치는 행위는 벽사(辟邪)의 의미를 갖는다. 이러한 행위를 사회학적 시각에서는 양반
   을 모욕하는 행위로 조망하기도 하였다.

8 정자관(程子冠) ; 선비들이 집에서 평상시에 창의나 도포를 입었을 때에 함께 쓰던 관이다. 중국 송나라 때
   정자(程子)가 만든 제도라서 붙여진 이라고 한다. 홑겹으로부터 2층 3층으로 썼는데 지위가 높을수록 층이 많
   은 것을 썼다.

9 도포(道袍) ; 선비들이 평상시에 입던 겉옷이다. 조선 중기 이후 많이 착용하였으며, 관리들도 관청에 나아갈
   때를 제외하고 사사로이 외출할 때에는 일반적으로 착용하였다.

10 남색쾌자(藍色快子) ; 남색빛이 돋는 쾌자다. '쾌자'는 괘자(掛子), 전복(戰服), 답호(褡護)라고도 한다. 동달
   이 - 군복의 두루마기에 해당하는 옷 - 위에 껴입는 소매 없는 웃옷이다. 일반으로 검은 빛을 썼으나 맡은 임
   무에 따라 색깔을 달리하여 구분하기도 하였다. 고종 때에 두루마기 위에 검은 전복을 받쳐 있도록 통일한 적
   도 있었으나, 근자에는 옥색 두루마기에 남빛 전복은 신랑의 차림새로 지켜져 왔다. 복건과 함께 명절이나 돌
   날에 어린이에게 입히기도 한다.

11 복건(卜巾) ; 도복(道服)에 갖추어서 머리에 쓰던 건(巾)이다. 검은 헝겊으로 위는 둥글고 삐죽하게 만들었으
   며, 뒤에는 넓고 긴 자락을 늘어지게 대고 양옆에는 끈이 있어서 뒤로 돌려 매게 되어 있다.

춤 :

일정한 춤이 없고 뛰어다니며 장난한다.

(해설)

천민인 말뚝이가 양반들을 희롱하는 과정이다.

등장곡은 굿거리장단이 아니라 느린 타령곡이다.

둘째 서방도 샌님처럼 정자관을 쓴다.

말뚝이   〈말뚝이는 벙거지[12]를 쓰고 채칙을 들었으며 느린 타령에 맞추어 양

반을 인도한다. 중앙쯤 나오면〉

양반 나오신다~ 양반.

양반이라고 하니까

장원급제(壯元及第)하고 옥당성제(玉堂聖裁)[13]

삼제학(三宰學)[14]을 다 지내시고

퇴로재상(退老宰相)[15]으로 계신 양반인줄 알지 마시오.

이런 양반은 어떻게 쓰이는 양반이냐 하면

개잘량[16]이라는 양자에

개다리소반[17]이라는 반자 이렇게 쓰이는

---

12 벙거지 ; 조선시대 궁중 또는 양반집 군노(軍奴)나 하인이 쓰던 털로 만든 모자를 이른다. 짐승의 털을 다져
    서 전(氈)을 만들고, 그것을 골에 넣어 위는 높고 둥글며 전이 편평하고 넓게 되어 있는 평량자형의 쓰개이다.
    전립(戰笠, 氈笠) 또는 병립이라고도 하는데, 전립(戰笠)이라고 할 때는 무관(武官)이나 대관(大官)이 쓰는 안
    울림벙거지도 포함된다. 벙거지는 대개 흑의(黑衣)와 병용하거나 전령복(傳令服)에 사용하였다.

13 [보정] 옥당성제(玉堂聖裁) ; '옥당 승지(玉堂 承旨)'가 옳다. '옥당(玉堂)'은 홍문관의 부제학, 교리(校理), 부교
    리, 수찬(修撰), 부수찬 따위를 통틀어 이르는 말이다. '승지(承旨)'는 조선시대 승정원(承政院)의 정3품 당상관
    벼슬이다. 도승지(都承旨)·좌승지(左承旨)·우승지(右承旨)·좌부승지(左副承旨)·우부승지(右副承旨)·동
    부승지(同副承旨) 등 6승지를 말하며, 왕명의 출납을 담당하였다.

14 [보정] 삼제학(三宰學) ; '삼정승(三政丞)'과 '제학(提學)'을 결합한 말인 듯하다. '삼제학(三提學)'이 옳다. '삼정
    승(三政丞)'은 영의정·좌의정·우의정을 말한다. '제학(提學)'은 고려 시대에, 예문춘추관·예문관·보문각·우
    문관·진현관에 둔 정삼품 벼슬을 말한다. 조선 시대에, 규장각에 속한 종일품이나 정이품 벼슬 또는 예문관·홍
    문관에 둔 종이품 벼슬을 말한다.

15 퇴로재상退老宰相 ; 늙어서 벼슬에서 물러난 재상을 말한다.

16 개잘량 ; 털이 붙어 있는 채로 무두질하여 다룬 개의 가죽이다. 흔히 방석처럼 깔고 앉는 데에 쓴다.

17 개다리 소반 ; 개의 뒷다리처럼 구부러진 다리를 가진 상을 말한다. 혹은 네모반듯하고 다리가 민틋한 막치

양반이올시다.[18]

양반   야 이놈 뭐가 어째고 어째?

말뚝이   아~ 이 양반 어찌 듣소.

            장원급제(壯元及第)하고 옥당성제(玉堂聖裁)

            삼제학(三宰學)을 다 지내시고,

            사조[19], 이조[20], 호조[21], 병조[22], 공조[23], 형조[24],

            육조판서(六朝判書[25])를 다 지내시고

            퇴로재상(退老宰相)으로 계신

            이생원네 삼형제(三兄弟)분이 나오신다

            그리하였소.[26]

양반   이 생원이라네. −[27]

            <말뚝이와 생원들 굿거리장단에 맞추어 춤을 춘다.

            한참 춘 다음 말뚝이가>

소반을 말한다.

18 [보정] 이 대목은 유사의미반복과 파자놀이를 활용한 언어유희다. '양'을 '개잘량'의 '양'으로, '반'을 '개다리소
반'의 '반'으로 풀이하는 동음이의어를 활용하는 파자놀이를 원용하고 있다.

19 [보정] 사조 ; '예조(禮曹)'가 옳다. 의도적 오류인지는 불분명하다. 예조(禮曹)는 고려 시대에, 육조(六曹) 가운
데 의례(儀禮), 제향(祭享), 조회(朝會), 교빙(交聘), 학교(學校), 과거(科擧) 따위에 대한 일을 맡아보던 관아
다. 조선 시대에, 육조 가운데 예악, 제사, 연향, 조빙, 학교, 과거 따위에 대한 일을 맡아보던 관아다.

20 이조(吏曹) ; 고려 시대에, 육조(六曹) 가운데 문관의 선임(選任)과 훈봉(勳封)에 관한 일을 맡아보던 관청이다.

21 호조(戶曹) ; 고려 시대에, 육조 가운데 호구(戶口), 공부(貢賦), 전곡(錢穀)에 관한 일을 맡아보던 관아다.
조선 시대에, 육조 가운데 호구, 공부, 전량(田糧), 식화(食貨)에 관한 일을 맡아보던 관아다.

22 병조(兵曹) ; 고려 시대에, 육조(六曹) 가운데 무선(武選), 군무(軍務), 의위(儀衛) 따위에 관한 일을 맡아보
던 관아다. 조선 시대에, 육조(六曹) 가운데 군사와 우역(郵驛)에 관한 일을 맡아보던 관아다.

23 공조(工曹) ; 고려 시대에, 육조(六曹) 가운데 산택(山澤)·공장(工匠)·영조(營造)를 맡아보던 관아다. 조선
시대에, 육조(六曹) 가운데 산택·공장·영선(營繕)·도야(陶冶)를 맡아보던 정이품 아문이다.

24 형조(刑曹) ; 고려, 조선 시대에, 육조(六曹) 가운데 법률·소송·형옥(刑獄)·노예 따위에 관한 일을 맡아보
던 관아다.

25 [보정] 육조판서(六朝判書) ; '六曹判書'가 옳다. '육조'는 고려와 조선 때의 주요한 국무를 처리하던 이조·호
조·예조·병조·형조·공조 등 여섯 관부(官府)를 이른다.

26 [보정] '아~ 이 양반 어찌 듣소.'는 오청(誤聽)을 유도한 것이다. 즉 잘못 들은 것이 아닌데도 잘못 들은 것으
로 유도함으로써 희극적 분위기를 연출하고 있다. 이같은 수법은 이 장면에서 반복된다. '이생원님네 삼형제분'
이라고 구체적으로 성씨를 거명하고 있다.

27 [보정] 이 생원이라네. − ; '오청(誤聽)'을 자인한 것이다. 이같은 수법은 이 장면에서 반복된다. 그 형태가 공연
환경에 따라서 다양하게 변용될 수 있다. 아울러 이어서 춤을 춘다는 점에서 보면 대화반응이 '불림'으로 전환
되어 실현된 것이다. 경우에 따라서는 도령도 함께 불림할 수 있다.

말뚝이	쉬이!
	구경 하시는 여러분들!
	담배를 태우되
	짧다란 고부랑[28] 대통[29]에 태우지 마시고
	저 건너 연죽전(煙竹廛)[30]에 가서
	양칠간죽(洋漆竿竹)[31]을
	한 발[32] 가웃[33] 된 놈을 사다가
	육모직[34]을
	이리 저리 맞추어 가지고
	저 신자롱 나무리[35] 개천뚝에
	낚시대 걸듯[36] 주욱 주욱
	걸어 놓으시고 태우시오.
양반	야 이놈 뭐가 어쩌고 어째
말뚝이	아 양반 번번히 어찌 듣소
	양반 나오시는데
	담배 태우지 말고
	떠들지 말고 그리 하였소.
양반	떠들지 말라네. -
	〈말뚝이와 양반들 춤춘다.

28　[보정] 고부랑 ; 임석재본에서 '골연' 즉 얇은 종이로 가늘고 길게 말아 놓은 담배인 궐련으로 채록되었다. '골연', '궐련' 등이 와전되어 '고부랑'이 된 듯하다.

29　대통(-桶) ; 담배통을 말한다.

30　煙竹廛(연죽전) ; 옛날 담배를 팔던 가게를 말한다.

31　양칠간죽(簡竹) ; 양칠간죽(竿竹)을 말한다. 간죽은 담뱃대 설대이다. 여기서는 담배의 일종으로 쓰였다. '양칠'은 알록달록하게 칠한 것이라는 견해가 있는데 분명치 않다.

32　발 ; 한 발은 두 팔을 양옆으로 펴서 벌렸을 때 한쪽 손끝에서 다른 쪽 손끝까지의 길이이다.

33　가웃 ; '가웃'은 되, 말, 자 등을 셀 때 세고 남는 반분(半分) 정도이다.

34　[보정] 육모직 ; '육무깍지'가 옳다. 육각형 모양의 담뱃대를 이른다.

35　[보정] 자롱 나무리 ; '재령(載寧) 나무리'다. 재령평야를 말하며, 나무리[南勿里]벌 또는 극성(棘城)평야라고도 한다. 나무리는 예부터 나무리, 법물, 법계(法溪), 법평(法坪), 평지(坪地) 등으로 일컬어져 오고 있다.

36　[보정] 저 신자롱 나무리 개천뚝에 낚시대 걸듯 ; 관용적 표현인 듯하다.

잠시 후 말뚝이가>

말뚝이   쉬이-

여보 악사님들

피리 젓대³⁷는 다 집어 치우고

저 버드나무 홀뜨기³⁸를

쭈~욱 잡아 뽑아서³⁹ 불며

이 말뚝이 바지 장단⁴⁰ 좀 쳐주시오.

〈한발을 들고 돌면서〉⁴¹

바지장단!

양반   야 이놈 뭣이 어째고 어째?

말뚝이   아 양반 번번히 어찌 듣소?

①사면 육갑⁴²을 한가락도 뽑지 말고

건-건드러지게 치라고 그리 하였소.

양반   건-건드러지게 치라네⁴³ ……

〈춤춘다.〉

말뚝이   쉬이-

양반   애 말뚝아

양반을 모시지 않고

어디를 그리 돌아다니느냐?

---

37 [보정] 젓대 ; '젓대'다.
38 홀뜨기 : '호드기'의 방언이다. 물오른 버들가지를 비틀어 뽑은 통껍질이나 밀집 토막으로 등으로 만든 피리의 한 가지이다.
39 뽑아서 ; 버들가지를 비틀어 통껍질을 뽑기 때문에 '뽑아서'라고 한 것이다.
40 [보정] 바지 장단 ; '바가지 장단(長短)'이다. 바가지를 물 위나 맨바닥에 엎어 놓고 치는 장단이다. 물박놀이라 고도 한다. 물동이에 물을 반쯤 담아두고 큰 바가지를 엎어놓고 대나무채로 바가지를 두드리며 장단을 맞추며 노래를 부른다. 이 놀이는 설, 대보름, 단오 등 명절이나 동네에 경사가 있을 때 바가지 장단에 맞춰 노래 부르 고 춤도 춘다.
41 [보정] 〈한발을 들고 돌면서〉 ; 인물의 행위가 구체적으로 제시되어 있다.
42 [보정] 사면 육갑 ; '삼현육각(三絃六角)'이 옳다.
43 [보정] 건-건드러지게 치라네 ; '건드러지다'의 '건'을 반복함으로써 강화하고자 하는 관습적 표현이다. 혹은 '건 드러지다'와 '건건하다'를 결합한 언어유희인 듯하다. '건드러지다'는 '목소리나 맵시 따위가 멋들어지게 가늘고 아름답고 부드럽다.'는 뜻이다. '건건하다'는 '꽤 마르다.'는 뜻이다.

말뚝이　　　　예.

　　　　　　양반을 모시려고

　　　　　　아침 일찍이 일어나

　　　　　　찬밥에 국 말어⁴⁴ 먹고

　　　　　　저~ 마굿간에 들어가서

　　　　　　노~ 샌님⁴⁵을 끌어내다

　　　　　　등에다 솔질을 살살하여

　　　　　　순금안장⁴⁶을 지어서

　　　　　　바로 말뚝이님 내가 타시고

　　　　　　팔도강산을 무른 메주 밟듯⁴⁷ 다니고,

　　　　　　방방곡곡(坊坊谷谷)⁴⁸이 바위 틈틈이

　　　　　　모래 짬짬이⁴⁹ 가랑잎 새새⁵⁰

　　　　　　다 찾아 댕겨도

　　　　　　샌님 비스럭⁵¹ 한 놈도 없기로

　　　　　　낙향산(落鄕山)⁵² 서울 본댁(本宅)을

　　　　　　찾아올라 갔더니만 샌님은 안 계시고

　　　　　　둘째 서방님도 안계시고

44　[보정] 찬밥에 국 말어 ; 찬밥을 국에 말은 음식이다. 결국 보잘것없는 음식을 뜻한다. '국밥'은 끓인 국에 밥을 만 음식이다. 또는 국에 미리 밥을 말아 끓인 음식이다. '찬밥'은, 지은 지 오래되어 식은 밥 혹은 지어서 먹고 남은 밥, 혹은 중요하지 아니한 하찮은 인물이나 사물을 비유적으로 이르는 말 등으로 쓰인다. 속담 '찬밥에 국 적은 줄만 안다'는 가난한 살림에는 없는 것이 당연한 것인 줄 모르고 무엇이 부족하다고 하여 마음을 씀을 이르는 말이다.

45　[보정] 노~ 샌님 ; '노'를 장음으로 실현하라는 부호가 있다. 일부 자료에서 '노새님'으로 채록되어 있는 것으로 보아 어떤 의도가 있는 것으로 생각된다.

46　순금안장(純金鞍裝) ; 금빛으로 화려하게 장식한 안장을 말한다.

47　무른 메주 밟듯 ; 아무런 어려움 없이 쉽게 두루 돌아다니는 모양을 비유적으로 이르는 말이다.

48　[보정] 방방곡곡(坊坊谷谷) ; '坊坊曲曲'이 옳다. 한 군데도 빠짐이 없는 모든 곳을 말한다. 곡곡(曲曲), 골골샅 샅, 면면촌촌이라고도 한다.

49　짬짬이 ; 틈틈이를 말한다.

50　방방곡곡(坊坊谷谷)이 바위 틈틈이 모래 짬짬이 가랑잎 새새 ; 유사의미반복에 의한 언어유희를 원용함으로 써 희극적 분위기를 보여주고 있다.

51　비스럭 ; '비슷한'의 뜻인 듯하다.

52　[보정] 낙향산(落鄕山) ; 자료에 따라서는 '落向士夫'라 하였다.

셋째 도령님도 안계시고

마나님이 혼자 계시기로.

이 말뚝이가 머리 벙거지 쓴 채로

손에 채칙 쥔 채로 짚신 감발[53] 한 채로

두 무릎을 툭 꿇고 하고 하고 했더니만[54]

마나님이 친절이 안내 하시오와

방에 들어가 않은 후에

술상을 들여오시는데

대양푼[55]에 갈비찜[56] 소양푼[57]에 제육고기[58]

풋고추[59]에 조리김치[60] 문어[61] 전복까지

잔뜩 들여 놓으시고

마나님이 벽장[62]문(壁欌門)을 쫙 여시고

술병을 꺼내시는데

목이 길다고 황새병(瓶)[63]

목이 짧다고 자라병[64]

---

53 감발 ; ‘발감개’, 혹은 발감개를 한 차림새를 이른다. 발감개는 버선이나 양말 대신 발에 감는 좁고 긴 무명천이다. 주로 먼 길을 걷거나 막일을 할 때 쓴다.

54 [보정] 이 대목에서는 마나님과 사통(私通)하였음을 암시적으로 드러내고 있다.

55 대양푼 ; 큰 양푼이다. 음식을 담거나 데우는 데에 쓰는 놋그릇으로 운두가 낮고 아가리가 넓어 모양이 반병두리 같으나 더 크다. 양푼은 대가집에서 주로 쓰던 용기로 크기는 대·중·소로 되어 있다. 대양판(大洋板)이라고도 한다. ‘소의 밥통 고기’로 본 것은 잘못이다.

56 갈비찜 ; 소나 돼지 따위의 갈비를 양념과 간을 하여 푹 찐 음식이다.

57 소양푼 ; 작은 양푼이다. ‘돼지의 밥통 고기’로 본 것은 잘못이다.

58 제육고기 ; ‘저육(豬肉)’으로 식용으로 하는 돼지고기를 말한다.

59 [보정] 풋고추 ; ‘초고추’로 ‘볶은[炒] 고추’를 말한다.

60 [보정] 조리김치 ; ‘절인 김치’로 푸성귀와 같은 야채를 소금이나 식초, 설탕 따위가 배어들게 한 김치를 말한다.

61 문어(文魚) ; 낙지과의 연체동물이다. 우리 전통 상차림에 대표적인 음식의 하나이다.

62 벽장(壁欌) ; 벽의 한 면을 이용한 수장 공간이다. 일반적으로 벽면에 개구부(開口部)를 설치하여 실내에서 사용 할 수 있도록 되어 있으며, 상부의 무게를 받지 않도록 벽을 돌출시키거나 매단 구조형식을 취하고 있다. 방안에 있는 벽장에는 침구나 의복 또는 자주 이용되는 작은 생활도구를 정리, 보관하였다. 마루 또는 대청에서는 위패를 안치하거나 물건을 넣어두는 벽장을 만들고, 부엌에서는 찬장으로 불리기도 하는 취사도구나 음식을 보관하기도 하는 벽장이 있다.

63 황새병 ; 황새의 목처럼 목이 긴 병을 말한다. 여기서는 황새병에 담긴 술을 뜻한다.

64 자라병(瓶) ; 자라 모양을 한 병을 말한다. 납작하고 둥근 몸통에 짧은 목이 달려 있다. 여기서는 자라병에 담긴 술을 뜻한다.

②강맥주[65] 이강주[66] 가득 가득 든

병을 내 놓으시기로

한잔 두잔 먹는 것을

일배 일배 부일배로

서너 잔의 술을 마셨더니

잔뿍[67] 취해서 여기까지 내려 왔소

양반   야 이놈 뭣이 어째고 어째

말뚝이   아 양반 번번히 어째 듣소

양반을 모시려고

방방곡곡(坊坊谷谷)을 다 찾아 댕겨도

샌님 비스럭 한 놈도 없기로

낙향산(落鄕山) 서울

본댁(本宅)을 찾아 올라갔더니만[68]

마나님이 혼자 계시기로

두 무릎을 툭 꿇고

인사를 여쭈었더니

마나님이 술상을 들여오시는데

대양푼에 갈비찜 소양푼에 제육고기

강맥주 이강주는 다 집어 치우고

텁텁한 막걸리를 내 놓으시고

---

65   [보정] 강맥주 ; '강국주(强麴酒)'로 홍국주(紅麴酒) 혹은 홍곡주(紅穀酒)인 듯하다. 홍국주(紅麴酒)는, 멥쌀로
      밥을 지어 누룩가루를 섞고 뜬 다음에 더운 기운을 빼고 볕에 말린 누룩 – 홍국(紅麴) – 으로 만든 술이다.
      어혈을 없애는 작용이 있어, 해산 후 오로(惡露)가 다 나오지 않고 배가 아픈 데와, 음식이 잘 소화되지 아니하
      고 뭉치어 생기는 병이나, 비위(脾胃)의 기능 장애로 인하여 가슴이 답답하고 트림을 하는 따위의 증상이나,
      이질·타박상 따위에 쓴다. 홍곡주(紅穀酒)는 중국에서 나는, 붉은빛으로 물들인 쌀[홍곡(紅穀)]로 빚은 술이
      다. 홍소주가 있다. 이두현본에서는 '홍곡주'라고 채록되었다. 오청본에서는 '江麴酒'라고 채록되었다.
66   이강주(梨薑酒) ; 소주에 배즙·생강즙·꿀 등을 넣고 중탕한 술을 말한다.
67   [보정] 잔뿍 ; '잔뜩'이 옳다. 의도적인 오류인지는 불분명하다.
68   낙향산(落鄕山) 서울 본댁(本宅)을 찾아 올라갔더니만 ; 임석재본에서는 '낙향사부落鄕士夫라 경성본댁京城
      本宅을 찾아가니' 라고 채록되었다. 여기에서 '낙향산(落鄕山)'은 '낙향사부落鄕士夫'의 잘못이다. '낙향사부
      (落鄕士夫)'는 '落鄕'과 '士大夫'가 결합된 말로, 관직을 떠나서 고향으로 돌아온 사대부를 말한다.

작년 팔월(八月)에 샌님이 등산(登山)갔다 남겨온

조기 대가리 하나 내 놓으시면서

어두일미(魚頭肉尾[69])라고 합데다

양반   어두일미(魚頭肉尾)라네……

        <춤춘다.>

말뚝이   쉬이-

양반   말뚝이-

        <대답 없다>

       애- 말- 뚝- 아-

말뚝이   말뚝인지 꼴뚝인지[70]

       김칫독에 깍뚝인지

       논두렁에 메뚝인지[71]

       왜 지 할애비 부르듯 부르시오[72]

말뚝이   야 이놈 뭣이 어째?

       양반을 모셨으면 새처[73]를 정할 일이지

       어디를 그리 돌아다니느냐.

말뚝이   예-

       벌써 새처를 정했습니다.

       터를 이마만큼 둘러 박고

---

69 [보정] 魚頭肉尾 ; 통상 '魚頭一味'가 옳다.

70 [보정] 꼴뚝인지 ; '꼴뚜기'는 꼴뚜깃과의 귀꼴뚜기, 좀귀꼴뚜기, 잘룩귀꼴뚜기, 투구귀꼴뚜기를 통틀어 이르는 말이다. '꼴뚜기'는 속담 '어물전 망신은 꼴뚜기가 시키다'나 '장마다 꼴뚜기'와 같이 상대방을 격하하는 뜻으로 말할 때에 등장한다.

71 [보정] 말뚝인지 꼴뚝인지 김칫독에 깍뚝인지 논두렁에 메뚝인지 ; 유사음과 동의어반복을 원용한 민간화술적 언어유희이다. '-인지'를 써서 대수롭지 않음과 표현상으로 대구로 인한 리듬감이 나타난다. 자기를 자꾸 부르는 것에 대하여 답하는 뒷대목은 비슷한 이름을 나열로 재치와 해학을 느끼게 된다. 이는 자기를 자주 찾는 것에 대한 답이며, 말장난인 동시에 부드러운 리듬감으로 부담 없이 웃을 수 있는 분위기를 자아낸다.

72 [보정] 왜 지 할애비 부르듯 부르시오 ; 임석재본에서는 '호도胡挑엿 장사 오는데 하내비 찾듯 왜 이리 찾소'라고 채록되었다. 필요할 때면 찾아댄다는 뜻의 관용적 표현이다. '엿장사가 놋쇠 사러 다니듯' 이리저리 쏘다니는 모양을 비유적으로 이르는 말이다.

73 새처 ; '사처'로, 점잖은 손님이 길을 가다가 묵음을 뜻한다. 또는 그 유숙하는 집을 말한다.

참나무 말짱⁷⁴ 든든한 놈을

듬성듬성 돌려 꽂고

그 안에는 깃⁷⁵을 푹신푹신 깔고

문은 저 하늘로 낸 집⁷⁶을 정했소.

양반   야! 이놈 우리가 돼지란 말이냐?

말뚝이 아 양반들 어찌 듣소.

자좌오향(子坐午向)에 터를 잡고⁷⁷

팔목각(八木角)에 입구자(口字)로 집⁷⁸을 짖고⁷⁹

네 귀는 풍경(風經)⁸⁰을 달아

동남풍(東南風)이 불 적마다 풍경(風經)⁸¹소리는

웽그렁⁸² 쟁그렁⁸³ 요란하고

안내서를 볼 적이면

올려다보니 소라반자⁸⁴요

---

74 [보정] 말짱 ; '울장'으로 울타리에 박은 긴 말뚝을 말한다.

75 깃 ; 외양간, 마구간 등에 깔아주는 짚이나 풀을 말한다.

76 [보정] 터를 이마만큼 둘러 박고 참나무 말짱 든든한 놈을 듬성듬성 돌려 꽂고 그 안에는 깃을 푹신푹신 깔고 문은 저 하늘로 낸 집 ; 가축 축사를 연상하게 하는 대사다. '돼지우리'를 묘사한 듯하다. '문은 저 하늘로 낸 집'은 지붕이 없는 집이라는 말로, 돼지우리를 지칭하는 것이다.

77 자좌오향(子坐午向)에 터를 잡고 ; 자좌오향(子坐午向)은 북쪽[자방(子方)]을 등지고 남쪽[오방(午方)]을 향함을 말한다. 즉 정남방을 향해 지은 집을 말한다.

78 입구자(口字)로 집 ; '입구자집(-口字-)', 즉 ㅁ자 집을 말한다.

79 [보정] 짖고 ; '짓고'다.

80 [보정] 풍경(風經) ; '풍경(風磬)'이 옳다. 풍경(風磬)은 처마 끝에 다는 작은 종이다. 속에는 붕어 모양의 쇳조각을 달아 바람이 부는 대로 흔들리면서 소리가 난다.

81 풍경(風經) ; 풍경(風磬)이 옳다. 법당이나 불탑의 처마 또는 옥개 부분에 매달아 소리를 나게 하는 장엄구를 통칭한다. 불구(佛具)의 하나로 '풍령(風鈴) 또는 풍탁(風鐸)'이라고도 한다. 풍경(風磬)은 처마 끝에 다는 작은 종이다. 속에는 붕어 모양의 쇳조각을 달아 바람이 부는 대로 흔들리면서 소리가 난다. 요령이 손으로 흔들어서 소리를 내는 데 반하여, 풍경은 바람에 흔들려서 소리를 내는 것이 다르다. 풍경은 경세(警世)의 의미를 지닌 도구로서, 수행자의 방일이나 나태함을 깨우치는 역할을 한다. 풍경의 형태에도 그와 같은 의미가 담겨 있는데, 풍경의 방울에는 고기 모양의 얇은 금속판을 매달아두는 것이 상례로 되어 있다. 즉, 고기가 잘 때도 눈을 감지 않는 것과 마찬가지로 수행자는 잠을 줄이고 언제나 깨어 있어야 한다는 의미를 지닌다. 이로 인하여 우리나라의 사찰에는 규모의 대소를 불문하고, 법당이나 불탑에는 반드시 풍경을 매달아두고 있다. 요령에서와 같이 화려하고 다양한 조각은 볼 수 없으나, 일반 범종의 형태를 취하고 있다.

82 웽그렁 ; 큰 방울 따위가 흔들리며 요란스럽게 부딪치는 소리를 이른다.

83 쟁그렁 ; 보통은 '쨍그랑'이다. 얇은 쇠붙이나 유리 따위가 떨어지거나 부딪쳐 맑게 울리는 소리를 이른다.

84 소라반자 ; '소란반자'로, 반자를 여러 개의 井자 모양이 모인 것처럼 소란(小欄)을 맞추어 짜고, 그 구멍마다

굽어보니 갑장[85] 장판[86]이요[87]

방치장을 볼 적이면

옹장 봉장[88] 귀 닫이[89]요.

자기 함롱(函籠)[90] 반닫이[91]요

샛별 같은 놋요강[92]을

놋대[93] 위에 받쳐[94] 놓고[95]

꿩의 장꽁지[96] 같은 엽초[97]를

돼지 똥물에

축축히 축여 놓은 데로 정하였다.

그리 하였소.

양반 　　　　이놈 뭐가 어쩌고 어째.

네모진 널조각의 개판(蓋板)을 얹어 만든 반자로, 천장을 꾸미는 방법 중에서 보다 격조가 높은 방법이다.

85　갑장(甲帳) ; 동방삭이 무제(武帝)에게 '갑장(甲帳)'을 만들어 주어서 기쁘게 했다고 한다. '갑장(甲帳)'이란 본래 '갑을장(甲乙帳)'을 줄여서 한 말이다. 이것은 동방삭이 천하의 온갖 진귀한 진주로 장식하여 무제(武帝)에게 만들어 준 최고급 침실용 장막 커튼이다. 동방삭은 두 개의 장막을 만들어, 그 중 좋은 '갑장(甲帳)'은 신을 모시는 신전(神殿)에 치고, 나머지 '을장(乙帳)'은 무제(武帝)의 침실에 드리웠다 한다.

86　갑장 장판 ; 호화롭게 장식한 장판방을 말한다.

87　[보정] 올려다보니 소라반자요 굽어보니 갑장 장판이요 ; 매우 화려하게 지은 집을 말한다.

88　[보정] 옹장 봉장 ; '용장봉장(龍欌鳳欌)'으로, 용의 모양을 새긴 옷장과 봉황의 모양을 새겨 꾸민 옷장이다.

89　[보정] 귀 닫이 ; '궤(櫃)두지'다. '궤'는 궤짝으로 궤짝은 나무로 만든 네모진 상자를 말한다. 두지는 '뒤주'의 방언으로 곡식을 담아 두는 세간살이이다.

90　[보정] 자기 함롱(函籠) ; '자개 함롱(函籠)'이다. 겉에 자개를 박아서 꾸며 놓은 자개함을 말한다. 함(函)은 옷이나 물건 따위를 넣을 수 있도록 네모지게 만든 통이다. 또는 혼인 때 신랑 쪽에서 채단(采緞)과 혼서지(婚書紙)를 넣어서 신부 쪽에 보내는 나무 상자를 말한다. 농(籠)은 버들채나 싸리채 따위로 함같이 만들어 종이로 바른 상자. 옷이나 물건을 넣어 두는 데 쓰인다. 또는 같은 크기의 궤를 이 층 또는 삼 층으로 포개어 놓도록 된 가구를 말한다. 장(欌)처럼 생겼으나, 네 기둥과 개판(蓋板)이 없다. '자개'는 금조개 껍데기를 썰어 낸 조각으로 빛깔이 아름다워 여러 가지 모양으로 잘게 썰어 가구를 장식하는 데 쓴다.

91　반닫이 ; 앞의 위쪽 절반이 문짝으로 되어 아래로 잦혀 여닫게 된 궤 모양의 가구다.

92　놋요강 ; 놋쇠로 만든 요강이다. '요강'은 방에 두고 오줌을 누는 그릇. 놋쇠나 양은, 사기 따위로 작은 단지처럼 만든다. 한자를 빌려 '溺강, 溺缸, 溺江'으로 적기도 한다. '샛별같은 놋요강'은 반짝반짝 빛나게 닦아 놓은 놋요강을 두고 이른다. 누렇게 변한 놋그릇은 짚수세미나 짚 가마니로 닦으면 반짝반짝 빛난다. 근자에는 연탄재를 수세미에 묻혀 닦기도 하였다.

93　[보정] 놋대 ; '놋대야'다. 놋쇠로 만든 물을 담아서 얼굴이나 손발 따위를 씻을 때 쓰는 둥글넓적한 그릇이다.

94　받쳐 ; '물건의 밑이나 옆 따위에 다른 물체를 대다'는 말이다.

95　[보정] 이 대목에서 소위 '기물 사설'을 원용하고 있다.

96　장꽁지 ; 닭 혹은 꿩의 꼬리털 중 가장 긴 것을 말한다.

97　엽초(葉草) ; 잎담배를 말한다.

말뚝이	아 양반 번번히 어찌 듣소
	쇠털[98] 같은 칼담배[99]를 꿀물에다
	축축히 축여 놓은 데로 정하였다.
	그리하였다.[100][101]
양반	꿀물이라네 ……

　　　　　　　〈말뚝이와 양반들 춤추다 앉는다.〉

샌님	여보게! 아우님.
서방님	왜 그러시오.
샌님	우리가 이 좋은 풍류정(風流亭)에 왔다가
	글이나 한귀 짖고[102] 가면 어떠하냐?
서방님	그게 좋은 말씀이요.
	형님이 운자[103]를 내시오.
샌님	운자(韻字)라? 못자字 총자字 일세.[104]
서방님	못자字 총자字요?
	「짚세기[105] 앞총[106]은 헝겊총[107]이요.
	나막신[108] 뒤굽[109]은 거말못[110]이라」[111][112]

98　쇠털 ; 소의 털을 말한다.
99　칼담배 ; 칼로 가늘게 썬 담배를 말한다. '쇠털담배'는 쇠털처럼 잘게 썬 담배를 말한다.
100　[보정] 그리하였다 ; '그리하였소'가 옳다. 의도적인 오류인지는 불분명하다.
101　[보정] 쇠털 같은 칼담배를 꿀물에다 축축히 축여 놓은 데로 정하였다. 그리하였다. ; 앞의 대사인 '꿩의 장꽁지 같은 엽초를 돼지 똥물에 축축히 축여 놓은 데로 정하였다. 그리 하였소.'에 대하여 대구 형태로 받은 대사다. 오청(誤聽)을 유도하고 있다. '똥물'을 '꿀물'이라고 바로 잡았지마는 담배를 꿀물에다 축이지는 않기 때문에 역시 양반이 격하된다.
102　[보정] 짖고 ; '짓고'가 옳다. 의도적인 오류인지는 불분명하다.
103　운자(韻字) ; 한시의 운으로 다는 글자를 말한다.
104　못자字 총자字 일세 ; '못' 자와 '총' 자를 운자로 하여 시를 지으라는 말이다.
105　[보정] 짚세기 ; '집세기'로 짚신을 말한다.
106　압총 ; 짚신이나 미투리 따위의 앞쪽의 양편쪽으로 운두를 이루는 낱낱의 신울을 말한다.
107　헝겊총 ; '헝겊신' 즉 헝겊으로 신울을 돌려 만든 신을 말한다. 포화(布靴)라고도 한다.
108　나막신 ; 신의 하나로 나무를 파서 만든 것으로 앞뒤에 높은 굽이 있어 비가 오는 날이나 땅이 진 곳에서 신었다. 목극, 목리(木履), 목혜라고도 한다.
109　뒤굽 ; '뒤축'으로 발뒤축 즉 발 뒤쪽의 둥그런 부분 가운데 맨 뒤쪽의 두둑하게 나온 부분이다.
110　[보정] 거말못 ; '거멀못'으로 나무 그릇 따위의 터지거나 벌어진 곳, 또는 벌어질 염려가 있는 곳에 거멀장처럼 겹쳐서 박는 못이다. '거멀장'은 가구나 나무 그릇의 사개를 맞춘 모서리에 걸쳐 대는 쇳조각을 말하며, 줄여서 거멀이라고도 하며, 양각정이라고도 한다.

양반들	아 하하하 …
	애 말뚝아
말뚝이	예-
양반	나랏돈[113] 노랑돈[114] 칠푼오리[115] 짤라 먹은 놈
	취발이를 잡아 들여라.
말뚝이	예-
	그 취발이란 놈 상통[116]을 볼 것 같으면
	매미등짝[117] 같이 생겼고[118]
	힘이 무량대각(無量大角)[119]이요.
	날램이 비호(飛虎)같은데[120]
	그냥은 잡아들일 수가 없습니다.
	샌님의 전령(傳令)[121]이나 있으면 잡아올런지
	거져는 잡아 올 수가 없습니다.
양반	옛다! 전령(傳令) 여기 있다.

<전령장을 주면 말뚝이가 취발이 앞에 가서>

말뚝이	당신 잡히었소.[122]

111 [보정]「짚세기 앞총은 헝겊총이요. 나막신 뒤굽은 거말못이라」; 운자놀이에 의하여 탄생한 구절이다. 여기서 '총'자와 '못'자는 한자어가 아니라 운자로 쓰일 수 없다. 놀이적 성향을 보여준다.
112 [보정] 이 대목도 '운자놀이'가 전개된다.
113 나랏돈 ; 국고금(國庫金)을 말한다.
114 노랑돈 ; 노란 빛깔의 엽전, 혹은 몹시 아끼는 돈을 말한다.
115 칠푼오리 ; '칠푼(七-)'은 매우 작고 보잘것없는 것을 비유적으로 이르는 말이다. 여기에서 '칠푼오리'도 같은 뜻이다.
116 상통 ; '얼굴'을 속되게 이르는 말이다.
117 매미등짝 ; 얼굴이 몹시 얽은 모습을 매미등짝에 비유한 것이다.
118 [보정] 그 취발이란 놈 상통을 볼 것 같으면 매미등짝 같이 생겼고 ; 취발이탈의 형상을 직설한 것이다.
119 [보정] 무량대각(無量大角) ; '무량(無量)'은 정도를 헤아릴 수 없을 만큼 많음을 이른다. '大角'은 옛 관악기의 하나다. '大角'은 '大覺'의 잘못인 듯하다. '無量大角[무량대각]'은 '無量大覺[무량대각]'의 잘못이다. 결국 '無量[무량]'이라고만 해도 될 자리에 불교적 성격을 띤 두 용어 '無量[무량]'과 '大覺[대각]'을 결합하여 언어유희를 보이고 있다.
120 비호(飛虎)같은데 ; '비호'는 나는 듯이 빠르게 달리는 범을 말한다. 매우 용맹스럽고 날쌔다는 뜻이다.
121 전령(傳令) ; 명령이나 훈령, 고시 따위를 전하여 보냄을 말한다. 또는 그 명령이나 훈령, 고시를 말한다.
122 [보정] 당신 잡히었소 ; 직설적 언술이다. 소위 지문적 성향을 띤 대사다. 이와 같이 지문을 대사로 전향시키는 '돌발'이 가면극 공연공간을 더욱 신명나게 한다. 이 '돌발의 미학'은 '불합리의 합리'를 조장하는 서민적 정서에 기인한다.

취발이	어디 전령장을 보자.

<취발이에게 보여 주며>

말뚝이	자 여기 있소.

<취발이를 잡아다 끓여 엎드리게 하여 놓는다.>

자 여기 잡아 왔습니다.

양반	야- 이거 무슨 고약히 썩은 냄새가 나느냐?

말뚝이	예-

취발이란 놈이 나랏돈 노랑돈 칠푼 오리를 쨀라 먹고

이리저리 도망하다 양치질을 못해서

입에서 썩은 냄새가 나는가봅니다.

그러면 그놈 모가지[123]를 뽑아서

밑구녕[124]에 돌려 꽂아라.

말뚝이	예-

취발이란 놈 모가지를 뽑아서

밑구녕에 돌려 박을 재간 있으면

내 연장[125]을 뽑아서 샌님

입술에 물려 드리겠소.[126]

양반	네 이놈!

그놈을 형틀에 올려매고

쇠젖 뭉치[127]로 볼기 삼십대씩만 처라.

<치지 않고 서있다>

야! 치라는데 뭐하느냐?

말뚝이	예 칩니다 쳐요.

---

123 모가지 ; '목아지'로 '목'을 속되게 이르는 말이다.
124 밑구녕 ; '밑구멍'의 방언이다.
125 연장 ; 남자의 성기를 속되게 이르는 말이다.
126 [보정] 취발이란 놈 모가지를 뽑아서 밑구녕에 돌려 박을 재간 있으면 내 연장을 뽑아서 샌님 입술에 물려 드리겠소. ; 불가능하다는 뜻이다. 실행 불가능함을 비속어를 원용하여 표현하고 있다.
127 [보정] 쇠젖 뭉치 ; '소좆 뭉치'인 듯하다. '소좆'이나 '말좆'은 간혹 형벌로 쓰이기도 하였다.

<사령들 두 명이 한 두 대 치는 시늉을 한다.>[128]

샌님!

취발이란 놈 때려서 죽이면 뭐 하겠소.

돈이나 한 삼천 량 받아서 샌님도 좀 쓰시고

이 말뚝이 용돈도 좀 쓰면 좋지 않겠소.

그러니 샌님들 알고도 모른 척들 하시오.

이 말뚝이가 다 처리 하겠습니다.

<양반들 서로 의논하여 끄덕인다.>

말뚝이 <취발이는 퇴장시키고 빗자루를 들고 나와 양반들 앞으로 먼지를 피우며 빗질을 한다.>

양반 야 이놈아 왜 이렇게 먼지를 피우며 문을 활짝 열어 놓느냐

말뚝이 예 아침에 일쯔기[129] 일어나 문을 활짝 열어 놓으며 복이 들어옵니다.

양반 야 이놈아 문만 열어 놓으면 복이 들어오느냐.

말뚝이 예. 개문이 만복래[130]라

송아지 복[131]은 껑충 껑충 뛰어 들어오고

두껍이 복[132]은 벌벌 기어들어 옵니다.

이 말뚝이가 복 들어온다고 할 때 복 잡으러 갑시다.

<이때 양반들은 일어서서, 말뚝이가 복이 있다는 곳으로 우왕좌왕

---

128 [보정] <사령들 두 명이 한 두 대 치는 시늉을 한다.> ; 여기서 '사령' 역할은 불분명하다. 이 대목은 '포도부장 놀이'의 잔영이 아닌가 한다.

129 [보정] 일쯔기 ; '일찍이'다.

130 개문이 만복래 ; '掃地簍金出(소지황금출) 開門萬福來(개문만복래) 땅을 쓸면 황금이 나오고 문을 열면 만복이 들어온다.'라는 입춘 첩자 문구에 연유한다. 3월 입춘 때 사용하는 춘첩자(春帖子)나 5월 단오날에 사용하는 단오첩(端午帖)이라고 한다. 입춘이나 단오날이 되면 오언절구(五言絶句)의 첩자를 만들어 기둥에 붙였다. 조선 후기, 궁궐에서 사용할 춘첩자와 단오첩은 제진(製進)할 관원이 궁궐로 들어와서 지어 바치도록 법으로 규정하였다.

131 [보정] 송아지 복 ; '독성지괘犢聲之卦'를 말한다. '송아지가 소리를 치며 일어나는 괘'라는 것이다. 설날에 짐승의 동작을 보아 점치는 방법도 있는데, 소가 일찍부터 기동(起動)하면 풍년이 들고, 송아지가 울어도 연사(年事)가 풍조(豐兆)이며, 까치가 울면 길조(吉兆)이고, 도깨비불이 일어도 길조(吉兆)이며, 까마귀가 울면 풍재(風災)와 병마(病魔)가 있고, 개가 짖으면 도둑이 많으며, 개보다 사람이 먼저 일어나면 한 해를 무료(無聊)하게 보내게 된다고 전한다고 한다.

132 뚜껍이 복 ; '두꺼비'로, 비가 올 때 볼 수 있는 동물로 예로부터 복의 상징인 영물(靈物)로 생각한다.

한다〉

여기 갑니다.

저기 갑니다.

요기 갑니다.

뒤로 갑니다.

절루 갑니다.

일루 옵니다.

저기 갑니다 …

양반　　　　　〈양반들 지쳐서 쓰러진다.〉[133]

말뚝이　　　　　〈샌님한테 다가가〉

샌님 우리 복도 많이 잡고 하였으니

시조나 한곡 부르는 것이 어떻겠소.[134]

샌님　　　그래 좋은 말이다. 어디 한 곡 불러보자.

양반들　　「반 남아 늙었으니 다시 젊지는 못하리라」[135]

아하하하 …

말뚝이　　샌님.

양반　　　왜 그러느냐?

말뚝이　　샌님들 시조 부르는 소리를 들으니

이 말뚝이 어깨가 들썩 들썩해지는데

이 말뚝이가 샌님들 춤추기 좋은 노래 한 곡 부르는 것이 어떻겠소.

양반　　　어디 한곡 불러 보게

---

133 [보정] 이 대목을 소위 '복잡이놀이'라고 한다.

134 [보정] 시조나 한곡 부르는 것이 어떻겠소 ; 시조(時調)를 부르자고 하고는 정작 부르는 것은 가사(歌辭)나 잡가(雜歌)다.

135 [보정] 「반 남아 늙었으니 다시 젊지는 못하리라」; 이 노래말은 시조가 아니고 잡가다. 말뚝이가 시조를 부르자고 하였는데 잡가를 부르고 있다. 이러한 설정은 희극적인 분위기를 연출하게 되고 축제가 된다.

이 노래말은 '온정가(溫井歌)'의 한 대목을 원용한 것이다. '온정가'는 서도잡가의 하나로 '탕(湯)세기', '관암(冠巖)세기', '관음(觀音)세기'라고 전하기도 한다. 속설에는 목욕할 때에 뜨거움을 참기 위하여 부르는 일종의 숫자세기에 연유한다고 한다.

<양반들 일어서서 춤춘다.>

말뚝이 「에라만수[136] 에라대신이여[137]

낙향산[138] 십리하[139]에[140]

높고 낮은 저 무덤은

영웅호걸이 몇몇이냐

절대가인[141]은 그 누구냐

우리 인생 한번 가면

저기 저 모양 되리로구나[142]

에라만수 에라 대신이여」[143]

<모두들 춤추며 퇴장 한다>

---

136 만수(萬壽) ; '장수(長壽)'를 말한다.

137 에라만수 에라대신이여 ; 여기서는 수명장수를 관장하는 '만수대신(萬壽大神)'을 불러내는 구호(口號)다. '대
신(大神)'은 천둥을 몰아온다는 천동대신(天動大神)이나, 지동대신(地動大神) 따위를 이른다.

138 [보정] 낙향산 ; '낙양성(洛陽城)'이다. 주나라의 무왕(武王)이 상(商)나라의 주왕(紂王)을 주멸(誅滅)하고 구
정(九鼎)을 옮겨 두었던 곳이 주나라의 땅인 낙읍(洛邑)이다. 이 낙읍은 뒤에 낙양(洛陽)으로 일컬어진 주나라
의 서울 이름이 된다.

139 십리하 ; '십리(十里) 허(許)'로 '십리 가량 되는'이라는 뜻이다.

140 낙향산 십리하에 ; 낙양성 근처에 있는 북망산을 두고 이른 것이다.

141 절대가인(絕代佳人) ; 세상에 견줄 만한 사람이 없을 정도로 뛰어나게 아름다운 여인을 말한다. '절세가인(絕
世佳人)'이라고도 한다.

142 낙향산 십리하에 높고 낮은 저 무덤은 영웅호걸이 몇몇이냐 절대가인은 그 누구냐 우리 인생 한번 가면 저기
저 모양 되리로구나 ; 인생무상을 노래하고 있다. 북망산(北邙山)은 중국의 낙양(洛陽)땅에 있는 산이다. 중국
하남성(河南省) 낙양 북쪽에 있는 작은 산 이름이다. 낙양은 주(周)나라 성왕(成王)이 이곳에 왕성을 쌓은 이래
후한(後漢)을 비롯한 서진(西晉)·북위(北魏)·후당(後唐) 등 여러 나라의 도읍지로서 역사적으로 번창하였던
곳이다. 낙양에는 많은 귀인·명사들이 살았으며, 이들이 죽은 뒤 대개 북망산에 묻히고 있어 이곳에는 한나라
이후의 역대 제왕과 귀인·명사들의 무덤이 많다. 이와 같은 연유로 어느 때부터인가 북망산이라고 하면 무덤이
많은 곳, 사람이 죽어서 가는 곳의 대명사처럼 쓰이게 되었고, 지금도 '북망산천(北邙山川)'하면 무덤이 많은
곳, 사람이 죽어서 가는 곳, '북망산 가는 길'하면 사람의 죽음을 뜻하는 말로 쓰이고 있다.

143 [보정] '성주풀이'의 한 대목을 원용한 것이다. '성주풀이'는 남도민요의 하나로 집터를 관장하는 성주신을 기리
는 노래다. 조상들은 집터를 관장하는 신령인 성주신과 그의 아내인 성주부인 등이 가옥의 건축이나 집안의
복과 덕을 도맡아 다스린다고 믿음에 뿌리를 두고 있다.

9. '제7과장 미얄무'의 복원

1

미얄무 [2]

미얄탈 :

진한 갈색 바탕에 흰색 눈자위와 입과 턱 주위에는 흰점이 많이 찍히고 이마에는 흰 수건을 두른다.

의상 :

짧은 회색 저고리에 치마는 허리 부분을 둘둘 말아 입고 정강이와 허리에는 밖으로 보이게 하며 왼손엔 방울과 지팡이를 들고 오른손엔 부채를 들었다.

개나리[3]봇짐을 허리에 두르고 봇짐에는 짚신과 담배대를 달고 버선을 신고 등장한다.

---

1   이 자리에 사진 자료 3매 수록하였다.

2   [보정] 정병호는, 이 장면에서, 미얄은 잦은굿거리장단에 맞추어 '엉덩이춤'을 추며, '발림춤'을 추기도 한다. 영감은 굿거리, 세마치, 중중몰이에 맞추어 '허튼춤', '발림춤'을 춘다. 삼개덜머리집과 남강노인은 '손춤'을 춘다고 한다. 그리고 잦은굿거리, 굿거리, 세마치, 중중몰이 등의 장단에 맞추어 엉덩이춤, 발림춤, 허튼춤 등을 춘다고 한다. 장단 가운데에 '세마치'는 활기찬 느낌, 꿋꿋한 느낌, 매우 흥겹고 씩씩한 느낌을 준다고 한다. 그리고 '허튼춤'은 일정한 틀과 순서가 없이 마음먹은 대로 자유롭게 표현하는 춤으로, 흥을 일으켜 춤에 몰입함으로써 황홀경에 도달하게 하고 신명을 얻게 하여 생명체에 새로운 활력을 주는 춤이라 할 수 있다고 한다. 이러한 점을 보면 이 장면은 흥겹고, 씩씩하며, 꿋꿋한 장단으로 활기찬 느낌을 조장하는 가운데에 황홀경에 도달하고 신명을 얻게 하여 활력을 주는 장면이라고 할 수 있다.

3   [보정] 개나리 ; '괴나리'다. 걸어서 먼 길을 떠날 때에 보자기에 싸서 어깨에 메는 작은 짐을 말한다. 보통 괴나리봇짐이라고 한다.

춤 :

대표적인 엉덩이춤[4]으로써 발을 무릎까지 들어 올리면서 엉덩이를 좌우로 흔들고 부채를 상하로 흔드는 경우와 돌리는 경우가 있으며 방울은 지팡이와 같이 달려 있으며 지팡이는 길지 않게 하고 수평으로 땅에 짚는 것과 같이 좌우로 흔든다.

미얄영감 탈 :

흰색 바탕에 검은 수염을 짧게 달고 머리에는 갓을 썼다. 의상 : 흰 바지저고리에 흰색 도포를 입고 개나리봇짐을 메고 부채를 들었다.

춤 :

할멈 보다 키가 작으며 허겁지겁한 모습과 부채로 근경[5]을 하기도 한다.

덜머리집[6] 탈 :

소무탈과 비슷하나 연지만 찍는다.

의상 :

노란 저고리에 붉은 치마

남강노인 탈 :

흰 바탕에 수염을 달았다

의상 :

머리에는 갓을 쓰고 흰 바지저고리에 흰 도포를 입는다.

무당탈 :

탈이 따로 없고 소무탈을 쓰기도 한다.

---

4   엉덩이춤 ; 허튼춤의 하나이다. 정병호는, 매우 기쁘거나 신이 나서 엉덩이를 들썩들썩하는 짓 혹은 엉덩이를 흔들며 추는 춤이라고 한다. 허튼춤은 일정한 형식에 매이지 아니하고 자유로이 추는 흐트러진 춤이다. 여럿이 어울려 추되 각자가 흥과 멋에 겨워 추는 것으로, 크게 입춤과 병신춤인 잡기춤으로 나뉜다. 허튼춤은 매구나 가면극, 소리춤과 같은 대동 춤판에서 추는 즉흥적인 개인 춤이라고 한다.

5   근경(近景) ; 가까이 보이는 경치, 또는 가까운 데서 보는 경치를 이른다. 여기서는 가까운 곳을 본다는 뜻이다.

6   덜머리집 ; '용산 삼개 덜머리집'이라고 한다. '삼개'는 지명으로 지금의 '마포(麻浦)'를 말한다. '덜머리'는 '떠꺼머리'라고도 하며, 장가나 시집갈 나이가 넘은 총각·처녀가 땋아 늘인 긴 머리를 말한다. 또는 그런 머리를 한 사람을 말한다. '떠꺼머리처녀'는 떠꺼머리를 한 처녀, 혹은 '노처녀'를 비유적으로 이르는 말이다. '-집'은 자기집 안에서 출가한 손아래 여자가 시집 사람임을 이를 때 쓴다. 또는 남의 첩이나 기생첩을 이를 때 쓰는 말이다.

의상 :

붉은색 벙거지를 쓰고 깃털을 꽂고 다홍치마에 노랑저고리에 쾌자를 입고 우右측엔 부채를 들고 좌左측엔 방울을 들었다.

(해설)

미얄은 ①개밥치기로 무당짓을 하려다 만 반 무당이고 영감은 망7을 쪼러 다니는 영감이다.

다시 말하면 아주 천민으로 개밥치기로 맷돌 쪼으러 다니는 영감이 집도 없어 떠돌아다니다가 황해도에 와서 굿판에 뛰어 들게 되었다는 학설도 있지만 처와 첩 사이의 갈등을 묘사해 주는데 있어서 시대적 배경이 짙은 것 같다.8

서로 헤어져 살던 사이에 첩을 얻어 살던 영감이 할멈을 만나 처와 첩은 영감을 곤경으로 몰고 가자 영감은 첩을 택하여 영감과 첩은 미얄을 죽인다.

남강노인 즉, 미얄아버지는 비통해서 통곡한다.9

남강노인은 무당을 불러 굿을 하게 된다.

미얄	<방울과 부채를 흔들며 개나리봇짐을 허리에 두르고 춤추며 등장하여 악공들 앞에 선다.>
악공	웬 할멈 입나10?
미얄	웬 할멈은 웬 할멈이야?
	떵꿍 하기에 굿만 여기에 한거리 놀고 가려고 들어온 할멈일세.
악공	그러면 한거리 놀고 갑세11.

---

7 망 ; 맷돌의 방언이다.
8 [보정] 이 기사는 후대 연구자의 견해를 그대로 수록한 것이다. 심도 있는 연구가 필요한 대목이다.
9 [보정] 남강노인 즉, 미얄아버지는 비통해서 통곡한다. ; 남강노인과 미얄과의 관계는, 심도 있는 연구가 필요한 부면이다.
10 할맘입나 ; '할맘인가'의 뜻이다. '할맘'은 '할머니'의 방언이다. '할맘입나'는 높임이 섞인 반말 정도로 수수하게 물어보는 어투다.
11 갑세 ; '가세'의 방언투이다.

미얄	놀던지 말던지!
	허름한[12] 영감[13]을 잃고 영감을 찾아다니는 할멈이니 영감을 찾아 놓고야
	헌거리 놀고 갔읍네.
악공	할멈! 본 고향이 어데와[14].
미얄	본 고향은 절라도[15] 제주 방막골[16] 일세.[17]
악공	그러면 영감은 어찌 잃었나?
미얄	우리 고향에 난리가 나서
	목숨을 구하려고 피난을 나가다가
	허름한 영감을 잃고
	남서울 동서울 다 찾아 댕기고
	전국(全國) 방방곡곡(坊坊谷谷)[18]을
	바위 틈틈이 모래 짬짬이[19]
	가랑잎 새새 다 찾아 댕겨도
	아즉까지 소식을 알 수 없읍네.
악공	그러면!
	영감의 모색을 댑쎄.
미얄	우리 영감 모색은 마모색[20]일세.
악공	그러면 말새끼[21]란 말인가?

12　허름한 ; '좀 모자라거나 낡은 데가 있거나 값이 좀 싼 듯한'이라는 뜻이다. '귀중하지 아니하다' 혹은 '표준
　　정도에 좀 미치지 못한 듯한'라는 뜻이다.

13　영감(令監) ; 나이 든 부부 사이에서 아내가 그 남편을 이르거나 부르는 말이다. 또는 나이가 많아 중년이
　　지난 남자를 대접하여 이르는 말이다. 또는 정삼품과 종이품의 벼슬아치를 이르던 말이다. 요즈음에는 급수가
　　높은 공무원이나 지체가 높은 사람을 높여 이르는 말이다.

14　어데와 ; '어디요'의 뜻이다. '-와'는 '-어요'의 방언이다.

15　절라도 ; '전라도'다.

16　[보정] 방막골 ; 다른 자료들에서는 '망막골'로 채록되었다. '망막골'은 고요하고 쓸쓸한 느낌이 드는 깊은 산속
　　이라는 '막막궁산(寞寞窮山)'에서 만들어진 관념적인 지명이다.

17　본 고향은 절라도 제주 방막골 일세 : 현재의 제주도는 조선시대에는 전라도 제주목(濟州牧)이었다. 『신증동
　　국여지승람』

18　방방곡곡(坊坊谷谷) ; '방방곡곡(坊坊曲曲)'이다.

19　바위 틈틈이 모래 짬짬이 ; 이음동의어 반복을 이용한 언어유희적 표현이다. 민간화술이다.

20　마모색(馬毛色) ; 말의 털빛이라는 말이다. 여기서는 '馬貌色'으로 말의 모양이라는 뜻으로 쓰였다. 즉 얼굴
　　의 생김새나 차린 모습이 말을 닮았다는 말이다.

미얄	아니! 소모색[22] 일세.
악공	그러면 소새끼[23]란 말인가?[24]
미얄	아니 마모색도 소모색도 아니올세.
	우리 영감의 모색을 대서 여기서 무슨 소용이 있나?
악공	자세히 대면 찾을 수 있을지도 모르지.
미얄	아!

우리 영감 참 잘 생겨 자빠졌지.[25]

대가리는 쾌상 대가리[26]요.

이마는 난간이마[27]요.

눈은 웅케눈[28]이요.

코는 개발코[29]요.

턱은 주게턱[30]이요.

수염은 다 뭉그러진[31] 빗자루 같고

상투는 다 달아먹은[32] 망좃[33] 같고

---

21 말새끼 ; 망아지를 비속하게 표현한 말이다.

22 소모색(毛色) ; 소의 털빛이라는 말이다. 여기서는 '소貌色'으로 소의 모양이라는 뜻으로 쓰였다. 즉 얼굴의 생김새나 차린 모습이 소를 닮았다는 말이다.

23 소새끼 ; '쇠새끼'로, 말을 잘 안 듣는 소를 속되게 이르는 말이다. 소와 같이 미련한 사람을 속되게 이르는 말이다.

24 [보정] 이 대목에서는, 마모색과 말새끼, 소모색과 소새끼를 연결한 유사음을 이용한 언어유회를 보여주고 있다. 앞에서 '마모색'이라 했으니, '소모색' 또한 '우모색(牛貌色)'으로 해야 할 것인데, 여기에서 '牛貌色'을 '소貌色'이라 한 것은, '소리'를 통해서 해학을 유발한 것이다. 그리고 망아지를 말새끼라 하고, 송아지를 소새끼라 하여 비속한 표현을 보이고 있다. 여기서 '모색'은 쌍관어(雙關語)로 '모습'이라는 뜻과 '털의 색'이라는 두 가지 뜻을 담고 있다.

25 우리 영감 참 잘 생겨 자빠졌지 ; 반어적 표현이다. '잘 생겨 자빠졌다'는 관용어이다.

26 쾌상 대가리 ; 짱구머리를 일컫는 방언이다.

27 난간 이마 ; 정수리가 넓고 툭 불거져 나온 이마를 말한다.

28 웅케 눈 ; '움펑눈'으로 움푹 들어간 눈을 말한다. '움펑눈이'라고도 한다.

29 개발코 ; 너부죽하고 뭉툭하게 생긴 코를 비유적으로 이르는 말이다.

30 주게턱 ; '주걱턱'으로 주걱 모양으로 길고 끝이 밖으로 굽은 턱이다. 또는 그런 턱을 가진 사람을 놀림조로 이르는 말이다.

31 뭉그러진 ; 높이 쌓인 물건이 무너져서 주저앉거나, 썩거나 지나치게 물러서 본모양이 없어지게 되는 모습을 말한다.

32 달아먹은 ; '닳아먹은'으로 세파에 시달리거나 어려운 일을 많이 겪어 성질이나 생각 따위가 몹시 약아지는 모습을 말한다.

33 망좃 ; 맷돌의 위아래를 연결하는 볼록한 부분을 말한다. 보통 '중쇠'라고 한다.

손은 북두 갈귀[34] 같고

키는 석 자 세 치나 되는[35] 영감 이올세.

　　　〈부채로 키를 재어 보인다.〉

악공　　　그런 영감 저 어깨너머 등티골[36]로 망[37] 쪼러[38] 간다고 갑데.

미얄　　　에 이!

그놈의 영감 고리쟁이[39]가 죽어도 버들잎을 물고 죽는다[40]더니

여때도 망쪼는 버릇을 버리지 못하고 다니나 보지.

악공　　　그럼 영감을 한번 불러보게.

미얄　　　여기 없는 영감을 불러본들 무엇합나?

악공　　　아 그래도 한번 불러 보게

미얄　　　영감!

악공　　　거 너무 짧아 못 쓰겠읍네.

미얄　　　　　〈춤을 추면서 한바퀴 돌면서〉

여- 엉- 가- 암-!

악공　　　그건 너무 길어 못 쓰겠읍네.

미얄　　　그러면 어떻게 부르란 말인가?

악공　　　아 할 멈!

고향이 전라도 제주 망막골이라 하니

②쉬나리 창으로 한번 불러보게.

34　북두 갈귀 ; '갈퀴'의 하나인 듯하다. 관용적 표현에 '손이 갈퀴가 되도록'이 있다.

35　[보정] 키는 석 자 세 치나 되는 ; '키는 석 자 세 치 되는' 라는 말로 매우 작은 키다.

36　등티골 ; '등치(嶝峙)'인 듯하다. 황해북도 수안군 철산리 소재지 서쪽 등성이 위에 있는 마을이다.

37　망 ; '맷돌'의 방언이다. 곡식을 가는 데 쓰는 기구로 둥글넓적한 돌 두 짝을 포개고 윗돌 아가리에 갈 곡식을 넣으면서 손잡이를 돌려서 간다.

38　쪼러 ; '뾰족한 끝으로 쳐서 찍으러'라는 말이다.

39　고리쟁이 ; '고리장이'로, 고리버들로 고리짝이나 키 따위를 만들어 파는 일을 직업으로 하는 사람이다.

40　고리쟁이가 죽어도 버들잎을 물고 죽는다 ; 속담에서 '백정이 버들잎을 물고 죽는다.'라고, 고리버들의 가지를 가지고 버들고리를 겯는 것을 업으로 하는 고리백정이 껍질 벗길 때 하던 버릇대로 입에 문 버들잎을 놓지 못하고 죽는다는 뜻으로, 죽는 경우를 당하여도 자기의 근본을 잊지 않는 경우에 비겨 이르는 말이다. 속담에서 '행담 짜는 이 죽을 때도 버들잎을 자갈 물고 죽는다.'라고, 버들고리로 행담고리짝 짜는 사람은 죽을 때까지 버들껍질을 입으로 물어 벗기다가 죽는다는 데서 '사람은 어떤 조건에서도 자기의 본색을 감추지 못함'을 비겨 이르는 말이다.

미얄   「절절 절시구 얼씨구 절씨구

지화자 좋네 절절 절씨구」[41]

　　　　〈미얄은 춤추며 노래한다.〉

「보구지구 보구지구 우리영감 보구지구」

　　　　〈한탄하는 형식으로〉

아이구 우리영감 어델 가구

날 찾을 줄 왜 모르는가.

기산영수 별건곤[42]에 소부 허유[43]를 따라 갔나?

채석강(采石江) 명월야(明月夜)[44]에 이적선[45]이 따라 갔나.

아이구 우리 영감 만나면

안아도 보구 엎어도 보구

등도 두들겨 보구 이마도 대보고

코도 대어보고 하려마는

어델 가고 날 찾을 줄 왜 모르나.

41　[보정]「절절 절시구 얼씨구 절씨구 지화자 좋네 절절 절씨구」; 절씨구를 시나위청에 맞추어 부르는 소리다. '얼씨구 절씨구'는 흥겨울 때에 장단을 맞추며 변화 있게 내는 소리다. '얼씨구'는 흥에 겨워서 떠들 때 가볍게 장단을 맞추며 내는 소리다. '얼씨구나 절씨구나'는 '얼씨구절씨구'를 강조하여 내는 소리다. '지화자'는 나라가 태평하고 국민이 평안한 시대에 부르는 노래, 또는 그 노랫소리. 흥을 돋우기 위하여 노래나 춤의 곡조에 맞추어 내는 소리다. 윷놀이에서 모를 치거나 활쏘기에서 과녁을 맞혔을 때, 잘한다는 뜻으로 외치는 소리로, '얼씨구절씨구 지화자 좋네. 얼씨구절씨구 지화자 좋다.'라는 식으로 실현된다. 여기에서는 '지화자자'가 특이하다.

42　기산영수 별건곤(箕山潁水別乾坤) : 기산은 중국 하남성(河南省) 등봉현(登封縣) 동남쪽에 있는 산으로 요 (堯)임금 때 소부(巢父)와 허유(許由)가 숨어살던 곳. 일명 악령(崿嶺)이라고도 함. 영수는 역시 하남성 등봉 현에 있는 강 이름임. 巢父許由(소부허유) : 고대 중국의 전설상의 은자(隱者)인 소부와 허유. 속세를 떠나서 산의 나무 위에서 살았기 때문에 생긴 이름이며, 요(堯)가 천하를 그에게 나라를 맡기고자 하였으나 이를 사양 하고 받지 않았다. 허유(許由)가 영천에서 귀를 씻고 있는 것을 소를 몰고 온 소부(巢父)가 보고서 그러한 더 러운 물은 소에게도 마시게 할 수 없다며 돌아갔다는 고사(故事)가 있음. '別乾坤(별건곤)'은 별다른 세계. 별 천지(別天地).

43　소부허유(巢父許由) : 고대 중국의 전설상의 은자(隱者)인 소부와 허유를 말한다. 속세를 떠나서 산의 나무 위에서 살았기 때문에 생긴 이름이며, 요(堯)가 천하를 그에게 나라를 맡기고자 하였으나 이를 사양하고 받지 않았다. 허유(許由)가 영천에서 귀를 씻고 있는 것을 소를 몰고 온 소부(巢父)가 보고서 그러한 더러운 물은 소에게도 마시게 할 수 없다며 돌아갔다는 고사(故事)가 있다.

44　채석강 명월야(采石江明月夜) ; 채석강의 달 밝은 밤을 뜻한다. 중국 안휘성(安徽省)에 위치한 강으로, 당 (唐)나라의 시인 이태백(李太白)이 놀다가 빠져 죽은 곳으로 유명하다. 동정호(洞庭湖)의 한 지류다. 이백(李 白)이 채석강(采石江)에서 놀 때 술에 취하여 물에 비친 달을 잡으려고 강에 뛰어들어 빠져 죽었다고 한다.

45　이적선(李謫仙) ; '이태백(李太白)'을 말한다.

<객석에서의 소리를 자기를 부르는 소리로 오인하여 깜짝 놀란다.>[46]

<노래조로>

[47]「거 누가 날 찾나

거 누가 날 찾어

날 찾을 이 없것만은

술 잘 먹는 이태백(李太白)[48]이

술 먹자고 날 찾나.

거 누가 날 찾나

거 누가 날 찾어

날 찾을 이 없것만은

소리 잘하는 앵무새가

소리를 하자고 날 찾나.

거 누가 날 찾나

거 누가 날 찾어

날 찾을 이 없것만은

춤 잘 추는 학두루미[49]

춤을 추자고 날 찾나」

아무리 불러 봐도 소용이 없으니

영감을 찾으러 갑네.

<미얄은 영감을 부르며 돌면 영감이 듣고, 서로 만나 얼싸안고 맴돌다 앉는다.>

미얄   아이구 우리 영감 고생이 얼마나 많았수.

---

46 [보정] <객석에서의 소리를 자기를 부르는 소리로 오인하여 깜짝 놀란다.> ; 영감탈이 객석에 위치하고 있다는 기사다. 별도의 연구가 필요한 부면이다.

47 [보정] 이 대목에서 미얄이 부르는 노래는 소위 '거 누가 날 찾나' 사설을 원용하고 있다.

48 이태백(李太白) ; 중국 당 나라 때 시인 이백(李白)을 말한다. 자 태백(太白)이며, 호 청련거사(青蓮居士), 주선옹(酒仙翁)이다. 시선(詩仙)으로 일컬어지는데 장안(長安)에 들어가 하지장(賀智章)을 만나자 하지장은 그의 글을 보고 탄(歎)하여 적선(謫仙)이라 하였다.

49 학두루미 ; '학'과 '두루미'가 결합된 말이다. 동의어 한자어와 우리말이 결합된 것이다.

영감	아니야 할멈이 고생이 더 많았지.
미얄	그런데 영감 저기서 우리 얘기를 엿만 듣고 있는 저 여자는 누구요.
영감	아무것도 아니야

<살살 뒤꽁무니를 뺀다.>

미얄	아무것도 아니긴 무어가 아니야

<쫓아가며 달려든다.>

우리 이야기를 엿듣고 있는데도 아무것도 아니야?

영감	아 그거 알바 없대두.
미얄	오오! 아니 이놈의 영감

미워하면 같이 미워하고 좋아하면 같이 좋아하지

저년의 배꼽에는 금테두리를 했나?[50]

<덜머리집[51]에 들어온다.>

네 이년!

<덜머리 면상을 친다.>

넌 나하고 무슨 원수가 졌길래 저놈을 환장[52]을 시켰나.

영감	네 이년

<미얄을 때린다.>

용산 삼개 덜머리집이 무슨 죄가 있다고 때리느냐.

미얄	너는 저런 년에게 빠져서 이 같이 나를 괄세[53]하니

나도 너같은 놈하고 살기 싫다.

---

50 저년의 배꼽에는 금테두리를 했나 ; '누구는 특별한 사람인가. 사람은 모두가 똑같다'라는 뜻으로, 관용적으로 쓰인다.

51 덜머리집 ; 자료에 따라서는 '용산(龍山) 삼개 덜머리집'이라 한다. '삼개'는 지명으로 지금의 '마포(麻浦)'를 말한다. '덜머리'는 '떠꺼머리'라고도 하며, 장가나 시집갈 나이가 넘은 총각·처녀가 땋아 늘인 긴 머리를 말한다. 또는 그런 머리를 한 사람을 말한다. '떠꺼머리처녀'는 떠꺼머리를 한 처녀, 혹은 '노처녀'를 비유적으로 이르는 말이다. '-집'은 자기집안에서 출가한 손아래 여자가 시집 사람임을 이를 때 쓴다. 또는 남의 첩이나 기생 첩을 이를 때 쓰는 말이다.

52 환장(換腸) ; 마음이나 행동 따위가 비정상적인 상태로 달라짐이나, 어떤 것에 지나치게 몰두하여 정신을 못 차리는 지경이 됨을 속되게 이르는 말이다.

53 [보정] 괄세 ; '괄시(恝視)'의 잘못이다. 관용적으로 '괄세'라고 쓰이기도 한다.

　　　　　세간이나 똑같이 나노 가지고 헤어지자.

　　　　　어서 내 놓아라.

덜머리집　　아니 이놈의 첨지[54]야!

　　　　　언제는 말하기를 홀애비라고 하며

　　　　　논밭 열닷 섬지기[55] 절반을 준다고, 살아오지 않았소.

　　　　　오늘 보니 나를 속여서 본처 할멈을 두고

　　　　　산다 안 산다 하니

　　　　　아이구 원통해라

　　　　　속았구나 속았어.

　　　　　너 죽고 나 죽이면 그만이다.

　　　　　어디 한번 해보자.

　　　　　　　<미얄과 영감·덜머리집이 한 덩어리가 되어 싸우다가 미얄이 맞아

　　　　　　　죽게 된다.

　　　　　　　죽기 전에 남강노인이 뛰어 들어온다>

남강노인[56]　아니!

　　　　　이것들이 무슨 쌈을 하고 있는고.

　　　　　오랜만에 만나 좋다고 하더니

　　　　　이쌈이 웬 싸움이냐?

　　　　　아 동네 사람들 없소.

　　　　　싸움 좀 말려 주시오.

54　첨지(僉知) ; 여기서는 나이 많은 남자를 낮잡아 이르는 뜻으로 쓰였다. 본래는 첨지중추부사(僉知中樞府事)
　　의 준말이다. 혹은 나이 든 노인 즉 영감을 칭하는 말이다.

55　섬지기 ; 논밭 넓이의 단위를 말한다. 한 섬지기는 볍씨 한 섬의 모 또는 씨앗을 심을 만한 넓이로 한 마지기
　　의 열 배이며 논은 약 2,000평, 밭은 약 1,000평이다.

56　남강노인(南江老人) ; 남극노인(南極老人)으로 '남극성(南極星)'을 의인화한 말이다. 장수와 복록을 상징하
　　는 '삼성(三星)' 중 하나로 숭배되었으며, '수성(壽星)', '남극노인성(南極老人星)' 또는 '남극선옹(南極仙翁)'이
　　라고도 불린다. 이 별은 이미 진시황 때부터 사당에 모셔져서 숭배를 받았는데, 동양화에서 그는 하얀 수염에
　　지팡이를 짚고 이마가 높이 솟은 노인으로 묘사된다. 예로부터 남극노인, 즉 노인성이 인간의 수명을 관장한다
　　고 믿었기 때문에 왕이 노인성을 향해 제사를 올리는 풍습이 있었다. 또한 노인성이 보이는 해에는 나라가 평
　　안해진다고 믿었다. 고시조에 안민영이 지은 '洛城西北 三溪洞天에 水澄淸而山秀麗흐듸 翼然有亭에 伊誰在
　　矣오 國太公之偃息이시리 비느니 南極老人 北斗星君으로 享壽萬年 ᄒ오소셔'가 있다.

사람 죽겠소. 사람 죽어.

　　<남강노인이 왜 치고 뛰어 돌아다닐 때 영감과 덜머리는 도망하여

　　퇴장한다.

　　미얄이 죽은 것을 확인한 남강노인은 시신 옆에서 앉아 통곡한다.>

아이구 이게 웬 일이냐.

서방을 만나 좋다고 하더니만 죽었단 말이 웬 말이냐.

아이구 원통하기 한이 없고 절통하기 끝이 없다.

　　(일어서며)

아이구 이왕 죽었으니 죽어서 극락세계로 가라고 무당 불러 굿이나 해

줘야겠구나.

무당 부르러 갑네.

　　<남강노인은 무당을 부르러 들어갔다.

　　무당을 데리고 등장한다.

　　굿상을 들고 나온다>

무당　　　　<좌左 방울과 우右 부채를 들고 등장한다.>

　　　　　　<남강노인은 두 손을 합장하고 빌며 무당은 방울을 흔들며 등장하여

　　　　　　네 귀에는 인사하고 미얄로부터 혼을 빼내면 미얄을 퇴장시키고 무

　　　　　　당이 놀게 된다.>[57]

57　[보정] <남강노인은 두 손을 합장하고 빌며 무당은 방울을 흔들며 등장하여 네 귀에는 인사하고 미얄로부터
　　혼을 빼내면 미얄을 퇴장시키고 무당이 놀게 된다.> ; 오청본에서는 '(춤을 춘다. 巫女로써 盛大한굿을하는일
　　도잇다.)' 라는 기사가 있다. 무당에 의한 굿이 반드시 행하여진 것은 아니라는 기사다. 이는 우리 가면극의 이
　　념적 배경을 연구하는 데에 염두에 두어야 할 기사다. 최근 마당극 형태의 연행문화에서 종국에 흔히 무당이
　　등장하는 것을 볼 수 있다. 가면극의 연행층이 무당과 결합되면서 일어난 현상으로 생각된다. 현상이야 어떻든
　　가면극의 이념과 굿의 이념은 동일한 것이 아니며, 상반된 것이다. 임석재본의 후기에서도 '12. 이 演技를 始作
　　할 때, 먼저, 이 노리의 中興者인 安草木의 功을 爲하고 또 그가 無後하므로 이를 慰靈하는 意味로 演技者一
　　同은 탈을 쓰고 樂器를 들고 一齊히 巫歌를 부르며 굿을 한다. 그러나 이 굿을 每年 每演技때마다 하는 것은
　　아니다.' 라고 하였다.

– 무당 굿 –[58]

　　　모혈[59]아오 모혈아오 장군 마누라[60] 모혈아오

　　　<후렴>　　　에헤헤……　　　장군 마누라 모혈아오

　　　모혈아오 모혈아오 가문 마누라[61] 모혈아오

　　　<후렴>　　　에헤헤……　　　가문 마누라 모혈아오

　　　모혈아오 모혈아오 대감 마누라[62] 모혈아오

　　　<후렴>　　　에헤헤……　　　대감 마누라 모혈아오

　　　네가 전 세상에서 무상공덕[63]을 하였느냐.

　　　높은 산에 불당 지어 중생공덕[64]을 하였느냐

　　　<후렴>　　　에헤헤……　　　중생공덕을 하였느냐.

58　[보정] 여기서의 노래말은 소위 '무당굿 사설'은 아니고 소위 '불교 가사(歌辭)'다. 이러한 점은 '무당'이 가면극에 개입하였을지언정, 가면극이 '무속(巫俗)'적인 성향을 가지고 있다고 보아서는 안 된다.

59　[보정] 모혈(毛血) ; 종묘와 사직의 제향에 쓰던 짐승의 털과 피를 이른다.

　　[참고] 조선왕조는 나라에서 행하는 길례吉禮제사의 모든 예절을 대사大祀·중사中祀·소사小祀로 나누었다. 대사에는 종묘宗廟(조선왕조 때 역대 왕의 위패를 모시는 사당)·영녕전永寧殿(조선왕조의 임금 및 왕비로서 종묘에 모실 수 없는 분의 신위를 봉안한 전각)·경모궁景慕宮(사도세자와 혜경궁 홍씨를 모신 곳)의 오대五大(정초·한식·단오·추석·동지) 시향時享과 사직社稷의 시향, 대보단大報壇(명나라의 태조·신종·의종을 제사 지내던 사우)의 대향 그리고 종묘와 영녕전에서 제왕帝王의 삼년상三年喪을 마친 뒤에 그 신주神主를 태묘太廟에 모실 때에[祔太廟] 올리는 제사 등이 있었다.

　　중사에는 풍운뇌우風雲雷雨 절제節祭·성황城隍 절제·악해독嶽海瀆 절제·선농先農(처음으로 농업을 가르친 신, 신농씨) 절제·선잠先蠶(양잠하는 법을 시작하였다는 신, 서릉씨) 절제·우사雩祀(비를 하늘에 비는 제사) 절제, 문선왕文宣王(공자)·관왕묘關王廟(중국의 군신軍神 관우를 모신 곳)·역대시조歷代始祖·문희묘文禧廟(정조正祖의 제1자의 묘)에서 올리는 사중삭제四仲朔祭(2월·5월·8월·11월의 초하루제), 칠궁七宮(왕의 사친私親을 모신 곳)에서 올리는 사중삭제, 영소묘永昭廟(장헌세자의 제1자의 묘)에서 올리는 춘추향春秋享제사 등이 있었다.

　　소사로는 풍운뇌우·산천·성황의 기고제, 영성靈星(농업신)·노인성老人星(남극노인성. 나타나면 치안治安이 오고 나타나지 않으면 전란이 있다고 함)·마조馬祖(말의 수호신인 방성房星의 이칭)·명산대천名山大川·선목先牧(말을 처음으로 먹였다고 전해지는 신)·마사馬社(말을 처음으로 탄 신)·마보馬步(말을 해치는 귀신)의 제사, 영제禜祭(기청제祈晴祭)·독제纛祭(대가大駕 앞이나 군중軍中에서 대장의 앞에 세우는 기, 독에 지내는 제사)·여제厲祭(여귀厲鬼에 지내는 제사), 영녕전의 춘추봉심春秋奉審(봄과 가을에 왕명을 받들어 전을 보살피는 일), 종묘의 춘추봉심, 기고祈告, 이환안제移還安祭, 사직의 기고별제祈告別祭, 계성사啓聖祠(공자·안자·자사·증자·맹자의 아버지를 제사하는 사당)의 절제와 고유제 등이 있었다.

60　장군 마누라 ; '장군(將軍)'으로 표상되는 신격(神格)을 이른다. 최영장군마누라, 임경업장군마누라 등이 있다.

61　[보정] 가문 무누라 ; '가문마누라'로, '가문(家門)'으로 표상되는 신격(神格)을 이른다.

62　[보정] 대감 마누라 ; '대감'으로 표상되는 신격(神格)을 이른다.

63　무상공덕(無常功德) ; 베풀기만 할뿐 보답을 바라지 않는 공덕 – 선한 행동에는 좋은 결과를 가져오는 힘이 덕으로 갖추어져 있다는 것 – 을 이른다.

64　중생공덕(衆生功德) ; 불당(佛堂)을 지음으로써, 많은 중생들을 제도케 하는 공덕을 이른다.

행길가에 원두[65] 놓아 행인공덕[66]을 하였느냐

<후렴>   에헤헤……   행인공덕을 하였느냐.

깊은 물에 다라 놓아 월출공덕[67]을 하였느냐

<후렴>   에헤헤……   월출공덕을 하였느냐.

배고픈 이 밥을 주어 대신공덕[68] 하였느냐

<후렴>   에헤헤……   대신공덕을 하였느냐.

헐벗은 이 옷을 주어 굴한공덕[69] 하였느냐

<후렴>   에헤헤……   굴한공덕을 하였느냐.

얼싸노자……

        <장구에 맞추어 춤추다 공수[70]를 한다.>[71]

에 헤헤헤……

우리 고향에 난리가 나서 목숨을 구하려고

피난을 나서다가 허름한 영감을 잃고

영감을 찾으려고 방방곡곡이 바위 틈틈이

모래 짬짬이 가랑잎 새새 다 찾아 댕기다가

오늘에야 영감을 만나보니

반갑기도 한이 없고 즐겁기도 끝이 없구나.

영감을 찾으려고

---

65 원두 ; '원두막(園頭幕)'으로 오이, 참외, 수박, 호박 따위를 심은 밭을 지키기 위하여 밭머리에 지은 막을 말한다.
66 행인공덕(行人功德) ; 행인에게 좋은 곳에 집을 지어 베푸는 공덕을 이른다.
67 [보정] 월출공덕 ; '월천(越川)공덕'이 옳다. 냇물에 징검다리를 놓아 다른 사람들이 쉽게 건널 수 있게 하는 공덕을 이른다.
68 [보정] 대신공덕 ; 천동대신(天動大神)과 지동대신(地動大神)에 대한 공덕을 두고 이른 듯하다.
69 [보정] 굴한공덕 ; '구난공덕(救難功德)'으로, 가난한 사람에게 옷과 음식을 주는 공덕을 이른다.
70 공수 ; 강신무가 모시는 신령이 굿을 진행하거나 점사를 풀어보는 과정에서 무당을 통해 인간에게 내리는 신탁 중 말로 이루어진 부분을 가리키는 말이다.
71 [보정] <장구에 맞추어 춤추다 공수를 한다.> ; '공수'는 강신무가 모시는 신령이 굿을 진행하거나 점사를 풀어보는 과정에서 무당을 통해 인간에게 내리는 신탁 중 말로 이루어지는 제의를 가리키는 말이다. 가면극은 무당의 제의와는 구별된다. 무당이 가면극에 개입하면서 삽입된 것으로 추측된다.

조선팔도를 무른 메주 밟듯 찾아 댕겼는데

영감은 그 지간 저런 새파란 젊은 여자를 데리고 사는 줄 몰랐다가

오늘이야 알고 보니

아이구- 원통하기도 한이 없고

절통하기도 끝이 없구나.

그러나 나는 저 년놈들한테 모진 매를 맞아 황천객[72]이 되었지만

너희들은 부디 편안히 잘 살기를 원하노라.

얼싸노자…[73]

<한참 놀다 옷을 바꾸어 입고 회심곡[74]을 한다.>

여보시오 세주[75]님네 이네 할 말 들어 보소.

이 세상에 나온 사람 뉘 덕으로 나왔느냐.

아버님전 뼈를 빌어 어머님전 살을 빌어

칠성[76]님전 명을 빌어 제성[77]님전 복을 빌어

십생[78]만에 탄생하니 한두 살에 철을 몰라.

부모 은공 알을쏘냐 이삼십을 당하여도

72　황천객(黃泉客) ; 저승으로 간 나그네라는 뜻으로, 죽은 사람을 이르는 말이다.

73　[보정] 얼싸노자… ; 노래말이 불림으로 활용되었다.

74　회심곡(回心曲) ; 어울려 놀 때 흥에 겨워 부르거나, 혼자 있을 때 자기 위안을 위해 부르는 노래로서, 즐기고자 하는 욕구 때문에 부르는 가장 유희요이다. '회심곡'은 조선 중기에 서산 대사 휴정(休靜)이 지은 불교 가사(佛敎歌詞)를 민요화한 것으로, 주로 '상여 소리'에 얹혀 불리고 있다. 인생의 허망함을 바탕으로 망자탄식의 노래라 할 수 있으며, 생전에 공덕을 많이 쌓아야 극락에 갈 수 있다는 교훈적인 내용 때문에 장례의식요에도 많이 불려졌다. 상여 소리에도 '회심곡'이 등장한다. 상여 소리는 민요 중에서 의식요에 속하는데 특히 세 가지 의식요 중 장례의식요에 속하는 것으로 이 상여 소리를 향두가 혹은 만가라고도 하는데 이 상여 소리의 한 대목은 '별회심곡'의 내용과 거의 일치하고 있다.

75　[보정] 세주 ; '시주(施主)'가 옳다. 자비심으로 조건 없이 절이나 승려에게 물건을 베풀어 주는 일. 또는 그런 일을 하는 사람을 이른다.

76　칠성(七星) ; 인간의 수명과 길흉화복을 주재한다는 북두칠성의 신이다. 칠성은 칠원성군(七元星君)의 준말로 비를 내려 풍년을 이루게 하고, 수명을 연장해주며, 재물을 준다고 믿어진다.

77　[보정] 제성 ; '제석(帝釋)'으로, 수명·자손·운명·농업 등을 관장하고 하느님 성격을 갖는 것으로 믿어지는 신령이다.

78　십생 ; 한살부터 열살까지의 삶을 두고 이른다. 여기서는 어머니 배속에 있던 열달을 두고 이른 말이다.

무정 세월 여루하여[79] 원수 백발 돌아오니

어제 오늘 성턴 몸이 저녁살[80] 병이 들어

부른다니 어머니요 찾는 것이 냉수로다.

인삼 녹용으로 약을 쓴들 약흠[81]이나 일을 쏘냐

무녀 불러 굿을 한들 굿덕이나 입을 쏘냐

소경 불러 경[82]을 한들 경 덕이나 입을 쏘냐

제미[83] 쌀을 쓸고 쓸어[84] 명산대천[85] 찾아가서

상탕[86]엔 매를 짓고[87] 중탄[88]엔 목욕하고

하탕에 수족 씻고 촛대 한쌍 불 갖추고[89]

소지[90] 삼장[91] 드린 후에 비나이다 비나이다

산천님[92]전 비나이다.

---

79 [보정] 여루하여 ; '여류(如流)하여'가 옳다. 자료에 따라서는 '무정세월약유파(無情歲月若流波)'라고 하였는데, 곧 무정(無情)한 세월(歲月)은 흐르는 물과 같은 것이라는 뜻이다.
80 [보정] 저녁살 ; 자료에 따라서는 '저녁낮'이라고 하였다. 미상하다.
81 [보정] 약흠 ; '약효험'인 듯하다. 자료에 따라서는 '약효과'라고 하였다.
82 경(經) ; 사람의 액을 쫓거나 병을 낫게 할 목적으로 외는 기도문과 주문 등을 말한다.
83 제미(祭米) ; 젯메쌀로, 제사(祭祀) 때 올릴 밥을 지으려고 마련한 쌀을 말한다.
84 쓸고쓸어 ; 거친 쌀, 조, 수수 따위의 곡식을 찧어 속꺼풀을 벗기고 깨끗하게 한다는 '슳고슳어'의 방언이다.
85 [보정] 명산대천(名山大川) ; 자료에 따라서는 '명산대찰(名山大刹)'이라고 하였다.
86 [보정] 상탕(上湯) ; 금산읍 내에서 서쪽으로 3㎞가량 떨어진 곳에 위치하는 진악산은 해발 737m로 금산에서 최고봉을 이루며, 상봉이 속칭 '물굴봉[水窟峰]'이다. 이곳에 있는 제당 형태는 당집이나 신위를 모시지 않은 자연 제당으로, 이곳에는 커다란 바위굴[石穴] 속에 못이 있어 명주꾸리 한타래가 다 들어갈 정도라고 구전된다. '물굴'은 상탕과 하탕으로 이루어져 있다. 상탕은 기우제를 행하는 곳이고, 하탕은 제관들의 목욕 및 제수를 준비하는 공간이다. 또한 '물굴' 위에는 '호롱혈' 또는 '등잔혈'로 불리는 천하 명당이 있어 기우제를 지내고 나면 암장한 시신을 파내며 비를 기원하는 풍속이 전승되었다.
87 [보정] 상탕엔 매를 짓고 ; 자료에 따라서는 '상탕엔 맞이하고'라고 하였다. 금산읍의 제당은 당집이나 신위를 모시지 않은 자연 제당으로, 이곳에는 커다란 바위굴[石穴] 속에 못이 있어 명주꾸리 한타래가 다 들어갈 정도라고 한다. 물굴은 상탕과 하탕으로 이루어져 있다. <u>상탕은 기우제를 행하는 곳이고, 하탕은 제관들의 목욕 및 제수를 준비하는 공간이라고 한다.</u> 이러한 사례를 보아 '상탕엔 맞이하고'는 제의적 행위를 뜻한다고 볼 수 있다.
88 [보정] 중탄 ; '중탕'이 옳다.
89 [보정] 촛대 한쌍 불갖추고 ; 자료에 따라서는 '황촉 한쌍 벌여 세고 향로 향분 불 갖추고'라고 하였다.
90 소지(燒紙) ; 한지를 일정한 크기로 잘라서 이를 불로 살라 세속적 장소를 신성한 장소로 정화하거나 기원자의 소원을 비는 종교적 행위를 이른다. 민간신앙 형태로 소지가 행해지는 것과 개인적 소원을 구현하는 것 둘로 나뉜다. 공동체 구성원에 대한 이름을 열거하면서 하늘에 소지를 올리는 동소지(洞燒紙) 또는 열명지(列名紙)라는 형태가 있으며, 가족 단위의 기원을 목적으로 올리는 소지가 있다.
91 소지 삼장(燒紙三張) : 신령 앞에서, 비는 뜻으로 얇은 종이 세 장을 불살라서 공중으로 세 번 올리는 일, 혹은 그 종이를 말한다.
92 산천(山川)님 ; 나라에서 제사를 지내던 유명한 산과 내를 이른다. 풍운뇌우(風雲雷雨)의 신좌(神座)는 중앙

없는 자손 돌려주고 있는 자손에게 명복을 돌려 달라고

산천님전 비나이다

쇠사슬[93]을 비켜 차고[94] 활등같이 굽은 길로[95]

살대같이[96] 달려와서 닫은 문을 박차 열며

성명삼자[97] 불러낼 제 없는 망녕 절로 난다.

한 사자는 선봉을 서고 또 한 사자는 등을 밀며[98]

어서 가자 제촉[99]한들 어느 누가 알을 쏘냐

일가친척 많다 한들 어느 친구 대신 가며

풍우 같이 몰려갈 제

높은 데는 낮아지고 낮은 데는 높아지고

저승길이 멀다더니 오늘날 내게 당하여서

대문 밖이 저승이라.

마지막 가는 길에 인전[100]이나 쓰면서 가자.

회심곡이 끝나면 무당은 대를 내려 명당[101]을 정한 뒤에[102] 모든 의상
과 탈을 모아놓고 불태우며 춤춘다.[103]

에 있고, 산천의 신좌는 동편에, 그리고 성황(城隍)의 신좌는 서편에 있다. 풍운뇌우·산천·성황은 중사(中祀)
이어서 중춘(仲春 : 2월)과 중추(中秋 : 8월)에 걸쳐 행한다.

93 [보정] 쇠사슬 ; 여기서는 일직사자와 월직사자가 들고 다니는 사슬을 말한다. 자료에 따라서는 '오라 사슬', '철
퇴'라고 하였다.

94 [보정] 비켜 차고 ; '빗겨 차고'다.

95 활등같이 굽은 길로 ; 다리 두 쪽 끝은 처지고 가운데는 활의 등처럼 높이 들어서 놓은 다리를 말하는 것이다.
홍교백운(虹橋白雲) 혹은 홍예(虹霓)다리라고 한다.

96 살대같이 ; '화살대같이'로, 매우 빠른 모양을 이른다.

97 성명삼자(姓名三字) ; 이름 석자를 이른다.

98 한 사자는 선봉을 서고 또 한 사자는 등을 밀며 ; 여기서의 사자는 일직사자(日直使者)와 월직사자(月直使
者)로, 시왕(十王)의 명을 받아 죽은 이를 저승길로 인도하는 사자들을 이른다.

99 [보정] 제촉 ; '재촉'이다.

100 [보정] 인전 ; '인정'인 듯하다.

101 명당(明堂) ; 풍수지리에서, 후손에게 장차 좋은 일이 많이 생기게 된다는 묏자리나 집터를 말한다.

102 [보정] 회심곡이 끝나면 무당은 대를 내려 명당을 정한 뒤에 ; 가면극에서의 무당의 위상을 말해주는 기사다.
곧 여기에서의 무당굿은 '명당(明堂) 잡기 - 터 다지기'를 위한 축제적 의식인 것이다. 원혼(冤魂)을 달래는
- 넋걸이 - 목적으로 보아서는 안 된다. 다른 자료에서도 무당이 등장하여 부르는 노래는 소위 '무당굿사설'이
아니고, 가사(歌辭)나 잡가(雜歌)다.

103 [보정] 모든 의상과 탈을 모아놓고 불태우며 춤춘다. ; 최근에는 실제로 태우지는 않는다. 불태우는 의식은 '소

<모든 연희자는 탈판이 끝나면 마당놀이를 한다.>[104]

※ 참고

(7과장)

① 개 밥치

무당도 아닌 선무당과 동일

② 쉬나리 창

절절절시구 얼씨구 절씨구 지화자 좋네. 절절 절씨구.

지(燒紙) 의식' 차원에서 해명되어야 할 과제다.

104 [보정] <모든 연희자는 탈판이 끝나면 마당놀이를 한다.> ; 소위 '뒤풀이'인 듯하다. 그러나 여기서의 '뒤풀이'는
요즈음에 와서 추가된 것으로 생각된다.

참고문헌 및 자료

❏ 자료

『가곡원류』

『가사선집』

『경도잡지』

『교방제보(敎坊諸譜)』

손진태, 『校註 歌曲後集』

『논어』

『동국세시기』

『속유괴록(續幽怪錄)』

『진서예술전(晉書藝術傳)』

『사기』

『시경』

『신증동국여지승람』

『악학궤범』

『열양세시기』

『용재총화』

『운초가사집』

국사편찬위원회, 『조선왕조실록』

『증보신구잡가』

『청구영언』

『한국가창대계』

『한국속담집』, 한국민속학회편

'봉산 탈춤 영상 자료', 1979년 여름 덕수궁 실황, 문예진흥원.

□ 문헌

강용권,「수영야유극」,『국어국문학』, 27호, 1964.

강한영 교주역,『신재효 판소리사설집』, 민중서관, 1971.

김달진 역해,『당시전서』, 민음사, 1987.

김선풍·리룡득 편저,『속담이야기』, 국학자료원, 1993.

김열규,「현실 문맥속의 탈춤」,『진단학보』39, 진단학회, 1975.

＿＿＿,「굿과 탈춤」,『한국연극』7호, 1976.

＿＿＿,『한국신화와 무속연구』, 일조각, 1987 중판.

＿＿＿,『한국민속과 문학연구』, 일조각, 1991 중판.

＿＿＿,『한국문학사』, 탐구당, 1994.

김우탁,『한국전통연극과 그 고유무대』, 개문사, 1978.

김인환,『문학과 문학사상』, 열화당, 1979.

김일출,『조선민속 탈놀이 연구』, 과학원출판사, 1958.

김재철,『조선연극사』, 조선어문학회, 1933.

김태곤,『한국무속연구』, 집문당, 1982.

김찬자,「어릿광대 연구-프랑스의 아를르캥을 중심으로」,『동화와 번역』, 건국대학교 중원인문연구소, 2001.

김학성,「제19회 도남 국문학상 수상자 발표문 - 국문학도의 나아갈 길을 생각하며」, 도남학회, 2001.

류종목,「민요에 나타난 육담의 의식과 세계관」,『한국육담의 세계관』, 국학자료원, 1997.

박영주,「판소리 사설 치레 연구」, 성균관 대학교 박사학위논문, 1991.

박진태,『한국가면극연구』, 새문사, 1985.

사진실,『한국연극사연구』, 태학사, 1997.

＿＿＿,『공연문화의 전통』, 태학사, 2002.

서대석,「탈춤의 기원」,『한국문학사의 쟁점』, 집문당, 1986.

서연호,「한국의 민속극과 근대극」,『문학의 지평』, 고려대학교 출판부, 1984.

＿＿＿,『황해도 탈놀이』, 열화당, 1988.

＿＿＿,『한국전승연희의 원리와 방법』, 집문당, 1997.

＿＿＿,「봉산탈춤 오청채록원본의 연구」, 고려대학교 민족문화연구원, 2002.

＿＿＿,『한국연극사』, 도서출판 연극과 인간, 2003.

서종문,「가면극의 주제」,『한국문학사의 쟁점』, 집문당, 1987 재판.

성현 저·남만성 역, 『용재총화』, 대양서적, 1973.

손태도, 『광대의 가창문화』, 집문당, 2003.

송재선, 『상말속담사전』, 동문선, 1993.

신선희, 『한국 고대극장의 역사』, 열화당, 2006.

신유승, 『측자 파자』, 시간과공간사, 1993

심우성, 『한국의 민속극』, 창작과 비평사, 1975.

_____, 『남사당패연구』, 동문선, 1989.

심재완, 『역대시조전서』, 세종문화사, 1972.

여석기, 「산대가면극의 화르스적 특성」, 『한국 문학의 해학』, 국제문화재단, 1970.

유종목, 「한국 민속 가면극 대사의 표현법 연구」, 동아대학교 석사 학위논문, 1974.

이경식, 『셰익스피어 연구』, 서울대학교 출판부, 2005.

이두현, 「한국연극의 기원에 대한 몇 가지 고찰」, 『예술원논문집』 4, 예술원, 1965.

_____, 『한국가면극』, 일지사, 1979.

_____, 「한국연극사」, 『한국문화사대계』 8, 고려대학교 민족문화연구소, 중판, 1979.

이상일, 『충격과 창조』, 창원사, 1975.

_____, 『한국인의 굿과 놀이』, 문음사, 1981.

이혜구, 『한국음악연구』, 국민음악연구사, 1957.

이혜화, 『용 사상과 한국고전 문학』, 깊은 샘, 1993.

이훈상, 「조선후기의 향리집단과 탈춤의 연행」, 『역사속의 민중과 민속』, 이론과 실천사, 1990.

이훈종, 『민족생활어사전』, 한길사, 1992.

임석재, 「봉산 탈춤 대사 후기」, 『국어국문학』 18호, 1957.

임재해, 『꼭두각시놀음의 이해』, 홍성사, 1981.

_____, 「설과 보름 민속의 대립적 성격과 유기적 상관성」, 『가면극 세시풍속 산육속』, 교문사, 1990.

임형택 편역, 『이조시대 서사시』, 창작과 비평사, 1992.

장덕순 외, 『구비문학개설』, 일조각

장정룡, 『강릉관노가면극연구』, 집문당, 1989.

전경욱, 「가면극 연구사」, 『한국학보』 40.

_____, 『춘향전의 사설형성원리』, 고려대학교 민족문화연구소, 1990.

_____, 『한국가면극 그 역사와 원리』, 열화당, 1998.

전신재, 「양주별산대놀이의 생명원리」, 성균관대학교 석사학위논문, 1980.

_____, 「판소리의 연극성에 관한 연구」, 성균관대학교 박사학위논문, 1988.

전신재, 「거사고」, 『역사 속의 민중과 민속』, 이론과 실천사, 1990.

정노식, 『조선창극사』, 조선일보사, 1940

정병호, 『한국의 민속춤』, 삼성출판사, 1991.

정상박, 「고성오광대 대사 후기」, 『국어국문학』, 22호, 1960.

_____, 『오광대와 들놀음 연구』, 집문당, 1990

조동일, 「농악대의 양반광대를 통해 본 연극사의 몇 가지 문제」, 『동산신태식박사송수기념논총』, 1969.

_____, 『탈춤의 역사와 원리』, 홍성사, 1979

_____, 『카타르시스 라사 신명풀이』, 지식산업사, 1997.

조동일 외, 『판소리의 이해』, 창작과 비평사, 1978.

조만호, 『전통희곡의 제식적 미학』, 태학사, 1985

_____, 「탈춤 자료 '읽기'에 대한 반성적 제안(Ⅰ)」, 상명대학교, 1998

_____, 「탈춤 자료 '읽기'에 대한 반성적 제안」, 『역사민속학』, 역사민속학회, 1999.

_____, 「탈춤 연행원리의 연구사적 검토」, 『비교연극학』 창간호, 비교연극학회, 2000.

_____, 「탈춤 연행 원리의 한 국면 ; 불림」, 『한국연극학의 위상』, 태학사, 2002.

_____, 「봉산탈춤 자료 분석 연구」, 『반교어문연구』 16집, 반교어문학회, 2004.

_____, 「봉산탈춤 1936년 사리원 공연 채록자료 연구」, 『반교어문연구』 24집, 반교어문학회, 2008.

_____, 「어릿광대론」, 『도남학보』 24집

_____, 「한국가면극의 창조적 복원 연구」, 『반교어문연구』 26집, 반교어문학회, 2009.

_____, 「한국가면극의 창조적 복원 연구 Ⅱ -'제삼장' '사당무'를 중심으로-」, 『영주어문』 21집, 2011.

_____, 「한국가면극의 창조적 복원 연구 Ⅲ -오청 채록본의 '미얄마당'을 중심으로-」, 『영주어문』 25집, 영주어문학회, 2013.

_____, 「한국가면극의 창조적 복원 연구 Ⅳ -- '오청본 양반무'를 중심으로 --」, 『영주어문』 26집, 영주어문학회, 2014.

조윤제, 「춘향전이본고1」, 『진단학보』, 1939.

채희완, 「가면극의 민중적 미의식 연구를 위한 예비적 고찰」, 서울대학교 석사학위논문, 1977.

천재동, 「동래야유연구」, 『서낭당』 4집, 1973.

최상수, 『산대·성황신제가면극의 연구』, 성문각, 1988 재판.

_____, 『해서가면극의 연구』, 정동출판사, 1983.

최운식, 「서사작품에 나타난 '신발의 성격과 의미」, 『한국고소설연구』, 보고사, 1995.

최운식, 「판소리와 판소리계 소설의 형성 및 선후 관계」, 『한국고소설연구』, 보고사, 1995.

최정여, 「산대도감극 성립의 제문제」, 『한국학논집』 1, 계명대학, 1973.

최진원, 「판소리 사설의 표현특징」, 『한국고전시가의 형상성』, 성균관대학교 대동문화연구원, 1996(증보판).

_____, 『국문학과 자연』, 성균관대학교 대동문화연구소, 1977.

한 효, 『조선연극사 개요』, 국립출판사, 1956.

허 규, 「우리극의 원형질」, 『민족극과 전통예술』, 문학세계사, 1991.

현용준, 『제주도신화』, 서문당, 1976.

山口昌男, 「道化の民俗學(五)」, 『文學』 vol 37, 岩波書店, 1969.

가와타케시게토시 저, 이웅수 역, 『일본연극사』, 청우, 2001.

리차드 쉐크너 저・김익두 역, 『민족 연극학』, 신아, 1993.

케네스 멕고완・윌리암 멜리츠 공저, 정원지 역, 『세계연극사 -불멸의 무대』, 중앙대학교 출판국, 1976.

미르세아 엘리아데 저・이은봉 역, 『종교형태론』, 형설출판사, 1985 삼판.

Michel Corvin, 문시연 옮김, 『희극읽기 Lire la comédie』, 문음사, 1998.

브로케・힐디 지음, 전준택・홍창수 옮김, 『연극의 역사』, 연극과 인간, 2005.

수레쉬 아와스티 지음, 허동성 옮김, 『인도연극의 전통과 미학』, 동양공연예술연구소, 1997.

자크 뒤부아 저 용경식 옮김, 『일반 수사학』, 한길사, 1989.

장-미셸 살망 지음, 은위영 옮김, 『사탄과 약혼한 마녀』, 시공사, 1996.

조셉 캠벨・빌 모이어스 저, 이윤기 옮김, 『신화의 힘』, 고려원, 1992.

조지프 캠벨, 이진구 옮김, 『원시신화- 신의가면 I』, 까치글방, 2003.

빠트리스 파비스 지음, 신현숙, 윤학로 옮김, 『연극학 사전』, 현대미학사, 1999.

W.J.페피셀로, T.A.그린, 『수수께끼의 언어』, 강원대학교출판부, 1993.

Finnegan, Ruth H, *Oral Traditions and the Verbal Arts: A Guide to Research Practices*. London: Routledge. 1992

□ 가면극 자료 목록

양주별산대놀이

1930년, 조종순 구술, 김지연 필사(서울대학교 소장본-경성제국대 학조선문학연구소 조사).

1957년, 홍갑표 보관 후 조동일 소장, 『탈춤의 역사와 원리』(조동일, 홍성사).

1958년, 김성대 소장, 이보라 정리, 『현대문학』 46・47・48・49・50・54호.

1958년, 박준섭·김성태 구술, 이두현 채록,『한국가면극』.

1964년, 임석재·이두현 채록, 문화재관리국 '주요무형문화재지정자료'.

1965년, 최상수 채록, 한국예술총람 자료편.

1966년, 임석재 채록,『협동』49·50호.

1969년, 이두현 채록,『한국가면극』, 문화재관리국.

1975년, 김성대 기록, 심우성 정리,『한국의 민속극』, 창작과 비평사.

송파산대놀이

1975년, 허호영 구술 채록,『한국의 민속극』.

봉산가면극

1936년 8월 31일, 오청, 구자균 필사본.

1940년, 송석하 채록,『문장』2 통권 6·7.

1956년, 김경석 등 구술, 임석재 채록,『국어국문학』18호, 국어국문학회.

1965년, 김진옥·민천식 구술, 이두현 채록,『한국가면극』.

1965년, '김유경류 봉산탈춤', 김유경류봉산탈춤보존회 편.

1965년, 김일출 채록본-'≪봉산 탈놀이≫대본',『조선민속탈놀이 연구』.

1967년, 최상수 채록,『해서가면연구』, 대성문화사.

강령탈춤

1957년, 최승원 등 구술, 임석재 채록,『현대문학』29호.

1967년, 최상수 채록,『해서가면연구』, 대성문화사.

1970년, 이두현·이기洙 채록,『연극평론』3호.

야유(野遊·冶遊)

수영야유

1961년, 최한복 채록, 정상박 자료, 오광대와 들놀음 연구, '冶遊劇本'(정상박,『오광대와 들놀음 연구』, 집문당)-원수록 ; 유인본(1961년 이전) 후,『항도부산』제7호, 1969.

1964년, 강룡권 채록,『국어국문학』제27호, 국어국문학회.

1965년, 최상수 채록, '한국예술총람 자료편', 예술원.

1970년, 정시덕·태명준 구술, 이두현 채록,『한국의 가면극』.

_____, 부산대 전통예술연구회 채록,『한국의 민속극』.

동래야유

1957년, 최상수 채록,『민속학보』2호.

1960년, 송석하 채록, 『한국민속고』, 일신사.

1960년, 박덕업 등 구술, 천재동 채록, 『한국의 민속극』.

오광대

1960년, (五廣大興遊順序及諺談) 정상박 자료, 『오광대와 들놀음 연구』, 집문당.

통영오광대

1963년, 최상수 채록, 『경상남도지』 하.

1966년, 이민기 채록, 『국어국문학』 제22호, 국어국문학회.

1969년, 이두현 채록, 『한국가면극』, 문화재관리국.

고성오광대

1963년, 최상수 채록, 『경상남도지』 하.

1966년, 정상박 채록, 『국어국문학』 22호.

1969년, 이두현 채록, 『한국가면극』, 문화재관리국.

조만호

1995년 성균관대학교 문학박사, 학위논문 「탈춤사설연구」.

논문 및 저서

『전통희곡의 제식적 미학』(태학사), 「봉산탈춤 1936년 사리원 공연 채록자료 연구」(반교어문학회), 「한국가면극의 창조적 복원 연구」(반교어문학회), 「봄맞이 행사 '춘첩자'와 관련한 '세화'와 '연화'의 한 양상 연구」(영주어문학회), 『중국경극의상』(민속원) 외 다수.

경력

극단 '나루' 연출, 천안시 문화선양위원회 위원,
충청남도 무대지원사업 심의 위원, 반교어문학회 회장,
현재 상명대학교 예술대학 연극학과 교수, 극단 '씨어터 백' 대표.

연출 작품

귄터 아이히 '꿈', 노르베르또 아빌라 '하킴의 이야기'
페터 바이스 '탑', 귄터 아이히 '자베트 엘리자베트(원제 자베트)' 외 다수.

한국가면극, 창조적 복원을 향하여
봉산가면극 송석하본·김유경본

2016년 8월 8일 초판 1쇄 펴냄

지은이 조만호
펴낸이 김흥국
펴낸곳 도서출판 보고사

책임편집 이유나
표지디자인 이준기

등록 1990년 12월 13일 제6-0429호
주소 경기도 파주시 회동길 337-15 보고사 2층
전화 031-955-9797(대표)
   02-922-5120~1(편집), 02-922-2246(영업)
팩스 02-922-6990
메일 kanapub3@naver.com / bogosabooks@naver.com
http://www.bogosabooks.co.kr

ISBN 979-11-5516-576-8 94680
   979-11-5516-443-3 (세트)
ⓒ 조만호, 2016

정가 20,000원